Open
Een autobiografie

Andre Agassi

Open

Een autobiografie

vip

2009
Utrecht

Oorspronkelijke titel
Open: An Autobiography

This translation published by arrangement with Alfred A. Knopf, a division of Random House, Inc.
Vertaling
Jolanda te Lindert
Omslagontwerp
Pinta Grafische Producties
Foto omslag

ISBN 978 90 229 9484 9
NUR 491

Vierde druk, januari 2010

www.vipboeken.nl

Mixed Sources
Productgroep uit goed beheerde bossen, gecontroleerde bronnen en gerecycled materiaal.
www.fsc.org Cert no. CU-COC-802528
© 1996 Forest Stewardship Council
FSC

Dit boek is gedrukt op papier dat het keurmerk van de Forest Stewardship Council (FSC) mag dragen. Bij dit papier is het zeker dat de productie niet tot bosvernietiging heeft geleid. Een flink deel van de grondstof is afkomstig uit bossen en plantages die worden beheerd volgens de regels van FSC. Van het andere deel van de grondstof is vastgesteld dat hiervoor geen houtkap in de laatste resten waardevol bos heeft plaatsgevonden. Daarom mag dit papier het FSC Mixed Sourceslabel dragen. Voor dit boek is het FSC-gecertificeerde Munkenprint gebruikt. Dit papier is 100% chloor- en zwavelvrij gebleekt en wordt geleverd door Arctic Paper Munkedals AB, Zweden.

Voor Stefanie, Jaden en Jaz

Men zou niet altijd kunnen zeggen wat het is dat je insluit, je ommuurt, je schijnt te begraven, maar je voelt toch ik weet niet welke tralies, welke hekken, welke muren. Is dit alles verbeelding, fantasie? Ik denk het niet, en je vraagt je af: mijn god, is het voor lang, is het voor altijd, voor de eeuwigheid? Weet je wat, de gevangenis doet verdwijnen? Dat is elke diepe, ernstige genegenheid. Vrienden zijn, broeders zijn, liefhebben, dat opent de gevangenis met een soevereine macht, met een machtige betovering.
Vincent van Gogh, *Brief aan zijn broer*, juli 1880

HET EINDE

Ik open mijn ogen en weet niet waar ik ben of wie ik ben. Niet zo vreemd natuurlijk; mijn halve leven heb ik niets geweten. Toch voelt dit anders. Deze onwetendheid is angstaanjagender. Totaler.

Ik kijk omhoog. Ik lig op de grond naast het bed. Nu weet ik het weer. Midden in de nacht ben ik van het bed naar de grond verhuisd. Zoals bijna elke nacht. Beter voor mijn rug. Te lang op een zachte matras liggen veroorzaakt pijn. Ik tel tot drie en begin dan aan het lange, moeilijke proces van opstaan. Met een kuch, een kreun, rol ik op mijn zij, krul me op in de foetushouding, draai op mijn buik. Nu wacht ik, en wacht, tot mijn bloed begint te stromen.

Ik ben een jonge man, relatief gezien. Zesendertig. Maar ik word wakker als iemand van zesennegentig. Na dertig jaar sprinten, abrupt stoppen, hoog springen en keihard landen, voelt mijn lichaam niet langer als mijn lichaam; vooral 's ochtends niet. En dus voelt mijn geest niet als mijn geest. Vlak voordat ik mijn ogen opendoe, ben ik een onbekende voor mezelf en hoewel ook dit niet nieuw is, is het 's ochtends wel duidelijker. Snel ga ik de hoofdzaken na. Mijn naam is Andre Agassi. Mijn vrouw heet Stefanie Graf. We hebben twee kinderen, een zoon en een dochter, vijf en drie. We wonen in Las Vegas, Nevada, maar verblijven op dit moment in een suite van het Four Seasons Hotel in New York City, omdat ik meedoe aan de US Open van 2006. Mijn laatste US Open. Eigenlijk mijn laatste toernooi ooit. Ik speel professioneel tennis, ook al haat ik tennis. Ik haat het met een duistere en geheime passie; altijd al gedaan.

Wanneer dit laatste stukje identiteit op z'n plek valt, ga ik op mijn knieën zitten en fluister: O, was dit maar voorbij.

Daarna: Ik ben er nog niet klaar voor dat het voorbij is.

In de kamer ernaast hoor ik Stefanie en de kinderen. Ze ontbijten, praten, lachen. Mijn overweldigende verlangen hen te zien en hen aan te raken plus een sterke behoefte aan cafeïne geven me de energie om mezelf overeind te hijsen, rechtop te gaan staan. Haat brengt me op de knieën, liefde krijgt me weer op de been.

Ik kijk naar de klok op het nachtkastje. Halfacht. Stefanie heeft me laten uitslapen. De afgelopen dagen waren bijzonder vermoeiend. Niet alleen door de fysieke belasting, maar ook door de enorme stortvloed aan emoties die het beëindigen van mijn carrière met zich meebrengt.

Vanuit de vermoeidheid voel ik de eerste pijngolf aanzwellen. Ik grijp naar mijn rug. Mijn rug grijpt terug. Ik heb het gevoel dat iemand midden in de nacht de kamer is binnengeslopen en met een autostuurslot op mijn ruggengraat heeft geramd. Hoe kan ik zo de US Open spelen? Zal de laatste match van mijn carrière op een catastrofe uitlopen?

Ik ben geboren met spondylolisthesis, wat betekent dat een lage wervel niet goed met de volgende is verbonden en dat deze uitsteekt, zich verzet. (Dat is de belangrijkste reden waarom ik met mijn tenen naar binnen gedraaid loop.) Doordat die ene wervel is verschoven, is er minder ruimte voor de zenuwen in mijn ruggengraat, en zorgt de minste beweging ervoor dat die zenuwen denken dat het er nog veel drukker is. Tel daarbij op twee uitpuilende tussenwervelschijven en een bot dat maar blijft groeien in een vergeefse poging het hele beschadigde gebied te beschermen, dan begrijp je wel dat die zenuwen claustrofobische neigingen krijgen. En zodra die zenuwen over hun krappe behuizing beginnen te klagen en noodsignalen gaan uitzenden, gaat er een zodanige pijnscheut door mijn been dat mijn adem stokt en ik rare geluiden maak. Het enige wat op zo'n moment verlichting brengt, is gaan liggen en wachten. Een enkele keer gebeurt zoiets tijdens een tennismatch. Het enige wat ik dan kan doen, is mijn spel veranderen, anders slaan, anders lopen, alles anders doen. Dan trekken mijn spieren samen. Iedereen haat verandering, maar spieren verzetten zich daar gewoon tegen. Wanneer ik ze dat toch vraag, sluiten ze zich bij mijn rebellerende ruggengraat aan en is mijn hele lichaam binnen de kortste keren in oorlog met zichzelf.

Gil, mijn trainer, mijn vriend, mijn surrogaatvader, zegt hierover: Je lichaam zegt dat het dit niet langer wil doen.

Dat zegt mijn lichaam al heel lang, zeg ik dan tegen hem. Dat zegt het al bijna net zo lang als ik het zeg.

Maar sinds januari schrééuwt mijn lichaam dat. Mijn lichaam wíl niet stoppen, mijn lichaam ís al gestopt. Mijn lichaam is naar Florida verhuisd en heeft daar een flatje en vrijetijdsschoenen gekocht. En dus heb ik met mijn lichaam onderhandeld, ik heb het gevraagd of het af en toe een paar uurtjes aan de slag wil. Vaak gaan die onderhandelingen over het *shot*: een cortisoninjectie die de pijn tijdelijk verdooft. Maar voordat het shot zijn werk kan doen, veroorzaakt het zelf pijn.

Gisteren heb ik er eentje gehad, zodat ik vanavond kan spelen. Het was de derde injectie van dit jaar, de dertiende uit mijn carrière en zonder enige twijfel de meest verontrustende. Het was niet mijn vertrouwde arts. Hij vroeg me bits om in de juiste houding te gaan liggen. Ik ging op mijn buik op zijn tafel liggen, waarna zijn assistente mijn broek naar beneden trok. De dokter vertelde me dat hij met zijn drie centimeter lange naald zo dicht mogelijk bij de ontstoken zenuwen moest zien te komen. Hij kon er niet rechtstreeks bij, doordat mijn verschoven tussenwervelschijven en vergroeide bot in de weg zaten. Ik verging van de pijn toen hij probeerde ze te omzeilen, toen hij probeerde mijn stuurslot open te breken. Eerst stak hij de naald in mijn vlees. Daarna plaatste hij een enorm apparaat boven mijn rug, zodat hij kon zien hoe dicht de naald bij mijn zenuwen zat. Hij zei dat hij de naald vlak bij die zenuwen moest krijgen zonder ze echt te raken. Wanneer hij ze wel zou raken, er zelfs maar een klein gaatje in zou prikken, zou de pijn ondraaglijk worden en zou ik het toernooi moeten verlaten. Hij wrikte de naald erin en eruit en eromheen, terwijl de tranen in mijn ogen sprongen.

Eindelijk zat hij goed. In de roos, zei hij.

Daarna spoot hij de cortison erin. Het brandde zo dat ik op mijn lippen beet. Toen voelde ik de druk, dat volle gevoel. Het voelde alsof de minuscule ruimte in mijn ruggenwervel waar de zenuwen zitten vacuüm werd getrokken. De druk werd zo groot dat ik dacht dat mijn rug zo uit elkaar zou barsten.

Die druk geeft aan dat alles het doet, zei de dokter.

Fijn hoor, doc.

Algauw voelde de pijn prettig, bijna lekker aan; de soort pijn die je vertelt dat hij straks minder wordt. Maar misschien geldt dat wel voor alle pijn.

Mijn gezin wordt luidruchtiger. Ik strompel naar de woonkamer van onze suite. Zodra mijn zoon Jaden en mijn dochter Jaz me zien roepen ze: Daddy, Daddy! Ze dansen op en neer en willen me bespringen. Ik blijf staan, zet me schrap, ga stokstijf voor hen staan als een boom in de winter. Ze blijven vlak voordat ze me bespringen staan, omdat ze weten dat Daddy nu heel broos is, dat hij uit elkaar valt als ze hem te stevig aanraken. Ik streel hun gezicht, geef hun een kusje op de wang en ga bij hen aan de ontbijttafel zitten.

Jaden vraagt of het vandaag is.

Ja.

Ga je spelen?

Ja.

En na vandaag ga je pensioneren?

Dat is een nieuwe uitdrukking die hij en zijn jongere zusje hebben geleerd. *Pensioen.* Als zij het zeggen, zeggen ze het altijd in de toekomende tijd. Voor hen is met pensioen gaan iets wat eeuwig duurt, iets wat altijd nu is. Misschien weten zij iets wat ik niet weet.

Niet als ik win, knul. Als ik vanavond win, blijf ik spelen.

Maar als je verliest, mogen we dan een hond?

Voor de kinderen is pensioen hetzelfde als een puppy. Stefanie en ik hebben hun beloofd dat we, zodra ik stop met trainen, zodra we niet langer de hele wereld over reizen, een puppy kunnen kopen. Misschien noemen we hem wel Cortison.

Ja, knul, als ik verlies, kopen we een hond.

Hij glimlacht. Hij hoopt dat Daddy verliest, hij hoopt dat Daddy de teleurstelling zal ervaren die alle andere overtreft. Hij begrijpt het niet – en hoe zou ik het hem ooit kunnen uitleggen? – de pijn van verliezen, de pijn van spelen. Ik heb zelf bijna dertig jaar nodig gehad om het te begrijpen, om mijn eigen psyche te doorgronden.

Ik vraag Jaden wat hij vandaag gaat doen.

Naar de botten kijken.

Ik kijk Stefanie aan. Ze herinnert me eraan dat ze met hen naar het natuurhistorisch museum gaat. Dinosauriërs. Ik denk aan mijn verdraaide tussenwervelschijf. Ik denk aan mijn skelet, tentoongesteld in het museum, samen met alle andere dinosauriërs. *Tennissaurus Rex.*

Jaz onderbreekt mijn gedachten. Ze geeft me haar muffin. Ze wil dat ik alle bosbessen eruit haal voordat ze hem opeet. Ons ochtendritueel. Elke bosbes moet er zorgvuldig uit worden gehaald, met precisie, concentratie. Prik het mes erin, draai het rond en wip de bosbes eruit zonder hem aan te raken. Ik concentreer me op haar muffin en het is heerlijk om aan iets anders dan aan tennis te denken. Maar als ik haar de muffin teruggeef, realiseer ik me dat hij op een tennisbal lijkt. Daardoor verkrampen mijn rugspieren zich. De tijd begint te dringen.

Na het ontbijt, nadat Stefanie en de kinderen me een afscheidszoen hebben gegeven en naar het museum zijn vertrokken, zit ik stilletjes aan de eettafel en kijk de suite rond. Hij ziet eruit als elke andere hotelsuite waar ik heb gelogeerd: schoon, chic, comfortabel. Het is het Four Seasons en dus is de suite mooi, maar tegelijkertijd gewoon weer zo'n ruimte die ik *Not Home* noem. De niet-plaats waar sporters leven. Ik doe mijn ogen dicht, probeer aan vanavond te denken, maar mijn gedachten dwalen naar het verleden. Mijn geest heeft tegenwoordig een soort natuurlijke slice. Zodra hij de kans krijgt, wil hij terug naar het begin, omdat ik zo dicht bij het einde ben. Maar dat mag ik niet toelaten. Nog niet. Ik sta mezelf niet toe al te lang bij het verleden stil te staan. Ik sta op en loop om de tafel heen, test mijn evenwichtsgevoel. Wanneer ik me redelijk stabiel voel, loop ik opgewekt naar de douche.

Onder het hete water kreun ik en schreeuw. Ik buig langzaam voorover, raak mijn dijbenen aan, kom tot leven. Mijn spieren ontspannen zich. Mijn huid zingt. Mijn poriën vliegen open. Warm bloed stroomt door mijn aderen. Ik voel dat iets zich begint te roeren. Leven. Hoop. Een sprankje jeugd. Toch maak ik geen plotselinge bewegingen. Ik wil voorkomen dat íéts mijn ruggengraat aan het schrikken maakt. Ik laat mijn ruggengraat lekker slapen.

Terwijl ik me voor de badkamerspiegel afdroog, kijk ik naar mijn gezicht: rode ogen, grijze stoppels – een volstrekt ander gezicht dan het gezicht waarmee ik begon. Maar ook een ander gezicht dan het gezicht dat ik vorig jaar in dezelfde spiegel zag. Wie ik ook ben, ik ben niet de jongen die aan deze odyssee is begonnen, en ik ben zelfs niet de man die drie maanden geleden aankondigde dat er een einde aan zou komen. Ik ben net een tennisracket waarvan ik de grip vier keer en de snaren zeven keer heb vervangen – kun je het dan nog wel hetzelfde racket noemen? Maar ergens in die ogen kan ik nog steeds de jongen zien die helemaal niet wílde tennissen, de jongen die ermee wilde stóppen, de jongen die al heel vaak ís gestopt. Ik zie die jongen met het goudblonde haar die tennis haatte en ik vraag me af hoe hij deze kale man zou zien, die tennissen nog altijd haat en toch nog altijd tennist. Zou hij verbaasd zijn? Geamuseerd? Trots? Ik word moe en lethargisch van deze vraag, en het is nog maar twaalf uur.

O, was dit maar voorbij.

Ik ben er nog niet klaar voor dat het voorbij is.

De eindstreep aan het einde van een carrière verschilt niet van de eindstreep aan het einde van een match. Je doel is die eindstreep binnen je bereik te krijgen, omdat die een magnetische aantrekkingskracht heeft. Wanneer je er dichtbij bent, of vlak daarna, voel je die kracht aan je trekken en die kracht kun je gebruiken om eroverheen te komen. Maar vlak voordat je binnen het bereik ervan bent, of vlak daarna, voel je een andere kracht, even sterk, die je wegduwt. Dat van die beide krachten is niet uit te leggen, maar ze bestaan wel. En ik kan het weten, want het grootste deel van mijn leven ben ik op zoek geweest naar de ene kracht en heb ik me verzet tegen de andere. Soms kwam ik klem te zitten, zwevend, ertussenin, stuiterend als een tennisbal.

Vanavond: ik herinner mezelf eraan dat er een ijzeren discipline nodig is om de krachten het hoofd te kunnen bieden, en wat er nog meer op me afkomt. Rugpijn, verkeerde slagen, slecht weer, zelfhaat. Ergens is het bezorgdheid, dit memo aan mezelf, maar ook meditatie. Eén ding heb ik in de negenentwintig jaar dat ik tennis wel geleerd: het leven smijt je alles, behalve het aanrecht, voor je voeten, en dan gooit het het aanrecht. Het is aan jou om die obstakels te omzeilen. Als je je erdoor laat tegenhouden of je erdoor laat afleiden, doe je je werk niet. En als je je werk niet doet, krijg je spijt, en spijt verlamt je meer dan een slechte rug.

Ik lig op bed te lezen met een glas water onder handbereik. Wanneer mijn ogen moe worden, zet ik de tv aan. Vanavond, tweede ronde van de US Open! Zal dit Andre Agassi's afscheid worden?!

Mijn gezicht verschijnt op het scherm. Een ander gezicht dan het gezicht in de spiegel. Mijn tennisgezicht. Ik kijk naar dit nieuwe spiegelbeeld van mij op de vervormde spiegel die de tv is, en mijn angst wordt nog groter. Was dat de laatste reclame? De laatste keer dat CBS ooit nog reclame zal maken voor een van mijn matches?

Ik kan me niet aan het gevoel onttrekken dat ik op het punt sta dood te gaan.

Het is geen toeval, denk ik, dat bij tennis de taal van het leven wordt gebruikt. *Advantage*, *service*, *fault*, *break*, *love*; de basisbegrippen van tennis zijn woorden van alledag, omdat elke match een leven in een notendop is. Zelfs de structuur van tennis, de manier waarop de stukken als een set Russische poppen in elkaar passen, zijn een afspiegeling van de structuur van onze tijd. Punten worden games worden sets worden toernooien, en het is allemaal zo nauw met elkaar verbonden dat elk punt het keerpunt kan worden. Dat doet me eraan denken dat dit ook geldt voor de tijd: seconden worden minuten worden uren, en elk uur kan ons gelukkigste uur worden. Of het verschrikkelijkste uur. Je mag zelf kiezen.

Maar als tennis het leven is, dan is dat wat ná tennis komt de onbekende leegte. Ik ril bij die gedachte.

Stefanie en de kinderen stormen de kamer in. Ze ploffen op het bed en mijn zoon vraagt hoe het met me gaat.

Goed, goed. Hoe waren de botten?

Leuk!

Stefanie geeft ze boterhammen en een sapje, en duwt ze de kamer weer uit.

Ze hebben een afspraak om te spelen, zegt ze.

Ja, wie niet?

Nu kan ik even een dutje doen. Nu ik zesendertig ben kan ik alleen een late match spelen, die immers tot na middernacht kan duren, als ik vooraf een dutje doe. Bovendien wil ik, nu ik ongeveer weet wie ik ben, mijn ogen sluiten en me verstoppen. Wanneer ik mijn ogen weer open, is er een uur verstreken. Ik zeg hardop: Het is tijd om te gaan. Verstoppen kan niet meer. Ik neem weer een douche, maar de middagdouche is anders dan de ochtenddouche. 's Middags douche ik altijd langer – tweeëntwintig minuten ongeveer – en niet om wakker of schoon te worden. De middagdouche is om mezelf aan te moedigen, mezelf te coachen.

Tennis is een sport waarbij je tegen jezelf praat. Geen enkele sporter praat op dezelfde manier tegen zichzelf als een tennisser. Werpers, golfers, keepers mompelen tegen zichzelf, dat wel, maar tennissers praten tegen zichzelf – en geven zichzelf antwoord. In het vuur van het spel lijkt een tennisser wel een gek, tierend en vloekend en debatterend met zijn alter ego. Waarom? Omdat het spelen van een tennismatch zo'n verdomd eenzame bezigheid is. Alleen boksers kunnen de eenzaamheid van tennissers begrijpen, hoewel zij wel cornermen en managers hebben. Zelfs de tegenstander van een bokser is een soort kameraad, iemand aan wie hij zich kan vastklampen en tegen wie hij kan grommen. Maar bij tennis sta je oog in oog met je vijand. Je wisselt slagen met hem uit, maar je raakt hem niet aan en je praat niet met hem, of met wie dan ook. Het is zelfs tegen de regels dat een tennisser op de baan met zijn coach praat.

Er zijn mensen die marathonlopers eenzaam noemen, maar dat is onzin. Zo iemand kan zijn tegenstanders immers voelen en ruiken; ze zijn maar een paar centimeter bij hem vandaan. Bij tennis bevind je je op een eiland. Van alle sportwedstrijden is een tenniswedstrijd het meest te vergelijken met eenzame opsluiting, zodat je als vanzelf tegen jezelf begint te praten. En ik begin al tijdens die middagdouche tegen mezelf te praten. Dan zeg ik dingen tegen mezelf, rare dingen, steeds weer, tot ik ze geloof. Bijvoorbeeld dat een halve invalide best mee kan doen aan de US Open. En dat een man van zesendertig best een tegenstander kan verslaan die zich al bijna op het hoogtepunt van zijn carrière bevindt. In mijn tenniscarrière heb ik 869 matches gewonnen – ik sta vijfde op de ranglijst aller tijden – en veel van die wedstrijden heb ik gewonnen tijdens die middagdouche.

Terwijl het water in mijn oren suist – wat ongeveer net zo klinkt als twintigduizend fans – denk ik terug aan bepaalde overwinningen. Geen overwinningen die mijn fans zich zullen herinneren, maar overwinningen waar ikzelf 's nachts wakker van lig. Squillari in Parijs. Blake in New York. Pete in Australië. Dan denk ik aan een paar nederlagen en schud mijn hoofd van teleurstelling. Ik zeg tegen mezelf dat vanavond een examen is waarvoor ik negenentwintig jaar heb gestudeerd. Wat er vanavond ook gebeurt, ik heb het zeker al één keer eerder meegemaakt. Als het een fysieke test is of een mentale test, dan is het niets nieuws.

O, was dit maar voorbij.

Ik ben er nog niet klaar voor dat het voorbij is.

Ik begin te huilen. Ik leun tegen de wand van de douche en laat me gaan.

Ik geef mezelf tijdens het scheren strikte instructies. Speel punt voor punt. Laat hem overal voor werken. Blijf optimistisch, wat er ook gebeurt. En geniet ervan verdomme, of probeer in elk geval van een paar momenten te genieten, zelfs van de pijn, van het verliezen, als dat is wat je te wachten staat.

Ik denk aan mijn tegenstander, Marcos Baghdatis, en vraag me af wat hij op dit moment doet. Hij is een nieuweling in het circuit, maar geen typische nieuwkomer. Hij staat nummer acht op de wereldranglijst. Hij is een grote, sterke Griek uit Cyprus en zit midden in een fantastisch jaar. Hij heeft de finale bereikt van de Australian Open en de halve finale van Wimbledon. Ik ken hem vrij goed. Tijdens de US Open van vorig jaar hebben we een oefenset gespeeld. Normaal speel ik tijdens een grand slam geen oefensets met andere spelers, maar Baghdatis vroeg het me met een ontwapenende charme. Bovendien maakte een tv-zender uit Cyprus een reportage over hem en hij vroeg of ik het goed vond dat ze ons filmden tijdens die oefenset. Tuurlijk, zei ik. Waarom niet? Ik won die oefenset met 6-2 en na afloop straalde hij. Ik zag dat hij zo iemand is die altijd straalt als hij gelukkig of zenuwachtig is, terwijl je nooit weet welke van de twee het is. Het deed me aan iemand denken, maar ik wist niet aan wie.

Ik zei tegen Baghdatis dat zijn spel wel wat op mijn spel leek en hij antwoordde dat dit geen toeval was. Toen hij jong was had hij foto's van mij aan de muur van zijn slaapkamer hangen en hij aapte mijn spel na. Vanavond speel ik dus tegen mijn spiegelbeeld. Hij zal vanaf de baseline spelen, de bal snel nemen en hem zo snel, zo hard en zo diep mogelijk slaan, net als ik. Het zal enerverend tennis opleveren, allebei zullen we proberen de ander onze wil op te leggen, allebei zullen we zoeken naar kansen om een backhand op de lijn te leggen. Hij heeft geen geweldige service, net als ik, en dat betekent lange slagenwisselingen, rally's die veel energie en tijd vergen. Ik bereid me voor op plotselinge oplevingen, gecombineerde slagen, een uitputtingsslag, tennis in zijn meest meedogenloze vorm.

Het enige grote verschil tussen mij en Baghdatis is fysiek. We hebben een ander lichaam. Hij heeft mijn vroegere lichaam. Hij is lichtvoetig, snel, actief. Ik moet mijn jongere versie verslaan om mijn oudere versie in de wedstrijd te houden. Ik sluit mijn ogen en zeg: Controleer wat je kunt controleren.

Ik zeg het nog een keer, hardop. Door het luid en duidelijk te zeggen, praat ik mezelf moed in.

Ik draai de kraan dicht en realiseer me, rillend, dat het een stuk makkelijker is om moedig te zijn als je onder een straal gloeiend heet water staat. Maar dan zeg ik tegen mezelf dat dit geen echte moed is. Je wordt niet moedig door wat je voelt, maar door wat je doet.

Stefanie en de kinderen komen terug. Tijd om het Gil Water te maken.

Ik zweet heel erg, meer dan de meeste spelers, en dus moet ik uren voor de wedstrijd al hydrateren. Ik drink liters van een magisch elixer dat Gil, al zeventien jaar mijn trainer, voor me heeft uitgedokterd. Gil Water is een mix van koolhydraten, elektrolyten, zout, vitamines en een paar andere ingrediënten die Gil zorgvuldig geheimhoudt. Hij is al twintig jaar met dit recept aan het stoeien. De avond voor een match begint hij me al Gil Water op te dringen en blijft dat doen tot vlak voor het begin van de match. Tijdens de match drink ik er ook van. Tijdens de verschillende fasen drink ik verschillende versies, allemaal met hun eigen kleur: roze voor energie, rood voor herstel en bruin voor aanvulling.

De kinderen vinden het heerlijk me te helpen met het mixen van Gil Water. Ze ruziën over wie de poeders mag opscheppen, wie de trechter mag vasthouden, wie de vloeistof in de plastic waterflesjes mag schenken. Maar niemand anders dan ik mag de flessen in mijn tas stoppen, samen met mijn kleren en handdoeken en boeken en zonneklepjes en polsbandjes. (Mijn rackets gaan er net als altijd pas later in.) Niemand anders dan ik mag aan mijn tennistas komen en als hij eenmaal is ingepakt staat hij bij de deur, ten teken dat uur U al bijna is aangebroken.

Op vijf uur belt Gil op, vanuit de lobby.

Hij vraagt: Ben je klaar? Tijd voor de overwinning. *It's on*, Andre. *It's on.*

Tegenwoordig zegt iedereen *It's on*, maar Gil zegt dat al jaren, en niemand zegt het op de manier waarop hij dat doet. Als Gil zegt *It's on*, dan voel ik mijn hulpraketten aanslaan en beginnen mijn adrenalineklieren te pompen als geisers. Dan heb ik het gevoel dat ik een auto kan optillen.

Stefanie en de kinderen komen bij de deur staan en ze zegt dat Daddy nu weg moet. Wat zeggen jullie dan, jongens?

Jaden roept: *Kick butt*, Daddy!

Kick butt, zegt Jaz, haar broer nadoend.

Stefanie geeft me een kus en zegt niets, omdat er niets te zeggen is.

In de auto zit Gil voorin, keurig gekleed. Zwart overhemd, zwarte stropdas, zwart colbertje. Hij kleedt zich voor elke match alsof het een blind date is of een maffia-aanslag. Af en toe controleert hij zijn lange zwarte haar in de zijspiegel of de achteruitkijkspiegel. Ik zit achterin met Darren, mijn coach, een Australiër met een eeuwig Hollywood-kleurtje en een glimlach alsof hij de loterij heeft gewonnen. Een paar minuten lang zegt niemand iets. Dan citeert Gil de tekst van een van onze favoriete nummers, een oude ballad van Roy Clark, en zijn diepe basstem vult de auto:

Just going through the motions of pretending
we have something left to gain...

Hij kijkt me aan, wacht.

Ik zeg: *We can't build a fire in the rain.*

Hij lacht. Ik lach. Even vergeet ik mijn zenuwen.

Zenuwen zijn iets grappigs. Op bepaalde dagen heb je er zoveel last van dat je steeds op een holletje naar het toilet moet. Op andere dagen word je er wellustig van. Maar op weer andere dagen lach je er om en krijg je daardoor juist heel veel zin in de strijd. Proberen uit te vinden welke soort zenuwen je parten spelen, is het eerste wat je moet doen als je naar het stadion rijdt. Uitzoeken welke soort zenuwen opspelen, uitzoeken wat ze zeggen over de toestand van je lichaam en je geest, is de eerste stap om ze vóór jou te laten werken. Een van de duizenden lessen die Gil me heeft geleerd.

Ik vraag Darren wat hij van Baghdatis denkt. Hoe agressief moet ik vanavond willen zijn? Tennis gaat om gradaties van agressie: je wilt agressief genoeg zijn om een punt te maken, maar ook weer niet zo agressief dat je de controle verliest en jezelf aan onnodige risico's blootstelt. Dit zijn mijn vragen over Baghdatis: Hoe zal hij proberen me pijn te doen? Als ik een backhand crosscourt sla, zullen bepaalde spelers kalm reageren, maar anderen zullen onmiddellijk een statement maken, de bal op de lijn leggen of snel naar het net komen. Omdat ik nog nooit tegen Baghdatis heb gespeeld, op die ene oefenset na, wil ik weten hoe hij op behoudend spel zal reageren. Zal hij naar voren komen en die routineuze crosscourt terugrammen of zal hij rustig aan doen, zijn tijd afwachten?

Mate, zegt Darren, ik denk dat je, als je te behoudend bent met je rally shot, mag verwachten dat deze vent eromheen stapt en je met zijn forehand te grazen zal nemen.

Ik begrijp het.

Wat zijn backhand betreft, die legt hij niet makkelijk bij de lijn neer. Daar zal hij dus niet snel op teruggrijpen. Dus als je merkt dat hij zijn backhands op de lijn slaat, dan betekent dit dat jij tijdens de rally's veel te weinig kracht in je slagen legt.

Beweegt hij zich gemakkelijk?

Ja, hij beweegt goed. Maar hij vindt het niet prettig defensief te spelen. Offensief beweegt hij zich gemakkelijker dan defensief.

Hm.

We zijn bij het stadion. Het wemelt er van de fans. Ik zet een paar handtekeningen en ga naar binnen. Ik loop door een lange tunnel naar de kleedkamer. Gil gaat weg om met de beveiliging te overleggen. Hij wil altijd dat ze precies weten wanneer we de baan opgaan om te trainen en wanneer we teruggaan. Darren en ik laten onze tassen vallen en lopen rechtstreeks naar de kleedkamer. Ik ga op een tafel liggen en vraag de eerste de beste trainer die bij me in de buurt komt of hij mijn rug wil masseren. Darren verdwijnt en komt vijf minuten later terug met acht zojuist bespannen rackets. Hij zet ze rechtop tegen mijn sporttas. Hij weet dat ik ze zelf in mijn tas wil stoppen.

Ik ben geobsedeerd door mijn tas. Ik hou hem bijzonder netjes en schaam me daar niet voor. Die tas is mijn aktetas, koffer, gereedschapskist, lunchbox en schilderspalet. Hij moet in orde zijn, altijd. Die tas draag ik zelf naar en van het court, twee momenten waarop mijn zintuigen extra alert zijn, zodat ik elke gram van zijn gewicht kan voelen. Als iemand er een paar wollen sokken in zou stoppen, zou ik dat voelen. Die tennistas heeft veel weg van je hart, je moet altijd weten wat erin omgaat.

Bovendien is het functioneel. Mijn acht rackets moeten in chronologische volgorde in mijn tennistas zitten, het racket dat het laatst bespannen is onderin en het racket dat het eerst bespannen is bovenop. Hoe langer het geleden is dat een racket is bespannen, hoe meer spanning het verliest. Daarom begin ik altijd aan een match met het racket dat het eerst is bespannen, omdat ik weet dat dit het racket is met de slapste bespanning.

Mijn racketbespanner is iemand van de oude school, uit de Oude Wereld, de Tsjechische artiest Roman. Hij is de beste en dat moet ook wel, want de bespanning van je racket kan beslissend zijn voor een partij, en een partij kan je carrière bepalen. En wel of geen carrière kan het lot van talloze levens bepalen. Wanneer ik een vers racket uit mijn tas haal en daarmee ga serveren om een match te bepalen, kan de spanning van de snaren van dat racket honderdduizenden dollars waard zijn. Omdat ik voor mijn gezin, voor mijn liefdadigheidsfonds en voor mijn school speel, is elke snaar even belangrijk. Als je nagaat wat ik allemaal niet onder controle heb, ben ik obsessief over de paar dingen die ik wel onder controle heb. De spanning van mijn rackets is daar een voorbeeld van.

Roman is zó belangrijk voor mijn spel dat ik hem altijd meeneem. Officieel woont hij in New York, maar als ik aan Wimbledon meedoe, woont hij in Londen, en als ik meedoe aan Roland Garros, is hij Parijzenaar. Soms, als ik me in een vreemde stad verloren of eenzaam voel, ga ik bij Roman zitten en kijk naar de manier waarop hij rackets bespant. Niet omdat ik hem niet vertrouw, integendeel: ik word er rustig en ontspannen van en het inspireert me als ik een vakman aan het werk zie. Het herinnert me eraan hoe belangrijk het is voor de wereld dat een taak goed wordt uitgevoerd.

Roman krijgt de onbespannen rackets in een grote kist van de fabriek en ze zijn altijd een warboel. Op het oog zien ze er allemaal hetzelfde uit, maar voor Roman hebben ze allemaal een eigen gezicht. Elk racket is een heel klein beetje zwaarder of langer. Hij draait ze rond, voor- en achteruit, fronst zijn wenkbrauwen en gaat rekenen. Ten slotte begint hij. Hij begint met het afwikkelen van de fabrieksgrip; daarna brengt hij mijn grip aan, de op maat gemaakte grip die ik al sinds mijn veertiende heb. Mijn grip is even persoonlijk als mijn vingerafdruk, aangepast aan zowel mijn handvorm en vingerlengte als aan de afmeting van mijn eeltplekken en de kracht van mijn greep. Roman heeft een mal van mijn grip en die brengt hij op het racket aan. Daarna omwikkelt hij de mal met kalfsleer, dat hij dunner en dunner slaat tot het precies de juiste dikte heeft. Eén millimeter verschil kan tegen het einde van een vier uur durende match even irritant en afleidend zijn als een steentje in mijn schoen.

Als de grip klaar is, rijgt Roman de synthetische snaren in. Hij trekt ze strak, maakt ze losser, trekt ze weer strak, en stemt ze even zorgvuldig als de snaren van een viool. Daarna brengt hij de sjablooninkt erop aan en zwaait het racket heen en weer om de inkt te laten drogen. Sommige bespanners sjabloneren de rackets vlak voor het begin van de match, maar dat vind ik heel erg nonchalant en onprofessioneel. De inkt geeft af op de ballen en niets is erger dan een tennisser die rode en zwarte verf op de ballen achterlaat. Ik hou van orde en netheid, en dat betekent geen ballen vol inktvlekken. Wanorde leidt af en elke afleiding op de baan is een potentieel keerpunt.

Darren maakt twee blikken ballen open en stopt twee ballen in zijn zak. Ik neem een slok Gil Water en ga voor de warming-ups nog één keer naar het toilet. James, de bewaker, loopt voor ons uit door de tunnel. Zoals altijd heeft hij zich in een krap geel bewakersoverhemd geperst en hij geeft me een knipoogje alsof hij wil zeggen: Wij bewakers horen onpartijdig te zijn, maar ik ben vóór jou.

James is al bijna even lang bij de US Open als ik. Hij is me voor en na glorieuze overwinningen en rampzalige nederlagen al talloze malen voorgegaan door deze tunnel. James – groot, vriendelijk en vol stoere littekens, die hij met trots draagt – heeft wel iets van Gil. Het is bijna alsof hij Gils plaats inneemt tijdens die paar uur op de baan wanneer ik me buiten Gils invloedssfeer bevind. Er zijn mensen die je gewoon verwácht te zullen zien tijdens de US Open – kantoorpersoneel, ballenjongens, trainers – en hun aanwezigheid is geruststellend. Zij helpen je eraan herinneren waar en wie je bent. James staat helemaal boven aan die lijst. Hij is een van de eerste gezichten die ik zoek zodra ik het Arthur Ashe Stadium binnenloop. Zodra ik hem zie, weet ik dat ik terug ben in New York en dat ik in goede handen ben.

Sinds 1993, toen een van de toeschouwers in Hamburg de baan opkwam en Monica Seles tijdens een match met een mes aanviel, zet de US Open tijdens elke pauze en elke wisseling van kant een bewaker achter de stoel van elke speler. James zorgt er altijd voor dat hij achter mijn stoel komt te staan. Zijn onvermogen om onpartijdig te blijven is ontzettend leuk. Wanneer ik tijdens een gruwelijke match James' ongeruste blik zie, fluister ik: Maak je geen zorgen, James, ik krijg deze sukkel wel. Hij moet er altijd om grinniken.

Maar nu hij voor me uit naar de oefenbanen loopt, grinnikt hij niet. Hij kijkt verdrietig. Hij weet dat dit onze laatste avond kan zijn. Toch wijkt hij niet af van ons vaste ritueel van voor de match. Hij vraagt hetzelfde als altijd: Zal ik je tas voor je dragen?

Nee James, ik ben de enige die mijn tas draagt.

Ik heb James verteld dat ik toen ik zeven jaar oud was zag dat Jimmy Connors iemand anders zijn tas liet dragen, alsof hij Julius Caesar was. Toen heb ik gezworen dat ik altijd mijn eigen tas zou dragen.

Oké, zegt James, met een glimlach. Ik weet het, ik weet het nog wel. Wilde alleen maar helpen.

Dan vraag ik: James, sta jij vandaag achter me?

Ik sta achter je, baby. Ik zal voor je zorgen. Jij hoeft je nergens druk over te maken. Denk alleen maar aan je eigen klus.

We stappen de tunnel uit en een schemerige septemberavond in; de lucht een paarsoranje vlek en smog. Ik loop naar de tribune, geef een paar fans een hand en geef nog een paar handtekeningen weg voordat ik begin te trainen. Er zijn vier oefenbanen en James weet dat ik de baan wil die het verst van het publiek af ligt, zodat Darren en ik een beetje privacy hebben als we gaan tennissen en de tactiek bespreken.

Ik kreun als ik de eerste backhand op de lijn op Darrens forehand speel.

Die slag moet je vanavond niet gebruiken, zegt hij. Daar zal Baghdatis je mee te grazen nemen.

Echt?

Geloof me, mate.

En je zegt dat hij goed beweegt?

Ja, best wel.

We tennissen achtentwintig minuten. Ik weet niet waarom ik die details signaleer. De lengte van een middagdouche, de lengte van een oefensessie, de kleur van James' overhemd. Ik wil dat niet signaleren, maar ik doe het wel, altijd, en ik vergeet het nooit meer. Ik heb wel invloed op de inhoud van mijn tennistas, maar niet op de inhoud van mijn geheugen; alles gaat erin en het lijkt wel alsof er nooit weer iets uit verdwijnt.

Mijn rug voelt redelijk. De normale stijfheid natuurlijk, maar de gruwelijke pijn is weg. De cortisoninjectie werkt. Ik voel me goed, hoewel de definitie van 'goed' de laatste jaren is veranderd. Toch voel ik me beter dan toen ik vanochtend mijn ogen opendeed. Misschien gaat het vandaag wel lukken. Morgen zal ik de fysieke gevolgen daarvan natuurlijk wel voelen, maar ik moet nu niet aan morgen denken, of aan gisteren.

Weer terug in de kleedkamer trek ik mijn bezwete kleren uit en stap onder de douche. Mijn derde douche van deze dag is kort, functioneel. Geen tijd om mezelf te coachen of voor een huilbui. Ik trek een droge broek aan, een schoon T-shirt en ontspan me met de benen omhoog in de kleedkamer. Ik drink nog meer Gil Water, zoveel mogelijk, want het is halfzeven en de match begint al over een klein uur.

Er hangt een tv boven de massagetafel en ik probeer naar het nieuws te kijken. Het lukt niet. Ik ga naar beneden, naar de kantoren, en loop even binnen bij het secretariaat en de scheidsrechters van de US Open. Ze hebben het druk. Ze hebben geen tijd voor een praatje. Ik loop door een kleine deur. Stefanie en de kinderen zijn er nu ook. Ze zijn in een speeltuintje buiten de kleedkamer. Jaden en Jaz gaan om de beurt op de glijbaan. Stefanie vindt het fijn, dat zie ik wel, dat de kinderen er zijn om haar af te leiden. Ze is opgefokter dan ik. Ze lijkt bijna geïrriteerd. Haar frons zegt: Het had allang moeten beginnen! Schiet eens op! Ik geniet van de manier waarop mijn vrouw staat te trappelen voor een gevecht.

Ik praat een paar minuten met haar en de kinderen, maar ik kan niet horen wat ze zeggen. Mijn geest is heel ver weg. Stefanie ziet het. Ze voelt het. Je wint geen tweeëntwintig Grand Slams als je geen bijzonder goed ontwikkelde intuïtie bezit. Bovendien was ze zelf net zo voor háár matches. Ze stuurt me terug naar de kleedkamer: Ga. Wij zijn hier. Doe wat je moet doen.

Ze gaat niet aan de baan zitten om naar de match kijken. Dat vindt ze te dichtbij. Zij blijft met de kinderen in een skybox, waar ze afwisselend heen en weer loopt, bidt en haar handen voor de ogen slaat.

Pere, een van de ervaren trainers, komt binnen. Ik zie meteen welke van zijn dienbladen voor mij is: het blad met die twee enorme schuimrubberen donuts en twee dozijn voorgeknipte stroken tape. Ik ga op een van de zes massagetafels liggen en Pere gaat aan het voeteneind zitten. Een smerige klus, mijn voeten klaarmaken voor de strijd, en daarom zet hij er een afvalbak onder. Ik vind het fijn dat Pere zo netjes is, overdreven netjes bijna; hij is de Roman van de eeltplekken. Eerst pakt hij een lang wattenstaafje waarmee hij een inktachtige brij aanbrengt, waar mijn huid plakkerig van wordt en mijn wreef paars. Die inkt is onafwasbaar. Mijn wreef is al paars sinds Reagan president werd. Nu spuit Pere er huidversteviger op. Als dat droog is, legt hij op elke eeltplek een schuimrubberen donut. Daarop komen de stroken tape, van een soort rijstpapier. Elke strook wordt meteen deel van mijn huid. Hij begint mijn grote tenen in te tapen tot ze allebei zo groot zijn als een bougie. Ten slotte tapet hij mijn voetzolen. Hij kent mijn drukpunten, waar ik land, waar ik extra laagjes tape nodig heb.

Ik bedank hem en trek mijn schoenen aan, zonder veters. Nu vertraagt alles, terwijl het geluidsniveau toeneemt. Zo-even was het stadion nog stil, nu is het meer dan luidruchtig. De lucht is gevuld met een gezoem, het geluid van de fans die snel naar hun plaats lopen, omdat ze geen minuut van de komende match willen missen.

Ik sta op, schud met mijn benen.

Ik zal niet meer gaan zitten.

Ik probeer door de hal te joggen. Niet slecht. Mijn rug houdt het. Alles werkt.

Aan de andere kant van de kleedkamer zie ik Baghdatis. Hij heeft zich al aangekleed en is voor de spiegel bezig met zijn haar. Hij schudt zijn hoofd, kamt zijn haar, trekt het naar achteren. Wauw, wat heeft hij veel haar! Nu doet hij zijn hoofdband om, een witte Cochise-hoofdband. Zodra die goed zit, trekt hij nog even aan zijn paardenstaart. Absoluut een glamoureuzer ritueel voor de wedstrijd dan het intapen van het eelt op je tenen. Ik denk aan mijn eigen haar in de beginfase van mijn carrière. Even ben ik jaloers. Ik mis mijn haar. Dan wrijf ik over mijn kale schedel en ben dankbaar dat ik me, met alle dingen waar ik me nu zorgen over maak, daar niet druk over hoef te maken.

Baghdatis begint te stretchen, buigt zich voorover. Hij gaat op één been staan en trekt een knie op naar zijn borst. Niets is zo enerverend als kijken naar je tegenstander die pilates, yoga en tai chi doet, terwijl je zelf nog niet eens een reverence kunt maken. Nu beweegt hij zijn heupen op zo'n manier als ik al sinds mijn zevende niet meer heb gedurfd.

En toch overdrijft hij. Hij is gespannen. Ik kan zijn centraal zenuwstelsel bijna hóren, net zo'n geluid als het gezoem van het stadion. Ik kijk naar de interactie tussen hem en zijn coaches; zij zijn ook gespannen. Hun gezicht, hun lichaamstaal, hun kleur, aan alles kan ik zien dat ze weten dat het een verbeten strijd zal worden en dat ze niet zeker weten of ze daar wel aan willen. Ik vind het altijd prettig als aan mijn tegenstander en zijn team te zien is dat ze zenuwachtig zijn. Een goed voorteken, maar ook een teken van respect.

Baghdatis ziet me en glimlacht. Ik herinner me dat hij glimlacht als hij gelukkig of zenuwachtig is en dat je nooit weet welke van die twee het is. Weer doet het me aan iemand denken, en weer kom ik er maar niet achter aan wie.

Ik steek mijn hand op. *Good luck.*

Hij steekt zijn hand op. Zij die gaan sterven...

Ik duik de tunnel in voor een laatste gesprek met Gil, die in een hoekje zit waar hij alleen kan zijn maar toch alles in de gaten kan houden. Hij omhelst me, zegt dat hij van me houdt, dat hij trots op me is. Ik ga naar Stefanie toe en geef haar nog een laatste kus. Ze zit te wippen, te schommelen, met haar voeten te trappelen. Ze zou het liefst haar tenniskleding willen aantrekken, een racket pakken en samen met mij de baan op gaan. Mijn strijdlustige vrouw. Ze probeert te glimlachen, maar het wordt een grimas. In haar gezicht zie ik alles wat ze wíl zeggen maar nooit zál zeggen. Ik hoor elk woord dat ze weigert uit te spreken: Vermaak je, geniet, neem alles in je op, let op elk minuscuul detail, want dit kan je laatste match zijn. En ook al haat je tennis, na vanavond ga je het misschien toch missen.

Dit is wat ze wil zeggen, maar in plaats daarvan geeft ze me een kus en zegt wat ze altijd zegt voordat ik de baan op ga, de woorden waar ik op reken, net als op lucht en slaap en Gil Water: *Go kick some butt.*

Een scheidsrechter van de US Open, in een pak en met een walkie-talkie zo groot als mijn onderarm, komt naar me toe. Hij ziet eruit alsof hij verantwoordelijk is voor de tv-uitzending en voor de beveiliging op de baan. Hij ziet eruit alsof hij overal verantwoordelijk voor is, inclusief de landing en start van alle vliegtuigen op LaGuardia. Vijf minuten, zegt hij.

Ik vraag aan iemand: Hoe laat is het?

Tijd om te gaan, is het antwoord.

Nee, ik bedoel, hoe laat is het? Halfacht? Twintig over zeven? Ik heb geen idee en het lijkt opeens belangrijk. Maar er zijn hier geen klokken.

Darren en ik kijken elkaar aan. Zijn adamsappel gaat op en neer.

Mate, zegt hij, jij hebt je huiswerk gedaan. Jij bent er klaar voor.

Ik knik.

Hij steekt zijn vuist op voor een stomp. Eén stomp, meer niet, want dat deden we ook voordat ik eerder deze week de eerste ronde haalde. We zijn allebei bijgelovig, zodat we een toernooi altijd afsluiten op dezelfde manier als we eraan begonnen zijn. Ik kijk naar Darrens vuist, geef hem één zelfverzekerde stomp, maar durf mijn blik niet op te slaan en oogcontact te maken. Ik weet dat Darren tranen in zijn ogen heeft en ik weet wat dat met me doet.

Laatste handelingen: ik rijg de veters in mijn schoenen. Ik tape mijn pols. Ik tape mijn eigen pols altijd zelf, al sinds mijn blessure in 1993. Ik strik mijn veters.

O, was dit maar voorbij.

Ik ben er nog niet klaar voor dat het voorbij is.

Meneer Agassi, het is tijd.

Ik ben er klaar voor.

Ik loop de tunnel in, drie passen achter Baghdatis, met James weer voorop. We stoppen, wachten op een teken. Het gezoem om ons heen wordt luider. De tunnel is zo koud als een koelcel. Ik ken deze tunnel even goed als de hal van mijn huis en toch voelt hij deze avond ongeveer vijftig graden kouder aan en een voetbalveld langer. Ik kijk opzij en zie de bekende foto's van eerdere kampioenen aan de muren hangen. Navratilova. Lendl. McEnroe. Stefanie. Ik. De foto's zijn bijna een meter hoog en hangen precies even ver van elkaar af – te precies. Het lijken wel bomen in een nieuwbouwwijk. Ik zeg tegen mezelf: Hou toch eens op met het signaleren van dat soort dingen. Het is tijd je geest te versmallen, op dezelfde manier als deze tunnel je zicht beperkt.

Het hoofd beveiliging roept: Oké allemaal, *it's show time*!

We lopen.

Zoals vooraf is afgesproken loopt Baghdatis drie passen voor me uit naar het licht. Opeens schijnt er een tweede licht, een verblindend hemels licht, in ons gezicht. Een tv-camera. Een verslaggever vraagt Baghdatis hoe hij zich voelt. Hij zegt iets wat ik niet kan verstaan.

Nu is de camera dichter bij mijn gezicht en de verslaggever stelt mij dezelfde vraag.

Dit kan je laatste match worden, zegt de verslaggever. Wat doet dat met je?

Ik geef antwoord, maar heb geen idee wat ik zeg. Maar na jarenlange oefening heb ik het gevoel dat ik zeg wat hij wil dat ik zeg, wat hij verwacht dat ik zal zeggen. Dan loop ik door, op benen die voelen als andermans benen.

De temperatuur stijgt enorm wanneer we bij de deur naar het centercourt komen. Het gezoem is nu oorverdovend. Baghdatis stormt als eerste door de deur. Hij weet hoeveel aandacht het beeindigen van mijn carrière heeft gekregen. Hij leest de krant. Hij verwacht dat hij vanavond de rol van booswicht speelt. Hij denkt dat hij daarop voorbereid is. Ik laat hem gaan, ik laat hem horen hoe het bijenkorfgeluid in gejuich verandert. Ik laat hem denken dat het publiek voor ons allebei juicht. Dan loop ik naar buiten. Nu verdrievoudigt het gejuich. Baghdatis draait zich om en realiseert zich dat het eerste gejuich voor hem was, maar dat dit gejuich voor mij is, alleen voor mij. Daardoor moet hij zijn verwachtingen bijstellen en zich opnieuw afvragen wat hem te wachten staat. Zonder ook maar één bal te slaan, heb ik een enorme ommezwaai veroorzaakt in zijn gevoel van welbevinden. Een kneepje van het vak. Een foefje van een oude rot.

Het publiek wordt luidruchtiger als we naar onze stoelen lopen. Het is luider dan ik had verwacht, luider dan ik ooit eerder heb gehoord in New York. Ik hou mijn blik neergeslagen, laat het lawaai over me heen komen. Ze houden van dit moment, ze houden van tennis. Ik vraag me af hoe ze zich zouden voelen als ze mijn geheim zouden kennen. Ik kijk naar het court. Het court, altijd het meest abnormale deel van mijn leven, is nu de enige normale ruimte in deze heksenketel. Het court, waar ik me altijd zo alleen en naakt voel, is de plek waar ik bescherming hoop te vinden voor dit emotionele moment.

Ik werk me rustig door de eerste set, win met 6-4. Het loopt tegen het einde. De bal gehoorzaamt aan elk bevel. Net als mijn rug. Mijn lichaam voelt warm, soepel aan. De cortison en adrenaline werken samen. Ik win de tweede set, 6-4.

Tijdens de derde set word ik moe. Ik verlies de controle. Ondertussen verandert Baghdatis zijn strategie. Hij speelt met de moed der wanhoop, een veel sterkere drug dan cortison. Hij neemt risico's en elk risico heeft succes. De bal gehoorzaamt me niet langer en spant met hem samen. De bal stuitert steeds zoals hij dat wil, waardoor hij zelfverzekerder wordt. Uit zijn blik spreekt zelfvertrouwen. Zijn aanvankelijke wanhoop is omgeslagen in hoop. Nee, in woede. Hij bewondert me niet langer. Hij haat me, en ik haat hem. Nu grijnzen we vals naar elkaar en proberen elkaar af te troeven. Het publiek voelt onze woede, ze gillen en stampen na elk punt met hun voeten. Ze klappen niet in hun handen, maar ze slaan hun handen tegen elkaar... een primitief oergeluid.

Hij wint de derde set, 6-3.

Ik kan niets doen om de woeste aanval van Baghdatis te stoppen. Integendeel, die wordt steeds feller. Hij is immers eenentwintig, hij is nog maar aan het warmdraaien. Hij heeft zijn ritme gevonden, hij weet waarom hij hier is, waarom hij het recht heeft hier te zijn, terwijl ik mijn tweede adem al heb opgebruikt en me pijnlijk bewust ben van de klok die in mijn lichaam tikt. Ik wil geen vijfde set. Ik kan helemaal geen vijfde set aan. Omdat ik nu de dood nabij ben, begin ik zelf ook risico's te nemen. Ik pak een voorsprong van 4-0. Nog twee servicebreaks, en de eindstreep is in zicht. Ik voel de magnetische kracht aan me trekken.

Dan voel ik die andere kracht aan me trekken. Baghdatis speelt zijn beste tennis van dit jaar. Hij heeft zich net bedacht dat hij de nummer tien van de wereld is. Hij vuurt schoten af waarvan ik niet wist dat hij ze in zich had. Ik heb een griezelig hoog niveau bereikt, maar nu ontmoet hij me op dat niveau, en hij streeft me voorbij. Hij breekt mijn service. Het is 4-1. Hij houdt zijn eigen service. Het is 4-2.

Nu komt de belangrijkste game van de match. Als ik deze game win, heb ik weer de leiding van deze set en laat hem denken – en mezelf – dat hij gewoon de mazzel had dat hij mijn service één keer heeft kunnen breken. Maar als ik verlies is het 4-3 en ligt alles weer open. Dan begint onze avond weer helemaal opnieuw. We hebben elkaar al tien ronden lang afgetuigd, maar als ik deze game verlies begint het gevecht weer helemaal opnieuw. We spelen in een moorddadig tempo. Hij zet alles op alles, houdt zich niet in, wint de game. Hij gaat deze set pakken. Hij gaat nog liever dood dan dat hij deze set verliest. Ik weet dat en iedereen in het stadion weet dat. Twintig minuten geleden was ik nog maar twee games van een overwinning en een voorsprong af. Nu sta ik op het punt de set te verliezen.

Hij wint de set, 7-5.

De vijfde set begint. Ik serveer, trillend, niet zeker of mijn lichaam het nog tien minuten kan volhouden, tegenover een knul die met elk punt jonger en sterker lijkt te worden. Ik zeg tegen mezelf: Laat het niet op deze manier eindigen. Van alle mogelijke manieren, niet op deze manier, door een voorsprong van twee sets weg te geven. Baghdatis praat ook tegen zichzelf, moedigt zichzelf aan. Om en om maken we met veel moeite een punt. Hij maakt een fout. Ik ook. Hij verstevigt zijn positie. Ik nog meer. Ik serveer bij deuce en we spelen een waanzinnig punt dat pas eindigt als hij een backhand dropshot slaat die ik in het net sla. Inwendig schreeuw ik. Voordeel Baghdatis. De eerste keer vanavond dat ik achtersta.

Niet meer aan denken. Controleer wat je kunt controleren, Andre.

Ik win het volgende punt. Weer deuce. Opgetogenheid.

Ik geef hem het volgende punt cadeau. Backhand in het net. Voordeel Baghdatis. Neerslachtigheid.

Het volgende punt wint hij ook, hij wint de game, breekt tot 1-0.

We lopen naar onze stoelen. Ik hoor het publiek de eerste Agassi-grafredes mompelen. Ik neem een slokje Gil Water, heb medelijden met mezelf, voel me oud. Ik kijk naar Baghdatis, vraag me af of hij trots is op zichzelf. Maar in plaats daarvan vraagt hij een trainer om zijn benen te masseren. Hij vraagt om een medische time-out. Hij heeft zijn linkerdijspier verrekt. Heeft hij me dit aangedaan met een verrekte spier?

Het publiek maakt van deze pauze gebruik en begint te scanderen: *Let's go, Andre! Let's go, Andre!* Ze beginnen een wave. Ze houden borden omhoog met mijn naam erop.

Bedankt voor de herinneringen, Andre!

This is Andre's House.

Eindelijk is Baghdatis klaar om weer te beginnen. Hij serveert. Nu hij mijn service heeft gebroken en voor staat, zou hij in hoog tempo moeten spelen. Maar in plaats daarvan lijkt het alsof de onderbreking zijn ritme heeft verstoord. Ik breek zijn service. We staan weer gelijk.

We houden beiden onze volgende drie servicegames. Dan, bij 4-4, op mijn service, spelen we een game die een week lijkt te duren, een van de inspannendste en meest onwerkelijke games uit mijn carrière. We grommen als beesten, meppen als gladiatoren, hij met zijn forehand, ik met mijn backhand. Iedereen in het stadion houdt de adem in. Zelfs de wind stopt met waaien. Vlaggen hangen slap tegen de vlaggenmasten. Bij 40-30 slaat Baghdatis een snelle forehand die me uit positie brengt. Ik ben maar net op tijd om mijn racket ertegenaan te krijgen. Ik mep de bal over het net – schreeuw van inspanning – en hij slaat alweer een vernietigende bal op mijn backhand. Ik ren in de tegengestelde richting – au, mijn rug! – en kan de bal maar net op tijd bereiken. Maar ik heb mijn rug verdraaid. De ruggenwervel zit vast en de zenuwen erin gillen van ellende. Tot zover de cortisonen. Baghdatis slaat een winner naar het vrije deel van het speelveld en terwijl ik de bal voorbij zie vliegen, realiseer ik me dat hiermee mijn beste spel van de avond wel voorbij is. Wat ik vanaf dit moment ook doe, het zal beperkt zijn, een compromis, een aanslag op mijn toekomstige gezondheid en mobiliteit.

Ik kijk over het net om te zien of Baghdatis mijn pijn heeft gezien en ik zie hem strompelen. Strompelen? Hij heeft kramp! Hij valt op de grond, grijpt naar zijn benen. Hij heeft meer pijn dan ik. Tja, ik heb veel liever een aangeboren slechte rug dan plotselinge krampaanvallen in mijn benen. Terwijl hij op de grond ligt te kronkelen, denk ik: Het enige wat ik hoef te doen is overeind blijven, deze verdomde bal nog een tijdje heen en weer slaan en zijn krampen hun eigen werk laten doen.

Ik ban elke gedachte aan subtiliteit en strategie uit mijn hoofd. Zeg tegen mezelf: basis. Als je tegen een gewonde speelt, gaat het alleen nog om instinct en reactie. Dit is niet langer tennis, maar een zuivere test van wilskracht. Geen linkse directe meer, geen schijnbeweging meer, geen voetenwerk meer. Alleen nog vuistslagen.

Baghdatis is ook opgehouden met strategisch spel, met denken, waardoor hij gevaarlijker wordt. Ik kan niet meer voorspellen wat hij zal doen. Hij is gek van de pijn. Niemand kan gekte voorspellen en al helemaal niet op de tennisbaan. Bij deuce mis ik mijn eerste service, en geef hem een vette, sappige tweede service waar hij wel raad mee weet. Winner. Voordeel Baghdatis.

Shit. Ik zak als een plumpudding in elkaar. Die vent kan zich niet bewegen, maar wel mijn service breken?

En alweer ben ik nog maar één klein, minuscuul puntje verwijderd van een achterstand van 4-5, waarna Baghdatis mag serveren voor de match. Ik sluit mijn ogen. Weer mis ik mijn eerste service. Ik sla opnieuw een aarzelende tweede service en op de een of andere manier slaat hij een makkelijk te retourneren forehand. Weer deuce.

Als je lichaam en geest op het punt staan te bezwijken, voelt één gemakkelijk verkregen punt als vrijspraak tijdens een rechtszaak. En toch verspeel ik die vrijspraak bijna weer. Ik mis mijn eerste service. Als door een wonder mis ik de tweede niet. Zijn return gaat over de zijlijn. Alweer een cadeautje. Voordeel Agassi.

Ik ben nog maar één punt van een 5-4 voorsprong af. Baghdatis grijnst, oefent druk uit. Hij geeft niet op. Hij wint het punt. Deuce nummer drie.

Ik beloof mezelf dat ik, als ik weer voor kom te staan, die voorsprong niet meer uit handen zal geven.

Inmiddels strompelt Baghdatis niet langer, hij is invalide. In afwachting van mijn service buigt hij helemaal voorover. Ik kan gewoon niet geloven dat hij erin slaagt op de baan te blijven, laat staan mij zoveel tegenspel te geven. Ik heb medelijden met hem en tegelijkertijd zeg ik tegen mezelf dat ik geen medelijden moet tonen. Ik serveer, hij slaat terug, en in mijn enthousiasme sla ik de bal over de zijlijn. Zenuwen. Duidelijk zenuwen. Voordeel Baghdatis.

Die vent heeft evenveel lef als hij haar heeft. Maar daar kan hij geen voordeel uit halen. Bij het volgende punt slaat hij een forehand een paar decimeter voorbij de baseline. Deuce nummer vier.

We spelen een lange rally, die eindigt wanneer ik een diepe bal op zijn forehand sla die hij foutief retourneert. Voordeel Agassi. Alweer. Ik heb mezelf beloofd dat ik, als zich deze kans zou voordoen, ik hem niet opnieuw zou verspelen, en hier is ie dan. Maar Baghdatis zorgt ervoor dat ik me niet aan mijn belofte kan houden. Snel wint hij het volgende punt. Deuce nummer vijf.

We spelen een belachelijk lang punt. Elke bal die hij slaat, kreunend, raakt de lijn. Elke bal die ik sla, schreeuwend, gaat op de een of andere manier over het net. Forehand, backhand, trick shot, diving shot – dan slaat hij een bal die de baseline raakt en een vreemd zijwaarts hupje maakt. Als de bal opspringt, weet ik hem te raken, maar ik sla hem zes meter over de baseline. Voordeel Baghdatis.

Hou het simpel, Andre. Laat hem rennen, laat hem rennen. Hij is kreupel, zorg dat hij moet lopen. Ik serveer, hij slaat een doorsnee return, ik stuur hem van het kastje naar de muur tot hij gilt van de pijn en de bal in het net slaat. Deuce nummer zes.

Terwijl hij op mijn volgende service wacht, leunt Baghdatis op zijn racket als een oude man op zijn wandelstok. Maar wanneer ik mijn eerste service mis, kruipt hij als een krab naar voren en slaat mijn service met zijn wandelstok ver buiten bereik van mijn forehand. Voordeel Baghdatis.

In de vierde breakpoint van de game sla ik een serve, zo waardeloos, zo zwakjes dat zelfs mijn zeven jaar oude zoon zich ervoor zou schamen. Maar Baghdatis slaat een defensieve return. Ik retourneer op zijn forehand. Hij slaat in het net. Deuce nummer zeven.

Ik sla opnieuw een eerste service. Hij krijgt wel nog zijn racket tegen de bal, maar kan hem niet over het net slaan. Voordeel Agassi.

Weer serveer ik voor de game. En weer denk ik aan de belofte die ik eerder niet heb ingelost. Hier is ze, een laatste kans. Maar mijn rug is verkrampt. Ik kan me amper omdraaien, laat staan de bal opgooien en hem met 210 kilometer per uur wegslaan. Ik mis mijn eerste service, natuurlijk. Ik wil een tweede service slaan, agressief, maar kan het niet. Fysiek kan ik het niet. Ik zeg tegen mezelf: Sla de bal boven zijn schouder, stuur hem van links naar rechts, tot hij bloed opgeeft. Maar sla alsjeblieft geen dubbele fout.

Makkelijker gezegd dan gedaan. Het servicevak wordt kleiner, ik zie het langzaam steeds kleiner worden. Kan iedereen zien wat ik zie? Het servicevak is nu zo klein als een speelkaart, zo klein dat ik betwijfel of de bal er wel in past, zelfs als ik ernaartoe zou lopen en hem erin zou willen leggen. Ik gooi de bal op en sla een onhandige service. Uit. Natuurlijk. Dubbele fout. Deuce nummer acht.

Het publiek gilt ongelovig.

Op mijn eerste service slaat Baghdatis de bal werktuiglijk terug. Met driekwart van zijn gedeelte van de baan wijd open sla ik de bal diep op zijn backhand, drie meter bij hem vandaan. Hij strompelt ernaartoe, zwaait onhandig met zijn racket, kan er niet bij. Voordeel Agassi.

Bij het tweeënwintigste punt van de game ben ik weer aan opslag. Na een korte rally slaat Baghdatis een backhand in het net. Game, Agassi.

Tijdens het wisselen van kant zie ik dat Baghdatis is gaan zitten. Grote fout. De fout van een jonge vent. Nooit gaan zitten als je kramp hebt. Zeg nooit tegen je lichaam dat het tijd is om te rusten! Je lichaam is net de overheid die zegt: Je mag doen wat je wilt, maar lieg niet tegen me als je wordt gepakt. Hij zal dus niet kunnen serveren. Hij zal niet uit die stoel kunnen komen.

En dan staat hij op en houdt hij zijn service.

Wat houdt die man op de been?

O ja. Zijn jeugd.

Bij 5-5 spelen we een gekunstelde game. Hij maakt fouten, gaat voor de knock-out. Ik sla terug en win. Ik sta voor, 6-5.

Hij is aan service. Hij komt op 40-15. Hij staat nog één punt af van een tiebreak.

Ik vecht me terug tot deuce.

Dan maak ik het volgende punt en sta op matchpoint.

Een snelle, venijnige slagenwisseling. Hij slaat een woeste forehand en zodra de bal zijn racket verlaat, weet ik dat hij uit is. Ik weet dat ik deze match heb gewonnen en tegelijkertijd weet ik dat ik niet eens genoeg energie over heb voor zelfs maar één slag.

Ik loop naar het net, schud Baghdatis' hand, die trilt, en loop snel van de baan. Ik durf niet te blijven staan. Ik moet in beweging blijven. Ik wankel door de tunnel, met mijn tas over mijn linkerschouder, terwijl het voelt alsof hij over mijn rechterschouder hangt, omdat mijn hele lichaam verdraaid is. Tegen de tijd dat ik de kleedkamer heb bereikt, kan ik niet meer lopen. Kan ik niet meer staan. Ik zak in elkaar. Ik lig op de grond. Dan komen Darren en Gil, halen mijn tas van mijn schouder en tillen me op een tafel. Baghdatis' mensen leggen hem op de tafel naast die van mij.

Darren, wat is er met me aan de hand?

Gaan liggen, *mate*. Languit.

Dat kan ik niet, ik kan het niet...

Waar doet het pijn? Heb je kramp?

Nee, het is een beklemming. Ik kan niet ademen.

Wat?

Ik kan niet, Darren, ik kan niet... ádemen.

Darren helpt iemand om ijs op mijn lichaam te leggen, mijn armen op te tillen, roept om een arts. Hij smeekt me me uit te rekken, te stretchen.

Ontspan je, *mate*. Laat het los. Je lichaam is verkrampt. Ontspan je, *mate*, laat het los.

Maar dat kan ik niet. Want dat is 't hem juist, toch? Ik kan het niet loslaten.

Allemaal gezichten boven me. Gil knijpt in mijn arm en geeft me een hersteldrankje. Ik hou van je, Gil. Stefanie kust me op mijn voorhoofd en glimlacht, gelukkig of zenuwachtig, dat weet ik niet. O ja, natuurlijk, dáár heb ik die glimlach eerder gezien. Een trainer vertelt me dat de doktoren onderweg zijn. Hij zet de tv boven de tafel aan. Heb ik iets te doen tijdens het wachten, zegt hij.

Ik probeer te kijken. Links van me hoor ik gekreun. Langzaam draai ik mijn hoofd opzij en ik zie Baghdatis op de tafel naast me liggen. Er is een team met hem bezig. Ze stretchen zijn dijbeenspier, zijn hamstring verkrampt. Ze stretchen zijn hamstring, zijn dijbeenspier verkrampt. Als hij probeert plat te gaan liggen verkrampt zijn lies. Hij rolt zich op tot een bal en smeekt hen hem met rust te laten. Iedereen verlaat de kleedkamer. Nu zijn alleen wij tweeën er nog. Ik kijk weer naar de tv.

Even later draai ik me weer om naar Baghdatis. Hij glimlacht naar me. Gelukkig of zenuwachtig? Misschien beide. Ik glimlach terug.

Ik hoor dat iemand op tv mijn naam noemt. Ik draai mijn hoofd. Highlights van de match. De eerste twee sets, zo bedrieglijk gemakkelijk. De derde, Baghdatis begint erin te geloven. De vierde, een messcherp gevecht. De vijfde, die negende game waar geen einde aan kwam. Zo ongeveer het beste tennis dat ik ooit heb gespeeld. Zo ongeveer het beste tennis dat ik ooit heb gezien. De verslaggever noemt het een klassieker.

Eindelijk laat ik mijn gedachten de vrije loop naar waar ze maar naartoe willen. Ik kan het niet langer tegenhouden. Mijn geest vraagt niet langer, nee, mijn geest trèkt me terug in het verleden. Omdat mijn geest elk minuscuul detail opmerkt en registreert, zie ik het allemaal met een duidelijke, verbijsterende helderheid: elke nederlaag, overwinning, competitie, woedeaanval, financiële vergoeding, vriendin, bedrog, verslaggever, vrouw, kind, outfit, fanmail, met tegenzin gespeelde match en pijnlijk bot. Alsof een tweede tv boven me de hoogtepunten van de afgelopen negenentwintig jaar laat zien, vliegt alles langs me heen in een razendsnelle draaikolk.

Mensen vragen me vaak hoe het is, dit leven als tennisser, en ik kan er nooit een goede beschrijving voor bedenken. Maar dit woord komt er het dichtst bij in de buurt. Meer dan iets anders is het een verwrongen, opwindende, afschuwelijke, prachtige *draaikolk*. Het oefent zelfs een lichte middelpuntvliedende kracht uit, waartegen ik me al dertig jaar verzet. Nu ik op mijn rug onder het Arthur Ashe Stadium hand in hand met een overwonnen tegenstander lig te wachten tot iemand ons komt helpen, doe ik het enige wat ik kan doen. Ik stop met me ertegen te verzetten. Ik sluit mijn ogen en kijk.

HOOFDSTUK 1

Ik ben zeven jaar oud en praat tegen mezelf, omdat ik bang ben en omdat ik de enige ben die naar mij luistert. Ik fluister: Hou ermee op, Andre, geef het maar op. Leg je racket neer en loop van de baan af, nu meteen. Loop het huis in en neem wat lekkers. Ga met Rita, Philly of Tami spelen. Ga bij mama zitten die aan het breien is of een legpuzzel maakt. Klinkt dat niet fijn? Zou dat niet heerlijk zijn, Andre? Er gewoon mee ophouden? Nooit meer tennissen?

Maar ik kan het niet. Niet alleen omdat mijn vader me met mijn racket door het hele huis achterna zou zitten, maar iets in mijn binnenste, een onzichtbare spier, laat dat niet toe. Ik haat tennis, ik haat het hartgrondig, maar toch blijf ik spelen, de hele ochtend, de hele middag, omdat ik niet anders kan. Hoe graag ik er ook mee wil stoppen, ik doe het niet. Ik smeek mezelf te stoppen en blijf spelen, en deze kloof, deze tegenstelling tussen wat ik wil doen en wat ik doe, voelt alsof mijn hele leven erom draait.

Op dit moment is mijn haat tegen tennis gericht op de draak, een ballenmachine die door mijn fanatieke vader is ontworpen. Het ding is pikzwart, heeft grote rubberbanden en op het onderstel is met witte blokletters het woord PRINCE geschilderd. Hij lijkt op alle andere ballenmachines in het land, maar in feite is het een levend, ademend wezen dat rechtstreeks uit mijn stripboeken afkomstig is. De draak heeft hersens, een slechte inborst en een griezelige stem. Met walgelijke, dierlijke geluiden zuigt de draak een nieuwe bal in zijn maag. Als de druk in zijn keel toeneemt, gromt hij. Als de bal langzaam naar zijn bek kruipt, krijst hij. Heel even klinkt de draak bijna grappig, net als de machine die Caspar Slok opslokt in de film *Sjakie en de chocoladefabriek*. Maar als de draak zich op mij richt en met 180 kilometer per uur een bal op me afvuurt, slaakt hij een bloeddorstige kreet. Elke keer weer krimp ik ineen.

Mijn vader heeft de draak met opzet angstaanjagend gemaakt. Hij heeft hem een extra lange hals van aluminiumbuis gegeven en een smal aluminium hoofd, dat elke keer dat de draak vuurt, achteroverklapt als een zweep. Hij heeft de draak ook op een één meter hoog onderstel gezet en het geheel vlak tegen het net geschoven, zodat de draak boven me uittorent. Ik ben klein voor mijn leeftijd. (Ik lijk kleiner doordat ik steeds in elkaar krimp en doordat mijn vader eens per maand mijn haar als een playmobilmannetje knipt.) Maar als ik voor de draak sta, zie ik er wel heel klein uit. Voel ik me ook heel klein. Hulpeloos.

Mijn vader wil dat de draak boven me uittorent. Niet alleen zodat de draak mijn aandacht opeist en dat ik hem respecteer. Hij wil dat de ballen die uit de bek van de draak schieten voor mijn voeten vallen alsof ze uit een vliegtuig vallen. Door de baan die de ballen afleggen is het bijna onmogelijk ze op een normale manier te retourneren: ik moet elke bal raken zodra hij opveert, anders stuitert hij over me heen. Maar zelfs dat vindt mijn vader niet genoeg. Raak hem eerder, gilt hij. Raak hem éérder.

Mijn vader zegt alles twee keer, soms drie keer en soms tien keer. Harder, zegt hij, harder. Maar wat heeft dat voor zin? Hoe hard ik een bal ook sla, hoe vroeg ik hem ook raak, de bal komt terug. Elke bal die ik over het net sla, voegt zich bij de duizenden waarmee de baan bezaaid ligt. Niet honderden. Duizenden. Ze rollen in onophoudelijke golven naar me toe, een pluizige gele zee. Ik heb geen ruimte om een stap naar voren of opzij te doen, me om te draaien. Ik kan me niet bewegen zonder op een bal te stappen. En toch kan ik niet op een bal stappen, want dat zou mijn vader niet kunnen verdragen. Als je op een van mijn vaders tennisballen stapt, begint hij te jammeren alsof je op zijn oogbal bent gaan staan.

Elke derde bal van de draak raakt een bal die al op de grond ligt, waardoor hij een gek zijwaarts sprongetje maakt. Ik reageer op het laatste moment, onderschep de bal vroeg en sla hem netjes over het net. Ik weet dat dit geen gewone reflex is. Ik weet dat er maar weinig kinderen zijn die die bal hadden kunnen zien, laat staan slaan. Maar ik ben niet trots op mijn reflexen, en ik word er niet om geprezen. Dit is wat we doen. Elke rake slag wordt verwacht, elke misser is een ramp.

Mijn vader zegt dat wanneer ik elke dag 2.500 ballen sla, ik er elke week 17.500 sla en dat ik na een jaar bijna een miljoen ballen heb geslagen. Hij houdt van rekenen. Cijfers, zegt hij, liegen niet. Een kind dat elk jaar één miljoen ballen slaat, zal onverslaanbaar zijn.

Raak de bal eerder, roept mijn vader. Verdomme Andre, raak de bal éérder. Zorg dat je boven op de bal zit.

Nu zit hij boven op mij. Hij schreeuwt precies in mijn oor. Het is niet voldoende om te raken wat de draak op me afvuurt; mijn vader wil dat ik harder en sneller ben dan de draak. Hij wil dat ik de draak versla. Ik raak in paniek bij die gedachte. Ik zeg tegen mezelf: Je kunt de draak niet verslaan. Hoe kun je iets verslaan wat nooit stopt? Nu ik eraan denk, lijkt die draak veel op mijn vader. Behalve dan dat mijn vader erger is. De draak staat tenminste voor me, waar ik hem kan zien. Mijn vader staat achter me, altijd. Ik zie hem nooit, ik hoor hem alleen, dag en nacht, in mijn oor schreeuwen.

Meer topspin! Sla harder. Sla harder. Niet in het net! Verdomme Andre! Nóóit in het net!

Ik kan mijn vader niet kwader krijgen dan door een bal in het net te slaan. Hij heeft er de pest aan als ik de bal over de zijlijn sla, hij schreeuwt als ik de bal over de baselijn sla, maar als ik een bal in het net sla, begint hij te schuimbekken. Fouten maken is tot daar aan toe, maar het net is iets anders. Steeds maar weer zegt mijn vader: Het net is je grootste vijand.

Mijn vader heeft de vijand vijftien centimeter hoger opgehangen dan voorgeschreven, zodat het moeilijker is het net niet te raken. Als ik over mijn vaders hoge net kan slaan, zal ik er probleemloos overheen slaan als ik ooit op Wimbledon speel. Het maakt niet uit dat ik helemaal niet op Wimbledon wil spelen. Wat ik wil is niet relevant. Soms kijk ik samen met mijn vader naar Wimbledon op tv en we zijn allebei voor Björn Borg, omdat hij de beste is. Hij houdt nooit op, hij lijkt ontzettend veel op de draak. Maar ik wil Borg niet zijn. Ik bewonder zijn talent, zijn energie, zijn stijl, zijn vermogen om zich helemaal te geven tijdens het spel, maar mocht ik dergelijke kwaliteiten ooit zelf ontplooien, dan zou ik ze liever aan iets anders wijden dan aan Wimbledon. Aan iets wat ik zelf wil.

Sla harder, schreeuwt mijn vader. Sla harder. Nu backhands. Báckhands.

Mijn arm voelt alsof hij eraf gaat vallen. Ik wil vragen: Hoe lang nog, Pops? Maar ik vraag het niet. Ik doe wat me gezegd wordt. Ik sla zo hard ik kan en daarna nog iets harder. Eén keer ben ik zelf verbaasd over hoe hard ik sla, hoe zuiver. Hoewel ik tennis haat, hou ik ervan als ik de bal perfect sla. Dat is het enige leuke eraan. Als ik iets perfect doe, voel ik me heel even ontspannen en rustig.

Maar de draak reageert op perfectie door de volgende bal nog sneller af te vuren.

Korte achterzwaai, zegt mijn vader. Korte achter – ja zo! Veeg de bal.

Tijdens het avondeten wil mijn vader iets demonstreren. Leg je racket onder de bal, zegt hij, en veeg, veeg. Hij maakt een beweging als een schilder die zijn penseel zachtjes beweegt. Dit is misschien wel het enige wat ik mijn vader ooit zachtjes heb zien doen.

Werk aan je volleys, schreeuwt hij, of dat probeert hij althans. Mijn vader is een in Iran geboren Armeen en spreekt vijf talen, geen van alle goed, en zijn Engels heeft een sterk accent. Hij verwisselt de v's en de w's, dus het klinkt alsof hij schreeuwt: Verk aan je wolleys! Van al zijn instructies is dit zijn favoriet. Hij schreeuwt dit tot ik het in mijn dromen hoor. Verk aan je wolleys, verk aan je wolleys.

Ik heb intussen aan zoveel wolleys geverkt dat ik de baan niet meer kan zien. Geen enkel stukje groen cement is nog zichtbaar onder de gele ballen. Ik glij opzij, schuifelend als een oude man. Ten slotte moet zelfs mijn vader toegeven dat er te veel ballen liggen. Ze zijn contraproductief. Als ik niet kan lopen, halen we mijn dagelijkse quotum van 2.500 ballen niet. Hij haalt de blower tevoorschijn, dat gigantische apparaat waarmee de baan na een regenbui kan worden gedroogd. Omdat het op de plek waar wij wonen nooit regent – in Las Vegas, Nevada – gebruikt mijn vader de blower om de tennisballen bij elkaar te blazen. Net zoals de ballenmachine heeft hij ook een gewone blower veranderd in een duivels wezen. Een van mijn vroegste herinneringen is dat ik op vijfjarige leeftijd uit de speeltuin word gehaald en met mijn vader naar een laswerkplaats ga waar ik zie hoe hij deze waanzinnige, grasmaaierachtige machine bouwt, die honderden tennisballen tegelijk kan verplaatsen.

Nu kijk ik naar hoe hij de grasmaaier voor zich uit duwt en hoe de tennisballen bij hem vandaan stuiteren, en voel met die ballen mee. Als de draak en die blazer levende wezens zijn, dan zijn die ballen dat misschien ook wel. Misschien doen ze wel wat ik zou doen als dat kon – weglopen voor mijn toekomst.

Nadat mijn vader alle ballen in een hoek heeft geblazen, pakt hij een sneeuwschuiver, waarmee hij de ballen in een rij metalen afvalbakken schuift en ze aan de draak voert.

Hij draait zich om, ziet dat ik kijk. Waar kijk je verdomme naar? Doorgaan met slaan! Blijven slaan!

Mijn schouder doet pijn. Ik kan geen bal meer slaan.

Ik sla er weer drie.

Ik kan geen minuut langer doorgaan.

Ik sla er nog tien.

Ik krijg een idee. Per ongeluk expres sla ik een bal hoog over het hek. Ik krijg hem te pakken met de houten rand van het racket, zodat het klinkt als een misslag. Ik doe dat altijd als ik aan een pauze toe ben en ik bedenk dat ik best wel goed moet zijn als ik een bal expres verkeerd kan slaan.

Mijn vader hoort de bal op het hout komen en kijkt op. Hij ziet dat de bal de baan verlaat. Hij vloekt. Maar omdat hij de bal op het hout heeft horen slaan, weet hij dat het per ongeluk ging. Bovendien heb ik gelukkig het net niet geraakt. Hij zet de blazer af en stampt onze tuin uit, de woestijn in. Nu heb ik vierenhalve minuut om op adem te komen en naar de haviken te kijken, die loom boven mijn hoofd cirkelen.

Mijn vader schiet graag op haviken. Ons huis is bedekt met zijn slachtoffers, een even dikke laag dode vogels op het dak als de laag ballen op de tennisbaan. Mijn vader zegt dat hij de pest heeft aan haviken, omdat ze zich op muizen en andere weerloze woestijndiertjes storten. Hij kan de gedachte dat iets sterks op iets zwaks jaagt niet verdragen. (Dat geldt ook wanneer hij gaat vissen: alles wat hij vangt, krijgt een kusje op de kop en wordt teruggegooid.) Hij heeft er natuurlijk geen probleem mee mij als een prooi op te jagen en te zien dat ik aan zijn haak naar lucht hap. Dat dit een contradictie is, ziet hij niet. Contradicties kunnen hem niets schelen. Hij realiseert zich niet eens dat ik het meest weerloze wezen in deze van god verlaten woestijn ben. Ik vraag me trouwens af of hij, als hij zich dat wel zou realiseren, me anders zou behandelen.

Nu stampt hij terug de baan op, smijt de bal in de afvalbak en ziet mij naar de haviken kijken. Woedend vraagt hij: Wat ben je verdomme aan het doen? Stop met denken. Stop verdomme met denken!

Het net is de vijand, maar denken is een doodzonde. Volgens mijn vader is denken de bron van alle kwaad, omdat denken het tegenovergestelde is van doen. Wanneer mijn vader me betrapt als ik op de tennisbaan denk, dagdroom, reageert hij alsof hij me betrapt terwijl ik geld uit zijn portemonnee jat. Vaak denk ik erover hoe ik kan ophouden met denken. Ik vraag me af of mijn vader altijd tegen me schreeuwt dat ik moet ophouden met denken omdat hij weet dat ik van nature een denker ben. Of heeft hij door al zijn geschreeuw juist een denker van me gemaakt? Is al mijn denken over alles behalve tennis een daad van verzet?

Het zou me niet verbazen.

Ons huis is een overwoekerde hut uit de jaren zeventig, van wit stucwerk met afbrokkelende donkere randen op de hoeken en met tralies voor de ramen. Het dak, onder al die dode haviken, heeft houten dakspanen waarvan er veel loszitten of verdwenen zijn. Aan de deur hangt een koeienbel die telkens als er iemand binnenkomt of naar buiten gaat klingelt, net als de bel tijdens een bokswedstrijd.

Mijn vader heeft de hoge stenen muur rondom het huis in een heldere groene kleur geschilderd. Waarom? Omdat groen de kleur is van een tennisbaan. Bovendien vindt mijn vader het wel handig dat hij iemand zo de weg naar ons huis kan vertellen: Linksaf en na een paar honderd meter zie je een lichtgroene muur. Niet dat we ooit bezoek krijgen...

Ons huis is aan alle kanten omringd door de woestijn en door nog meer woestijn. Voor mij is woestijn een ander woord voor dood. De woestijn is bezaaid met doornstruiken, amarant en kronkelende ratelslangen, en heeft volgens mij geen enkele bestaansgrond behalve dan als plaats waar mensen hun rotzooi kunnen dumpen: matrassen, banden, andere mensen. Las Vegas – de casino's, de hotels, de Strip – ligt verderop in de verte, een glinsterende illusie. Mijn vader rijdt elke dag op en neer naar die illusie. Hij is de baas van een van die casino's. Het is een rit van twintig minuten, maar hij weigert er dichterbij in de buurt te gaan wonen. We zijn hier gaan wonen, in het midden van nergens, in het hart van niets, omdat mijn vader zich alleen hier een huis kon veroorloven met een tuin die groot genoeg was voor zijn ideale tennisbaan.

Dat is een andere vroege herinnering, dat we met mijn vader en de makelaar om Vegas heen rijden. Het zou grappig zijn geweest als het niet zo griezelig was. Bij elk nieuw huis sprong mijn vader al uit de auto voordat de makelaar de auto helemaal tot stilstand had gebracht. De makelaar, vlak achter mijn vader, leuterde dan wat over scholen, criminaliteitscijfers en rentepercentages, maar mijn vader luisterde nooit naar hem. Hij stormde het huis binnen met zijn blik naar voren gericht, via de woonkamer en de keuken, de achtertuin in waar hij zijn meetlint tevoorschijn haalde en de maten van een tennisbaan afmat: 10,97 x 23,77 m. Keer op keer riep hij dan: Past niet! Kom, we gaan! Waarna hij weer via de keuken en de woonkamer door de voordeur naar buiten stormde, terwijl de makelaar hem probeerde bij te houden.

We zagen een huis dat mijn oudere zus Tami dolgraag wilde. Ze smeekte mijn vader dat huis te kopen omdat het de vorm had van een T en haar naam met een T begint. Mijn vader had het bijna gekocht, waarschijnlijk omdat tennis ook met een T begint. Ik vond het een mooi huis. Mijn moeder ook. Maar de achtertuin was een paar centimeter te kort.

Past niet! Kom, we gaan!

Ten slotte vonden we dit huis met een achtertuin die zo groot was dat mijn vader hem niet eens hoefde op te meten. Hij stond alleen maar midden in de tuin, draaide langzaam om zijn as, keek, grijnsde, zag de toekomst.

Verkocht, zei hij zacht.

We hadden de laatste doos nog niet naar binnen gebracht toen mijn vader al bezig was met het aanleggen van zijn droomtennisbaan. Ik weet nog altijd niet hoe hij het voor elkaar heeft gekregen. Hij had nooit in de bouw gewerkt. Hij wist niets van beton, asfalt, drainage. Hij had er geen boek over gelezen en er geen deskundige bij gehaald. Hij had gewoon een beeld in zijn hoofd en begon dat beeld te realiseren. Net als bij zoveel dingen dwong hij de tennisbaan af door pure wilskracht en energie. Ik denk dat hij met mij hetzelfde heeft gedaan.

Hij had natuurlijk wel hulp nodig. Beton storten is een hele klus. Daarom reden we elke ochtend naar Sambo's, een restaurantje op de Strip, waar we een paar oudgedienden die op de parkeerplaats rondhingen inhuurden. Mijn favoriet was Rudy met zijn blote borst en vele littekens. Hij keek me altijd met zo'n halve glimlach aan, alsof hij wist dat ik geen idee had wie of waar ik was. Rudy en zijn cluppie reden achter ons aan naar ons huis en daar vertelde mijn vader wat er van hen werd verwacht. Drie uur later reden mijn vader en ik dan naar McDonald's, waar we enorme zakken Big Macs en friet kochten. Als we thuiskwamen, moest ik van mijn vader de koeienbel luiden om de mannen te laten weten dat het lunchtijd was. Ik vond het geweldig om Rudy te belonen. Hij at als een wolf en ik vond het geweldig om hem te zien eten. Ik hield van het idee van hard werken dat met lekkernijen werd beloond, behalve wanneer dat harde werken betekende tennisballen slaan.

De dagen met Rudy en de Big Macs vlogen voorbij. Opeens had mijn vader zijn tennisbaan in de achtertuin, oftewel mijn gevangenis. Ik had de dwangarbeiders die mijn cel hadden gebouwd mede gevoed. Ik had geholpen met het opmeten en het schilderen van de witte lijnen die me gevangen zouden houden. Waarom deed ik dat? Ik had geen keus. De reden voor alles wat ik doe.

Niemand heeft me ooit gevraagd of ik wel wilde tennissen, laat staan of ik er mijn leven aan wilde wijden. Mijn moeder bijvoorbeeld zegt dat ze dacht dat in de wieg was gelegd om dominee te worden. Maar ze zegt ook dat mijn vader, al lang voor mijn geboorte, had besloten dat ik professioneel tennisser zou worden. Ze voegt eraan toe dat ik toen ik één jaar was zelf aantoonde dat hij gelijk had. Ik keek naar een spelletje pingpong en bewoog daarbij alleen mijn ogen, nooit mijn hoofd. Mijn vader riep tegen mijn moeder: Kijk eens, zie je dat hij alleen zijn ogen beweegt? Een natuurtalent.

Ze vertelt me dat mijn vader, toen ik nog in de wieg lag, een mobile van tennisballen boven mijn hoofd hing en me aanmoedigde ertegenaan te slaan met een pingpongbat dat hij aan mijn hand had vastgeplakt. Toen ik drie was, gaf hij me een afgezaagd tennisracket en zei dat ik daarmee overal tegenaan mocht slaan. Ik specialiseerde me in zoutpotjes. Ik vond het leuk ze door ruiten heen te slaan. Ik sloeg aces op de hond. Mijn vader werd nooit boos. Hij werd overal boos om, maar nooit omdat ik met een tennisracket ergens keihard tegenaan sloeg.

Toen ik vier was, liet hij me spelen tegen alle grote namen uit het tennis die toevallig in de stad waren, te beginnen met Jimmy Connors. Mijn vader vertelde me dat Connors een van de beste spelers ooit was. Ik was meer onder de indruk van het feit dat Connors net zo'n kapsel had als ik. Toen we klaar waren met tennissen, zei Connors tegen mijn vader dat ik echt heel goed zou worden.

Dat weet ik al, zei mijn vader, geïrriteerd. Heel goed? Hij gaat de nummer één van de wereld worden!

Hij was niet op zoek naar bevestiging van Connors. Hij was op zoek naar iemand die me partij kon geven.

Altijd als Connors naar Vegas komt, bespant mijn vader zijn rackets. Mijn vader is een meesterbespanner. (Wie zou er immers anders spanning kunnen creëren en vasthouden?) Het is altijd hetzelfde liedje. 's Ochtends geeft Connors mijn vader een doos rackets en acht uur later spreken mijn vader en ik met Connors af in een restaurant op de Strip. Mijn vader stuurt me naar binnen met de pas bespannen rackets. Ik vraag de manager of hij me naar het tafeltje van meneer Connors kan brengen. De manager stuurt me naar een ver hoekje van de eetzaal waar Connors met zijn gezelschap zit. Connors in het midden, met zijn rug tegen de muur. Ik steek zijn rackets naar hem uit, voorzichtig, zwijgend. Het gesprek aan het tafeltje verstomt en iedereen kijkt naar me. Connors neemt de rackets nonchalant van me aan en zet ze op een stoel. Even voel ik me belangrijk, alsof ik pas geslepen zwaarden afgeef aan een van de Drie Musketiers. Daarna kroelt Connors even door mijn haar en maakt een sarcastische opmerking over mij of mijn vader, waarop iedereen aan tafel begint te grinniken.

Hoe beter ik ga tennissen, hoe slechter ik het doe op school en dat vind ik verschrikkelijk. Ik hou van boeken, maar vind ze te moeilijk. Ik vind mijn docenten aardig, maar begrijp niet veel van wat ze zeggen. Het lijkt wel alsof ik helemaal niets opsteek, zoals andere kinderen. Ik heb een ijzersterk geheugen, maar vind het moeilijk me te concentreren. Alles moet me twee of drie keer worden uitgelegd. (Zou mijn vader daarom alles twee keer schreeuwen?) Bovendien weet ik dat mijn vader elk moment dat ik op school zit verafschuwt, omdat het ten koste gaat van mijn tijd op de baan. De pest hebben aan school en slecht zijn op school voelt als loyaal zijn aan Pops.

Soms, als mijn vader mij en mijn zussen en broer naar school rijdt, zegt hij glimlachend: Ik heb een goed voorstel. Ik breng jullie niet naar school, maar naar de Cambridge Racquet Club. Daar kunnen jullie de hele ochtend een balletje slaan. Wat vinden jullie daarvan?

We weten wat hij wil dat we zeggen. En dus zeggen we het. Hoera!

Maar niet tegen je moeder zeggen, hoor!

De Cambridge Racquet Club is een lang, laag gebouw oostelijk van de Strip, met tien hardcourtbanen en een geur van verval: stof, zweet, olie en iets zurigs, iets wat al te lang heeft gelegen, hoewel ik nooit precies weet wat het is. Mijn vader doet net alsof Cambridge een verlengstuk van ons huis is. Hij gaat bij meneer Fong, de eigenaar, staan en samen houden ze ons als haviken in de gaten om er zeker van te zijn dat we spelen en niet onze tijd verdoen met kletsen of lachen. Uiteindelijk fluit mijn vader één keer kort en fel, een geluid dat ik uit duizenden herken. Hij stopt zijn vingers in zijn mond, fluit één keer, en dat betekent: game, set, match, stop met slaan en stap in de auto, nu.

Mijn zussen en broer houden altijd eerder op dan ik. Rita, de oudste, Philly, mijn oudere broer, en Tami kunnen allemaal goed tennissen. We zijn in feite de Von Trapps van het tennis. Maar ik, de jongste, de baby, ben de beste. Dat zegt mijn vader tegen mij, tegen mijn zussen en broer en tegen meneer Fong. Andre is de favoriet. Vandaar dat mijn vader zijn aandacht vooral op mij richt. Ik ben de laatste hoop van de Agassi-clan. Soms vind ik die extra aandacht van mijn vader wel leuk, soms zou ik het liefst onzichtbaar zijn, omdat mijn vader heel angstaanjagend kan zijn. Hij doet de dingen zo vreemd, zo onbegrijpelijk, dat ik ervan ril. Soms propt hij bijvoorbeeld zijn duim en wijsvinger in een van zijn neusgaten en trekt er een bosje zwarte neusharen uit, waarbij de tranen in zijn ogen springen. Op die manier verzorgt hij zichzelf. Op diezelfde manier scheert hij zich zonder zeep of crème. Hij trekt gewoon een wegwerpmesje over zijn wangen en kaken, verwondt zijn huid en laat het bloed over zijn gezicht stromen tot het opdroogt.

Als hij gestrest of heel boos is, kijkt hij vaak omhoog en mompelt dan: Ik hou van je, Margaret. Ik vraag mijn moeder: Tegen wie heeft hij het? Wie is Margaret?

Mijn moeder zegt dat mijn vader, toen hij even oud was als ik, een keer op een vijver aan het schaatsen was. Hij zakte door het ijs, ging kopje-onder en heeft een hele tijd geen adem gehaald. Hij werd uit het water gehaald en gereanimeerd door ene Margaret. Hij had haar nog nooit gezien en heeft haar ook daarna nooit meer gezien. Maar telkens als hij aan haar denkt, praat hij met haar en bedankt hij haar met zijn liefste stem. Hij zegt dat hij haar op de meest onverwachte momenten ziet. Hij weet nooit wanneer het gaat gebeuren en weet zich er achteraf maar vaag iets van te herinneren.

Van nature is mijn vader gewelddadig en daarom altijd klaar voor de strijd. Hij is continu aan het schaduwboksen. Er ligt een bijlsteel in zijn auto. Hij zal nooit het huis uitgaan zonder wat zout en peper in zijn zak, voor het geval hij in een straatgevecht verzeild raakt en iemand moet verblinden. Maar de gevaarlijkste gevechten vecht hij uit met zichzelf. Hij heeft een chronische stijve nek en hij probeert zijn nekspieren continu te ontspannen door woedend met zijn hoofd te draaien en te rukken. Als dit niet helpt, schudt hij zichzelf als een hond en zwaait zijn hoofd heen en weer tot er een licht knakje in zijn nek te horen is. En als zelfs dat niet werkt, zoekt hij zijn heil bij de zware stootzak die buiten in een gordel hangt. Dan gaat hij op een stoel staan, tilt de zak eruit en steekt zijn nek erin. Daarna schopt hij de stoel weg en valt zo'n dertig centimeter naar beneden tot hij abrupt door de gordel wordt tegengehouden. De eerste keer dat ik hem dit zag doen, was ik binnen. Opeens zag ik dat mijn vader de stoel wegschopte en aan zijn nek hing, met zijn schoenen bijna een meter boven de grond. Ik wist zeker dat hij zelfmoord had gepleegd. Ik rende hysterisch naar hem toe.

Toen hij de panische blik in mijn ogen zag snauwde hij: Wat is er verdomme met je aan de hand? Maar zijn meeste strijd levert hij met anderen, op de meest onverwachte momenten. Als hij slaapt bijvoorbeeld. Hij bokst in zijn dromen; dan haalt hij uit en stompt mijn soezerige moeder. Of in de auto. Er zijn niet veel dingen die hij leuker vindt dan in zijn groene Oldsmobile diesel rijden en meezingen met zijn cassettebandje van Laura Branigan. Maar als een andere automobilist hem inhaalt of hem afsnijdt of er bezwaar tegen heeft dat mijn vader hem afsnijdt, slaat hij op tilt.

Ik ben een keer samen met mijn vader op weg naar Cambridge wanneer hij ruzie krijgt met een andere weggebruiker. Mijn vader zet de auto stil, stapt uit en zegt dat de ander ook moet uitstappen. Omdat mijn vader met zijn bijlsteel staat te zwaaien, weigert de man. Mijn vader slaat met de bijlsteel tegen de koplampen en de achterlampen, zodat het glas overal ligt.

Een andere keer richt mijn vader voor me langs met zijn pistool op een andere chauffeur. Hij houdt het pistool vlak voor mijn neus. Ik kijk strak voor me uit. Ik blijf stokstijf zitten. Ik weet niet wat die andere chauffeur verkeerd heeft gedaan, alleen maar dat het het auto-equivalent is van de bal in het net slaan. Ik voel dat mijn vaders vinger stijf tegen de haan drukt. Dan hoor ik de andere chauffeur keihard wegscheuren, gevolgd door een geluid dat ik zelden hoor: de lach van mijn vader. Hij lacht zich een ongeluk. Ik beloof mezelf dat ik dit nooit zal vergeten – mijn vader die lacht terwijl hij een pistool onder mijn neus houdt – ook al word ik honderd. Wanneer hij het pistool weer in het dashboardkastje stopt en de auto in de versnelling zet, kijkt hij me aan. Niet tegen je moeder zeggen, zegt hij.

Ik begrijp niet waarom hij dat zegt. Wat zou mijn moeder doen als we het haar zouden vertellen? Ze gaat nooit tegen hem in. Denkt mijn vader soms dat er voor alles een eerste keer is?

Op een van de zeldzame regendagen in Vegas halen mijn vader en ik mijn moeder op. Ik sta op de voorbank te dollen en te zingen. Mijn vader zwenkt naar de linkerrijbaan om af te slaan. Een vrachtwagenchauffeur toetert. Kennelijk is mijn vader vergeten richting aan te geven. Mijn vader steekt zijn vinger op. Zijn hand schiet zo snel omhoog dat hij me bijna raakt. De vrachtwagenchauffeur roept iets. Mijn vader begint te vloeken. De vrachtwagenchauffeur stopt, opent zijn portier. Mijn vader stopt, springt uit de auto.

Ik kruip naar de achterbank en kijk door de achterruit. Het is harder gaan regenen. Mijn vader loopt naar de vrachtwagenchauffeur. De man haalt uit. Mijn vader duikt weg, laat de slag afketsen tegen de bovenkant van zijn hoofd en haalt dan snel zelf uit met een razendsnelle combinatie die eindigt met een uppercut. De vrachtwagenchauffeur ligt op straat. Hij is dood, ik weet het zeker. En als hij niet dood is, zal hij gauw doodgaan, want hij ligt midden op straat en zometeen rijdt er iemand over hem heen. Mijn vader stapt weer in en we rijden weg. Ik blijf op de achterbank zitten, kijk door het achterraampje naar de vrachtwagenchauffeur. De regen valt op zijn roerloze gezicht. Ik draai me om en kijk naar mijn vader die voor zich uit zit te mompelen en met zijn vingers op het stuur tikt. Vlak voordat we mijn moeder ophalen kijkt hij naar zijn handen, balt en ontspant zijn vuisten om te controleren of er niets gebroken is. Dan draait hij zich naar me om, kijkt me strak aan, hoewel het net is alsof hij Margaret ziet. Enigszins teder zegt hij: Niet tegen je moeder zeggen.

Altijd als ik tegen mijn vader wil zeggen dat ik niet wil tennissen, denk ik aan dat soort momenten, en aan vele andere. Behalve dat ik van hem houd en hem tevreden wil stellen, wil ik hem niet van streek maken. Dat durf ik niet. Als mijn vader van streek is, gebeuren er nare dingen. Als hij zegt dat ik ga tennissen, als hij zegt dat ik nummer één van de wereld word, dan is dat mijn lot en kan ik alleen maar gehoorzamen. Ik raad Jimmy Connors en ieder ander aan hetzelfde te doen.

De weg naar de eerste plaats op de wereldranglijst loopt via de Hoover Dam. Als ik bijna acht ben, zegt mijn vader dat het de hoogste tijd is op te houden met de oefensessies tegen de draak in de achtertuin en een balletje slaan bij Cambridge en in plaats daarvan toernooien te gaan spelen tegen echte jongens in Nevada en Arizona en Californië. Elk weekend stapt het hele gezin in de auto en dan rijden we of naar het noorden via de US 95 richting Reno of naar het zuiden, door Henderson en over de Hoover Dam, door de woestijn naar Phoenix of Scottsdale of Tucson. De laatste plaats waar ik samen met mijn vader wil zijn, behalve op de tennisbaan, is in de auto. Maar het ligt allemaal vast: ik ben ertoe veroordeeld om mijn jeugd te verdelen tussen deze twee gevangenissen.

Ik win mijn eerste zeven toernooien in de categorie tot tien jaar. Mijn vader reageert daar niet op. Ik doe alleen maar wat er van me verwacht wordt. Tijdens de rit terug over de Hoover Dam staar ik naar het water dat zich achter die enorme muur heeft verzameld. Ik kijk naar de inscriptie aan de voet van de vlaggenmast: VOOR DE MANNEN DIE DIT DESOLATE LAND VRUCHTBAAR HEBBEN GEMAAKT.

Ik denk na over deze uitdrukking. Ik blijf de woorden herhalen. Dit desolate land. Is er een land dat desolater is dan ons huis in de woestijn? Ik denk aan de woede die zich in mijn vader heeft opgehoopt, net als het water van de Colorado River achter de Hoover Dam. Nog even en hij begeeft het. Het enige wat we dan kunnen doen, is naar een plek klauteren waar het veilig is. Voor mij betekent dat winnen. Altijd winnen.

We gaan naar San Diego. Morley Field. Ik speel tegen een jongen die Jeff Tarango heet en veel slechter speelt dan ik. Maar hij wint de eerste set, 6-4. Ik ben verbijsterd. Bang. Mijn vader zal me vermoorden. Ik zet alles op alles en win de tweede set met 6-0. Aan het begin van de derde set verstuikt Tarango zijn enkel. Ik sla dropshots, probeer hem te laten rennen. Maar hij doet alleen maar alsof. Zijn enkel is prima in orde. Hij sprint naar voren en smasht mijn dropshots keihard terug en slaat alleen maar winners.

Mijn vader schreeuwt vanaf de tribune: Geen dropshots meer! Geen dropshots meer!

Maar ik kan er niets aan doen. Ik heb een strategie en daar houd ik me aan.

Het loopt uit op een tiebreak. Het is *best-of-nine*. We maken om en om een punt, tot het 4-4 staat. Het is zover. Tiebreak. Eén punt voor de hele match. Ik heb nog nooit verloren en ik weet niet hoe mijn vader zal reageren als ik dat nu wel doe. Ik speel alsof mijn leven ervan afhangt; wat ook zo is. Tarango heeft waarschijnlijk net zo'n vader als ik, want hij speelt net als ik. Ik haal uit en sla een flitsende backhand crosscourt. Ik raak hem als een rally shot maar de bal komt groter en heter van mijn racket dan ik wilde. Het is een echte winner: een meter in, maar ver buiten bereik van Tarango. Ik schreeuw het uit van blijdschap. Tarango staat midden op het court, buigt zijn hoofd en het lijkt alsof hij huilt. Hij loopt langzaam naar het net.

Dan blijft hij staan. Opeens kijkt hij achterom, naar waar de bal terechtkwam. Hij glimlacht.

Uit, zegt hij.

Ik blijf staan.

De bal was uit! gilt Tarango.

Dit zijn de regels bij de junioren. De spelers fungeren zelf als lijnrechter. De spelers beslissen zelf of de bal in of uit was en je kunt niet appelleren. Tarango heeft besloten dat hij liever liegt dan verliest, en hij weet dat niemand er iets aan kan doen. Hij steekt zijn handen zegevierend omhoog.

Nu begin ik te huilen.

Het wordt een gekkenhuis op de tribunes, ouders discussiëren, schreeuwen, beginnen bijna met elkaar te vechten. Het is niet fair, het deugt niet, maar het is wel de realiteit. Tarango is de winnaar. Ik weiger hem een hand te geven. Ik ren weg naar Balboa Park. Als ik anderhalf uur later terugkom, uitgehuild, is mijn vader woedend. Niet omdat ik weggelopen ben, maar omdat ik tijdens de wedstrijd niet heb gedaan wat hij zei.

Waarom heb je niet naar me geluisterd? Waarom ben je dropshots blijven slaan?

Voor de verandering ben ik niet bang voor mijn vader. Hoe boos hij ook op me is, ik ben bozer. Ik ben woedend op Tarango, op God, op mezelf. Tarango heeft me weliswaar een loer gedraaid, maar ik had hem nooit de kans mogen geven me een loer te draaien. Ik had het puntenverschil groter moeten maken. Omdat ik dat niet heb gedaan, heb ik een verloren match op mijn naam staan – voor altijd. Daar kan niemand meer iets aan veranderen, nooit meer. Ik kan de gedachte niet verdragen, maar ik kan er niet onderuit: ik ben feilbaar. Beschadigd. Niet perfect. Miljoenen ballen tegen de draak geslagen, en waarvoor? Nadat mijn vader jarenlang tegen me tekeer is gegaan als ik een fout maakte, heeft één verliespartij ervoor gezorgd dat ik nu tegen mezelf tekeerga. Ik heb mijn vader geïnternaliseerd – zijn ongeduld, zijn perfectionisme, zijn woede – zodat zijn stem niet meer vóélt als mijn stem, maar mijn stem is gewórden. Mijn vader hoeft me niet langer te kwellen. Vanaf dit moment kan ik het wel alleen af.

HOOFDSTUK 2

De moeder van mijn vader komt bij ons wonen. Ze is een gemene oude vrouw uit Iran, met een wrat zo groot als een walnoot op het puntje van haar neus. Soms kun je geen woord verstaan van wat ze zegt, omdat je je ogen niet van die wrat kunt afhouden. Maar dat maakt niet uit, omdat ze ongetwijfeld dezelfde hatelijke dingen zal zeggen als gisteren en eergisteren, en hoogstwaarschijnlijk zegt ze die tegen mijn vader. Het lijkt wel alsof dat de reden is dat Grandma op aarde is, om mijn vader te kwellen. Hij zegt dat ze hem treiterde toen hij klein was en hem vaak sloeg. Als hij zich heel slecht had gedragen, moest hij met afgedankte meisjeskleren aan naar school. Daarom heeft hij leren vechten.

Als ze niet op mijn vader zit te vitten, jammert ze wel over het oude land, over de mensen die ze achter heeft gelaten. Mijn moeder zegt dat Grandma heimwee heeft. Toen ik dat woord voor het eerst hoorde, dacht ik: Hoe kun je ziek zijn omdat je niet thuis bent? Thuis is waar de draak woont. Thuis is de plek waar je moet tennissen.

Als Grandma naar huis wil, mag ze wat mij betreft. Ik ben nog maar acht, maar ik zou haar zelf wel naar het vliegveld willen brengen, omdat ze nóg meer spanning veroorzaakt in een huis dat echt niet nog meer spanning nodig heeft. Ze geeft mijn vader een ellendig gevoel, ze speelt de baas over mij en mijn zussen en broer, en ze voert een vreemde strijd met mijn moeder. Mijn moeder vertelt me dat zij, toen ik nog een baby was, een keer de keuken binnenkwam en zag dat Grandma me de borst gaf. Sindsdien is de situatie tussen de beide vrouwen altijd gespannen geweest.

Het feit dat Grandma bij ons woont, heeft ook een voordeel. Ze vertelt verhalen over mijn vader, over zijn jeugd. Dan begint mijn vader soms herinneringen op te halen, wordt hij opeens open. Zonder Grandma zouden we amper iets weten over mijn vaders jeugd, die triest was en eenzaam. Dat verklaart zijn vreemde gedrag en kokende woede. Min of meer.

O, zegt Grandma zuchtend, we waren arm. Je kunt je niet voorstellen hoe arm. En we hadden honger, zegt ze, en wrijft over haar buik. We hadden niets te eten, geen stromend water, geen elektriciteit. En niet één meubelstuk.

Waar sliepen jullie dan?

We sliepen op de vieze vloer! Wij allemaal in één kamertje! In een oud flatgebouw met een smerige binnenplaats. In een hoek van de binnenplaats was een gat, het toilet voor alle huurders.

Mijn vader valt in: Maar na de oorlog werd het beter, zegt hij. Van de ene dag op de andere waren de straten vol met Britse en Amerikaanse soldaten. Ik vond hen aardig.

Waarom vond je hen aardig?

Ze gaven me snoep en schoenen.

Ze gaven hem ook de Engelse taal. Het eerste woord dat mijn vader van de GI's leerde, was *victory*. Dat was het enige waarover ze praatten, zegt hij. *Wictory.*

Wauw, wat waren ze groot, voegt hij eraan toe. En sterk. Ik liep hen overal achterna, keek naar ze, bestudeerde ze. Op een dag volgde ik hen naar de plaats waar ze hun vrije tijd doorbrachten, een park in de bossen met twee graveltennisbanen.

Er stonden geen hekken omheen, zodat de bal steeds weg stuiterde. Mijn vader rende er dan achteraan en bracht hem terug naar de soldaten, als een puppy, tot ze hem ten slotte benoemden tot hun officieuze ballenjongen. Daarna benoemden ze hem tot hun officiële baanbeheerder.

Mijn vader zegt: Elke dag veegde en bevochtigde ik de banen en egaliseerde ze met een zware roller. Dat was pas zwaar werk. Ik schilderde de lijnen wit met kalkwater.

Hoeveel betaalden ze je?

Betalen? Niets! Maar ze gaven me een tennisracket. Een heel slechte. Een oud houten ding met stalen snaren. Maar ik was er dolblij mee. Ik heb uren met dat racket gespeeld, dan sloeg ik tennisballen tegen een stenen muur, alleen.

Waarom alleen?

Omdat niemand anders in Iran tenniste.

De enige sport waarbij mijn vader wel continu tegenstanders

had, was boksen. Aanvankelijk werd zijn moed telkens tijdens straatgevechten op de proef gesteld. Daarna ging hij als tiener naar een sportschool waar hij de officiële bokstechnieken leerde. Een natuurtalent, zeiden de trainers over hem. Snel met zijn vuisten, lichtvoetig en bovendien haatte hij de wereld. Zijn woede, waar wij zo slecht mee overweg konden, was een voordeel in de boksring. Hij veroverde een plek in het Iraans olympisch team, in de lichtgewichtklasse, en in 1948 mocht hij naar de Spelen in Londen. Vier jaar later ging hij naar de Spelen in Helsinki. Beide keren met weinig resultaat.

Mijn vader Mike als een strijdlustige 18-jarige lichtgewicht in Teheran.

De scheidsrechters, kreunt hij. Die waren oneerlijk. Allemaal gesjoemel. De wereld had een vooroordeel tegen Iran.

Maar, voegt hij eraan toe, tennis wordt wel weer een keer een olympische sport en dan wint mijn zoon een gouden medaille. Dat zal alles weer goedmaken.

Ach, alleen maar een beetje extra druk boven op de druk van alledag.

Nadat hij iets van de wereld had gezien, nadat hij aan de Olympische Spelen had deelgenomen, kon mijn vader niet meer terug naar dat ene kamertje met die smerige vloer. En dus ontsnapte hij uit Iran. Hij vervalste zijn paspoort en boekte een vlucht onder een valse naam. Mijn vader vloog naar New York en verbleef twee weken op Ellis Island voor hij de bus nam naar Chicago. Daar gaf hij zijn Iraanse naam een Amerikaans tintje. Emmanuel werd Mike Agassi. Vervolgens stapte hij op de trein naar Chicago, waar familie van hem woonde. Overdag werkte hij als liftjongen in een van de grote hotels van de stad en 's avonds bokste hij.

Zijn coach in Chicago was Tony Zale, de kampioen zonder vrees die vaak de Man van Staal werd genoemd. Zale genoot vooral bekendheid vanwege zijn aandeel in een episch gevecht, een bokswedstrijd over drie ronden tegen Rocky Graziano. Hij prees mijn vader, vertelde hem dat hij ontzettend veel ongepolijst talent had, maar smeekte hem tegelijk harder te slaan. Sla harder, schreeuwde Zale tegen mijn vader als hij de boksbal ranselde. Sla harder. Elke klap die je uitdeelt, moet uit je benen komen.

Met Zale in zijn hoek won mijn vader de Chicago Golden Gloves en verdiende toen een primetime gevecht in Madison Square Garden. Zijn grote doorbraak. Maar de avond van het gevecht was zijn tegenstander ziek. De promotors probeerden wanhopig een vervanger te vinden. En die vonden ze inderdaad, een veel betere bokser, een middengewicht. Mijn vader ging akkoord met het gevecht, maar vlak voor de bel van de eerste ronde werd hij bang. Hij rende naar het toilet, kroop door het raam erboven en nam de trein terug naar Chicago.

Stiekem Iran ontvluchten, stiekem de Garden ontvluchten – mijn vader is kampioen ontsnappen. Maar niemand kan aan hém ontsnappen.

Mijn vader zegt dat hij, toen hij nog bokste, altijd uit was op de beste stoot van zijn tegenstander. Dat vertelt hij me een keer op de tennisbaan: Als je weet dat je zojuist de beste slag van je tegenstander in ontvangst hebt genomen en vervolgens nog steeds rechtop staat, weet hij dat ook en zal hij totaal van slag zijn. Bij tennis, zegt hij, is dat net zo. Val de sterke kant van de tegenstander aan. Als de man een goed serveerder is, pak dan zijn service van hem af. Als hij op kracht speelt, moet je sterker zijn dan hij. Als hij een goede forehand heeft, trots is op zijn forehand, moet je op zijn forehand jagen, net zo lang tot hij zijn eigen forehand haat.

Mijn vader heeft een speciale naam voor deze contrastrategie. Hij noemt het: een pleister op de hersens van je tegenstander plakken. Hij stampt deze strategie, deze filosofie, er bij me in. Hij verandert me in een bokser met een tennisracket. Sterker nog, terwijl de meeste tennissers trots zijn op hun serve, verandert mijn vader me in een counterpuncher, een returner.

Af en toe heeft mijn vader ook last van heimwee. Hij mist dan vooral zijn oudste broer Isar. Op een dag, zweert hij, zal je oom Isar uit Iran ontsnappen, net als ik.

Maar eerst moet Isar zijn geld het land uit smokkelen. Iran valt uit elkaar, vertelt mijn vader. Er zit een revolutie aan te komen. De regering wankelt. Daarom houden ze iedereen in de gaten, zorgen ze ervoor dat niemand zijn bankrekening leeghaalt en vlucht. Daarom doet oom Isar het langzaam. Langzaam maar zeker koopt hij juwelen voor zijn geld en die verstopt hij in pakjes die hij naar ons in Vegas stuurt. Telkens als er een in bruin pakpapier verpakt pakje van oom Isar arriveert, lijkt het wel kerst. Dan zitten we op de grond in de woonkamer, knippen het touw door en scheuren het papier eraf. We gillen als we, verstopt onder een blik koekjes of in een vruchtencake, diamanten en smaragden en robijnen vinden. Oom Isars pakjes komen elke paar weken en ten slotte arriveert er een veel groter pakket. Oom Isar zelf. Op de drempel, met een glimlach.

Jij bent vast Andre.

Ja.

Ik ben je oom.

Hij steekt zijn hand uit en raakt mijn wang aan.

Uiterlijk is hij het evenbeeld van mijn vader, maar zijn persoonlijkheid is totaal anders. Mijn vader is fel en streng en zit boordevol woede. Oom Isar is zachtaardig en geduldig en grappig. Hij is ook een genie – in Iran was hij ingenieur – en dus helpt hij me elke avond met mijn huiswerk. Wat een opluchting na mijn vaders leersessies. Mijn vader leert je iets door het je één keer te vertellen en dan nog een keer. Daarna schreeuwt hij tegen je en noemt je een idioot omdat je het de eerste keer niet snapte. Oom Isar vertelt het je, glimlacht dan en wacht. Als je het niet begrijpt, is er niets aan de hand. Dan vertelt hij het je nog een keer, zachter. Hij heeft alle tijd van de wereld.

Ik kijk naar oom Isar als hij door de kamers en de hal van ons huis dwaalt. Ik loop hem achterna, zoals mijn vader de Britse en Amerikaanse soldaten achternaliep. Zodra ik wat vertrouwder met oom Isar ben geworden en hem beter heb leren kennen, vind ik het heerlijk om aan zijn schouders te hangen of aan zijn armen te zwaaien. Hij geniet ervan. Hij vindt ruwe spelletjes heerlijk en vindt het leuk als zijn neefjes en nichtjes met hem spelen. Elke avond verstop ik me achter de voordeur en spring tevoorschijn als oom Isar thuiskomt, omdat hij dan in de lach schiet. Zijn bulderende lach staat in scherp contrast met het geluid dat de draak produceert.

Op een dag gaat oom Isar boodschappen doen. Ik tel de minuten. Eindelijk gaat het hek open en klapt dan dicht. Dat betekent dat ik precies twaalf seconden heb tot oom Isar door de voordeur binnenkomt. Iedereen heeft altijd twaalf seconden nodig om van het hek tot de voordeur te lopen. Ik hurk, tel tot twaalf en spring tevoorschijn zodra de deur opengaat. Boe!

Maar het is oom Isar niet. Het is mijn vader. Geschrokken begint hij te gillen, stapt achteruit en haalt uit. Ook al zet hij bijna geen kracht, toch raakt zijn linkse mijn kaak zo hard dat ik val. Het ene moment was ik nog opgewonden en blij en het volgende lig ik op de grond.

Mijn vader staat boven me en roept: Wat is er verdomme met je aan de hand? Ga naar je kamer.

Ik ren naar mijn kamer en laat me op mijn bed vallen. Ik lig gewoon te trillen, ik weet niet hoe lang. Een uur? Drie? Uiteindelijk gaat de deur open en hoor ik mijn vader zeggen: Pak je racket. Ga naar de baan. Het is tijd de draak onder ogen te komen.

Ik sla een halfuur, met bonkend hoofd en tranende ogen.

Sla harder, zegt mijn vader. Verdomme, sla harder. Niet in dat verdomde net!

Ik draai me om en kijk mijn vader aan. De volgende bal van de draak sla ik zo hard ik kan, maar hoog over het hek. Ik neem niet de moeite net te doen alsof het per ongeluk ging. Mijn vader kijkt me aan. Hij zet een dreigende stap in mijn richting. Hij gaat me over het net slaan. Maar dan blijft hij staan, scheldt me uit en waarschuwt dat ik bij hem uit de buurt moet blijven.

Ik ren het huis in en zie dat mijn moeder op bed een boek ligt te lezen met de honden aan haar voeten. Ze is dol op dieren en ons huis lijkt de ark van Noach wel. Honden, vogels, katten, hagedissen en één schurftige rat die Lady Butt heet. Ik pak een van de honden en slinger hem de kamer door, negeer zijn beledigde gepiep en begraaf mijn gezicht in de armen van mijn moeder.

Waarom is Pops zo gemeen?

Wat is er gebeurd?

Ik vertel het haar.

Ze streelt mijn haar en zegt dat mijn vader niet beter weet. Pa heeft z'n eigen manier van doen. Een vreemde manier van doen. We moeten niet vergeten dat Pa het beste voor ons wil. Oké?

Ergens ben ik dankbaar voor mijn moeders eindeloze kalmte. Maar ergens, en dat vind ik helemaal niet leuk, voel ik me daar juist door verraden. Kalmte betekent soms overgave. Ze gaat er nooit tegenin. Ze vecht nooit terug. Ze plaatst zichzelf nooit tussen de kinderen en mijn vader. Ze zou hem moeten vertellen dat hij het wat rustiger aan moet doen, zich moet ontspannen, dat tennis niet alles is.

Maar zo is ze niet. Mijn vader is onvoorspelbaar, mijn moeder is onverstoorbaar. Elke ochtend gaat ze naar kantoor – ze werkt voor de staat Nevada – in haar praktische broekpak, en elke avond komt ze om zes uur thuis, bekaf. Ze kookt met het laatste restje energie dat ze nog heeft. Dan gaat ze liggen met haar beesten en een boek of, dat doet het liefst, een legpuzzel.

Slechts een heel enkele keer laat ze merken dat ze boos is. Maar dan is het ook echt raak. Zo maakte hij ooit een opmerking over dat het een puinhoop was in huis. Ze liep naar de kast, haalde er twee dozen muesli uit en zwaaide ermee boven haar hoofd, zodat alle muesli in het rond vloog. Ze gilde: Wil je een schoon huis?!

Maak het dan zelf maar schoon! Even later was ze weer de kalmte zelf en ging ze verder met haar legpuzzel.

Ze is vooral gek op Norman Rockwell-puzzels. Verspreid over de keukentafel ligt er altijd wel een half afgemaakte afbeelding van een idyllisch gezinsleven op de keukentafel. Ik begrijp niet waarom mijn moeder legpuzzels zo leuk vindt. Al die gefragmenteerde wanorde, al die chaos, hoe kan ze dat nou ontspannend vinden? Volgens mij hebben mijn moeder en ik totaal tegengestelde karakters. En toch weet ik dat ik mijn zachte kant, mijn liefde en compassie, van haar heb.

Ik lig tegen haar aan terwijl ze mijn haar streelt. Ik denk dat er heel veel is dat ik niet van haar begrijp en dat lijkt allemaal te zijn ontstaan door de echtgenoot die ze heeft gekozen. Ik vraag hoe ze ooit aan mijn vader is blijven hangen. Ze laat een kort, vermoeid lachje horen.

Dat is lang geleden, zegt ze. In Chicago. Een vriend van een vriend zei tegen je vader: Je zou Betty Dudley moeten leren kennen, dat is precies jouw type. En andersom. Je vader belt dus een keer naar de Girls Club waar ik een gemeubileerde kamer huurde. We hadden een heel lang gesprek en je vader leek lief.

Lief?

Ik weet het, ik weet het. Maar het was echt zo. En dus maakte ik een afspraak met hem. De volgende dag kwam hij langs in een spiksplinternieuwe Volkswagen. Hij reed met me door de stad, we reden zomaar wat rond, en hij vertelde me zijn verhaal. Daarna stopten we om iets te eten en toen vertelde ik hem mijn verhaal.

Mijn moeder vertelde mijn vader dat ze was opgegroeid in Danville, Illinois, bijna 200 kilometer van Chicago; hetzelfde stadje waar Gene Hackman en Donald O'Connor en Dick Van Dyke ook zijn opgegroeid. Ze vertelde hem dat ze een tweeling was. Ze vertelde hem over haar vader, een eigenwijze leraar Engels, een ijveraar voor keurig Engels. Mijn vader, met zijn accent, zal wel geschrokken zijn. Maar de kans is groter dat hij het helemaal niet heeft gehoord. Ik kan me niet voorstellen dat mijn vader tijdens het eerste afspraakje met mijn moeder naar haar heeft kunnen luisteren. Hij zal te erg onder de indruk zijn geweest van haar vlammende kastanjebruine haar en helderblauwe ogen. Ik heb foto's gezien. Mijn moeder was heel knap. Ik vraag me af of hij vooral haar haren mooi vond, omdat ze dezelfde kleur hadden als een gravelbaan. Of viel hij toch op haar lengte? Ze is een paar centimeter langer dan hij en ik kan me voorstellen dat hij dat een uitdaging vond.

Mijn moeder zegt dat het acht heerlijke weken duurde voordat mijn vader haar ervan overtuigde dat ze hun verhalen maar tot één verhaal moesten samensmeden. Ze liepen weg van haar eigenwijze vader en haar tweelingzus en het slaperige Danville, en gingen ervandoor. En ze reden maar door. Mijn vader reed mijn moeder naar Los Angeles en toen ze daar allebei geen baan konden vinden, reed hij haar dwars door de woestijn naar een nieuw gokstadje. Mijn moeder kreeg haar baan bij de overheid en mijn vader begon bij het Tropicana Hotel, waar hij tennisles gaf. Hij verdiende niet veel en daarom nam hij een tweede baan: ober in het Landmark Hotel. Daarna kreeg hij een baan als chef in het MGM Grand Casino, waar hij het zo druk had dat hij ophield met die andere twee banen.

Mijn ouders, Mike en Betty Agassi, pasgetrouwd in Chicago.

In de eerste tien jaar van hun huwelijk kregen mijn ouders drie kinderen. Daarna, in 1969, ging mijn moeder naar het ziekenhuis met ontzettende buikpijn. Haar baarmoeder moest eruit, zei de dokter. Maar na een tweede serie onderzoeken bleek dat ze zwanger was. Van mij. Ik ben geboren op 29 april 1970 in het Sunrise Hospital, op drie kilometer van de Strip. Mijn vader noemde me Andre Kirk Agassi, naar zijn bazen in het casino. Ik vraag mijn moeder waarom mijn vader me naar zijn bazen heeft vernoemd. Waren ze bevriend? Bewonderde hij hen? Was hij hen geld schuldig? Zij weet het niet. En het is geen vraag die je rechtstreeks aan mijn vader kunt stellen. Je kunt hem geen enkele rechtstreekse vraag stellen. En dus bewaar ik die vraag, bij al die andere dingen die ik niet weet over mijn ouders – permanent ontbrekende stukjes van de legpuzzel die ik ben.

Mijn vader werkt hard, draait nachtdiensten, maar tennis is zijn leven, daarvoor komt hij zijn bed uit. Overal in huis zie je de gebroken bewijzen van zijn obsessie. Behalve de achtertuin met de draak heb je mijn vaders laboratorium, ook wel de keuken genoemd. Mijn vaders bespanmachine en ander gereedschap nemen de halve keukentafel in beslag. (Mijn moeders nieuwste Norman Rockwell-puzzel neemt de andere helft in beslag – twee obsessies in één druk vertrek.) Op de bar in de keuken liggen stapels rackets waarvan verschillende doormidden zijn gezaagd, zodat mijn vader de binnenkant kan bestuderen. Hij wil alles weten over tennis, alles, en dat betekent dat hij alle losse delen uit elkaar haalt. Hij is altijd wel met een of andere tennisbenodigdheid aan het experimenteren. De laatste tijd gebruikt hij bijvoorbeeld tennisballen om de levensduur van onze schoenen te verlengen. Als het rubber begint te slijten, snijdt mijn vader een tennisbal doormidden en bevestigt een helft op iedere teen.

Ik zeg tegen Philly: Het is toch al erg genoeg dat we in een tennislaboratorium wonen, dan hoeven we toch niet ook nog eens tennisballen aan onze voeten te dragen?

Ik vraag me af waarom mijn vader van tennis houdt. Alweer iets wat ik hem niet rechtstreeks kan vragen. Toch blijft hij hints geven. Soms praat hij over de schoonheid van het spel, over de perfecte balans tussen kracht en strategie. Ondanks zijn niet-perfecte leven, of juist dankzij, streeft mijn vader perfectie na. Meetkunde en wiskunde komen zo dicht bij perfectie als een mens maar kan komen, zegt hij, en tennis gaat alleen maar over hoeken en maten. Als mijn vader in bed ligt, ziet hij een tennisbaan op het plafond. Hij zegt dat hij daar echt een tennisbaan ziet en op die plafond-tennisbaan speelt hij talloze denkbeeldige matches. Het is verbazingwekkend dat hij nog energie overheeft als hij naar zijn werk gaat.

In het casino moet mijn vader de mensen die een show willen zien naar hun stoel brengen. Deze kant op, meneer Johnson. Fijn u weer te zien, mevrouw Jones. Het MGM betaalt hem weinig en zijn salaris wordt aangevuld met fooien. We leven van de fooien, zodat we nooit weten hoeveel geld er is. Soms puilen zijn zakken uit van het muntgeld, maar soms zijn ze bijna leeg. Maar alles wat hij uit zijn zak haalt, wordt zorgvuldig geteld en opgestapeld en daarna in de kluis gelegd. Het is zenuwslopend dat je nooit weet hoeveel Pops in de safe kan stoppen.

Mijn vader is dol op geld en maakt daar geen geheim van. Hij zegt dat je met tennis veel geld kunt verdienen. Vooral ook daarom houdt hij van tennis. Tennis is in zijn ogen de kortste weg naar de American Dream. Hij neemt me mee naar het Alan King Tennis Classic en we kijken naar een knappe vrouw, die verkleed als Cleopatra door vier halfnaakte mannen in toga's naar het centercourt wordt gedragen. Ze wordt gevolgd door een man, die gekleed is als Caesar en een kruiwagen met zilveren dollars voor zich uit duwt. De eerste prijs voor de winnaar van het toernooi. Mijn vader staart met een dronken blik naar die zilveren waas die schittert in de zon van Las Vegas. Dat wil hij hebben. Hij wil dat ik het heb.

Niet lang na die profetische dag regelt hij een baantje voor me als ballenjongen op het Alan King-toernooi. Ik ben dan bijna negen. Ik ben helemaal niet geïnteresseerd in zilveren dollars, maar wel in de mini-Cleopatra van mijn leeftijd. Ze heet Wendi. Ze is ballenmeisje. Ze is een sprookje in haar blauwe pakje. Ik hou onmiddellijk van haar, zielsveel. Ik lig 's nachts wakker, zie haar beeltenis op het plafond.

Tijdens de matches, als Wendi en ik naast elkaar langs het net rennen, glimlach ik naar haar, probeer een glimlachje terug te krijgen. Tussen de matches door koop ik cola voor haar, ga bij haar zitten en probeer haar te imponeren met mijn kennis van het tennis.

Het Alan King-toernooi trekt belangrijke spelers aan en mijn vader haalt de meesten over om een paar ballen met me te slaan. Sommigen doen daar gemakkelijker over dan anderen. Connors kan geen nee zeggen, omdat mijn vader zijn bespanner is. Ilie

Năstase probeert nee te zeggen, maar mijn vader doet net alsof hij doof is. Năstase heeft Wimbledon en Roland Garros gewonnen, is nummer één van de wereld, en is overal liever dan daar, maar hij ontdekt al snel dat het bijna onmogelijk is mijn vader iets te weigeren. De man is meedogenloos.

Terwijl Năstase en ik tennissen, kijkt Wendi toe vanaf de netpaal. Ik ben zenuwachtig, Năstase is zichtbaar verveeld, tot hij Wendi ziet.

Hé, zegt hij. Is dat je vriendinnetje, Snoopy? Is dat knappe snoetje daar je liefje?

Ik blijf staan. Ik kijk naar Năstase. Ik wil die grote stomme Roemeen op zijn neus slaan, ook al is hij ruim een meter langer dan ik en zeker zeventig kilo zwaarder. Het is al verschrikkelijk dat hij me Snoopy noemt en bovendien praat hij ontzettend respectloos over Wendi. Er zijn meer mensen bij gekomen. Năstase begint het publiek te bespelen, noemt me steeds weer Snoopy en plaagt me met Wendi. En ik dacht nog wel dat mijn vader meedogenloos was.

Ik wilde dat ik het lef had om te zeggen: Meneer Năstase, u brengt me in verlegenheid, hou op alstublieft. Maar het enige wat ik kan doen is harder slaan. Sla harder. Dan maakt Năstase weer een gevatte opmerking over Wendi en dan kan ik er niet meer tegen. Ik laat mijn racket vallen en loop de baan af. *Up yours*, Năstase.

Mijn vader staat met open mond te kijken. Hij is niet boos, schaamt zich niet – hij kent helemaal geen schaamte, hij herkent zijn eigen genen als hij die in actie ziet. Volgens mij heb ik hem nooit trotser zien kijken.

Behalve een enkele exhibitie met een hooggeplaatste speler, zijn mijn publieke matches vooral sjoemelpartijtjes. Ik ben er heel goed in domkoppen in de luren te leggen. Ten eerste zoek ik een goed zichtbare baan uit en begin in mijn eentje te spelen waarbij ik de bal in het wilde weg over de baan sla. Ten tweede, als er een eigenwijze tiener of een dronken gast langskomt, vraag ik of ze tegen me willen spelen. Ten derde laat ik hen van me winnen, dik. Ten vierde vraag ik hen met mijn zieligste stemmetje of ze voor een dollar willen spelen. Of voor vijf. En voordat ze weten wat ze overkomt, serveer ik voor matchpoint en twintig dollar, voldoende om een maand lang cola voor Wendi te kopen.

Dat heeft Philly me geleerd. Hij geeft tennisles en bedriegt zijn leerlingen, speelt tegen ze voor de prijs van een les en daarna dubbel of niets. Maar jij, Andre, zegt hij, kunt met jouw lengte en jouw jeugdige leeftijd geld als water verdienen. Hij helpt me de gang van zaken verder uit te werken en te oefenen. Af en toe denk ik dat ik alleen maar dénk dat ik sjoemel, en dat mensen juist graag geld uitgeven voor de show. Later kunnen ze dan opscheppen tegen hun vrienden dat ze een tennisfreak van negen hebben gezien die nooit een bal fout slaat.

Ik vertel mijn vader niets over mijn bijverdienste. Niet dat hij het verkeerd zou vinden. Hij houdt wel van een goede zwendel. Maar ik wil zo min mogelijk met hem over tennis praten. Dan loopt mijn vader tegen zijn eigen zwendel aan, op Cambridge. Als we binnenkomen, wijst mijn vader naar een man die in gesprek is met meneer Fong.

Dat is Jim Brown, fluistert mijn vader. De beste American footballspeler aller tijden.

De man is een enorme brok spieren met tennisschoenen aan. Ik heb hem al eerder op Cambridge gezien. Als hij niet voor geld aan het tennissen is, speelt hij backgammon of is hij aan het dobbelen – ook voor geld. Net als mijn vader praat meneer Brown vaak over geld. Nu klaagt hij tegen meneer Fong over een partij om geld die niet is doorgegaan. Hij zou tegen een vent spelen en die vent is niet komen opdagen. Meneer Brown reageert zijn frustratie af op meneer Fong.

Ik ben hier gekomen om te spelen, zegt meneer Brown, en ik wil spelen.

Mijn vader stapt erop af.

Wilt u spelen?

Ja.

Mijn zoon Andre zal tegen u spelen.

Meneer Brown kijkt naar mij en dan naar mijn vader.

Ik speel niet tegen een jochie van acht!

Negen.

Negen? O, dat had ik niet door.

Meneer Brown lacht. Een paar mannen vlakbij lachen ook.

Ik zie wel dat meneer Brown mijn vader niet serieus neemt. Grote vergissing. Net als die vrachtwagenchauffeur die op straat lag. Ik doe mijn ogen dicht en zie hoe de regen op zijn gezicht klettert.

Kijk, zegt meneer Brown, ik speel niet voor de lol, oké? Ik speel om géld.

Mijn zoon zal om geld tegen u spelen.

Ik voel een zweetdruppel onder mijn oksel.

O ja? Om hoeveel?

Mijn vader lacht en zegt: Ik wed met u om mijn verdomde huis.

Ik heb uw huis niet nodig, zegt meneer Brown. Ik heb al een huis. Laten we zeggen tienduizend.

Akkoord, zegt mijn vader.

Ik loop naar de baan.

Rustig aan, zegt meneer Brown. Ik wil wel vooraf wat geld zien.

Ik ga thuis wel even wat halen, zegt mijn vader. Ben zo terug.

Mijn vader rent weg. Ik zit in een stoel en zie hem in gedachten de kluis openen en er stapeltjes munten uit halen. Al die fooien die ik hem door de jaren heen heb zien tellen, al die avonden hard werken. Nu zet hij het in op mij. Ik krijg een drukkend gevoel op mijn borst. Ik ben trots natuurlijk, omdat mijn vader zoveel vertrouwen in me heeft. Maar ik ben vooral bang. Wat gaat er met me gebeuren, met mijn vader, met mijn moeder en mijn broer en zussen, om nog maar te zwijgen over Grandma en oom Isar, als ik verlies?

Ik heb al eerder onder soortgelijke druk gespeeld, toen mijn vader, zonder waarschuwing vooraf, een tegenstander uitkoos en me opdracht gaf hem te verslaan. Maar dat was altijd een ander kind, en er was nooit geld mee gemoeid. Meestal gebeurt dat 's middags. Dan maakt mijn vader me opeens wakker terwijl ik wat lig te dutten en schreeuwt: Pak je racket! Je moet iemand verslaan! Het komt niet bij hem op dat ik een dutje doe omdat ik uitgeput ben na een ochtend oefenen met de draak. Dan loop ik naar buiten, wrijf de slaap uit mijn ogen en zie een onbekend kind, een wonderkind uit Florida of Californië dat toevallig in de stad is. Ze zijn altijd ouder en groter dan ik. Zoals die knul die net naar Vegas was verhuisd. Hij had over me gehoord en belde bij ons aan. Hij had een witte Rossignol en een hoofd als een pompoen. Hij was zeker drie jaar ouder dan ik en hij grijnsde toen ik naar buiten kwam, omdat ik zo klein was. Zelfs nadat ik hem had verslagen, zelfs nadat ik die grijns van zijn gezicht had geveegd, heeft het me uren gekost om weer tot rust te komen en het gevoel kwijt te raken dat ik zojuist koorddansend de Hoover Dam was overgestoken.

Maar dit gedoe met meneer Brown is anders, en niet alleen omdat het spaargeld van ons gezin afhankelijk is van de uitslag. Meneer Brown heeft mijn vader onbeschoft behandeld en mijn vader kan hem niet op zijn bek geven. Daar heeft hij mij voor nodig. Deze match gaat dus om meer dan geld alleen. Die gaat om respect en mannelijkheid en familie-eer, tegen de beste American footballplayer aller tijden. Ik speel nog liever de finale van Wimbledon. Tegen Năstase. Met Wendi als ballenmeisje.

Ik realiseer me dat meneer Brown naar me kijkt. Hij staart naar me. Hij loopt naar me toe en stelt zich voor, geeft me een hand. Zijn hand is één grote bult eelt. Hij vraagt hoe lang ik al speel, hoeveel matches ik heb gewonnen, hoeveel ik er heb verloren.

Ik verlies nooit, zeg ik zacht.

Hij knijpt zijn ogen tot spleetjes.

Ik ben niet de enige die de druk voelt. Meneer Fong trekt meneer Brown terzijde en zegt: Doe dit niet, Jim.

Die vent vraagt erom, fluistert meneer Brown. Stomkop met zijn geld.

Je begrijpt het niet, zegt meneer Fong. Je gaat verliezen, Jim.

Waar heb je het verdomme over? Het is maar een jochie.

Maar niet zomaar een jochie.

Je bent gek.

Luister Jim, ik vind het fijn dat je hier komt. Je bent een vriend en het is goed voor mijn zaken als je op mijn club komt. Maar als je tienduizend dollar verliest, dan baal je en kom je niet weer terug.

Meneer Brown draait zich om en neemt me van top tot teen op, alsof hij denkt dat hij iets heeft gemist. Dan komt hij terug en begint vragen op me af te vuren.

Hoeveel speel je?

Elke dag.

Nee, hoe lang speel je achter elkaar? Een uur? Een paar uur?

Ik begrijp wat hij aan het doen is. Hij wil weten hoe snel ik moe word. Hij probeert me in te schatten, zijn tactiek te bepalen.

Mijn vader is terug. Hij zwaait met een handvol honderdjes. Maar meneer Brown heeft zich bedacht.

Dit gaan we doen, zegt meneer Brown tegen mijn vader. We spelen twee sets en daarna bepalen we de inzet voor de derde set.

Goed hoor.

We spelen op baan drie, net achter de deur. Daar heeft zich een groep mensen verzameld en ze schreeuwen hun kelen schor als ik de eerste set win, 6-3. Meneer Brown schudt zijn hoofd. Hij praat in zichzelf. Hij slaat met zijn racket op de grond. Hij is niet blij. Nou ja, ik ook niet. Ik denk niet alleen, wat op zich al een schending is van een van de belangrijkste regels van mijn vader, mijn gedachten tollen ook in het rond. Ik heb het gevoel dat ik elk moment moet stoppen om over te geven.

Toch win ik de tweede set, 6-3.

Nu is meneer Brown woedend. Hij laat zich op een knie vallen en trekt zijn veters strak.

Mijn vader loopt naar hem toe.

En? Tienduizend?

Nah, zegt meneer Brown, zullen we het op vijfhonderd houden?

Goed hoor, wat jij wilt.

Mijn lichaam ontspant. Mijn gedachten komen tot rust. Ik kan wel dansen, omdat ik nu niet om tienduizend dollar hoef te spelen. Ik ga vrijuit slaan, zonder dat ik me zorgen hoef te maken om de gevolgen.

Maar meneer Brown speelt een minder ontspannen game. Hij slaat opeens hard, dropshots, lobs, in de hoeken, probeert slice en sidespin en allerlei andere trucjes. Hij probeert me ook te laten lopen, vooruit en achteruit, probeert me uit te putten. Maar ik voel me zo opgelucht omdat ik niet om de volledige inhoud van mijn vaders kluis speel, dat niemand me nu kan uitputten, en ik sla bijna geen bal fout. Ik versla meneer Brown met 6-2.

Het zweet stroomt over zijn gezicht, hij haalt een rol bankbiljetten uit zijn zak en telt vijf briefjes van honderd uit. Hij geeft ze aan mijn vader en zegt dan tegen mij: Geweldige game, knul.

Hij geeft me een hand. Zijn eelt voelt ruwer, dankzij mij.

Hij vraagt wat mijn doel is, mijn droom. Ik begin te antwoorden, maar mijn vader valt me in de rede.

Hij wordt de nummer één van de wereld.

Daar durf ik om te wedden, zegt meneer Brown.

Niet lang nadat ik meneer Brown heb verslagen, speel ik bij Caesar een oefenmatch tegen mijn vader. Ik sta voor met 5-2 en serveer voor de match. Ik heb mijn vader nog nooit verslagen en hij kijkt alsof hij op het punt staat meer te verliezen dan tienduizend dollar.

Opeens stapt hij van de baan af. Pak je spullen, zegt hij. We gaan.

Hij speelt niet verder. Hij gaat er nog liever vandoor dan dat hij van zijn zoon verliest. Ergens diep vanbinnen weet ik dat dit de laatste keer is dat hij met mij heeft gespeeld.

Ik pak mijn tas, rits de hoes van mijn racket dicht en voel me veel en veel beter dan nadat ik meneer Brown had verslagen. Dit is de mooiste zege van mijn leven, en deze zal moeilijk te overtreffen zijn. Deze zege is me meer waard dan een kruiwagen vol zilveren dollars – met de juwelen van oom Isar erbij – omdat deze zege er uiteindelijk voor heeft gezorgd dat mijn vader bij me wegloopt.

HOOFDSTUK 3

Ik ben tien en doe mee aan de nationale kampioenschappen. Tweede ronde. Ik verlies dik van een joch dat ouder is en de beste van het land schijnt te zijn. Niet dat dat het gemakkelijker maakt. Waarom doet verliezen zoveel pijn? Hoe kan iets zoveel pijn doen? Als ik de baan afloop, zou ik willen dat ik dood was. Ik ren naar de parkeerplaats. Terwijl mijn vader onze spullen pakt en afscheid neemt van de andere ouders, zit ik in de auto te huilen.

Ik zie een gezicht voor het raampje. Donkere man. Glimlachend.

Hallo, zegt hij. Ik ben Rudy.

Zelfde naam als de man die mijn vader heeft geholpen met het aanleggen van de tennisbaan in de achtertuin. Vreemd.

Hoe heet je?

Andre.

Hij geeft me een hand.

Leuk je te leren kennen, Andre.

Hij zegt dat hij werkt voor de grote kampioen Pancho Segura, die kinderen van mijn leeftijd coacht. Hij komt naar deze grote toernooien om kinderen voor Pancho te scouten. Hij steekt zijn arm door het raam, leunt zwaar op het portier, zucht. Hij zegt dat hij weet dat dit soort dagen moeilijk zijn, heel moeilijk, maar dat ik er ook sterker door zal worden. Zijn stem is warm, dik, als warme chocolademelk.

Die knul die jou heeft verslagen, tja, die is twee jaar ouder dan jij! Je hebt nog twee jaar om net zo goed te worden als hij. Twee jaar is een eeuwigheid, vooral als je hard werkt. Werk jij hard?

Ja meneer.

Je hebt nog een hele toekomst voor je, knul.

Maar ik wil helemaal niet meer spelen. Ik haat tennis.

Ha ha! Ja hoor, maar diep vanbinnen haat je tennis niet echt.

Echt wel.

Je denkt alleen maar dat je het haat.

Nee, ik haat het echt.

Dat zeg je alleen maar omdat je nu verdrietig bent, heel verdrietig, maar dat betekent ook dat het je iets kan schelen. Dat betekent dat je wilt winnen. Daar kun je gebruik van maken. Vergeet deze dag niet. Probeer er motivatie uit te halen. Als je je niet opnieuw zo verdrietig wilt voelen, moet je alles doen om dat te voorkomen. Ben je er klaar voor om alles te doen?

Ik knik.

Goed zo. Blijf dan maar huilen. Blijf nog maar een tijdje verdrietig. Maar daarna moet je tegen jezelf zeggen dat het genoeg is, dat het tijd is om weer aan het werk te gaan.

Oké.

Met mijn mouw veeg ik mijn tranen weg en bedank Rudy. Als hij wegloopt, ben ik er klaar voor om te oefenen. Laat de draak maar komen. Ik wil wel uren oefenen. Als Rudy achter me zou staan en bemoedigende woorden in mijn oor zou fluisteren, dan zou ik die draak kunnen verslaan. Opeens klautert mijn vader achter het stuur van de auto en we rijden langzaam weg, alsof we de eerste auto van een begrafenisstoet zijn. De spanning in de auto is om te snijden. Ik zit op de achterbank, krul me op en sluit mijn ogen. Ik overweeg eruit te springen, weg te lopen, Rudy te zoeken en hem te vragen of hij mij wil coachen. Of adopteren.

Ik haat al die juniorentoernooien, maar de nationale kampioenschappen haat ik het meest, omdat er meer op het spel staat. En omdat ze in andere staten worden gehouden en dat betekent vliegkosten, hotels, huurauto's, restaurantmaaltijden. Mijn vader betaalt, investeert in mij, en als ik verlies, verdwijnt er weer een deel van zijn investering. Als ik verlies, zet ik de hele Agassi-clan op verlies.

Ik ben elf en doe mee aan de nationale kampioenschappen in Texas op gravel. Ik ben een van de beste van het land op die ondergrond dus ik kan niet verliezen, maar toch verlies ik. In de halve finale. Ik bereik de finale niet eens. Nu moet ik een troostfinale spelen. Als je in de halve finale verliest, moet je een wedstrijd spelen om te bepalen wie op de derde en vierde plaats eindigt. En wat erger is, is dat ik in deze troostfinale tegen mijn aartsvijand moet spelen, David Kass. Hij staat net onder me, maar op de een of andere manier wordt hij een totaal andere speler als hij mij aan de overkant van het net ziet staan. Wat ik ook doe, Kass verslaat me. Vandaag ook. Ik verlies in drie sets. Weer ben ik totaal van streek. Ik heb mijn vader teleurgesteld. Ik heb mijn familie geld gekost. Maar ik huil niet, want ik wil dat Rudy trots op me is en dus slaag ik erin mijn tranen in te slikken.

Tijdens de prijsuitreiking reikt een man de eerste prijs uit, daarna de tweede, dan de derde. Vervolgens zegt hij dat de sportiviteitstrofee dit jaar zal worden uitgereikt aan de sportiefste speler van het toernooi. Ongelooflijk, hij noemt mijn naam, misschien wel omdat ik al een uur op mijn lip heb zitten bijten. Hij zwaait naar me met de prijs, gebaart dat ik hem moet komen halen. Dat is het laatste wat ik wil, de sportiviteitstrofee, maar ik neem hem aan en bedank hem en dan verandert er iets in me. Dit is een fantastische prijs. En ik ben heel sportief geweest. Ik loop naar de auto met de prijs tegen mijn borst geklemd, met mijn vader vlak achter me aan. Hij zegt niets, ik zeg niets. Ik concentreer me op het geluid van onze voetstappen op het cement. Ten slotte verbreek ik de stilte. Ik zeg: Ik wil dit stomme ding niet. Dat zeg ik omdat ik denk dat mijn vader dat wil horen. Mijn vader komt naast me lopen. Hij pakt de prijs van me af. Hij zwaait hem boven zijn hoofd en gooit hem op het asfalt. De prijs breekt. Mijn vader pakt het grootste stuk op en smijt dat weer op het asfalt zodat het in nog kleinere stukjes breekt. Nu pakt hij de stukken op en gooit ze in een afvalbak. Ik zeg niets. Ik zou niet weten wat ik moet zeggen.

Kon ik maar voetballen in plaats van tennissen. Ik hou niet van sport, maar als ik dan toch een sport moet kiezen, moet ik een sport nemen die mijn vader leuk vindt. Ik voetbal drie keer per week op school en ik vind het heerlijk over het voetbalveld te rennen met de wind in mijn haren, om de bal te roepen en te weten dat de wereld niet vergaat als ik niet scoor. Het lot van mijn vader, van mijn familie, van de hele wereld, rust niet op mijn schouders. Als mijn team niet wint, is het de schuld van het hele team en schreeuwt niemand in mijn oor. Teamsporten, besluit ik, zijn je van het.

Mijn vader vindt het niet erg dat ik voetbal, omdat hij denkt dat het goed is voor mijn voetenwerk op de tennisbaan. Maar kort geleden heb ik tijdens het voetballen een spier in mijn been verrekt en daardoor kan ik een middag niet tennissen. Mijn vader vindt het maar niks. Hij kijkt naar mijn been, dan naar mij, alsof ik mezelf met opzet heb bezeerd. Maar een blessure is een blessure. Zelfs hij kan niet met mijn lichaam in discussie. Hij stampvoet het huis uit, naar zijn werk.

Even later kijkt mijn moeder naar mijn agenda en ziet dat ik die middag een voetbalwedstrijd heb. Wat doen we? vraagt ze.

Het team rekent op me, zeg ik.

Ze zucht. Hoe voel je je?

Volgens mij kan ik wel spelen.

Oké. Kleed je maar om.

Denk je dat Pops boos wordt?

Je kent pa. Hij heeft helemaal geen reden nodig om boos te worden.

Ze rijdt me naar de wedstrijd en zet me af. Nadat ik een paar keer langs het veld heb gerend, voelt mijn been goed. Verrassend goed. Ik duik tussen de verdedigers, gemakkelijk, elegant, roep om de bal, lach met mijn ploeggenoten. We werken aan een gemeenschappelijk doel. We doen dit samen. Dit voelt goed, dit voelt uitstekend. Dit voelt als ik.

Opeens kijk ik op en zie mijn vader. Hij staat bij de rand van de parkeerplaats, kijkt naar het voetbalveld. Hij zegt iets tegen de coach. Nu schreeuwt hij tegen de coach. De coach zwaait naar me. Agassi! Van het veld af!

Ik ren het veld af.

Stap in de auto, zegt mijn vader. En trek je voetbalkleren uit.

Ik ren naar de auto en zie mijn tenniskleren op de achterbank liggen. Ik trek ze aan en loop naar mijn vader toe. Ik geef hem mijn voetbalkleren. Hij loopt naar de coach en smijt de voetbalkleren tegen zijn borst.

Terwijl we naar huis rijden, zegt mijn vader zonder me aan te kijken: Dit is de laatste keer dat je hebt gevoetbald.

Ik smeek hem om een tweede kans. Ik zeg tegen mijn vader dat ik het niet prettig vind om alleen op die enorme tennisbaan te zijn. Tennis is eenzaam, zeg ik tegen hem. Je kunt je nergens verstoppen als er iets verkeerd gaat. Geen dug-out, geen zijlijn, geen neutrale hoek. Je bent daar in je eentje, naakt.

Hij schreeuwt keihard: Je bent een tennisser! Je wordt nummer één van de wereld! Je gaat heel veel geld verdienen. Dat is het plan en daarmee basta.

Dat was ook het plan voor Rita, Philly en Tami, maar zover is het nooit gekomen. Rita kwam in opstand. Tami werd maar niet beter. Philly had geen killersinstinct. Dat zegt mijn vader altijd over Philly. Hij zegt het tegen mij, tegen Mom, zelfs tegen Philly, recht in zijn gezicht. Philly haalt gewoon zijn schouders op en dat bewijst eens te meer dat hij geen killersinstinct heeft.

Maar mijn vader zegt veel ergere dingen tegen Philly.

Je bent een geboren verliezer, zegt hij.

Je hebt gelijk, zegt Philly op een zielig toontje. Ik ben een geboren verliezer, ik ben geboren als verliezer.

Dat ben je! Je hebt medelijden met je tegenstander. Het maakt je niets uit of je de beste bent of niet!

Philly neemt niet de moeite ertegenin te gaan. Hij speelt goed. Hij heeft talent. Maar hij streeft niet naar perfectie en in ons huis is perfectie geen doel, maar wet. Als je niet perfect bent, ben je een verliezer. Een geboren verliezer.

Mijn vader besloot dat Philly een geboren verliezer was toen hij ongeveer even oud was als ik en meedeed aan de nationale kampioenschappen. Philly verloor niet alleen, hij ging niet eens in discussie als een tegenstander hem bedroog, waardoor mijn vader rood aanliep en Iraanse vloeken begon te schreeuwen.

Net als mijn moeder legt Philly zich daar bij neer, maar een enkele keer ontploft hij. De laatste keer dat dit gebeurde, was in de keuken. Mijn vader was een tennisracket aan het bespannen, mijn moeder stond te strijken en Philly zat op de bank tv te kijken. Mijn vader zat Philly te stangen, genadeloos, over zijn spel tijdens een recent toernooi. Opeens, op een toon die ik hem nog nooit had horen gebruiken, gilde Philly: Weet je waarom ik niet win? Dankzij jou. Omdat jij me een geboren verliezer noemt!

Philly begon te huilen. Mijn moeder begon te huilen.

Vanaf dit moment, zei Philly, zal ik me als een robot gedragen. Wat vind je daarvan, hè? Ik gedraag me als een robot, ik voel niets, stap de baan op en doe gewoon alles wat je zegt!

Mijn vader hield op met het bespannen van het racket en keek blij. Vredig bijna. Jezus christus, zei hij, eindelijk snap je het.

Anders dan Philly ga ik wel steeds in discussie met mijn tegenstanders. Soms zou ik willen dat ik net als Philly alle onrechtvaardigheid langs me af kon laten glijden. Als een tegenstander me net als Tarango bedot en zegt dat mijn bal net uit is, loop ik rood aan. Vaak neem ik bij het volgende punt wraak. Wanneer mijn bedriegerige tegenstander een bal midden op de baan slaat, roep ik dat hij uit is en kijk hem aan met een blik alsof ik wil zeggen: Nu staan we quitte.

Dat doe ik niet om mijn vader een plezier te doen, maar dat is wel wat er gebeurt. Hij zegt: Je hebt een andere mentaliteit dan Philly. Jij hebt alle talent, alle spirit, en alle geluk. Je bent geboren met een geluksdubbeltje in je zak.

Dat zegt hij één keer per dag. Soms zegt hij het overtuigd, soms bewonderend, soms jaloers. Ik voel me ongemakkelijk als hij dat zegt. Ik vraag me bezorgd af of ik Philly's geluk heb, dat ik het van hem heb afgepakt. Dat Philly, omdat ik met een geluksdubbeltje in mijn zak ben geboren, met een donkere wolk boven zijn hoofd is geboren. Toen Philly twaalf was, heeft hij tijdens het fietsen zijn pols op drie plaatsen gebroken en dat was het begin van een lange reeks vervelende gebeurtenissen waaraan maar geen einde leek te komen. Mijn vader was zo boos op Philly dat hij hem dwong toernooien te spelen met zijn gebroken pols, waardoor die pols alleen maar erger werd en zijn spel voor altijd werd geruïneerd. Om zijn gebroken pols te ontzien, moest Philly zijn backhand met één hand spelen en Philly noemt dat een gruwelijke gewoonte die hij niet meer heeft kunnen afleren, ook niet nadat zijn pols weer in orde was. Ik zie Philly verliezen en denk: Slechte gewoonte plus ongeluk, een dodelijke combinatie. Ik kijk naar hem als hij na een zware nederlaag thuiskomt. Je kunt aan zijn gezicht zien dat hij van zichzelf baalt en mijn vader versterkt dat gevoel nog eens. Philly gaat in een hoekje zitten en slaat zichzelf om de oren omdat hij heeft verloren; maar dat is tenminste een eerlijk gevecht, een tegen een. Dan komt mijn vader erbij en hij helpt Philly met het om de oren slaan van Philly. Er wordt gescholden, geslagen. Zo moet Philly wel een zenuwpees worden. Het zou logisch zijn dat hij mij nu gaat haten, gaat pesten. Maar het is juist andersom, want na elke verbale of fysieke aanval op hem door zichzelf of door mijn vader is hij juist zorgzamer voor me. Beschermender. Zachtaardiger. Hij wil dat zijn lot mij wordt bespaard. Hij is dan misschien wel een geboren verliezer, maar ik beschouw Philly daarom als de ultieme winnaar. Ik ben blij dat Philly mijn oudere broer is. Hij moedigt me aan, geeft me aanwijzingen, zorgt voor me, vertoont nooit tekenen van jaloezie of rivaliteit. Blij zijn omdat je een ongelukkige oudere broer hebt? Kan dat? Is dat logisch? Alweer zo'n typische tegenspraak.

Philly en ik zijn elk vrij moment samen. Hij haalt me op van school met zijn scooter en dan rijden we door de woestijn naar huis en kletsen en lachen boven het gebrom van de motor uit. We delen een slaapkamer aan de achterkant van het huis; dat is ons toevluchtsoord voor tennis en Pops. Philly is net zo precies op zijn spullen als ik op de mijne. Dus trekt hij een witte lijn verf door het midden van de kamer, zodat die wordt verdeeld in zijn kant en mijn kant, ad court en deuce court. Ik slaap in het deuce court, mijn bed staat het dichtst bij de deur. 's Avonds, voordat we het licht uitdoen, hebben we een ritueel waar ik erg aan hecht. We zitten op de rand van onze bedden en fluisteren over de lijn heen. Philly, zeven jaar ouder dan ik, praat het meest. Hij stort zijn hart uit, praat over zijn gebrek aan zelfvertrouwen en over zijn teleurstellingen. Hij praat erover dat hij nooit wint. Hij praat erover dat hij een geboren verliezer is. Hij praat erover dat hij geld van Pops moet lenen zodat hij kan blijven tennissen, kan blijven proberen beroepsspeler te worden. Pops, dat zijn we met elkaar eens, is niet een man om tegen je te hebben.

Maar Philly maakt zich vooral zorgen over zijn haarlijn. Andre, zegt hij, ik word kaal. Hij zegt dat op een toon alsof hij je vertelt dat de artsen hem hebben verteld dat hij nog maar vier weken te leven heeft.

Maar zonder strijd zal hij zijn haar niet kwijtraken. Kaalheid is een tegenstander die Philly wel aankan. Hij zal er alles aan doen om hem te verslaan. Volgens hem wordt hij kaal omdat er niet genoeg bloed naar zijn schedel stroomt. Daarom staat hij elke avond tijdens onze gesprekjes op zijn kop. Hij zet zijn hoofd op zijn matras en gaat op zijn hoofd staan, met zijn voeten tegen de muur. Ik bid dat het zal werken. Ik smeek God dat mijn broer, de geboren verliezer, dit ene niet zal verliezen: zijn haar. Ik lieg tegen Philly en zeg dat ik kan zien dat dit wonder werkt. Ik hou zoveel van hem dat ik alles zou zeggen om hem een beter gevoel te geven.

Voor mijn broer zou ik zelf ook wel de hele nacht op mijn hoofd willen gaan staan.

Nadat Philly me zijn zorgen heeft verteld, vertel ik hem soms mijn eigen zorgen. Ik ben geroerd omdat hij zo snel omswitcht. Hij luistert naar de laatste gemene opmerkingen van Pops, kijkt hoe erg ik het vind en geeft me dan al naar gelang een knikje. Een half knikje voor basale angsten. Een hele knik met een gepatenteerde Philly-frons voor grote angsten. Zelfs op zijn hoofd staand kan Philly met een knikje meer zeggen dan de meeste mensen in een hele brief.

Op een avond vraagt Philly of ik hem iets wil beloven.

Tuurlijk, Philly. Alles.

Laat Pops je nooit pillen geven.

Pillen?

Andre, luister naar wat ik zeg. Dit is echt belangrijk.

Oké, Philly, ik hoor je. Ik luister.

De volgende keer dat je naar de nationale kampioenschappen gaat en Pops je pillen geeft, moet je ze niet innemen.

Hij geeft me al Excedrin, Philly. Voor een match moet ik Excedrin van hem nemen, omdat er zoveel cafeïne in zit.

Ja, dat weet ik. Maar de pillen waar ik het over heb, zijn anders. Die pillen zijn klein, wit en rond. Neem ze niet. Nooit.

En als Pops me dwingt? Ik kan geen nee tegen hem zeggen.

Ja, dat is zo. Wacht, ik moet even nadenken.

Philly sluit zijn ogen. Ik zie het bloed naar zijn voorhoofd stromen, zie dat hij paars wordt.

Oké, zegt hij. Ik weet het. Als hij je dwingt die pillen te slikken, moet je daarna een slechte match spelen. Verlies expres. Daarna, als je van de baan komt, zeg je dat je zo erg trilde dat je je niet kon concentreren.

Oké. Maar Philly, wat zijn dat voor pillen?

Speed.

Wat is dat?

Een drug. Krijg je veel energie van. Ik weet gewoon dat hij zal proberen je wat speed te geven.

Hoe weet je dat, Philly?

Dat heeft hij ook aan mij gegeven.

En ja hoor, tijdens de nationale kampioenschappen in Chicago geeft mijn vader me een pil. Hou je hand op, zegt hij. Dit zal je helpen. Innemen.

Hij legt een pil in mijn hand. Klein. Wit. Rond.

Ik slik de pil door en voel me prima. Niet echt anders. Iets alerter. Ik doe wel net alsóf ik me heel anders voel. Mijn tegenstander, een oudere jongen, is helemaal geen uitdaging, ik kan hem aan, maar ik zorg dat punten heel lang duren en geef hem verschillende games cadeau. Ik zorg ervoor dat de match er zwaarder uitziet dan hij is. Als ik van de baan kom, zeg ik tegen mijn vader dat ik me niet goed voel, dat ik me wil terugtrekken. Hij kijkt schuldig.

Oké, zegt hij en wrijft over zijn gezicht. Dat is niet goed, dat was eens maar nooit meer.

Na het toernooi bel ik Philly en vertel hem over de pil.

Hij zegt: Zie je wel, ik wist het!

Ik heb gedaan wat je zei, Philly, en het werkte.

Mijn broer klinkt zoals een vader hoort te klinken. Trots op me en tegelijkertijd bang voor me. Als ik thuiskom, omhels ik hem. We brengen de eerste avond samen op onze kamer door, we fluisteren over de witte lijn heen en vieren onze zeldzame overwinning op Pops.

Korte tijd later speel ik tegen een oudere tegenstander en versla hem. Het is een oefenpartij, niks bijzonders, en ik ben veel beter dan mijn tegenstander, maar ik help hem een beetje, ik zorg ook dit keer dat punten lang duren, geef hem verschillende games cadeau, net zoals ik in Chicago deed. Na afloop van deze match op court 3 op Cambridge – dezelfde baan als waarop ik meneer Brown heb verslagen – voel ik me verschrikkelijk, omdat mijn tegenstander er verschrikkelijk uitziet. Ik had hem moeten laten winnen. Ik haat het om te verliezen, maar ik haat het dit keer ook om te winnen, want de verslagen tegenstander is Philly. Betekent dit gevoel dat ik geen killersinstinct heb? Verward en verdrietig wens ik dat ik die oude vent kon vinden, Rudy, of die andere Rudy vóór hem, zodat ik hen kon vragen wat dit allemaal te betekenen heeft.

HOOFDSTUK 4

Ik doe mee aan een toernooi in de Las Vegas Country Club voor een kans om naar het staatskampioenschap te gaan. Mijn tegenstander is een jongen die Roddy Parks heet. Het eerste wat me aan hem opvalt, is dat ook hij een unieke vader heeft. Meneer Parks draagt een ring met een mier in gestolde amber. Voordat de match begint, vraag ik hem ernaar.

Weet je Andre, als de wereld in een nucleaire ramp eindigt, zullen alleen de mieren het overleven. Dus wil ik dat mijn ziel in een mier terechtkomt.

Roddy is dertien, twee jaar ouder dan ik. Hij is groot voor zijn leeftijd en heeft een militaire stekelkop. Maar het lijkt alsof ik hem wel aankan. Onmiddellijk zie ik zwakke plekken in zijn spel. Maar op de een of andere manier weet hij die te compenseren en hij wint de eerste set.

Ik praat tegen mezelf, zeg dat ik moet aanvallen, meer moet lopen. Ik pak de tweede set.

Ik oefen meer druk uit, ben slimmer, sneller. De finishlijn is in zicht. Roddy is van mij, hij kan het wel schudden. Wat is dat trouwens voor naam, Roddy? Maar ik verlies een paar punten en nu steekt Roddy zijn armen in de lucht. Hij heeft de derde set gewonnen, 7-5, en de match. Ik kijk naar de tribune, naar mijn vader. Hij heeft zijn blik neergeslagen, is bezorgd. Niet boos, maar bezorgd. Ik ben ook bezorgd, maar ook verdomde boos, en ziek van zelfhaat. Ik zou willen dat ik de mier in meneer Parks' ring was.

Ik maak hatelijke opmerkingen tegen mezelf terwijl ik mijn tennistas inpak. Als vanuit het niets verschijnt er een jongen die mijn woedende gedachten onderbreekt.

Hé, zegt hij, maak je niet druk. Het was gewoon je dag niet.

Ik kijk op. De jongen is een jaar ouder dan ik, een hoofd groter, en kijkt op een manier die me niet bevalt. Er is iets met zijn gezicht. Zijn neus en mond staan niet in één rechte lijn. En hij draagt een nichterig shirt met een mannetje erop dat polo speelt? Ik wil niets met hem te maken hebben.

Wie ben je verdomme? vraag ik.

Perry Rogers.

Ik draai me weer om naar mijn tennistas.

Hij snapt de hint niet. Hij gaat maar door over dat het gewoon niet mijn dag was, dat ik beter ben dan Roddy, dat ik hem de volgende keer wel zal verslaan, enzovoort. Hij probeert aardig te zijn, denk ik, maar hij gedraagt zich als een betweter, als een Björn Borg jr. en dus ga ik rechtop staan en probeer opgewekt te kijken. Het laatste waar ik behoefte aan heb zijn troostende woorden; die zijn nog zinlozer dan een troostprijs, vooral als die woorden afkomstig zijn van een joch met een man op zijn borst die polo speelt. Ik zwaai mijn tennistas over mijn schouder en vraag: Wat weet jij verdomme van tennis?

Later voel ik me schuldig. Ik had niet zo gemeen moeten zijn. Dan hoor ik dat hij ook tennist, dat hij aan hetzelfde toernooi meedoet. Ik hoor ook dat hij een oogje heeft op mijn zus Tami; vooral daarom praatte hij natuurlijk met me. Om dichter bij Tami te komen.

Ik voel me dan misschien schuldig, maar Perry is pisnijdig. Al snel hoor ik via de Vegas-geruchtenmolen: Pas maar op, die Perry wil je te grazen nemen. Hij zegt tegen iedereen dat ik onbeschoft tegen hem was en dat hij me de volgende keer te grazen zal nemen.

Weken later zegt Tami dat iedereen naar een griezelfilm gaat, alle oudere kinderen, en ze vraagt of ik ook meewil.

Gaat die Perry ook mee?

Misschien.

Ja, dan ga ik wel.

Ik ben dol op griezelfilms. En ik heb een plan.

Onze moeder brengt ons al vroeg naar de bioscoop, zodat we popcorn en snoep kunnen kopen en de beste stoelen kunnen uitzoeken, precies in het midden van de middelste rij. Ik zit altijd precies in het midden van de middelste rij. De beste plek. Ik laat Tami links van me zitten en hou de stoel naast me bezet. En ja hoor, daar komt die bekakte, ballerige Perry aan. Ik spring op en zwaai. Hé Perry! Hierheen!

Hij draait zich om, tuurt. Ik zie dat het hem verbaast dat ik zo vriendelijk ben. Hij probeert de situatie in te schatten, vraagt zich af wat hij moet doen. Dan glimlacht hij en ik zie dat hij besluit niet meer boos te zijn. Hij slentert door het middenpad, loopt onze rij in en laat zich in de lege stoel naast me vallen.

Hallo Tami, zegt hij voor me langs.

Hallo Perry.

Hallo Andre.

Hallo Perry.

Vlak voordat de lichten uitgaan en de eerste filmbeelden verschijnen, kijken we elkaar aan.

Vrede?

Vrede.

De film is *Visiting Hours*. Hij gaat over een psychopaat die een journaliste stalkt, haar huis binnendringt, haar dienstmeisje vermoordt, dan om de een of andere reden een jurk aantrekt en tevoorschijn springt als de journaliste thuiskomt. Ze kan zich losworstelen en de politie komt maar net op tijd. Ze brengen de vrouw snel naar het ziekenhuis, waar ze denkt veilig te zijn, maar natuurlijk heeft die psychopaat zich in het ziekenhuis verstopt, probeert de kamer van de journaliste te vinden en vermoordt iedereen die hem voor de voeten loopt. Slap verhaal, maar wel lekker griezelig.

Als ik bang ben, ben ik net een kat die in een kamer vol honden wordt gegooid. Ik verstijf, verroer me niet. Maar Perry is kennelijk van het overgevoelige type. Als het spannend wordt, begint hij te trillen, te friemelen en frisdrank te knoeien. Steeds als de moordenaar uit een kast springt, springt Perry uit zijn stoel. Een paar keer kijk ik met rollende ogen naar Tami. Maar ik pest Perry niet met zijn gedrag. Ik zeg er zelfs niets over als de lichten aangaan. Ik wil ons broze vredesverdrag niet verbreken.

Als we de bioscoop uit zijn, besluiten we dat de popcorn en de cola en het snoep niet genoeg waren. We gaan naar Winchell's aan de overkant en kopen donuts. Perry neemt er een met chocolade erop. Ik neem er eentje met regenboogsprinkels. We eten de donuts aan de bar op en praten wat. Perry kan heel goed praten. Hij lijkt wel een advocaat tijdens een rechtszaak. Tot hij, midden in een zin

van een kwartier, opeens zwijgt en aan de man achter de toonbank vraagt: Zijn jullie dag en nacht open?
Ja, zegt de man.
Zeven dagen per week?
Jaah.
Driehonderdenvijfenzestig dagen per jaar?
Ja.
Waarom zitten er dan sloten op de voordeur?
We draaien ons allemaal om en kijken. Wat een briljante vraag! Ik begin zo hard te lachen dat ik mijn donut uitspuug. De regenboogsprinkels vliegen als confetti uit mijn mond. Volgens mij is dit de grappigste, slimste opmerking ooit. In elk geval de grappigste, slimste opmerking die ooit in deze Winchell's is gemaakt. Zelfs de vent achter de toonbank geeft glimlachend toe: Knul, dat is een slimme opmerking.
Ach, zo is het leven, zegt Perry. Vol met Winchell's-sloten en andere onverklaarbare dingen.
Je hebt gelijk.
Ik dacht altijd dat ik de enige was die dingen zag. Maar deze knul ziet niet alleen dingen, maar zegt dat ook. Als mijn moeder mij en Tami komt halen, vind ik het jammer dat ik afscheid moet nemen van mijn nieuwe vriend Perry. Zelfs zijn poloshirt vind ik nu minder walgelijk.

Ik vraag mijn vader of ik bij Perry thuis mag slapen.
Verdomme nee, zegt hij.
Hij kent Perry's familie niet eens. En hij vertrouwt niemand die hij niet kent. Mijn vader wantrouwt iedereen, vooral de ouders van onze vrienden. Ik neem niet de moeite om te vragen waarom dat zo is, daar verspil ik mijn energie niet aan. Ik vraag gewoon of Perry een nachtje bij mij wil komen logeren.
Perry is ongelooflijk beleefd tegen mijn ouders. Hij doet aardig tegen mijn broer en zussen, vooral tegen Tami, hoewel ze hem vriendelijk heeft afgewezen. Ik vraag of hij het huis even wil zien. Tuurlijk, zegt hij, en dus laat ik hem de kamer zien die ik met Philly deel. Hij lacht om de witte streep in het midden. Ik laat hem de tennisbaan achter het huis zien. Hij vecht een tijdje tegen de draak. Ik vertel hem hoe erg ik die draak haatte, dat ik dacht dat het een

levend, ademend monster was. Hij kijkt meelevend. Hij heeft genoeg griezelfilms gezien om te weten dat monsters in alle vormen en maten voorkomen.

Omdat Perry ook van griezelfilms houdt, heb ik een verrassing voor hem. Ik heb een exemplaar van *The Exorcist* gescoord. Nu ik heb gezien hoe bang hij was bij *Visiting Hours*, kan ik niet wachten te zien hoe hij reageert op een echte griezelklassieker. Zodra iedereen slaapt, zetten we de film op. Elke keer als Linda Blair haar hoofd draait, krijg ik een lichte hartstilstand, maar Perry schrikt geen enkele keer. Hij trilt als een rietje bij *Visiting Hours*, maar *The Exorcist* laat hem koud? Ik snap er niets van.

Na afloop zitten we wat te kletsen en drinken. Perry is het met me eens dat mijn vader enger is dan alles wat Hollywood weet te vertonen, maar hij zegt dat zijn vader nog één keer zo erg is. Zijn vader, zegt hij, is een bullebak, een tiran, een narcist – de eerste keer dat ik dat woord hoor.

Perry zegt: Een narcist is iemand die alleen maar aan zichzelf denkt. Het betekent ook dat zijn zoon zijn eigendom is. Hij heeft een beeld van hoe het leven van zijn zoon zal zijn en hij interesseert zich geen moer voor het beeld dat zijn zoon van zijn toekomst heeft.

Komt me bekend voor.

Perry en ik zijn het met elkaar eens dat ons leven veel en veel beter zou zijn als we net zo'n vader hadden als andere kinderen. Maar in zijn stem klinkt nog meer pijn door als hij zegt dat zijn vader niet van hem houdt. Ik heb nooit aan de liefde van mijn vader getwijfeld. Ik zou alleen willen dat zijn liefde zachter was, met meer luisteren en minder woede. Soms wens ik dat mijn vader minder van me hield. Misschien zou hij me dan met rust laten, me mijn eigen beslissingen laten nemen. Ik zeg tegen Perry dat ik gek word omdat ik geen keus heb, omdat ik niet zelf kan bepalen wat ik wel of niet doe. Daarom denk ik meer na, obsessief bijna, over de weinige dingen die ik wel zelf kan bepalen, welke kleren ik draag, wat ik eet, wie mijn vrienden zijn.

Hij knikt. Hij begrijpt het.

Gelukkig heb ik met Perry eindelijk een vriend met wie ik deze diepe gedachten kan bespreken, een vriend met wie ik kan praten over de Winchell's-sloten in mijn leven. Ik praat met Perry over tennis, ook al haat ik het. Dat ik school haat, ook al hou ik van boeken. Dat ik blij ben met Philly, ondanks al zijn pech. Perry luistert, even geduldig als Philly, maar betrokkener. Perry praat niet alleen en luistert en knikt, maar hij converseert. Hij analyseert, bedenkt strategieën, helpt me een plan te verzinnen waardoor de dingen beter worden. Als ik mijn problemen aan Perry vertel, dan klinken ze verward en mal, maar hij is in staat ze te herschikken, zodat ze logisch klinken en dat lijkt de eerste stap om ze oplosbaar te maken. Ik heb het gevoel dat ik op een onbewoond eiland heb gewoond waar ik alleen tegen de palmbomen kon praten, maar dat er nu een bedachtzame, gevoelige, geestverwant – weliswaar met een belachelijk poloshirt aan – het strand op is gekropen.

Perry neemt me in vertrouwen over zijn neus en mond. Hij zegt dat hij met een hazenlip is geboren. Hij zegt dat hij hierdoor heel verlegen is geworden en zich niet op zijn gemak voelt bij de meisjes. Hij is eraan geopereerd en heeft nog zeker één operatie voor de boeg. Ik zeg dat het helemaal niet opvalt. Hij krijgt tranen in zijn ogen. Hij mompelt iets over dat zijn vader het hem kwalijk neemt.

De meeste gesprekken met Perry gaan uiteindelijk altijd over vaders en van vaders gaat het gesprek ook algauw over de toekomst. We praten over de man die we zullen worden, als we van onze vaders af zijn. We beloven elkaar dat we anders zullen worden, niet alleen anders dan onze vaders maar ook dan alle andere mannen die we kennen, zelfs dan de mannen die we in films zien. We spreken af dat we nooit drugs of drank zullen aanraken. En als we rijk zijn, zweren we, zullen we doen wat we kunnen om de wereld te helpen. We geven elkaar een hand. Een geheime handdruk.

Perry zal niet gemakkelijk rijk worden. Hij heeft nooit een cent. Alles wat we doen, betaal ik. Ik heb niet veel geld. Een beetje zakgeld plus het geld dat ik bij elkaar sjoemel van de gasten in de casino's en de hotels. Maar dat kan me niets schelen, wat van mij is, is van Perry omdat ik heb besloten dat Perry mijn nieuwe beste vriend is. Mijn vader geeft me elke ochtend vijf dollar en de helft besteed ik aan Perry.

We spreken elke middag af op Cambridge. Nadat we een paar ballen hebben geslagen, gaan we iets leuks doen. We glippen via de achterdeur naar buiten, springen over het hek en rennen over het lege terrein naar de 7-Eleven, waar we videospelletjes spelen en Chipwiches eten, op mijn kosten, tot het tijd is om naar huis te gaan.

Een Chipwich is een nieuw ijsje dat Perry onlangs heeft ontdekt. Vanille-ijs tussen twee zachte chocoladekoekjes – het lekkerste eten ooit, volgens Perry, die eraan verslaafd is. Hij houdt nog meer van Chipwiches dan van praten. Hij kan urenlang praten over de schoonheid van de Chipwich, en toch is een Chipwich een van de weinige dingen die hem tot zwijgen kunnen brengen. Ik koop tientallen Chipwiches voor hem en heb medelijden met hem omdat hij niet genoeg geld heeft om aan zijn verslaving tegemoet te komen.

Op een dag zijn we in de 7-Eleven als Perry ophoudt op zijn Chipwich te kauwen en naar de wandklok kijkt.

Shit, Andre, we moeten terug naar Cambridge. Mijn moeder komt me wat vroeger ophalen.

Je moeder?

Ja. Ze zei dat ze voor de deur zou wachten.

We rennen achterlangs.

O-oh, roept Perry, daar is ze!

Ik zie twee auto's naar Cambridge rijden, een VW-kever en een Rolls Royce-convertible. Ik zie dat de Volkswagen-kever doorrijdt en zeg tegen Perry dat hij wel wat langzamer kan gaan lopen, omdat ze de afslag heeft gemist.

Nee, zegt Perry, schiet op, schiet op.

Hij gaat harder rennen, achter de Rolls aan.

Hé! Wat is dit? Perry, hou je me soms voor de gek of zo? Rijdt je moeder in een Rolls? Ben je soms... rijk?

Ja, misschien wel.

Waarom heb je me dat niet verteld?

Dat heb je me nooit gevraagd.

Volgens mij is dat de definitie van rijk zijn. Het komt niet eens in je op om het aan je beste vriend te vertellen.

Maar Perry is meer dan rijk, Perry is superrijk. Perry is Richie Rich. Zijn vader, senior partner van een groot advocatenkantoor, bezit een lokale tv-zender. Hij verkoopt lucht, zegt Perry. Stel je voor. Lucht verkopen. Als je lucht kunt verkopen, heb je het gemaakt. (Perry krijgt vast ook lucht als zakgeld).

Mijn vader vindt het eindelijk goed dat ik een keer naar Perry's huis ga. Ik kom tot de ontdekking dat hij helemaal niet in een huis woont, maar in een megahuis. Zijn moeder brengt er ons in de

Rolls naartoe en met grote ogen zie ik dat we langzaam over een enorme oprijlaan langs groene glooiende heuvels en onder enorme loofbomen door rijden. We stoppen voor een pand zo groot als het statige herenhuis van Bruce Wayne. Eén hele vleugel wordt bewoond door Perry, met een droom van een tienerkamer, met een pingpongtafel, een biljarttafel, een pokertafel, breedbeeld-tv, minikoelkast en drumstel. Via een lange hal kom je bij zijn slaapkamer, waar de muren volhangen met tientallen omslagen van *Sports Illustrated*.

Mijn hoofd draait in het rond en ik kijk naar al die foto's van belangrijke sportlieden en ik kan maar één ding zeggen: Wauw!

Allemaal zelf gedaan, zegt Perry.

De volgende keer dat ik bij de tandarts ben, scheur ik alle voorplaten van de *Sports Illustrated* die in de wachtkamer liggen en verstop ze onder mijn jas. Als ik ze aan Perry wil geven, zegt hij hoofdschuddend: Nee, die heb ik al. En die ook. Ik heb ze allemaal. Ik heb een abonnement.

O. Oké, sorry.

Hij is niet de eerste rijke jongen die ik ontmoet, maar wel de eerste met een abonnement.

Als we niet op Cambridge rondhangen of bij hem thuis zijn, bellen we met elkaar. We zijn onafscheidelijk. Hij is dan ook helemaal van slag als ik hem vertel dat ik een maand wegga om in Australië een paar toernooien te spelen. McDonald's stelt een team samen van de beste junioren van Amerika en we spelen tegen de beste junioren van Australië.

Een hele maand?

Ja, ik weet het. Maar ik heb geen keus. Mijn vader...

Ik ben niet helemaal eerlijk. Er zijn maar twee twaalfjarigen geselecteerd en daar ben ik er een van. Ik voel me dus vereerd, ben opgewonden, maar ook wel een beetje zenuwachtig omdat het zo ver weg is; de vliegreis duurt veertien uur. Tegenover Perry hou ik me flink. Ik zeg dat hij zich geen zorgen hoeft te maken en dat we als ik terug ben heel veel Chipwiches zullen eten.

Ik vlieg in m'n eentje naar Los Angeles en na de landing wil ik onmiddellijk terug naar Vegas. Ik ben doodsbang. Ik heb geen idee waar ik naartoe moet of hoe ik op dat vliegveld de weg moet vinden. Ik heb het idee dat ik ontzettend opval in mijn trainingspak met de gouden M van McDonald's op mijn rug en mijn naam op mijn borst. Maar in de verte zie ik een groep kinderen in dezelfde outfit. Mijn team. Ik loop naar de enige volwassene in de groep en stel me voor.

Hij begroet me met een brede glimlach. Hij is de coach. Mijn eerste echte coach.

Agassi, zegt hij. Die hotshot uit Vegas? Hallo, fijn dat je er ook bij bent!

Tijdens de vlucht naar Australië gaat Coach in het gangpad staan en vertelt ons wat er gaat gebeuren. We gaan in vijf verschillende steden vijf toernooien spelen. Maar het belangrijkste toernooi is het derde, in Sydney. Daar moeten we ons beste beentje voorzetten tegen de beste Australiërs.

Er zullen zo'n vijfduizend fans in het stadion aanwezig zijn, zegt hij, en het toernooi wordt in heel Australië op tv uitgezonden.

Hoezo druk!

Maar er is ook goed nieuws, zegt Coach. Elke keer als je een toernooi wint, krijg je een koud biertje.

Ik win mijn eerste toernooi, in Adelaide, makkie, en in de bus geeft Coach me een ijskoude Foster's Lager. Ik denk aan Perry en aan onze eed. Maar het bierblikje ziet er ijskoud uit en mijn teamgenoten zitten te kijken. Bovendien ben ik vijftienhonderd kilometer van huis – *fuck it.* Ik neem een slok. Verrukkelijk. Ik drink het blikje in vier grote slokken leeg en vecht de rest van de middag tegen mijn schuldgevoel. Ik staar uit het raampje naar de outback en vraag me af hoe Perry dit zal opnemen, of hij nog wel mijn vriend zal willen zijn.

Ik win drie van de vier volgende toernooien. Nog drie biertjes. Elk nog lekkerder dan het vorige. Maar bij elke slok proef ik de bittere nasmaak van schuld.

Perry en ik vervallen meteen weer in ons oude ritme. Griezelfilms. Lange gesprekken. Cambridge. 7-Eleven. Chipwiches. Maar af en toe kijk ik naar hem en voel me een verrader.

We lopen van Cambridge naar de 7-Eleven en ik kan het niet langer voor me houden. Mijn schuldgevoel vreet aan me. We hebben onze oortjes in Perry's walkman gestopt en luisteren naar Prince.

Purple Rain. Ik tik Perry op de schouder en zeg dat hij zijn oortjes moet uitdoen.

Wat is er?

Ik weet niet hoe ik je dit moet vertellen.

Hij kijkt me aan.

Wat is er?

Perry. Ik heb onze eed geschonden.

Nee.

Ik heb bier gedronken in Australië.

Eentje maar?

Vier.

Vier!

Ik kijk naar de grond.

Hij denkt na. Hij kijkt naar de bergen. Tja, zegt hij, we maken allemaal keuzes in ons leven, Andre, en jij hebt jouw keuze gemaakt. Ik denk dat ik het nu in m'n eentje moet doen.

Maar even later is hij nieuwsgierig. Hij vraagt hoe het bier smaakte en weer kan ik niet liegen. Ik zeg tegen hem dat het heerlijk was. Ik verontschuldig me weer, maar het heeft geen zin net te doen alsof het me spijt. Perry heeft gelijk: ik had een keus, voor de verandering, en ik heb die keuze gemaakt. Natuurlijk wilde ik wel dat ik onze eed niet had geschonden, maar ik voel me niet slecht omdat ik eindelijk gebruik heb gemaakt van mijn eigen vrije wil.

Perry fronst als een vader. Niet als mijn vader of zijn vader, maar als een tv-vader. Hij kijkt alsof hij eigenlijk een gebreid vest draagt en een pijp rookt. Ik realiseer me dat de afspraak die Perry en ik hadden gemaakt in feite betekende dat we beloofden elkaars vader te worden. Om elkaar op te voeden. Ik verontschuldig me weer en ik realiseer me hoe erg ik Perry heb gemist toen ik weg was. Ik doe weer een belofte, aan mezelf, dat ik nooit meer van huis weg zal gaan.

Mijn vader en ik zijn in de keuken. Hij zegt dat we even moeten praten. Ik vraag me af of iemand hem over het bier heeft verteld.

Hij zegt dat ik aan tafel moet gaan zitten. Hij gaat tegenover me zitten. Tussen ons in ligt een niet-afgemaakte Norman Rockwell. Hij vertelt me over een reportage die onlangs op *60 Minutes* is uitgezonden. Over een tennisinternaat aan de westkust van Florida, in de buurt van Tampa Bay. De eerste school van deze soort, zegt mijn vader. Een opleidingskamp voor jonge tennissers. Het wordt gerund door een vroegere paratroeper, Nick Bollettieri.

Dus?

Dus, daar ga jij naartoe.

Wat?!

Hier in Las Vegas word je niet meer beter. Je hebt alle lokale jongens verslagen. Je hebt alle jongens in het westen verslagen. Andre, je hebt alle spelers op de plaatselijke universiteit verslagen! Ik kan je niets meer leren.

Mijn vader zegt het niet, maar het is wel duidelijk. Hij is vast van plan met mij alles anders te doen. Hij wil met mij niet dezelfde fouten maken als met mijn zussen en mijn broer. Hij heeft hun spel bedorven door ze te lang te strak aan het lijntje te houden en tegelijkertijd heeft hij ook zijn relatie met hen bedorven. Zijn relatie met Rita is zo slecht geworden dat ze er kortgeleden vandoor is gegaan met Pancho Gonzales, de tennislegende, die minstens dertig jaar ouder is dan zij. Mijn vader wil me niet inperken, of me breken, of me bederven. En dus verbant hij me. Hij stuurt me weg, om me tegen hem te beschermen.

Andre, zegt hij, je moet tennis eten, slapen en drinken. Dat is de enige manier om de allerbeste te worden.

Maar ik eet, slaap en drink al tennis.

Maar hij wil dat ik ergens anders eet, slaap en drink.

Hoeveel kost die tennisacademie?

Ongeveer $12.000 per jaar.

Dat kunnen we ons niet permitteren.

Je gaat maar drie maanden. Dat is drieduizend dollar.

Dat kunnen we ons ook niet permitteren.

Het is een investering. In jou. We bedenken wel iets.

Ik wil niet gaan.

Ik kan aan het gezicht van mijn vader wel zien dat het al besloten is. Punt uit.

Ik probeer het positief te bekijken. Het is maar voor drie maanden. Drie maanden lang kan ik alles verdragen. Trouwens, hoe erg kan het nou eigenlijk zijn? Misschien is het wel net zoals in Australië. Misschien is het wel leuk. Misschien zijn er wel onverwachte voordelen. Misschien is het net zoiets als in een team spelen.

En hoe moet het dan met school? vraag ik. Ik ben halverwege niveau 7.

Er is een school in een stad vlakbij, zegt mijn vader. Daar ga je ’s ochtends naartoe, een halve dag, en je gaat ’s middags en ’s avonds tennissen.

Klinkt erg vermoeiend. Even later vertelt mijn moeder me dat die reportage op *60 Minutes* eigenlijk een documentaire was over die Bollettieri. De verslaggever begon met de vraag: Zou u twaalfduizend dollar per jaar betalen om deze man uw kind te laten afbeulen?

Op Cambridge organiseren ze een afscheidsfeestje voor me. Meneer Fong kijkt verdrietig, Perry alsof hij zelfmoord wil plegen, mijn vader onzeker. We staan taart te eten. We spelen tennis met de ballonnen en prikken ze dan kapot met een speld. Iedereen geeft me een schouderklopje en zegt dat ik het er vast geweldig naar mijn zin zal hebben.

Dat weet ik, zeg ik. Kan niet wachten om met die kinderen te spelen.

De leugen klinkt als een opzettelijke foutslag, als een bal tegen de houten rand van mijn racket.

Als de dag van mijn vertrek dichterbij komt, slaap ik slecht. Ik word woelend wakker, zwetend, opgerold tussen de lakens. Ik kan niet eten. Opeens begrijp ik wat heimwee is. Ik wil niet weg van huis, van mijn zussen en broer, van mijn moeder, van mijn beste vriend. Ondanks de spanningen thuis, de verschrikkingen soms, zou ik er alles voor overhebben te kunnen blijven. Ondanks alle pijn die mijn vader me heeft aangedaan was zijn aanwezigheid de enige constante factor. Hij is er altijd geweest, heeft altijd letterlijk achter me gestaan en nu zal dat niet meer zo zijn. Ik voel me in de steek gelaten. Ik heb altijd gedacht dat ik alleen maar bevrijd van hem wilde zijn en nu stuurt hij me weg. Ik ben kapot van verdriet.

De laatste dagen hoop ik dat mijn moeder mijn vonnis nog zal wijzigen. Ik kijk haar smekend aan, maar ze kijkt terug met een blik alsof ze wil zeggen: Ik heb hem drie kinderen zien breken. Wees blij dat je kunt vertrekken terwijl je nog heel bent.

Mijn vader brengt me naar het vliegveld. (Mijn moeder kan geen snipperdag krijgen.) Perry gaat in haar plaats mee. Hij blijft de hele rit praten. Ik weet niet of hij mij of zichzelf wil opvrolijken. Het is maar drie maanden, zegt hij. We zullen elkaar brieven schrijven, kaarten. Je zult zien, het komt wel goed. Je gaat zoveel leren. Misschien kom ik je zelfs wel opzoeken.

Ik denk aan *Visiting Hours*, die melige griezelfilm waar we naar keken op de avond waarop we vrienden werden. Perry gedraagt zich nu net zo als die avond, op de manier waarop hij altijd op horror reageert: trillend, opspringend uit zijn stoel. En ik reageer op mijn gebruikelijke manier: als een kat die in een kamer vol honden wordt gegooid.

HOOFDSTUK 5

De shuttlebus van het vliegveld arriveert vlak na zonsondergang bij het kamp. De Nick Bollettieri Tennis Academy, gebouwd op een oude tomatenkwekerij, is niet mooi; gewoon een paar bijgebouwen die eruitzien als gevangenisgebouwen. Ze heten ook zo: Gebouw B, Gebouw C. Ik kijk rond, half in de verwachting een wachttoren en prikkeldraad te zien. Maar ik zie iets wat veel dreigender is: rijen tennisbanen...

Als de zon ondergaat en wegzakt in het inktzwarte moeras wordt het snel kouder. Ik ril in mijn T-shirt. Ik dacht dat het heet was in Florida. Een personeelslid begroet me als ik uit het busje stap en brengt me rechtstreeks naar mijn barak, die leeg is en angstaanjagend stil.

Waar is iedereen?

Studiezaal, zegt hij. Over een paar minuten begint het vrije uur. Dat is het uur tussen studiezaal en bedtijd. Ga maar naar de recreatiezaal, dan kun je jezelf voorstellen aan de anderen.

In de recreatiezaal ontdek ik tweehonderd wilde jongens, plus een paar stoer uitziende meisjes, in aparte groepjes. Een van de grootste groepjes staat rondom een Nerf-pingpongtafel. Ze schreeuwen beledigingen tegen twee jongens die aan het pingpongen zijn. Ik ga met mijn rug tegen een muur staan en kijk de zaal rond. Ik herken een paar gezichten, ook een paar van de trip naar Australië. Dat joch daar, daar heb ik in Californië tegen gespeeld. Dat gemene joch daar, daar heb ik in Arizona een lastige driesetter tegen gespeeld. Allemaal lijken ze talent te hebben, en ze ogen heel zelfverzekerd. Ik zie allerlei huidskleuren, allerlei lengtes, allerlei leeftijden. De jongste is zeven, de oudste negentien. Nadat ik mijn hele leven over Las Vegas heb geregeerd, ben ik nu maar een kleine vis in een grote vijver. Of een groot moeras. En de grootste van alle grote vissen zijn de beste spelers van het land, tienersupermannen die in een verre hoek hun eigen, meest hechte groepje vormen.

Ik kijk naar het pingpongen. Zelfs daarin zijn ze beter dan ik. Thuis kon niemand me verslaan met Nerf pingpong. En hier? De helft zou me inmaken.

Ik kan me niet voorstellen dat ik hier ooit zal passen, dat ik hier vrienden zal maken. Ik wil naar huis, nu meteen, of in elk geval naar huis bellen, maar dat zou dan een collect call worden en ik weet dat mijn vader niet voor de kosten daarvan wil opdraaien. Ik raak in paniek, alleen al bij de gedachte dat ik mijn moeders stem niet kan horen, of die van Philly, ook al zou ik nog zo graag willen. Als het vrije uur voorbij is, loop ik snel terug naar de barak en ga op mijn bed liggen wachten tot ik in slaap val.

Drie maanden, zeg ik tegen mezelf. Het is maar drie maanden.

Mensen noemen de Bollettieri Academy weleens een opleidingskamp, maar eigenlijk is het een veredeld gevangeniskamp. Hoewel, zo veredeld nou ook weer niet. We krijgen grauw eten – beige vlees, gelatineachtige schoofschotels en met grijze soep overgoten rijst – en slapen in gammele stapelbedden die langs de triplex wanden van onze militair aandoende barak staan. We staan bij zonsopgang op en gaan vlak na het avondeten naar bed. We zijn zelden vrij en hebben amper contact met de buitenwereld. Net als de meeste gevangenen slapen en werken we alleen maar, en worden we continu gedrild. Dag in dag uit moeten we oefenen: service-oefeningen, net-oefeningen, backhand-oefeningen, forehand-oefeningen en een enkele keer een wedstrijd ertussendoor om de pikorde te bepalen, van sterk tot zwak. Soms voelt het alsof we gladiatoren zijn die zich onder het Colosseum op het gevecht voorbereiden. De vijfendertig instructeurs die tijdens de oefeningen tegen ons schreeuwen, beschouwen zichzelf in elk geval als slavendrijvers.

Als we niet worden gedrild, bestuderen we de psychologie van tennis. We krijgen les in mentale weerbaarheid, in positief denken en in visualisatie. We leren onze ogen te sluiten en ons voor te stellen dat we Wimbledon winnen en die gouden trofee boven ons hoofd tillen. Dan gaan we naar aerobics of gewichtstraining, of we gaan naar buiten, naar de sintelbaan, waar we rennen tot we erbij neervallen.

Door de constante druk, de genadeloze competitie en het volledig ontbreken van volwassen toezicht veranderen we langzaam in beesten. Er heerst de wet van de jungle. Karate Kid met rackets, Lord of the Flies met forehands. Op een avond krijgen twee jongens ruzie in de barak, een blanke jongen en een Aziatische jongen. De blanke jongen maakt een racistische opmerking en loopt naar buiten. Een heel uur lang staat de Aziatische jongen midden in de barak; hij rekt zich uit, schudt met zijn armen en benen, rolt met zijn hoofd. Hij oefent een serie judobewegingen en begint dan zorgvuldig zijn enkels te tapen. Als de blanke jongen terugkomt, draait de Aziatische jongen rond, tilt zijn been op en geeft de blanke jongen zo'n schop dat zijn kaak ontwricht raakt.

Het bizarre is dat geen van beide jongens naar huis wordt gestuurd, wat nog maar eens nadrukkelijk het gevoel van anarchie onderstreept.

Twee andere jongens hebben al een hele tijd ruzie, al stelt het niet al te veel voor en blijft het meestal bij wat schimpscheuten en geplaag. Tot een van hen de inzet verhoogt. Dagenlang plast en poept hij in een emmer. Dan gaat hij op een avond laat naar de barak van de andere jongen en keert de emmer boven zijn hoofd om.

Het gevoel dat hier de wetten van de jungle gelden, de constante dreiging van geweld en vernedering, wordt op een avond nog eens versterkt door het geluid van drums in de verte.

Ik vraag een andere jongen: Wat is dat in vredesnaam?

O, dat is Courier maar. Die vindt het leuk om te drummen op het drumstel dat zijn ouders hem hebben gestuurd.

Wie?

Jim Courier. Uit Florida.

Enkele dagen later vang ik voor het eerst een glimp op van de gevangenisdirecteur, oprichter en eigenaar van de Nick Bollettieri Tennis Academy. Hij is in de 50, maar ziet eruit als 250, doordat bruin worden een van zijn obsessies is, net als tennis en trouwen. (Hij heeft drie of vier ex-vrouwen.) Hij heeft zoveel zon gehad, heeft zo lang onder zoveel ultraviolette zonnelampen gelegen dat zijn huidskleur permanent is veranderd. Het enige stukje van zijn gezicht dat niet de kleur van gedroogd rundvlees heeft, is zijn snor, een zwart en keurig geknipt quasisikje, maar dan zonder kinharen, zodat het ding eruitziet als een soort frons. Ik zie Nick over het terrein lopen, een boze rode man met een zonneklepje, die iemand uitfoetert die met hem mee rent, probeert hem bij te houden. Ik bid dat ik nooit zelf met Nick te maken zal krijgen. Ik zie hem in een rode Ferrari stappen en wegrijden, met een stofwolk achter zich aan.

Een jongen vertelt me dat het onze taak is Nicks vier sportauto's te wassen en te poetsen.

Onze taak? Dat is belachelijk.

Zeg dat maar tegen de rechter.

Ik vraag een paar oudere jongens, veteranen, naar Nick. Wie is hij? Wat vindt hij belangrijk? Ze antwoorden dat hij een sjacheraar is, een man die goed geld verdient met tennis, maar niet van het spel houdt en er zelfs niet veel vanaf weet. Hij is niet zoals mijn vader, bezeten van de hoeken en maten en van de schoonheid van tennis. Maar in een ander opzicht is hij precies als mijn vader. Hij is bezeten van geld. Het is een man die gezakt is voor zijn vliegbrevet bij de marine, zijn rechtenstudie niet heeft afgemaakt en toen op zekere dag het plan heeft opgevat tennisles te gaan geven. Dankzij een beetje stevig aanpakken en heel veel mazzel heeft hij zichzelf omgeturnd in deze zogenaamde tennistitan, mentor van wonderkinderen. Je kunt wel wat dingen van hem leren, zeggen de andere kinderen, maar een wonderdoener is hij niet.

Dat klinkt niet als iemand die ervoor kan zorgen dat ik ophoud met tennis te haten.

Ik speel een oefenpartij, best een goed partijtje tegen een joch van de oostkust, als ik merk dat Gabriel, een van Nicks handlangers, achter me staat te kijken.

Na nog een paar punten maakt Gabriel een einde aan de match. Hij vraagt: Heeft Nick je al zien spelen?

Nee sir.

Hij fronst, loopt weg.

Even later hoor ik door de luidspreker, die je op alle banen van de Bollettieri Academy kunt horen: Andre Agassi naar het indoor supreme court! Andre Agassi, melden bij het indoor supreme court, onmiddellijk!

Ik ben nog nooit op het indoor supreme court geweest en ik heb geen flauw idee waarom ik daar nu naartoe word gecommandeerd.

Ik ren ernaartoe en zie dat Gabriel en Nick naast elkaar op me staan te wachten.

Gabriel zegt tegen Nick: Je moet dit joch zien spelen.

Nick beent naar een plek in de schaduw. Gabriel loopt naar de overkant van het net. Hij drilt me een halfuur lang. Ik kijk af en toe over mijn schouder en zie vaag het silhouet van Nick die geconcentreerd toekijkt, over zijn snor wrijft.

Sla een paar backhands, zegt Nick. Zijn stem klinkt als schuurpapier.

Ik doe wat hij zegt. Ik sla backhands.

Nu een paar services.

Ik serveer.

Kom naar het net.

Ik kom naar het net.

Dat is genoeg.

Nick stapt naar voren. Waar kom je vandaan?

Las Vegas.

Op welke plaats sta je in de nationale ranking?

Derde plaats.

Hoe kan ik je vader bereiken?

Hij is aan het werk. Hij werkt bij het MGM.

En je moeder?

Nu? Ze is waarschijnlijk thuis.

Kom mee.

Langzaam lopen we naar zijn kantoor, waar hij het telefoonnummer van mij thuis vraagt. Hij zit in een grote zwartleren stoel, half van me af gedraaid. Mijn gezicht voelt roder dan zijn gezicht eruitziet. Hij toetst het nummer in en praat met mijn moeder. Ze geeft hem het telefoonnummer van mijn vader.

Hij schreeuwt: Meneer Agassi! Dit is Nick Bollettieri! Ja, inderdaad. Ja, nou, luister. Ik ga u iets heel belangrijks vertellen. Die jongen van u heeft meer talent dan ieder ander kind dat ik hier ooit heb gezien. Ja inderdaad. Meer dan ik ooit heb gezien. En ik breng hem naar de top.

Waar heeft hij het over, verdorie? Ik ben hier maar drie maanden. Ik vertrek over vierenzestig dagen. Zegt Nick dat hij wil dat ik hier blijf? Hier voor altijd kom wonen? Dat wil mijn vader vast niet.

Ja sir, zegt Nick. Dat klopt. Nee sir, dat is geen enkel probleem. Ik zal ervoor zorgen dat u geen cent hoeft te betalen. Andre kan blijven, gratis. Ik zal uw cheque verscheuren.

Het hart zakt me in de schoenen. Ik weet dat mijn vader geen nee kan zeggen tegen iets wat gratis is. Mijn lot is bezegeld.

Nick verbreekt de verbinding en draait zijn stoel naar me toe. Hij legt niets uit. Maakt geen bemoedigende opmerking. Vraagt niet of ik dit wel wil. Zegt helemaal niets, behalve: Ga terug naar de baan.

De gevangenisdirecteur heeft vijf jaar aan mijn straf toegevoegd en het enige wat ik kan doen, is mijn houweel weer oppakken en teruggaan naar de stapel stenen.

Elke dag op de Bollettieri Preparatory Academy begint met de stank. In de heuvels eromheen staan verschillende fabrieken die sinaasappels verwerken en die de smerige geur van verbrande sinaasappelschillen verspreiden. Dat is het eerste wat tot me doordringt als ik mijn ogen opendoe, dat dit echt is, dat ik niet thuis ben in Vegas, in mijn 'deuce court'-bed, dromend. Ik heb jus d'orange nooit echt lekker gevonden, maar na de Bollettieri Academy zal ik nooit meer naar een pak sinaasappelsap kunnen kijken.

Zodra de zon boven de moerassen verschijnt en de ochtendnevel oplost, ren ik samen met de andere jongens om het hardst naar de douches, omdat alleen de eerste jongens warm water krijgen. Eigenlijk is het geen douche, maar een minuscuul tuitje waar een dun straaltje pijnlijke naalden uit komt, waar je amper nat van wordt, laat staan schoon. Dan rennen we allemaal naar het ontbijt, geserveerd in een eetzaal waar het een chaos is; het lijkt wel een psychiatrische inrichting waar de verpleegkundigen vergeten zijn de medicijnen uit te delen. Maar je kunt er maar beter vroeg bij zijn, anders wordt het nog erger. Dan zit de boter vol broodkruimels van de andere jongens, is het brood op en zijn de hardgekookte eieren ijskoud.

Meteen na het ontbijt stappen we in de schoolbus die ons naar school brengt, Bradenton Academy, een rit van zesentwintig minuten. Ik verdeel mijn tijd tussen de beide Academy's, allebei een gevangenis, maar op de Bradenton Academy heb ik meer last van claustrofobie, omdat het verblijf daar volstrekt zinloos is. Op de Bollettieri Academy leer ik tenminste iets over tennissen. Op de Bradenton Academy leer ik alleen dat ik dom ben.

De Bradenton Academy heeft kromgetrokken vloeren, smerige vloerbedekking en een kleurenpalet van veertien grijstinten. Het hele gebouw heeft niet één raam, dus is er tl-licht en hangt er een muffe lucht, vol smerige geurtjes, vooral van braaksel, urine en angst. Dat is bijna nog erger dan de stank van verbrande sinaasappelschillen op de Bollettieri Academy.

Andere kinderen, niet-tenniskinderen uit de stad, vinden dat kennelijk niet erg. Sommige kinderen vinden het fijn op de Bradenton Academy, misschien omdat ze school niet hoeven in te passen in hun carrière als semiprofessioneel sporter. Ze hebben geen last van misselijkmakende aanvallen van heimwee. Zij zitten zeven uur per dag op school en gaan vervolgens naar huis waar ze na het avondeten met de andere gezinsleden tv kijken. Maar wij, de atleten van de Bollettieri Academy, zitten vierenhalfuur op school en stappen vervolgens in de bus die ons naar onze fulltimebaan terugbrengt: ballen slaan tot het donker wordt, waarna we in onze houten stapelbedden vallen om een halfuurtje te rusten voordat we naar de recreatiezaal gaan. Daar zitten we dan nog amper een paar uur boven onze boeken te knikkebollen tot we een uurtje vrij hebben, waarna het licht uitgaat. We liggen altijd achter met ons huiswerk en raken steeds verder achter. Het hele systeem is er alleen maar op gericht slechte leerlingen voort te brengen, even snel en efficiënt als het goede tennissers voortbrengt.

Ik hou niet van half werk en doe dus niet echt mijn best. Ik studeer niet. Ik maak geen huiswerk. Ik let niet op en het kan me niets schelen. Tijdens elke les zit ik rustig aan mijn tafeltje, staar naar mijn voeten en wens dat ik ergens anders was, terwijl de docent praat over Shakespeare of Bunker Hill of over de stelling van Pythagoras.

De docenten vinden het niet erg dat ik niet naar hen luister, omdat ik een van *Nick's Boys* ben en ze Nick niet tegen zich in het harnas willen jagen. De Bradenton Academy bestaat alleen maar omdat de Bollettieri Academy elk semester een bus vol met betalende klanten stuurt. De docenten weten dat hun baan van Nick afhangt en dus kunnen ze ons niet wegsturen, en we koesteren die speciale status. We hebben het gevoel dat we er recht op hebben en realiseren ons niet eens dat het enige waar we echt recht op hebben ons wordt onthouden: een opleiding.

Achter de metalen voordeuren van de Bradenton Academy is het kantoor, het zenuwcentrum van de school en de bron van veel ellende. Uit dit kantoor komen rapporten en dreigende brieven. Daar worden slechte jongens naartoe gestuurd. Het kantoor is het hol van Mrs. G en Doc G, het schoolhoofd-echtpaar van de Bradenton Academy en, volgens mij, gefrustreerde B-acteurs. Mrs. G is een slungelige vrouw zonder taille. Het lijkt net alsof haar schouders direct op haar heupen zijn geplaatst. Ze probeert haar malle figuur te verbergen door een rok te dragen, maar daardoor accentueert ze het probleem alleen maar. Op haar gezicht zitten twee kwakken rouge en een veeg lippenstift, een symmetrisch triade van drie cirkels die ze op elkaar afstemt zoals andere mensen met hun schoenen en riem doen: haar wangen en mond passen qua kleur altijd bij elkaar, en leiden je bíjna altijd af van haar rug. Maar niets van wat Mrs. G draagt kan je aandacht afleiden van haar gigantische, aapachtige handen. Ze heeft knuisten zo groot als rackets en de eerste keer dat ze me een hand geeft, denk ik dat ik flauw ga vallen.

De ouwe Doc G is half zo groot als zij, maar heeft net zoveel fysieke problemen. Je ziet meteen wat ze in elkaar herkenden. Doc G is tenger en kranig, en heeft een rechterarm die al bij zijn geboorte verschrompeld was. Hij zou die arm moeten verstoppen, hem achter zijn rug houden of in een jaszak stoppen. Maar in plaats daarvan zwiept hij hem in het rond, zwaait ermee alsof het een wapen is. Hij neemt studenten graag even apart voor een individueel gesprek en altijd als hij dat doet, zwaait hij zijn slechte arm over de schouder van de student en laat hem daar liggen tot hij uitgesproken is. Als je daar niet de kriebels van krijgt! Doc G's arm ligt als een tedere varkenslende op je schouder. Uren later ril je nog, omdat je hem daar nog steeds kunt voelen.

Mrs. G en Doc G hebben tientallen regels voor de Bradenton Academy ingesteld en een van de regels die het strengst gehandhaafd wordt, is het verbod op sieraden. En dus laat ik mijn oren piercen. Dat is een eenvoudige daad van opstandigheid wat, volgens mij, mijn laatste redding is. Elke dag is opstandigheid mijn enige keuze en deze opstandigheid heeft als extra voordeel dat ik er mijn vader mee pest, die altijd de pest heeft gehad aan oorringen. Ik heb hem al vaak horen zeggen dat oorringen dragen hetzelfde is als homo zijn. Ik kan niet wachten tot hij de mijne ziet. (Ik koop zowel knopjes als hangertjes.) Dan zal hij er eindelijk spijt van krijgen dat hij me duizenden kilometers van huis heeft gestuurd om me hier te laten verknallen.

Ik doe een zwakke en onoprechte poging mijn nieuwe sieraad te verbergen door er een pleister overheen te plakken. Mrs. G ziet het, natuurlijk, precies zoals ik had gehoopt. Ze sleurt me het lokaal uit en vraagt: Meneer Agassi, wat is de bedoeling van die pleister?

Ik heb een wondje aan mijn oor.

Wondje aan uw... Doe niet zo belachelijk. Haal die pleister eraf.

Ik haal de pleister eraf. Zij ziet het oorknopje en is verbijsterd.

Op de Bradenton Academy zijn oorringen verboden, meneer Agassi. De volgende keer dat ik u zie, verwacht ik dat die pleister is verdwenen en de oorring eruit.

Aan het einde van het eerste semester heb ik voor bijna al mijn vakken een onvoldoende. Behalve voor Engels. Ik heb een vreemde aanleg voor literatuur, vooral voor poëzie. Met gemak leer ik beroemde gedichten uit mijn hoofd en schrijf ik zelf gedichten. We krijgen opdracht een kort gedicht te schrijven over ons leven en trots leg ik mijn gedicht op het bureau van de docente. Ze vindt het mooi. Ze leest het hardop voor. Later vragen een paar andere kinderen of ik hun huiswerk wil maken. Ik raffel hun huiswerk snel af in de bus, geen probleem. Mijn docente Engels laat me nablijven en zegt dat ik echt talent heb. Ik glimlach. Dit is heel iets anders dan Nick die me vertelt dat ik talent heb. Dit voelt als iets wat ik graag zou blijven doen. Heel even stel ik me voor hoe het zou zijn om naast tennissen nog iets anders te doen, iets waar ik zelf voor heb gekozen. Daarna ga ik naar de volgende les, wiskunde, en daar sterft die droom in een wolk algebraformules. Ik ben geen geboren student. De stem van de wiskundedocent klinkt van heel ver weg. De volgende les, Frans, is nog erger. Ik ben *très stupide*. Ik stap over naar Spaans, waar ik *muy estupido* ben. Spaans, denk ik, zou wel eens mijn leven kunnen bekorten. Door de verveling, de verwarring, zou ik ter plekke mijn laatste adem kunnen uitblazen. Dan vinden ze me op een dag in mijn stoel, *muerto*.

Elke schooldag wordt een kwelling. Ik word fysiek ziek van de opwinding van het in de bus stappen, de zesentwintig minuten durende rit en de onvermijdelijke confrontatie met Mrs. G of Doc G. Maar het ergst vind ik de wetenschap dat ik vandaag, alweer, tentoon word gesteld als een hersenloze verliezer. Langzaam maar zeker verandert de Bradenton Academy mijn beeld van de Bollettieri Academy. Ik begin uit te kijken naar al die oefeningen en zelfs naar die zware toernooien, omdat ik dan tenminste niet in een klaslokaal zit.

Dankzij een bepaald belangrijk toernooi mis ik een belangrijk geschiedenisproefwerk op de Bradenton Academy, een proefwerk waar ik zeker een onvoldoende voor zou hebben gehaald. Ik vier het feit dat ik deze kogel ontloop met het uitputten van mijn tegenstanders. Maar als ik weer op school kom, zegt mijn docent dat ik het proefwerk moet inhalen.

Wat onrechtvaardig! Ik sluip naar het kantoor om mijn her te doen. Onderweg verstop ik me in een donker hoekje en maak een spiekbriefje en prop dat in mijn zak.

Vlak na mijn aankomst op de Bollettieri Academy begin ik te rebelleren.

Er is maar één andere leerling in het kantoor, een roodharig meisje met een vet, zweterig gezicht. Ze knippert niet met haar ogen en schijnt mijn aanwezigheid helemaal niet op te merken. Het lijkt wel of ze in coma is. Ik maak het proefwerk, snel, schrijf de gegevens van mijn spiekbriefje over. Opeens voel ik een paar ogen op me gericht. Ik kijk op en zie dat het roodharige meisje uit haar coma is ontwaakt en naar me kijkt. Ze doet haar boek dicht en beent naar buiten. Snel schuif ik het spiekbriefje in het kruis van mijn onderbroek. Ik scheur een velletje papier uit mijn notitieblok en schrijf met een meisjeshandschrift: Ik vind je leuk. Bel je me? Ik stop dat briefje net in mijn broekzak als Mrs. G het vertrek in stormt.

Leg je pen neer, zegt ze.

Wat is er, Mrs. G?

Zit je te spieken?

Waarom zou ik? Als ik al zou spieken dan was het niet hiervoor. Ik kan deze geschiedenisstof dromen. Valley Forge. Paul Revere. Makkie.

Maak je zakken leeg.

Ik leg een paar munten op tafel, een pakje kauwgum, het briefje van mijn denkbeeldige bewonderaarster. Mrs. G pakt het briefje op en leest het fluisterend voor.

Ik zeg: Ik vraag me af wat ik terug moet schrijven. Hebt u enig idee?

Ze kijkt me chagrijnig aan, loopt weg. Ik haal een voldoende voor het proefwerk en beschouw het als een morele overwinning.

Mijn docente Engels is mijn enige pleitbezorger. Ze is bovendien de dochter van Mrs. G en Doc G, en dus bezweert ze haar ouders dat ik slimmer ben dan uit mijn cijfers en uit mijn gedrag blijkt. Ze regelt zelfs een IQ-test en de resultaten daarvan bevestigen haar mening.

Andre, zegt ze, je moet echt je best doen. Bewijs Mrs. G maar eens dat je niet bent wie ze denkt dat je bent.

Ik zeg tegen haar dát ik mijn best doe, dat ik het zo goed doe als onder deze omstandigheden maar mogelijk is. Maar dat ik continu moe ben van het tennissen en word afgeleid door de druk van het spelen van toernooien en zogeheten challenges oftewel uitdagingen. Vooral die uitdagingen! Eén keer per maand moeten we spelen tegen iemand die boven ons staat in de pikorde. Ik daag elke docent uit om me uit te leggen hoe ik me moet concentreren op het vervoegen van werkwoorden of om uit te zoeken waar x voor staat, als je jezelf mentaal voorbereidt op de vijfsetter die je die middag moet spelen tegen de een of andere knaap uit Orlando.

Ik vertel haar niet alles, want dat kan ik niet. Ik zou mezelf een watje vinden als ik haar zou vertellen over mijn angst voor school, over de ontelbare keren dat ik zwetend in de klas zit. Ik kan haar niet vertellen over de concentratieproblemen, over hoe bang ik ben dat ik een beurt krijg, dat die angst soms een luchtbel in mijn ingewanden veroorzaakt, die groeit en groeit tot ik op een holletje naar het toilet moet. Tussen de lessen door sluit ik me vaak op in het toilet.

En dan is er nog de sociale angst, de ten dode opgeschreven poging erbij te horen. Het kost geld als je erbij wilt horen op Bradenton. De meeste kinderen zijn modegek, terwijl ik drie spijkerbroeken heb, vijf T-shirts, twee paar tennisschoenen en één zwartwit geruite katoenen coltrui. Tijdens een les denk ik niet aan *The Scarlet Letter*, maar vraag ik me af hoeveel dagen per week ik ongestraft mijn trui kan dragen en wat ik aan moet trekken als het warm wordt.

Hoe slechter ik het doe op school, hoe opstandiger ik word. Ik drink, ik rook hasj, ik misdraag me. Ik ben me vaag bewust van de omgekeerde evenredigheid van mijn cijfers en mijn opstandigheid, maar sta er niet echt bij stil. Ik geef de voorkeur aan Nicks theorie. Hij zegt dat ik het niet goed doe op school omdat ik overal schijt aan heb. Dat is misschien wel het enige wat hij ooit over me heeft gezegd dat een beetje waar is. (Hij beschrijft me meestal als een verwaande uitslover die aandacht wil. Zelfs mijn vader weet wel beter.) Maar mijn gedrag in het algemeen is fel, nukkig, onstuitbaar en daarom accepteer ik dat, net zoals ik de veranderingen accepteer die mijn lichaam ondergaat.

Ten slotte, als mijn cijfers superlaag zijn, bereikt mijn opstandigheid het hoogtepunt. Ik loop een kapsalon in Bradenton Mall binnen en vraag de kapper me een hanenkam te geven. Ik zeg tegen hem dat hij de zijkanten heel kort moet scheren, met in het midden één dikke baan puntig haar.

Zeker weten, knul?

Ik wil het hoog, en ik wil het puntig. Daarna moet je het roze verven.

Hij is acht minuten aan het werk met zijn tondeuse. Dan zegt hij: Klaar! En draait me om in de stoel. Ik kijk in de spiegel. De oorring was goed, dit is beter. Ik kan niet wachten om Mrs. G's blik te zien.

Als ik het winkelcentrum uit ben en op de bus naar de Bollettieri Academy sta te wachten, is er niemand die me herkent. Kinderen tegen wie ik tennis, kinderen met wie ik een stapelbed deel kijken langs me heen. Een toevallige toeschouwer zou denken dat ik een wanhopige poging heb gedaan om op te vallen. Maar in feite heb ik mezelf, mijn ware ik, onzichtbaar gemaakt. Althans, dat was de bedoeling.

Ik vlieg die kerst naar huis en als het vliegtuig de Strip nadert, als de casino's onder de hellende vleugel fonkelen als een rij kerstlichtjes, zegt de stewardess dat we moeten wachten met landen.

Gekreun.

Omdat we weten dat jullie allemaal snel het casino in willen, zegt ze, dachten we dat het wel leuk zou zijn om een beetje te gokken tot we kunnen landen.

Gejuich.

Als jullie allemaal een dollar in het papieren kotszakje stoppen, schrijf je daarna je stoelnummer op de controlestrook van je ticket en die stop je in dit kotszakje. We halen er één controlestrookje uit en die persoon wint de jackpot!

Ze verzamelt alle dollars, terwijl een andere stewardess de controlestrookjes ophaalt. Nu staat ze voor in het vliegtuig en steekt haar hand in het zakje.

En de grote prijs gaat naar, tromgeroffel alstublieft, 9F!

Ik ben 9F. Ik heb gewonnen! Ik sta op en wuif. De passagiers draaien zich om en zien me. Nog meer gekreun. Geweldig, dat joch met die hanenkam heeft gewonnen.

De stewardess geeft me onwillig het kotszakje met de zesennegentig dollar. De rest van de tijd ben ik ze aan het tellen en hertellen, en dank mijn beschermengeltje voor dit opstekertje.

Mijn vader vindt mijn haar en mijn oorring, zoals te verwachten was, verschrikkelijk. Maar hij weigert zichzelf de schuld te geven voor het feit dat ik op de Bollettieri Academy zit. Hij wil niet toegeven dat het een vergissing was me weg te sturen en hij weigert te praten over dat ik naar huis zou komen. Hij vraagt alleen maar of ik een flikker ben.

Nee, zeg ik en ga dan naar mijn kamer.

Philly loopt met me mee. Hij zegt dat hij mijn nieuwe look mooi vindt. Een hanekam is beter dan kaal. Ik vertel hem over mijn mazzeltje in het vliegtuig.

Wauw! Wat ga je doen met al dat geld?

Ik overweeg een enkelbandje te kopen voor Jamie, een meisje dat bij Perry op school zit. De vorige keer dat ik thuis was, mocht ik haar zoenen. Maar ik weet het niet, ik moet per se nieuwe kleren hebben voor school. Die zwart-wit geruite trui kan ik niet lang meer dragen. Ik wil erbij horen.

Philly knikt. Lastig probleem, *bro*.

Hij vraagt niet waarom ik erbij wil horen, of ik erbij wil horen, ik heb een hanenkam en een oorring. Hij beschouwt mijn dilemma als iets serieus, mijn tegenstrijdigheid als iets normaals, en helpt me de opties door te nemen. We besluiten dat ik het geld aan het meisje uitgeef, en die nieuwe kleren maar moet vergeten.

Zodra ik dat enkelbandje in mijn hand heb, heb ik al spijt. Ik zie mezelf als ik terug ben in Florida, met de weinige kleren die ik heb. Ik zeg het tegen Philly en hij knikt.

Als ik de volgende ochtend mijn ogen open, zie ik Philly grijnzend over me heen hangen. Hij kijkt naar mijn borst. Ik kijk naar beneden en zie een stapeltje bankbiljetten.

Wat is dit?

Heb gisteravond gekaart, *bro*. Had mazzel. Won zeshonderd dollar.

En, wat is dit?

Driehonderd. Ga maar een paar nieuwe truien kopen.

Tijdens de voorjaarsvakantie wil mijn vader dat ik meedoe aan een paar onbelangrijke toernooien, satelliettoernooien, met een open kwalificatie. Dat betekent dat iedereen mee mag doen en in elk geval één wedstrijd mag spelen. Ze worden gehouden in afgelegen stadjes, érg afgelegen stadjes als Monroe, Louisiana, en St. Joe, Missouri. Omdat ik nog maar veertien ben kan ik niet alleen reizen. Dus stuurt mijn vader Philly mee, om me te chaperonneren en om mee te spelen. Philly en mijn vader geloven nog steeds dat het iets met zijn tennis zal worden.

Philly huurt een beige Omni, die al snel een mobiele versie van onze slaapkamer thuis is: één helft van hem, één helft van mij. We leggen duizenden kilometers af, stoppen alleen bij fastfoodtenten en om toernooien te spelen en te slapen. We slapen overal gratis, want in elke stad logeren we bij onbekenden, gezinnen die ons vrijwillig onderdak bieden. De meeste gastgezinnen zijn wel aardig, maar doen overdreven enthousiast over tennis. Het is op zich al gek om te logeren bij mensen die je niet kent, maar het is heel vervelend om bij de pannenkoeken en de koffie alleen maar over tennis te moeten praten. Vind ik tenminste. Philly kletst met iedereen en vaak moet ik hem bidden en smeken als het tijd is om te gaan.

Philly en ik voelen ons allebei outlaws; we zijn altijd onderweg en doen godbetert precies waar we zin in hebben. We gooien fastfoodverpakkingen over onze schouder op de achterbank. We luisteren naar keiharde muziek, vloeken zoveel we willen en zeggen wat er verdomme in ons opkomt, zonder bang te hoeven zijn dat iemand ons corrigeert of belachelijk maakt. Toch hebben we het nooit over het feit dat we deze reis om verschillende redenen maken. Het enige wat Philly wil, is één ATP-punt verdienen, eentje maar, zodat hij weet hoe het voelt om een ranking te hebben. Het enige wat ik wil, is voorkomen dat ik tegen Philly moet spelen, omdat ik mijn dierbare broer dan weer moet verslaan.

Tijdens het eerste satelliettoernooi verpletter ik mijn tegenstander en wordt Philly verpletterd door de zijne. Na afloop, in de huurauto, in de parkeergarage naast het stadion, zit Philly naar het stuur te staren, verbijsterd. Om de een of andere reden heeft dit verlies hem meer pijn gedaan dan alle andere. Hij balt zijn vuisten en stompt tegen het stuur. Keihard. Hij stompt nog een keer. Hij praat tegen zichzelf, zo zacht dat ik hem niet kan verstaan. Hij praat harder. Hij roept, hij schreeuwt dat hij een geboren verliezer is, hij geeft het stuur nog een stomp en nog eentje. Hij slaat zo hard tegen het stuur dat ik bang ben dat hij een botje in zijn hand zal breken. Ik denk aan onze vader, schaduwboksend tegen het stuur nadat hij die vrachtwagenchauffeur had neergeslagen.

Philly zegt: Ik zou beter af zijn als ik mijn klotevuist zou breken! Dan was alles tenminste voorbij! Pa heeft gelijk, ik bén een geboren verliezer.

Dan zwijgt hij. Hij kijkt me gelaten aan. Even rustig als onze moeder. Hij glimlacht, de storm is gaan liggen, het venijn is verdwenen.

Nu voel ik me beter, zegt hij met een lach en een traan.

Hij rijdt de parkeergarage uit en geeft me aanwijzingen voor mijn volgende tegenstander.

Een paar dagen nadat ik terug ben op de Bollettieri Academy glip ik weg naar de Bradenton Mall en bel collect call naar huis.

Philly neemt op. Hij klinkt net zoals in de parkeergarage.

Weet je, zegt hij, je hebt een brief gekregen van het ATP.

O ja?

Wil je je ranking weten?

Geen idee, wat denk jij?

Je staat op nummer 610.

Echt waar?

Nummer 610 van de wereld, *bro*.

Dat betekent dat er op de hele wereld maar 609 mensen beter zijn dan ik. Op de planeet aarde, in dit zonnestelsel, ben ik nummer 610. Ik geef een klap tegen de wand van de telefooncel en schreeuw van blijdschap.

De lijn is stil. Dan vraagt Philly fluisterend: Hoe voelt het?

Ik kan gewoon niet geloven hoe onnadenkend ik ben, door zo te gaan schreeuwen, terwijl ik weet dat hij teleurgesteld moet zijn. Ik wilde dat ik de helft van mijn ATP-punten aan hem kon geven. Op een bijzonder verveeld toontje zeg ik: Ach, weet je? Het stelt niets voor. Echt niet.

HOOFDSTUK 6

Wat kan ik nog meer doen? Nick, Gabriel, Mrs. G, Doc G, niemand lijkt mijn bokkensprongen nog te zien. Ik heb mijn haar afgeschoren, mijn nagels laten groeien, één pinknagel is zelfs vijf centimeter lang en ik heb hem felrood gelakt. Ik heb mijn hanekam geverfd en mijn lichaam gepiercet. Ik heb regels overtreden, me niet aan de avondklok gehouden, ben met anderen op de vuist gegaan, heb woedeaanvallen gehad, gespijbeld en ik ben zelfs een keer na bedtijd de meisjesslaapzaal binnengeglipt. Ik heb liters whiskey gedronken, vaak schaamteloos op mijn bed zittend en heb bovendien een piramide gemaakt van alle lege flessen. Naast mijn bed staat een toren lege Jack Daniel's flessen van bijna een meter hoog. Ik pruim tabak en marihuana, zoals Skoal en Kodiak, geweekt in whiskey. Als ik verloren heb, stop ik een grote bal tabak in mijn wang. Hoe groter de nederlaag, hoe groter de bal.

Wat kan ik nog meer doen? Welke nieuwe zonde kan ik nog begaan om de wereld te laten zien dat ik ongelukkig ben en naar huis wil?

Er zijn momenten waarop ik geen nieuwe streken probeer te verzinnen: tijdens het vrije uur als ik me in de recreatiezaal kan ontspannen en op zaterdagavond als ik naar de Bradenton Mall kan gaan en met meisjes kan flirten. In totaal zijn dat tien uur per week waarin ik gelukkig ben, of althans mijn hersenen niet pijnig om de een of andere nieuwe daad van ongehoorzaamheid te bedenken.

Ik ben nog steeds veertien als de Bollettieri Academy een bus huurt die ons naar het noorden van de de staat naar een belangrijk toernooi in Pensacola brengt. De Bollettieri Academy reist elk jaar een paar keer naar dit soort toernooien, overal in Florida, omdat Nick dit soort toernooien een goede test vindt. Een meetlat, noemt hij ze. Florida is de tennishemel, zegt Nick, en als we beter zijn dan de beste spelers van Florida, dan moeten we wel de beste spelers van de wereld zijn.

Ik bereik probleemloos de finale van mijn klasse, maar de andere kinderen doen het minder goed. Ze worden allemaal eerder uitgeschakeld. En dus moeten ze wel naar mijn match komen kijken. Ze hebben geen keus, ze kunnen nergens anders naartoe. Als ik klaar ben, zullen we weer met z'n allen in de bus stappen voor de twaalf uur durende rit terug naar de Bollettieri Academy.

Doe maar rustig aan, grappen ze.

Niemand heeft veel zin om nog eens twaalf uur in die stinkende bus te zitten.

Voor de grap besluit ik tijdens de match mijn spijkerbroek te dragen. Geen tennisbroek, geen sportbroek, maar een gescheurde, verschoten, smerige jeans. Ik weet dat het de uitslag niet zal beïnvloeden. De jongen tegen wie ik moet spelen is een sukkel. Ik kan hem verslaan met één hand op de rug en gekleed in een gorillapak. Bovendien doe ik wat eyeliner op en doe mijn glimmendste oorringen in.

Ik win de match in straight sets. De andere kinderen juichen als een gek. Ze geven me ook nog eens bonuspunten voor de stijl. Op de terugreis naar de Bollettieri Academy krijg ik extra aandacht, klopjes op mijn rug en complimentjes. Eindelijk heb ik het gevoel dat ik erbij hoor, een van de coole jongens ben, een van de leiders. *Plus I got the W.*

De volgende dag, meteen na de lunch, organiseert Nick een onverwachte bijeenkomst. Iedereen verzamelen, brult hij.

Hij stuurt ons naar een backcourt met tribunes. Als alle tweehonderd kinderen er zijn en stil zijn, begint hij heen en weer te lopen en houdt een verhaal. Over de betekenis van de Bollettieri Academy en over dat we ons bevoorrecht zouden moeten voelen omdat we hier mogen zijn. Hij heeft deze plek vanuit het niets opgebouwd, zegt hij, en hij is er trots op dat die zijn naam draagt. De Bollettieri Academy staat voor uitmuntendheid. De Bollettieri Academy staat voor klasse. De Bollettieri Academy is overal ter wereld bekend en gerespecteerd.

Hij zwijgt even.

Andre, wil je even gaan staan?

Ik sta op.

Alles wat ik zojuist over deze plek heb gezegd, Andre, heb jij verloochend. Je hebt deze plek bezoedeld, beschaamd, met de streek die je gisteren hebt uitgehaald. Tijdens je finale jeans en make-up en oorringen dragen? Jongen, ik ga nu iets heel belangrijks tegen je zeggen. Als je je zo gedraagt, als jij je kleedt als een meisje, dan ga ik het volgende doen: tijdens je volgende toernooi zal ik je dwingen een rok te dragen. Ik heb contact opgenomen met Ellesse en hen gevraagd een paar rokken voor je op te sturen en die zul je dragen. Ja meneer, want als jij je zo gedraagt, zullen wij je ook zo behandelen.

Alle tweehonderd kinderen kijken naar me. Vierhonderd ogen zijn op mij gericht. Veel kinderen lachen.

Nick gaat verder. Je vrije tijd, zegt hij, is hierbij ingetrokken. Jouw vrije tijd is nu mijn tijd. Tussen negen en tien maak je elk toilet op dit terrein schoon. En als alle toiletten schoon zijn, ga je het terrein schoonmaken en onkruid wieden. En als dit je niet zint, simpel, dan vertrek je. Als je je gedraagt zoals gisteren, dan willen we je hier niet. En als je niet kunt laten zien dat je deze plek even belangrijk vindt als wij, *buh-bye.*

Dat laatste woord, *buh-bye,* blijft hangen, echoot over de lege courts. Dat is alles, zegt hij. Iedereen weer aan het werk.

Alle kinderen maken zich snel uit de voeten. Ik sta roerloos, probeer te beslissen wat ik zal doen. Ik wil Nick wel de huid vol schelden. Ik wil hem wel uitdagen voor een gevecht. Ik wil wel gaan schreeuwen. Ik denk aan Philly, dan aan Perry. Wat zouden zij willen dat ik doe? Ik denk aan mijn vader, naar school gestuurd in meisjeskleren toen zijn moeder hem wilde vernederen. De dag waarop hij een vechter werd.

Er is geen tijd meer om iets te beslissen. Gabriel zegt dat mijn straf nu ingaat. De rest van deze middag, zegt hij, op je knieën. Onkruid wieden.

Als de zon ondergaat en ik mijn hark heb ingeleverd, loop ik naar mijn kamer. Ik ben niet langer besluiteloos, ik weet precies wat ik ga doen. Ik gooi mijn kleren in een koffer, loop naar de snelweg. Ik realiseer me dat dit Florida is: ik kan worden opgepikt door een waanzinnige halve gare, waarna niemand ooit meer iets van me hoort. Maar met een waanzinnige halve gare ben ik beter af dan met Nick.

In mijn portefeuille heb ik de creditcard die mijn vader me heeft gegeven, voor noodgevallen. En volgens mij is dit een echt noodgeval. Ik ga naar het vliegveld. Morgen om deze tijd zit ik in Perry's slaapkamer hem dit verhaal te vertellen. Ik houd mijn ogen open voor zoeklichten. Ik verwacht elk moment in de verte het geluid van bloedhonden te horen. Ik steek mijn duim omhoog.

Er stopt een auto. Ik doe het portier open, wil mijn koffer op de achterbank gooien. Het is Julio, Nicks ordehandhaver. Hij zegt dat mijn vader aan de telefoon is, op de Bollettieri Academy, en dat hij met me wil praten. Nu.

De bloedhonden waren me liever geweest.

Ik zeg tegen mijn vader dat ik naar huis wil. Ik vertel hem wat Nick heeft gedaan.

Je kleedt je als een nicht, zegt mijn vader. Volgens mij heb je het verdiend.

Ik probeer plan B.

Pops, zeg ik, Nick bederft mijn spel. Ik oefen alleen maar vanaf de baseline, we werken nooit aan mijn netgame. We werken nooit aan mijn service en mijn volley.

Mijn vader zegt dat hij het er met Nick over zal hebben. Hij zegt ook dat Nick hem heeft beloofd dat mijn straf maar een paar weken zal duren. Nick wil laten zien wie hier de baas is. Het is onacceptabel dat één kind de regels overtreedt. Hij moet op de een of andere manier laten zien dat er discipline heerst.

Daarna zegt mijn vader weer dat ik blijf. Ik heb geen keus. Klik. Kiestoon.

Julio doet de deur dicht. Nick pakt de telefoon van me af en zegt dat mijn vader hem opdracht heeft gegeven mijn creditcard af te pakken.

Hem mijn creditcard geven? Geen sprake van! Het enige waarmee ik hier ooit vandaan kan? Over mijn lijk.

Nick probeert met me te onderhandelen en opeens weet ik het: Deze man heeft me nodig. Hij heeft Julio achter me aan gestuurd, hij heeft mijn vader gebeld en nu probeert hij mijn creditcard in handen te krijgen. Hij zei dat ik moest vertrekken en toen ik vertrok, heeft hij me teruggehaald. Ik heb zijn uitdaging aangenomen. Ondanks alle problemen die ik veroorzaak, ben ik belangrijk voor hem.

Overdag ben ik een modelgevangene: ik wied onkruid, maak de toiletten schoon, draag de juiste tenniskleren. Maar 's nachts ben ik de gemaskerde wreker. Ik steel een loper van de Bollettieri Academy en 's avonds laat, als alle anderen slapen, ga ik op strooftocht met een paar andere ontevreden jongens. Hoewel ik me beperk tot onschuldige dingen, zoals het gooien van scheercrèmebommetjes, bespuiten mijn kompanen muren met graffiti. Op de deur van Nicks kantoor spuiten ze *Nick the Dick*. En als Nick de deur heeft laten schoonmaken, doen ze het weer.

Mijn voornaamste handlanger tijdens deze nachtelijke tochten is Roddy Parks, de jongen die me lang geleden versloeg op de dag dat ik Perry leerde kennen. Maar dan wordt Roddy gepakt. Verraden door zijn slapie. Ik hoor dat Roddy is weggestuurd. Dus nu weten we wat je moet doen om te worden weggestuurd door Nick the Dick. Het siert Roddy dat hij de schuld op zich neemt en geen van de anderen verraadt.

Mijn voornaamste daad van revolte is zwijgen. Ik zweer dat ik, zolang ik leef, nooit meer iets tegen Nick zal zeggen. Dat is mijn regel, mijn religie, mijn nieuwe identiteit. Dat is wie ik ben, de jongen die niets zegt. Nick merkt daar natuurlijk niets van. Hij beent langs de courts en zegt iets tegen me en ik geef geen antwoord. Hij haalt zijn schouders op. Maar de andere kinderen zien wel dat ik geen antwoord geef. Mijn status stijgt.

Eén reden waarom Nick dat niet merkt, is dat hij het druk heeft met de organisatie van een toernooi waarmee hij junioren uit het hele land hoopt aan te trekken. Dan bedenk ik een geweldig plan, een nieuwe manier om Nick te stangen. Ik zeg tegen een van zijn mensen dat ik in Vegas iemand ken die geknipt zou zijn voor dit toernooi. Hij heeft ongelooflijk veel talent, zeg ik. Hij brengt me altijd in de problemen als we tegen elkaar spelen.

Hoe heet hij?

Perry Rogers.

Dat is een echt lokkertje. Nicks levensdoel is het ontdekken van nieuwe sterspelers en daar tijdens zijn toernooien mee pronken. Nieuwe sterren zorgen voor aandacht. Nieuwe sterren verhogen de status van de Bollettieri Academy en versterken Nicks imago als belangrijkste tennisleraar. En ja hoor, een paar dagen later ontvangt Perry een vliegticket en een persoonlijke uitnodiging voor het toernooi. Hij vliegt naar Florida en neemt een taxi naar de Bollettieri Academy. Zodra we elkaar zien, omhelzen we elkaar en grinniken om dit geintje dat we met Nick uithalen.

Tegen wie moet ik spelen?

Murphy Jensen.

O nee, maar die is heel goed!

Maak je niet dik. Dat is pas over een paar dagen. Laten we nu feesten.

Een van de vele extraatjes voor de kinderen die meedoen aan het toernooi is een uitstapje naar Busch Gardens in Tampa. In de bus naar dit amusementspark breng ik Perry op de hoogte, over mijn publieke vernedering en over hoe ellendig ik het vind op de Bollettieri Academy. En op de Bradenton Academy. Ik zeg dat ik waarschijnlijk zal zakken. Maar dat snapt hij niet. Voor het eerst begrijpt hij mijn probleem niet. Hij is dol op school. Hij droomt ervan naar een goed college aan de oostkust te gaan, waarna hij rechten wil gaan studeren.

Ik begin over iets anders. Ik vraag hem uit over Jamie. Heeft ze naar me gevraagd? Hoe ziet ze eruit? Draagt ze mijn enkelbandje? Ik zeg tegen hem dat ik hem een bijzonder cadeautje voor Jamie wil meegeven. Misschien iets leuks van Busch Gardens.

Dat zou leuk zijn.

We zijn nog geen tien minuten in Busch Gardens of Perry ziet een kraam met allemaal knuffels. Op een hoge plank zit een gigantische zwart-witte panda, wijdbeens, met zijn rode tong uit zijn bek.

Andre, die moet je aan Jamie geven!

Ja maar, die is niet te koop. Je moet de hoofdprijs winnen om die panda te krijgen, en niemand wint dit spel. Het is een truc. En ik hou niet van trucs.

Ach, we hoeven alleen maar twee rubberen ringen om de hals van die colafles te gooien. Wij zijn sportlieden. Dat kunnen we best.

We proberen het een halfuur en smijten rubberen ringen door de hele kraam. Niet één komt zelfs maar in de buurt van de hals van een colafles.

Oké, zegt Perry. Weet je wat we doen? Jij leidt die dame van dit kraampje af en dan loop ik stiekem naar achteren en leg twee ringen om de hals van die flessen.

Dat weet ik niet hoor, stel dat ze ons betrappen?

Maar het is voor Jamie.

Alles voor Jamie, zeg ik.

Ik roep de vrouw en zeg: Neem me niet kwalijk, mevrouw, maar ik heb een vraag!

Ze draait zich naar me om. Ja?

Ik stel een domme vraag over de regels van het spel. Vanuit mijn ooghoek zie ik Perry naar de achterkant van de kraam sluipen. Vier seconden later komt hij terug en schreeuwt: Ik heb gewonnen! Ik heb gewonnen!

De vrouw draait zich snel om. Ze ziet twee colaflessen met een rubberen ring om de hals. Ze lijkt verbijsterd. Kijkt sceptisch.

Wacht eens even, knul...

Ik heb gewonnen! Geef me mijn panda!

Ik heb het niet gezien...

Dat is uw probleem. Het is geen regel dat u het moet zien. Waar staat dat u het moet zien? Ik wil uw baas spreken! Haal meneer Busch Gardens zelf hiernaartoe! Ik sleep dit hele amusementspark voor de rechter. Wat is dit voor tent? Ik heb een dollar betaald om dit spel te kunnen spelen en dat betekent dat we een overeenkomst hebben. U bent me die panda schuldig. Ik sleep u voor de rechter. Mijn vader sleept u voor de rechter. U hebt precies drie seconden om me mijn panda te geven, die ik eerlijk heb gewonnen!

Perry doet wat hij graag doet, praten, onderhandelen, en de vrouw van het kraampje doet wat ze niet graag doet, een kraampje in dit amusementspark bemannen. Het is geen eerlijke strijd. Ze wil geen problemen en ze heeft geen zin in dit gezeur. Met een lange stok trekt ze de grote panda van de plank en geeft hem aan Perry. Hij is bijna even groot als Perry. Hij tilt hem in de lucht alsof het een reusachtige Chipwich is en we gaan ervandoor voordat ze zich bedenkt.

De rest van de avond zijn we met ons drieën: Perry, ik en de panda. We nemen de panda mee naar de snackbar, naar het herentoilet, in de achtbaan. Het lijkt wel alsof we op een bewusteloze veertienjarige passen. Een echte panda zou niet meer problemen kunnen veroorzaken. Als het tijd is om weer in de bus te stappen, zijn we allebei bekaf en blij dat we hem op zijn eigen stoel kunnen zetten, die hij helemaal vult. Zijn omvang is even schokkend als zijn lengte.

Ik zeg: Ik hoop maar dat Jamie dit leuk vindt.
Perry zegt: Ze zal het geweldig vinden.
Er zit een klein meisje achter ons. Ze is acht. Ze kan haar ogen niet van de panda afhouden. Ze kirt en streelt zijn vacht.
Wat een mooie panda! Waar heb je die vandaan?
We hebben hem gewonnen.
Wat gaan jullie ermee doen?
Ik ga hem aan een vriendin geven.
Ze vraagt of ze naast de panda mag zitten. Ze vraagt of ze hem mag knuffelen. Ik zeg dat ze haar gang mag gaan. Ik hoop maar dat Jamie minstens half zoveel van de panda zal houden als dit kind doet.

Als Perry en ik de volgende ochtend in de barak zitten te kletsen, komt Gabriel binnen: *The Man* wil je zien.
Wat wil hij?
Gabriel haalt zijn schouders op.
Ik loop langzaam, neem alle tijd. Ik blijf staan bij de deur van Nicks kantoor en denk glimlachend aan *Nick the Dick*. Ik mis je, Roddy.
Nick zit aan zijn bureau, leunt achterover in zijn grote zwartleren stoel.
Andre, kom binnen, kom binnen.
Ik ga op een houten stoel tegenover hem zitten.
Hij schraapt zijn keel. Ik heb gehoord, zegt hij, dat je gisteren in Busch Gardens was. Was het leuk?
Ik zeg niets. Hij wacht. Dan schraapt hij zijn keel weer.
Nou, ik heb gehoord dat je thuis bent gekomen met een heel grote panda.
Ik blijf voor me uit kijken.
Hoe dan ook, zegt hij, kennelijk is mijn dochter verliefd geworden op die panda. Haha.
Ik denk aan het kleine meisje in de bus. Nicks dochter, natuurlijk. Waarom is me dat ontgaan?
Ze blijft er maar over doorgaan, zegt Nick. Dus wil ik je een voorstel doen. Ik wil die panda graag van je kopen.
Stilte.
Heb je me gehoord, Andre?

Stilte.
Heb je me begrepen?
Stilte.
Gabriel, waarom zegt Andre niets?
Hij wil niets tegen je zeggen.
Sinds wanneer niet?
Gabriel fronst.
Luister, zegt Nick, zeg maar gewoon hoeveel je ervoor wilt hebben, Andre.
Ik blijf voor me uit kijken.
Weet je wat? Schrijf maar op hoeveel je ervoor wilt hebben.
Hij schuift een vel papier naar me toe. Ik blijf roerloos zitten.
Wat dacht je van tweehonderd dollar?
Diepe stilte.
Gabriel zegt tegen Nick dat hij later wel met me over die panda zal praten.
Ja, zegt Nick. Oké. Denk er maar over na, Andre.

Terug in de barak zeg ik tegen Perry: Dit geloof je nooit. Hij wilde de panda. Voor zijn dochter. Dat meisje in de bus was Nicks dochter.
Nee, echt? En wat heb je gezegd?
Niets.
Hoe bedoel je, niets?
Ik heb gezworen te zwijgen, weet je nog? Voor altijd.
Andre, dat is dom. Nee echt, dat is stom. Je moet dit anders aanpakken. Weet je wat je moet doen? Je pakt die panda, geeft hem aan Nick en zegt dat je zijn geld niet wilt, alleen een kans op succes, en dat je hier weg wilt. Je wilt wildcards, uitnodigingen voor toernooien, andere gedragsregels, beter eten, beter alles. En wat je vooral wilt, is niet naar school. Dit is je kans op vrijheid. Nu heb je echt de macht in handen.
Ik kan die klootzak mijn panda niet geven. Dat kan ik gewoon niet. En trouwens, wat moet ik dan met Jamie?
Over Jamie maken we ons later wel zorgen. We hebben het nu over jouw toekomst. Je moet die panda aan Nick geven!
We praten tot diep in de nacht, discussiëren op verhitte fluistertoon. Ten slotte heeft Perry me overtuigd.
Dus, zegt hij gapend, morgen geef je hem die panda.

Nee. Onzin. Ik ga nu naar zijn kantoor. Ik laat mezelf binnen met de loper, zet de panda op Nicks grote leren stoel, met zijn kont in de lucht.

De volgende ochtend, nog voor het ontbijt, komt Gabriel me alweer halen.

Kantoor. Nu.

Nick zit in zijn stoel. De panda zit nu in de hoek, staart voor zich uit. Nick kijkt naar de panda, dan naar mij. Hij zegt: Je zegt niets. Je draagt make-up. Je draagt een spijkerbroek tijdens een toernooi. Je laat me je vriend Perry uitnodigen voor het toernooi, terwijl hij er niks van kan, amper kauwgom kan kauwen en praten tegelijkertijd. En je haar; ik zal maar niets zeggen over je haar. En nu geef je me iets waar ik om heb gevraagd, maar daarvoor breek je midden in de nacht in in mijn kantoor en zet die panda met z'n kont omhoog in mijn stoel? Hoe ben je verdomme mijn kantoor in gekomen? Jezus knul, wat is je probleem?

Jij wilt weten wat mijn probleem is?

Zelfs Nick is verbijsterd door het geluid van mijn stem.

Ik schreeuw: Jij bent mijn verdomde probleem! Jij! En als je dat nog niet doorhebt, dan ben je nog stommer dan je eruitziet. Heb je enig idee hoe het is om hier te zijn? Hoe het is om 4.500 kilometer van huis te zijn, in een gevangenis te wonen, om halfzeven op te staan, een halfuur te hebben om dat smerige ontbijt te eten, in een versleten bus te stappen, urenlang in die verschrikkelijke school te zitten, daarna snel terug te komen en binnen een halfuur nog meer rotzooi te eten tot je naar de tennisbaan moet, dag in dag uit? Weet je dat wel? Het enige waar je naar uit kunt kijken, het enige echte pretje van de hele week, is de zaterdagavond in de Bradenton Mall en zelfs dat is me afgepakt! Jij hebt dat van me afgepakt! Deze plek is een hel en ik zou hem het liefst tot de grond toe willen afbranden!

Nicks ogen zijn groter dan die van de panda. Maar hij is niet boos. Of verdrietig. Hij lijkt wel geamuseerd, want dit is de enige taal die hij begrijpt. Hij doet me denken aan Pacino in *Scarface*, als een vrouw zegt, *Who, why, when and how I fuck is none of your business*, en Pacino zegt, *Now you're talking to me, baby.*

Nick, begrijp ik, houdt van duidelijke taal.

Oké, zegt hij, ik begrijp je. Wat wil je?

Het is alsof ik Perry hoor.

Ik wil niet meer naar school, zeg ik. Ik wil schriftelijk onderwijs, zodat ik fulltime aan mijn spel kan werken. Ik wil dat je me helpt in plaats van me in een hoek te duwen. Ik wil wildcards, uitnodigingen voor toernooien. Ik wil profspeler worden.

Natuurlijk wil ik dat allemaal niet echt. Dit is wat ik volgens Perry wil en dat is beter dan wat ik heb. Zelfs terwijl ik het vraag, twijfel ik. Maar Nick kijkt naar Gabriel en Gabriel kijkt naar mij en de panda kijkt naar ons allemaal.

Ik zal erover nadenken, zegt Nick.

Uren nadat Perry naar Vegas is vertrokken, laat Nick me via Gabriel weten dat mijn eerste wildcard het grote toernooi in La Quinta zal zijn. Ook zal hij me opstellen in het eerstvolgende satelliettoernooi van Florida. Bovendien hoef ik vanaf nu niet meer naar de Bradenton Academy. Hij zal een schriftelijk onderwijsprogramma voor me opzetten, als hij daar tijd voor heeft.

Gabriel loopt weg, grijzend. Jij hebt gewonnen, knul.

Ik kijk naar alle anderen die in de bus stappen naar de Bradenton Academy en als deze met veel lawaai wegrijdt en donkere rook uitblaast, zit ik op een bankje met de zon op mijn gezicht. Ik zeg tegen mezelf: Je bent veertien en je hoeft nooit meer naar school. Vanaf nu is het elke ochtend Kerstmis en de eerste dag van de zomervakantie tegelijk. Er verschijnt een glimlach op mijn gezicht, de eerste keer in maanden. Geen pennen meer, geen boeken meer, geen gemene blikken van docenten meer. Je bent vrij, Andre. Je hoeft nooit weer iets te leren.

HOOFDSTUK 7

Ik doe mijn oorring in en ren naar de hardcourtbanen. De ochtend is van mij, van mij, en die hele ochtend sla ik ballen. Sla harder. Ik blijf twee uur slaan en stop mijn nieuwe vrijheid in elke slag. Ik kan het verschil zien. De bal ontploft van mijn racket. Nick verschijnt, schudt zijn hoofd. Ik heb medelijden met je eerstvolgende tegenstander, zegt hij.

Ondertussen, in Vegas, begint mijn moeder namens mij met mijn schriftelijke opleiding. Haar eerste schriftelijke actie is een brief aan mij, waarin ze schrijft dat haar zoon dan misschien niet naar een college zal gaan, maar dat hij in elk geval zijn highschooldiploma zal halen. Ik schrijf terug en bedank haar voor het feit dat ze mijn huiswerk maakt en mijn examens doet. Maar als ze het diploma krijgt, voeg ik eraan toe, mag ze het houden.

In maart 1985 vlieg ik naar Los Angeles en logeer bij Philly, die in iemands gastenverblijf woont, tennisles geeft en op zoek is naar wat hij met zijn leven aan wil. Hij helpt me trainen voor La Quinta, een van de belangrijkste toernooien van het jaar. Het gastenverblijf is klein, kleiner dan onze slaapkamer in Vegas, kleiner dan de huurauto, maar dat vinden we niet erg. We zijn dolblij dat we weer samen zijn, hoopvol over de nieuwe richting die ik ben ingeslagen. Er is maar één probleem: we hebben geen geld. We leven op gebakken aardappels en linzensoep. Drie keer per dag bakken we twee aardappels en verwarmen een blikje merkloze linzensoep. Dan schenken we de soep over de aardappels en ziedaar: ons ontbijt, onze lunch of ons diner! De hele maaltijd kost 89 cent en zorgt ervoor dat we zeker drie uur lang geen honger hebben.

De dag voor het toernooi rijden we in Philly's gebutste rammelkast naar La Quinta. De auto produceert dikke wolken donkere rook. Het is net alsof we in een mobiele zomerstorm rijden.

Misschien moeten we een aardappel in de uitlaat stoppen, zeg ik tegen Philly.

Als ik voor de bak aardappels sta, rommelt het in mijn maag. Ik kan geen aardappel meer zien. Ik loop weg, dwaal door de winkel en kom bij de diepvriesafdeling terecht. Mijn blik valt op een wel heel bijzondere verleidelijke traktatie, een ijstaart. Als een slaapwandelaar steek ik mijn hand ernaar uit. Ik pak een doos uit de koelvitrine en loop ermee naar de snelkassa, waar mijn broer al aan de beurt is. Ik leg de doos op de lopende band.

Hij kijkt naar de doos, dan naar mij.

Dat kunnen we ons niet permitteren.

Ik neem dit in plaats van mijn aardappel.

Hij pakt de doos, kijkt naar de prijs en fluit. Andre, dit is even duur als tien aardappels. Dit kan niet.

Ik weet het. *Fuck.*

Als ik terugloop naar de diepvries, denk ik: Ik haat Philly. Ik hou van Philly. Ik haat aardappels.

Ietwat onvast van de honger versla ik Broderick Dyke in de eerste kwalificatieronde voor La Quinta, 6-4, 6-4. In de tweede ronde versla ik Rill Baxter, 6-2, 6-1. In de derde ronde versla ik Russell Simpson, 6-3, 6-3. Dan win ik in de eerste ronde van het hoofdtoernooi van John Austin, 6-4, 6-1. Na een break in de eerste set kom ik keihard terug. Ik ben vijftien, zit niet meer op school en versla volwassen mannen, sla ze aan gort, vreet me een weg door de klassering. Overal waar ik kom, wijzen mensen naar me. Ze fluisteren: Dat is 'm. Dat is die knul over wie ik het had, die *prodigy*. Het is het mooiste woord dat ik ooit voor mij heb horen gebruiken.

Het prijzengeld voor het bereiken van de tweede ronde van La Quinta is 2.600 dollar. Maar omdat ik amateur ben, krijg ik niets. Maar Philly hoort dat het toernooi spelers een onkostenvergoeding geeft. We gaan in zijn oude brik zitten en maken een gedetailleerde lijst van onze denkbeeldige uitgaven, zoals onze denkbeeldige eersteklasvlucht vanuit Vegas, onze denkbeeldige vijfsterrenhotelkamer, onze denkbeeldige royale restaurantmaaltijden. We vinden onszelf heel slim omdat onze uitgaven in totaal precies 2.600 dollar bedragen.

Philly en ik hebben het lef om zoveel te vragen omdat we uit Vegas komen. We hebben onze hele jeugd in casino's doorgebracht. We denken dat we geboren bluffers zijn. We denken dat we heel slim zijn. Voordat we zindelijk waren, hebben we immers al geleerd om dubbel in te zetten. Kort daarvoor zijn Philly en ik nog in Caesar's geweest en toen we langs een fruitautomaat liepen, speelde die net dat oude nummer uit de tijd van de Depressie, *We're in the Money*. We kenden dat nummer van Pops en dachten daarom dat het een voorteken was. We hadden er geen idee van dat die fruitautomaat dat nummer de hele dag door liet horen. We gingen aan de eerste de beste blackjacktafel zitten en wonnen. Nu, met hetzelfde naïeve zelfvertrouwen, loop ik met onze onkostendeclaratie het kantoor binnen van toernooidirecteur Charlie Pasarell, terwijl Philly in de auto blijft wachten.

Charlie was vroeger ook tennisser. In 1969 speelde hij tegen Pancho Gonzales in de langste herenenkel die ooit op Wimbledon is gespeeld. Pancho is nu mijn zwager, hij is kortgeleden met Rita getrouwd. Alweer een teken dat Philly en ik goed zitten. Maar het belangrijkste voorteken is dat een van Charlies beste vrienden Alan King was, die hetzelfde toernooi hield als waar mijn vader en ik Cleopatra de zilveren dollars weg hebben zien rijden, waar ik als ballenjongen werkte met Wendi en waar ik voor het eerst in een officiële hoedanigheid op een professionele tennisbaan stond. Voortekenen, voortekenen, overal voortekenen. Ik leg het overzicht op zijn bureau en wacht.

Hé, zegt Charlie, terwijl hij de declaratie doorneemt. Dat is interessant.

Sorry?

Onkosten komen meestal niet zo precies uit.

Ik begin te blozen.

Jouw onkosten, Andre, zijn in totaal even hoog als het prijzengeld dat je had gekregen als je geen amateur was.

Charlie kijkt me over zijn bril heen aan. De moed zakt me in de schoenen. Ik overweeg het op een lopen te zetten. Ik stel me voor dat Philly en ik ons leven lang in dat gastenverblijf blijven wonen. Maar Charlie zucht, doet een greep in een geldkistje en haalt er een stapeltje bankbiljetten uit.

Hier heb je tweeduizend dollar, knul. Niet zeuren over die andere zeshonderd. Aanpakken en wegwezen.

Dank u wel, meneer. Ontzettend bedankt.

Ik ren naar buiten en duik de auto in. Philly racet weg alsof we zojuist de First Bank of La Quinta hebben overvallen. Ik tel duizend dollar af en gooi dat geld naar mijn broer.

Jouw aandeel van de buit.

Wat? Nee! Andre, jij hebt hier keihard voor gewerkt, *bro*.

Ben je gek! Wíj hebben hier keihard voor gewerkt, Philly! Zonder jou had ik dit niet gekund! Echt niet! Wij hebben dit samen gedaan, man.

We denken waarschijnlijk allebei aan die ochtend waarop ik met die driehonderd dollar op mijn borst wakker werd. We denken ook aan al die avonden waarop we in de ad court-deuce court van onze slaapkamer zaten en elkaar alles vertelden. Hij leunt naar me toe, tijdens het rijden, en geeft me een knuffel. Dan bespreken we waar we zullen gaan eten. We kwijlen bijna als we allemaal namen van restaurants opsommen. Uiteindelijk besluiten we dat dit een bijzondere gelegenheid is, een absoluut eenmalige gebeurtenis, die we chic moeten vieren.

Sizzler.

Ik kan die biefstuk al bijna proeven, zegt Philly.

Mij lijkt een bord pakken te veel moeite. Ik steek mijn hoofd gewoon in de saladebar.

Het dagmenu is onbeperkt garnalen eten.

Daar zullen ze nog spijt van krijgen!

Wat je zegt, *bro*!

We kauwen ons door de La Quinta Sizzler heen en er blijft geen kruimel of lik op ons bord achter. Daarna gaan we naar ons geld zitten kijken, alles wat nog over is. We leggen de bankbiljetten naast elkaar, op elkaar. We strelen ze. We praten over onze nieuwe vriend, Benjamin Franklin. We zijn zo dronken van de calorieën dat we het stoomstrijkijzer tevoorschijn halen en daarmee voorzichtig elk bankbiljet gladstrijken; we strijken elke rimpel op Bens gezicht glad.

HOOFDSTUK 8

Ik blijf op de Bollettieri Academy wonen en trainen, met Nick als mijn coach, hoewel hij meer als een klankbord aanvoelt. En, echt waar, als een vriend. Onze nukkige vrede is veranderd in een verrassend harmonieuze werkrelatie. Nick respecteert de manier waarop ik tegen hem ben ingegaan en ik respecteer hem omdat hij zich aan zijn woord houdt. We werken keihard aan het bereiken van ons gemeenschappelijke doel: het veroveren van de tenniswereld. Ik hoef niet veel van Nick; ik verwacht inspiratie van hem, geen informatie. Ondertussen verwacht hij van mij overwinningen die de krant halen, wat weer goed is voor zijn academie. Hij krijgt van mij geen salaris, maar we hebben de stilzwijgende afspraak dat als ik win, ik hem een deel van mijn inkomsten geef. Dat vindt hij meer dan voldoende.

In het vroege voorjaar van 1986 reis ik heel Florida door en speel een aantal satelliettoernooien. Kissimmee. Miami. Sarasota. Tampa. Na een jaar hard werken, waarin ik alleen maar met tennis bezig ben, speel ik goed en bereik ik het vijfde toernooi van de serie, de Masters. Ik kom in de finale, en ook al win ik niet, ik heb als finalist toch recht op een cheque van 1.100 dollar.

Deze keer wil ik het geld aanpakken. Heel graag zelfs. Philly en ik kunnen het geld bijzonder goed gebruiken. Maar ja, als ik die cheque aanpak ben ik professioneel tennisser, voor altijd, en is er geen weg meer terug.

Ik bel mijn vader in Vegas en vraag hem wat ik moet doen. Mijn vader zegt: Waar heb je het over? Aanpakken dat geld!

Maar als ik dat doe, is er geen weg meer terug. Dan ben ik prof.

Nou en?

Als ik deze cheque aanpak, Pops, heb ik geen keus meer.

Hij doet net alsof de verbinding slecht is. Je hebt je school niet afgemaakt. Je hebt geen enkel diploma. Je hebt sowieso geen keus!

Wat zou je anders moeten doen, verdomme? Dokter worden?

Hij vertelt me niets nieuws, maar ik haat de manier waarop hij me dat duidelijk maakt.

Ik zeg tegen de toernooidirecteur dat ik het geld aanneem. Zodra ik dat heb gezegd, heb ik het gevoel alsof ik talloze mogelijkheden heb afgesloten. Niet dat ik weet welke mogelijkheden dat zijn, maar dat is het probleem juist, dat zal ik dus nooit weten. De man geeft me een cheque en als ik zijn kantoor uitloop, heb ik het gevoel dat ik aan het begin sta van een lange, lange weg, een weg die een donker, onheilspellend bos in leidt.

Het is 29 april 1986. Mijn zestiende verjaardag.

Die hele dag zeg ik ongelovig tegen mezelf: Nu ben je professioneel tennisser. Dat is wát je nu bent. Dat is wíé je nu bent. Maar hoe vaak ik het ook zeg, het blijft niet goed klinken.

Het enige echt positieve gevolg van mijn besluit prof te worden, is dat mijn vader Philly fulltime met me meestuurt. Hij moet me helpen met alle dingen die geregeld moeten worden als je prof bent, van het huren van een auto en het reserveren van een hotelkamer tot het bespannen van de rackets.

Je hebt hem nodig, zegt mijn vader. Maar we weten alle drie dat Philly en ik elkaar nodig hebben.

De dag nadat ik prof ben geworden, krijgt Philly een telefoontje van Nike. Ze willen me spreken over een sponsorcontract. Philly en ik spreken af met de man van Nike in Newport Beach, in een restaurant dat de Rusty Pelican heet. Zijn naam is Ian Hamilton.

Ik zeg meneer Hamilton tegen hem, maar hij zegt dat ik Ian tegen hem moet zeggen. Door zijn glimlach vertrouw ik hem meteen, maar Philly blijft voorzichtig.

Jongens, zegt Ian, ik denk dat Andre een bijzonder goede toekomst heeft.

Dank je wel.

Ik wil graag dat Nike deel gaat uitmaken van die toekomst, om daarin een partner te zijn.

Dank je wel.

Ik wil je graag een tweejarig contract aanbieden.

Dank je wel.

In die tijd zal Nike je complete uitrusting verzorgen en je 20.000 dollar betalen.

Voor die twee jaar?
Per jaar.
O.
Philly vraagt: Wat moet Andre doen in ruil voor dat geld?
Ian kijkt verbaasd. Tja, zegt hij, Andre moet doen wat Andre tot nu toe heeft gedaan, knul. Andre blijven. En spullen van Nike dragen.
Philly en ik kijken elkaar aan, twee jongens uit Vegas die nog altijd denken dat ze weten hoe ze moeten bluffen. Maar onze pokerface is allang verdwenen. Dat hebben we bij Sizzler achtergelaten. We kunnen gewoon niet geloven dat dit echt gebeurt en we kunnen ook niet net doen alsof het niet gebeurt. Eindelijk is Philly zo slim om te vragen of Ian ons even wil verontschuldigen. Omdat we zijn aanbod even onder vier ogen moeten bespreken.
We lopen snel naar de telefooncel achter de Rusty Pelican en bellen mijn vader.
Pops, fluister ik, Philly en ik zijn hier met een vent van Nike en hij biedt me 20.000 dollar. Wat moeten we doen?
Meer geld vragen.
Echt waar?
Meer geld! Meer geld!
Hij hangt op.
Philly en ik oefenen wat we gaan zeggen. Ik speel mezelf, hij speelt Ian. De mannen die naar het toilet gaan en ons passeren, denken dat we een grap uithalen. Ten slotte lopen we nonchalant terug naar ons tafeltje. Philly vertelt wat ons tegenbod is. Meer geld. Ian kijkt somber. Hij kijkt, echt waar, als mijn vader.
Oké, zegt Ian. Ik denk dat we daar wel uitkomen. Ik heb een budget van 25.000 dollar voor het tweede jaar. *Deal?*
We geven elkaar een hand. Dan verlaten we alle drie de Rusty Pelican. Philly en ik wachten tot Ian is weggereden en beginnen dan te springen en zingen: *We're in the Money.*
Geloof jij dit?
Nee, zegt Philly. Echt, ik geloof er niets van.
Mag ik terugrijden naar L.A.?
Nee. Je handen trillen. Je rijdt zo nog de middenberm in en dat kunnen we nu niet hebben. Je bent twintigduizend dollar waard, bro.

En volgend jaar vijfentwintigduizend.

De hele terugreis praten we alleen maar over welk model coole, maar goedkope auto we zullen kopen. De belangrijkste eis aan die auto is dat hij een uitlaat heeft die geen zwarte uitlaatgassen uitspuugt. Naar Sizzler rijden in een auto die geen zwarte wolken uitbraakt, ja, dat zou pas het toppunt van luxe zijn.

Mijn eerste toernooi als prof is in Schenectady in de staat New York. Ik bereik de finale van het $100.000-toernooi en verlies daarin van Ramesh Krishnan, 6-2, 6-3. Maar dat vind ik niet erg. Krishnan is heel goed, veel beter dan zijn veertigste plaats op de wereldranglijst, en ik ben een onbekende teenager en sta in de finale van een behoorlijk belangrijk toernooi. Dat is heel bijzonder. Het is dus een pijnloze nederlaag. Ik ben alleen maar heel trots. En voel bovendien nog een sprankje hoop, want ik weet dat ik beter had kunnen spelen en ik weet dat Krishnan dat ook weet.

Daarna ga ik naar Stratton Mountain, Vermont, waar ik Tim Mayotte versla, nummer twaalf op de wereldranglijst. In de kwartfinale speel ik tegen John McEnroe en dat voelt alsof ik tegen John Lennon speel. Die man is een legende. Toen ik klein was keek ik al naar hem, bewonderde hem, hoewel ik vaak tegen hem was omdat zijn aartsrivaal, Borg, mijn idool was. Ik zou Mac dolgraag willen verslaan, maar dit is zijn eerste toernooi na een korte rustpauze. Hij is goed uitgerust, trappelt van ongeduld, en hij is nog steeds nummer één van de wereld. Vlak voordat we de baan op gaan, vraag ik me af waarom een speler die zo fantastisch kan spelen en al zoveel heeft bereikt, een rustpauze nodig heeft. Dat laat hij me zien. Hij demonstreert de voordelen van een rustpauze. Hij verslaat me dik, 6-3, 6-3. Maar tijdens deze nederlaag slaag ik erin één fantastische winner te slaan, een forehand return op Macs service die als een speer langs hem heen vliegt. Tijdens de persconferentie na de match zegt Mac tegen de journalisten: Ik heb tegen Becker, Connors en Lendl gespeeld, maar niemand heeft mijn service ooit zo hard geretourneerd.

Dit ene citaat, deze klinkende bevestiging van mijn spel door een speler met de status van Mac, zet me op de landelijke kaart. Kranten schrijven over mij. Fans schrijven me. Philly wordt opeens overladen met verzoeken om interviews. Hij giechelt telkens als hij weer zo'n verzoek afhandelt.

Leuk om populair te zijn, zegt hij.

Ondertussen blijft mijn ranking in de pas met mijn populariteit.

In de herfst van 1986 ben ik onderweg naar mijn eerste US Open en ik heb er zin in. Maar dan zie ik door het raampje van het vliegveld de skyline van New York. Mijn enthousiasme verdwijnt. Het is een schitterend gezicht, maar ook heel intimiderend voor een jongen die in de woestijn is opgegroeid. Zoveel mensen. Zoveel dromen. Zoveel meningen.

Van dichtbij, vanaf de begane grond, is New York veel minder intimiderend, eerder irritant. De opdringerige geuren, de oorverdovende geluiden – en de fooien! Ik ben opgegroeid in een gezin dat afhankelijk was van fooien, dus ik ben echt vóór fooien, maar in New York krijgt de fooi een totaal nieuwe dimensie. Het kost me alleen al honderd dollar om van het vliegveld naar mijn hotelkamer te komen! Tegen de tijd dat ik de taxichauffeur, de portier, de piccolo en de concierge heb getipt, ben ik blut.

Bovendien kom ik continu overal te laat. Steeds weer onderschat ik de tijd die het kost om in New York van punt A naar punt B te komen. Op een dag, kort voor het begin van het toernooi, kan ik om twee uur trainen. Ik verlaat mijn hotel naar ik meen al heel vroeg, zodat ik ruim op tijd bij de arena in Flushing Meadows kan zijn. Ik stap in een charterbus die voor het hotel staat en tegen de tijd dat we de drukke binnenstad door zijn en de snelweg naar Queens oprijden, ben ik al veel te laat. Een vrouw vertelt me dat mijn baan al aan iemand anders vergeven is.

Ik smeek haar me op een andere tijd in te roosteren.

Wie ben je?

Ik laat haar mijn introductie zien, glimlach flauwtjes.

Achter haar hangt een schoolbord, volgeschreven met de namen van spelers die ze met een sceptische blik bekijkt. Ik moet denken aan Mrs. G. Ze loopt met haar vinger van boven naar beneden de linkerkolom langs.

Oké, zegt ze. Om vier uur, baan acht.

Ik kijk naar de naam van de man met wie ik moet oefenen.

Sorry hoor, maar met hem kan ik niet oefenen. De kans is groot dat ik in de tweede ronde tegen hem moet spelen.

Ze kijkt weer naar het schoolbord, zuchtend, geïrriteerd, en ik vraag me af of Mrs. G misschien een zus heeft die ze lang geleden uit het oog heeft verloren. Gelukkig draag ik niet langer een wiegende hanenkam, want dan zou deze vrouw me zelfs nog dreigender vinden. Aan de andere kant kun je mijn huidige kapsel amper minder buitensporig noemen: het is een pluizig, piekerig, tweekleurig matje met zwarte haarwortels en scherpe punten.

Oké, zegt ze. Dan maar baan zeventien, om vijf uur. Maar die moet je wel met drie anderen delen. Ik zeg tegen Nick: Ik heb het gevoel dat ik verdrink in deze stad.

Nah, zegt hij. Niks aan de hand.

Vanuit de verte ziet alles er een stuk beter uit.

Maar ja, wat niet?

In de eerste ronde loot ik Jeremy Bates, uit Groot-Brittannië. We spelen op een afgelegen baan, ver van het publiek en de belangrijke wedstrijden. Ik ben opgewonden. Ik ben trots. Maar dan opeens ook weer doodsbang. Ik heb het gevoel alsof het de laatste zondag van het toernooi is. De vlinders in mijn buik vliegen in een strakke formatie af en aan.

Omdat het een Grand Slam is, is de energie van de match anders dan alles wat ik ooit heb meegemaakt. Jachtiger. Er wordt in een moordend tempo gespeeld, iets wat ik helemaal niet ken. Bovendien waait het en vliegen de punten me als kauwgumpapiertjes en stof om de oren. Ik snap niet wat er gebeurt. Dit vóélt niet eens als tennis. Bates is zeker geen betere speler dan ik, maar hij speelt wel beter omdat hij wist wat hij kon verwachten. Hij verslaat me in vier sets. Dan kijkt hij omhoog naar mijn box, waar Philly en Nick zitten. En drukt zijn vuist in de holte van zijn elleboog, het internationale gebaar voor *Up yours* – krijg de klere. Kennelijk hebben Bates en Nick een gezamenlijk verleden.

Ik ben teleurgesteld, schaam me een beetje. Maar ik weet ook dat ik nog niet klaar was voor mijn eerste US Open van New York. Ik zie de kloof tussen waar ik ben en waar ik moet komen, en ik heb er redelijk veel vertrouwen in dat ik die kloof kan dichten.

Je wordt heus wel beter, zegt Philly en slaat een arm om me heen. Het kost gewoon nog wat tijd.

Dank je wel. Dat weet ik.

En ik weet het echt. Maar dan begin ik te verliezen. Niet gewoon verliezen, maar heel erg verliezen. Slapjes. Ellendig. In Memphis word ik al in de eerste ronde uitgeschakeld. In Key Biscayne ook in de eerste ronde.

Philly, vraag ik, wat is er aan de hand? Ik begrijp er niets van. Ik voel me net een amateur. Ik weet het gewoon niet meer.

Het dieptepunt is in het Spectrum in Philadelphia. Dat is geen tennishal, maar een omgebouwde basketbalhal, en zelfs dat eigenlijk niet echt. Het is er somber, slecht verlicht. Er zijn twee tennisbanen, naast elkaar, en er vinden twee wedstrijden tegelijk plaats. Op hetzelfde moment dat ik een opslag retourneer, retourneert degene in de baan ernaast ook een opslag die uit gaat en moeten we oppassen dat onze ballen elkaar niet raken. Mijn concentratie is sowieso al niet best en al helemaal niet als ik ook nog moet proberen een frontale botsing te voorkomen. Ik weet nog niet hoe ik me voor dat soort dingen moet afsluiten. Na één set kan ik niet meer nadenken en hoor ik alleen mijn eigen hartslag nog.

Bovendien heb ik een zwakke tegenstander, wat voor mij een extra nadeel betekent. Ik speel altijd heel slecht tegen zwakkere tegenstanders. Dan zak ik af naar hun niveau. Ik weet niet hoe ik op mijn eigen niveau moet blijven spelen tegen een mindere tegenstander. Als ik een goede tegenstander heb, speel ik juist beter. Tegen zwakke spelers ga ik forceren. Dat is de tennisuitdrukking voor de dingen niet soepel laten verlopen. Forceren is een van de dodelijkste dingen die je bij het tennis kunt doen.

Philly en ik gaan terug naar Vegas, ontmoedigd. Een groter probleem is dat we platzak zijn. Ik heb al maanden geen cent verdiend en met alle reizen, hotels, huurauto's en maaltijden in restaurants heb ik bijna al het geld van Nike erdoor gejaagd. Vanaf het vliegveld rijd ik meteen door naar Perry's huis. We gaan meteen met wat frisdrank naar zijn kamer. Zodra zijn kamerdeur dicht is voel ik me veiliger, beter. Ik zie dat er nog meer voorplaten van *Sports Illustrated* aan de muren hangen. Ik kijk naar de gezichten van al die geweldige sportlieden en zeg tegen Perry dat ik altijd heb gedacht dat ik ook een geweldig sportman zou worden, of ik dat nou wilde of niet. Daar ging ik gewoon van uit. Dat was mijn leven en ook al had ik er niet zelf voor gekozen, troostte ik me wel met die zekerheid. Het lot had in elk geval structuur. Nu weet ik niet hoe mijn toekomst eruitziet. Ik ben goed in één ding, maar nu ziet het ernaaruit dat ik daar toch minder goed in ben dan ik dacht. Misschien gaat het bij mij net als bij Philly, is het al voorbij voordat het echt begonnen is. Als dat zo is, wat moeten Philly en ik dan in vredesnaam doen?

Ik zeg tegen Perry dat ik een normale jongen van zestien wil zijn, maar dat mijn leven steeds abnormaler wordt. Het is abnormaal dat ik tijdens de US Open word vernederd. Het is abnormaal dat ik me in het Spectrum zorgen moet maken om een frontale botsing met een reus van een Rus. Het is abnormaal dat mensen je in de kleedkamers uit de weg gaan.

Waarom gaan ze je uit de weg?

Omdat ik zestien ben en in de top honderd sta. Bovendien vinden mensen Nick niet aardig en word ik met hem geassocieerd. Ik heb geen vrienden, geen medestanders. Ik heb geen vriendinnetje.

Mijn nieuwste vlam, Jillian, die ook bij Perry op school zit, beantwoordt mijn telefoontjes niet. Ze wil een vriendje dat niet altijd onderweg is. Dat kan ik haar niet kwalijk nemen.

Perry zegt: Ik wist helemaal niet dat je al die problemen had.

Maar het is nog erger, weet je. Ik ben platzak.

Waar zijn die twintigduizend van Nike dan gebleven?

Reizen. Onkosten. Ik reis niet alleen, ook Philly en Nick zijn mee. Dat tikt aan. En als je niets wint, tikt het nog sneller aan. Dan zijn twintigduizend dollar heel snel op.

Kun je geen geld van je vader lenen?

Nee. Absoluut niet. Als hij me helpt staat daar altijd iets tegenover. En ik probeer me juist van hem los te maken.

Andre, het komt echt wel goed allemaal.

Ja hoor, tuurlijk.

Echt waar, het wordt echt veel beter. Voor je het weet, win je weer. Nog even en dan sta jij op de voorplaat van de *Sports Illustrated.*

Pff.

Echt! Zeker weten. En Jillian? Toe nou zeg! Zij stelt niets voor. Jij zult altijd problemen hebben met meisjes. Zo ben je nu eenmaal. Maar binnen de kortste keren zul je problemen hebben met meisjes als... Brooke Shields.

Brooke Shields? Hoe kom je daar nu bij?

Hij lacht.

Dat weet ik niet, ik las laatst iets over haar in *Time*. Ze is geslaagd voor Princeton. Ze is de mooiste vrouw van de wereld, ze is slim, ze is beroemd, en ooit zul je met haar uitgaan. Begrijp me niet verkeerd, misschien wordt je leven nooit normaal, maar al heel gauw zul je dat abnormale leuk gaan vinden.

Aangemoedigd door Perry ga ik naar Azië. Ik heb nog net genoeg geld voor de heen- en terugreis van Perry en mij. Ik doe mee aan de Japan Open, win een paar wedstrijden, maar verlies dan in de kwartfinale van Andrés Gómez. Daarna ga ik naar Seoul, waar ik de finale bereik. Ik verlies, maar mijn deel van het prijzengeld is 7.000 dollar, genoeg om nog drie maanden te proberen mijn goede spel terug te vinden.

Als Philly en ik in Vegas landen, ben ik opgelucht. Gelukkig. Pops zal ons komen ophalen en als we door McCarran International Airport lopen, zeg ik tegen Philly dat ik een belangrijk besluit heb genomen: Ik ga Pops omhelzen.

Weet je dat wel zeker?

Ja. Ik voel me goed. Ik ben gelukkig, verdomme. Waarom niet? Ik ga het doen. Je leeft maar één keer.

Pops staat bij de gate, met een basketbalpet en een zonnebril op. Ik ren naar hem toe, sla mijn armen om hem heen en omhels hem. Hij blijft roerloos staan. Hij verstijft. Alsof ik een etalagepop omhels. Ik laat hem los en denk: Dat was eens, maar nooit weer.

In mei 1987 gaan Philly en ik naar Rome. Ik zit in het hoofdtoernooi en dus worden onze hotelkosten vergoed. We kunnen het tweederangshotel dat Philly had gereserveerd, zonder tv of douchegordijn, afzeggen en een kamer nemen in het Hilton, dat op een heuvel staat en over de stad uitkijkt.

Op onze vrije dagen voor het toernooi bezoeken we allerlei bezienswaardigheden. We gaan naar de Sixtijnse Kapel en bekijken de fresco's van Jezus die de Heilige Petrus de sleutel van het Koninkrijk der hemelen geeft. We kijken naar de plafondschilderingen van Michelangelo; de gids vertelt dat hij een ongelooflijke perfectionist was die ontzettend kwaad werd als hij tot de ontdekking kwam dat zijn werk – of zijn gereedschap – niet perfect was.

We gaan een dagje naar Milaan, bezoeken kerken en musea. We staan een halfuur voor *Het Laatste Avondmaal* van Leonardo da

Vinci. Ze vertellen ons over de aantekeningen van Da Vinci, met de nauwgezette tekeningen van het menselijk lichaam en de futuristische ontwerpen van helikopters en toiletten. We zijn verbijsterd dat één man zo briljant kan zijn. Briljant zijn, zeg ik tegen Philly, dat is het geheim.

De Italian Open wordt op gravel gespeeld, een ondergrond die voor mij onnatuurlijk aanvoelt. Tot dan toe heb ik alleen op groene gravel gespeeld, een redelijk snelle ondergrond. Gravel, zeg ik tegen Nick, is warme lijm met natte teer op een laag drijfzand. Hoe kun je nou iemand op deze gravelshit laten spelen, zeg ik tegen hem tijdens onze eerste training.

Hij grijnst. Je redt het wel, zegt hij. Je moet er gewoon even aan wennen. Je moet niet zo ongeduldig zijn, proberen niet elk punt af te maken.

Ik heb geen idee wat hij bedoelt. Ik verlies in de tweede ronde.

We vliegen naar Parijs voor Roland Garros. Nog meer gravel. Ik win de eerste ronde, maar word verslagen in de tweede. Weer proberen Philly en ik iets van de stad te zien, om iets te leren. We gaan naar het Louvre. We zijn onder de indruk van de enorme hoeveelheid schilderijen en beeldhouwwerken. We weten niet waar we moeten kijken. We kunnen niet bevatten wat we allemaal zien. We lopen van zaal naar zaal, verbijsterd. Dan komen we bij een schilderij dat we maar al te goed begrijpen. Het is afkomstig uit de Italiaanse renaissance, en er is een naakte man op te zien die op een klif zit terwijl hij zich met één hand vasthoudt aan een boomtak. Met de andere hand houdt hij een vrouw en twee kinderen vast. Aan zijn nek hangt een oude man, zijn vader misschien, die ook een zak met wat eruitziet als geld vasthoudt. Onder hen liggen de lichamen van degenen die zich niet konden vasthouden. Alles hangt af van de kracht van die ene naakte man, van zijn greep.

Hoe langer je ernaar kijkt, zeg ik tegen Philly, hoe steviger die oude man hem lijkt vast te houden.

Philly knikt en zegt tegen de man op de klif: Volhouden, *bro*.

In juni 1987 gaan we naar Wimbledon. Ik speel tegen de Fransman Henri Leconte op Court 2, ook wel bekend als de Graveyard Court, omdat hier al heel veel spelers zijn uitgeschakeld. Dit is mijn eerste keer in dit heiligste der heiligen van het tennis, en vanaf het moment dat we er zijn, heb ik er een hekel aan. Ik ben een tiener uit Las Vegas zonder enige opleiding. Ik reageer verkeerd op alles wat vreemd is, en Londen voelt ongelooflijk vreemd. Het eten, de bussen, de eerbiedwaardige tradities, door dat alles voel ik me helemaal niet op mijn plaats. Zelfs het gras van Wimbledon ruikt anders dan het gras thuis.

Bovendien lijkt het alsof de scheidsrechters van Wimbledon het leuk vinden de spelers te vertellen wat ze wel en niet mogen doen, waardoor ik mijn stekels opzet. Ik heb een hekel aan regels, maar vooral als ze arbitrair zijn. Waarom moet ik witte kleding dragen? Wit staat me niet. Waarom zou het die mensen iets uitmaken wat voor kleren ik aantrek?

Bovendien vind ik het belachelijk om me buitengesloten te voelen. Ik moet een pasje laten zien om de kleedkamer binnen te mogen, en dat is niet eens de hoofdkleedkamer. Ik doe wel mee aan dit toernooi, maar word behandeld als een indringer, mag niet eens oefenen op de banen waar ik later op moet spelen. Ik word verbannen naar binnenbanen buiten Wimbledon. En dus is de eerste bal die ik op gras sla, tevens de eerste keer dat ik op Wimbledon speel. En ik schrik me dood. De bal stuitert niet goed. Hij stuitert helemaal niet. Het gras is geen gras, maar ijs met een laagje vaseline erop. Ik ben zo bang om uit te glijden dat ik op mijn tenen loop. En als ik om me heen kijk om te zien of de Britse fans hebben gezien dat ik me niet op mijn gemak voel, schrik ik: ze zitten me op de huid. Het is een gekkenhuis. Zet mijn naam maar op de lijst van degenen die op Graveyard Court zijn gestorven. Leconte vermoordt me. Ik zeg tegen Nick dat ik hier nooit weer terugkom. Ik omhels mijn vader nog eerder dan dat ik Wimbledon omhels.

Nog steeds in een pestbui reis ik een paar weken later naar Washington DC. In de eerste ronde speel ik tegen Patrik Kühnen en ik ben leeg. Uitgeput. Na mijn lange tocht door Europa heb ik geen reserves meer. Het reizen, de nederlagen, de stress; dat alles heeft me uitgeput. Bovendien is het een ontzettend hete dag en ben ik fysiek niet in orde. Ik ben totaal onvoorbereid; eigenlijk ben ik er niet. Nadat we elk een set hebben gewonnen, verlaat ik de baan, mentaal. Mijn geest verlaat mijn lichaam en zweeft weg. Ik ben allang vertrokken als de derde set begint. Ik verlies met 6-0.

Ik loop naar het net en geef Kühnen een hand. Hij zegt iets, maar ik kan hem niet zien of horen. Hij is één brok energie aan het einde van een tunnel. Ik pak mijn tennistas en loop wankelend het stadion uit. Ik steek de straat over, het Rock Creek Park in, en als ik zeker weet dat er niemand in de buurt is, begin ik de bomen uit te foeteren.

Ik kan dit niet meer aan! *I'm fucking done!* Ik hou ermee op!

Ik loop door tot ik bij een open plek kom en een groepje daklozen zie. Enkelen zitten op de grond, anderen liggen op boomstammen te slapen. Twee spelen kaart. Ze lijken op trollen uit een sprookje. Ik loop naar een van hen toe die er wakker uitziet. Ik rits mijn tas open en haal er een paar Prince-rackets uit.

Alsjeblieft, wil je deze hebben? Ja? Want ik heb ze niet meer nodig.

De man begrijpt niet goed wat er aan de hand is, maar hij weet bijna zeker dat hij nu iemand heeft ontmoet die gekker is dan hijzelf. Zijn makkers schuifelen dichterbij en ik zeg: Kom maar mannen, kom maar. Het is dan misschien wel veertig graden in de schaduw, maar het is Kerstmis.

Ik haal mijn tennistas leeg, haal alle rackets eruit, zelfs een die een paar honderd dollar heeft gekost, en deel ze uit.

Hier, neem maar. Want ik weet verdomde zeker dat ik ze niet meer nodig heb!

Blij dat mijn tennistas zoveel lichter is, loop ik naar het hotel waar Philly en ik logeren. Ik zit op het ene bed en Philly op het andere, net als vroeger, in meer dan één opzicht. Ik zeg tegen hem dat ik het helemaal heb gehad. Dat ik niet meer kan.

Hij gaat er niet tegenin. Hij begrijpt het. Natuurlijk. We bespreken de details, proberen een plan te trekken. Hoe we het Nick moeten vertellen, hoe we het mijn vader moeten vertellen, hoe ik aan de kost kan komen.

Wat wil je gaan doen in plaats van tennissen?

Geen idee.

We gaan uit eten, bespreken de zaak en analyseren mijn financiele situatie: ik heb nog een paar honderd dollar over. We maken grapjes over het feit dat we binnenkort weer op aardappels met linzensoep moeten leven.

In het hotel knippert het lampje op de telefoon in onze kamer. Er is één boodschap ingesproken. De organisatoren van een tennistoernooi in North Carolina zeggen dat een van de spelers heeft afgezegd. Ze willen weten of ik wil komen. Zo ja, dan krijg ik sowieso 2.000 dollar.

Philly is het met me eens dat het fijn zou zijn om wat geld te hebben als ik stop met tennissen.

Oké, zeg ik. Nog één laatste toernooi dan.

In de eerste ronde loot ik tegen Michael Chang. Toen we nog junioren waren, heb ik heel vaak tegen hem gespeeld. Ik heb nog nooit van hem verloren. Hij heeft me zelfs nog nooit in de problemen gebracht. Bovendien is hij nog maar vijftien, twee jaar jonger dan ik. Hij komt tot mijn navel. Dus is hij het juiste medicijn voor mijn gekwetste geest. Een slachtpartij, dat staat bij voorbaat vast. Ik loop de baan op, glimlachend.

Maar Chang heeft na onze laatste wedstrijd een metamorfose ondergaan. Zijn spel is ongelooflijk verbeterd en hij speelt nu heel goed. Ik moet alles op alles zetten om hem te kunnen verslaan. Maar ik versla hem wel. Mijn eerste zege in maanden. Ik besluit de beëindiging van mijn carrière nog even uit te stellen. Een paar weken maar. Ik zeg tegen Philly dat ik naar Stratton Mountain wil, waar ik het jaar daarvoor zo goed heb gespeeld. Stratton is de perfecte plek voor mijn laatste zege.

We vliegen met twee andere spelers, Peter Doohan en Kelly Evernden, naar Vermont. Kelly zegt dat hij vlak voor ons vertrek de loting heeft gezien. Wil iemand weten tegen wie hij moet spelen?

Ik.

Nee Andre, dat wil je niet.

O-o. Tegen wie moet ik dan?

Luke Jensen.

Fuck.

Luke is de beste junior van de wereld, de veelbelovendste junior van allemaal. Ik laat me in mijn stoel vallen en kijk naar de wolken. Ik had moeten stoppen toen ik dat van plan was. Ik had na Chang mijn biezen moeten pakken.

Luke serveert zowel links als rechts, vandaar ook zijn bijnaam Dual Hand Luke, en hij kan met beide handen 210 km/uur slaan. Maar vandaag, tegen mij, serveert hij slecht en ik pak hem op zijn tweede service. Ik ben nog verbaasder dan hij als ik hem in drie sets versla en de volgende ronde bereik.

Daarna speel ik tegen Pat Cash, die net Wimbledon heeft gewonnen, twaalf dagen nadat ik op de Graveyard Court ben doodgegaan. Cash is een machine, een perfect afgestelde sportman die zich goed beweegt en het net bewaakt als een hydra. Ik denk niet dat ik kan winnen, wil alleen voorkomen dat ik word ingemaakt. Maar al gauw ontdek ik dat hij zijn ballen met weinig topspin speelt, zodat ik mooie ballen krijg en de ene winner na de andere sla. Omdat ik toch geen kans heb om te winnen, omdat ik alleen maar wil voorkomen dat ik word ingemaakt, voel ik me vrij, ontspannen. Daardoor komt Cash in een lastig parket. Hij lijkt verbijsterd door wat er gebeurt. Hij begint zijn eerste services te missen, zodat ik alles in mijn return kan leggen. Telkens als ik een bal langs hem heen sla, kijkt Cash me over het net aan met een blik van: Dít was niet de bedoeling. Dit zou jij helemaal niet doen.

Heel dom, en ook wel een beetje arrogant, staat hij steeds langer met een verbaasde blik op zijn gezicht aan het net in plaats van zich op de baseline terug te trekken en een nieuwe strategie te bedenken. Na een van mijn betere returns slaat hij een matige volley en passeer ik hem weer. Hij staat met de handen op zijn heupen naar me te kijken, alsof hij het onrechtvaardig vindt wat hem overkomt.

Blijven kijken, denk ik. Gewoon blijven kijken.

Tegen het einde van de match geeft hij me pijnlijk gemakkelijke ballen, ballen die zo simpel te raken zijn, zo ontzettend simpel terug te slaan, dat het echt oneerlijk lijkt. Ik krijg de kans op elk punt een winner te slaan. Ik wilde alleen maar een tik uitdelen, maar ik verkoop hem een keiharde dreun. Ik scoor een verbijsterende opdoffer, 7-6, 7-6.

Stratton Mountain, realiseer ik me, is mijn toverberg. Mijn anti-Wimbledon. Vorig jaar speelde ik hier boven mijn niveau, maar nu speel ik twee keer zo goed. De setting is adembenemend, eenvoudig en typisch Amerikaans. Anders dan die verwaande Britten kennen deze Strattonites mij, of in elk geval de geïdealiseerde mij die ik wil dat ze kennen. Ze zijn niet op de hoogte van mijn problemen van de afgelopen twaalf maanden, van het feit dat ik mijn rackets aan dakloze mannen heb gegeven, dat ik er de brui aan wilde geven. Het kan ze ook niets schelen.

Ze juichen me toe tijdens mijn partij tegen Jensen, maar nadat ik Cash heb overklast, adopteren ze me. Deze knul is onze knul. Deze knul doet het goed hier. Geïnspireerd door hun luide aanmoedigingen, bereik ik de halve finale tegen Ivan Lendl, die op nummer één staat. Mijn belangrijkste match ooit. Mijn vader neemt het vliegtuig vanuit Vegas.

Een uur voor de match loopt Lendl door de kleedkamer, met alleen zijn tennisschoenen aan. Nu ik hem zo ontspannen zie, zo ongelooflijk naakt, vlak voordat hij tegen me moet spelen, weet ik wat eraan zit te komen. De nederlaag die een einde moet maken aan alle nederlagen. Ik verlies in drie sets. Toch put ik na afloop moed uit het feit dat ik de tweede set heb gewonnen. Een halfuur lang heb ik tegen de beste speler van de wereld alles gegeven wat ik in me heb. Daar kan ik op bouwen. Ik voel me goed.

Totdat ik in de krant lees wat Lendl over mijn spel heeft gezegd: Een forehand en een kapsel.

HOOFDSTUK 9

Ik sluit 1987 af met een knaller. Ik win mijn eerste toernooi als prof, in Itaparica, Brazilië. Een overwinning die des te indrukwekkender is omdat ik die behaal in het bijzijn van in eerste instantie vijandige Brazilianen. Als ik hun sterspeler Luiz Matar versla, lijken de fans me dat niet kwalijk te nemen. Ze bombarderen me zelfs tot ereburger van Brazilië. Ze rennen de baan op, nemen me op de schouders, gooien me de lucht in. Velen zijn meteen van het strand naar de arena gekomen. Ze zitten onder de cacaoboter en ik dus ook. Vrouwen in bikini of tanga overladen me met kusjes. Er is muziek, de mensen dansen, iemand geeft me een fles champagne en zegt dat ik die over het publiek heen moet spuiten. De carnavaleske sfeer sluit perfect aan bij mijn inwendige Mardi Gras. Eindelijk ben ik doorgebroken. Ik heb vijf partijen op rij gewonnen. Om een slam te winnen, zo realiseer ik me enigszins bezorgd, moet ik er zeven winnen.

Dan overhandigt iemand me de cheque voor de eerste plaats. Ik moet twee keer kijken als ik het bedrag zie: 90.000 dollar.

Met de cheque nog steeds opgevouwen in de zak van mijn spijkerbroek sta ik twee dagen later in de woonkamer van mijn vader en doe een beetje aan psychologie van de koude grond. Pops, vraag ik, hoeveel denk je dat ik volgend jaar ga verdienen?

Haha, zegt hij stralend, miljoenen.

Goed, dan koop ik een auto als je het goedvindt.

Hij fronst. Schaakmat.

Ik weet precies welke ik wil. Een witte Corvette met alles erop en eraan. Mijn vader staat erop dat hij en mijn moeder meegaan naar de dealer, om te voorkomen dat ze me daar een oor aannaaien. Ik kan geen nee zeggen. Mijn vader is mijn agent, manager, huurbaas. Niet meer fulltime op de Bollettieri Academy, ik woon weer in het huis van mijn vader en dus is hij de baas. Ik reis de hele wereld over, verdien veel geld, heb ongelooflijk veel roem vergaard en toch zet mijn vader me in feite op rantsoen. Het klopt niet, maar verdorie, mijn hele leven klopt niet. Ik ben nog maar zeventien, nog niet eens oud genoeg om op mezelf te wonen, amper oud genoeg om in m'n eentje op de tennisbaan te staan, en toch was ik net nog in Rio, met aan mijn ene hand een meisje met een tanga aan en in mijn andere een cheque van 90.000 dollar. Ik ben een puber die te veel heeft meegemaakt, een jongen zonder lopende rekening.

Bij de autodealer onderhandelt mijn vader met de verkoper. De onderhandelingen krijgen al gauw een ruzieachtige toon. Waarom verbaast me dat niet? Telkens als mijn vader een nieuw bod doet, loopt de verkoper weg om met zijn baas te overleggen. Mijn vader balt en ontspant zijn vuisten.

De verkoper en mijn vader komen uiteindelijk een prijs overeen. Nog even en dan ben ik de eigenaar van mijn droomauto. Mijn vader zet zijn bril op en leest alle papieren nog eens door. Hij loopt met zijn vinger langs de gespecificeerde lijst met kosten. Wacht even, wat is dit? Wat moet daar 49,99 dollar kosten?

Een klein bedrag aan administratiekosten, zegt de verkoper.

Niet mijn verdomde administratie. Jouw verdomde administratie. Betaal je eigen administratie maar.

De verkoper is niet gediend van de toon waarop mijn vader dat zegt. Er vallen harde woorden. Mijn vader krijgt weer die blik in zijn ogen, dezelfde blik die ik destijds heb gezien voordat hij die vrachtwagenchauffeur neersloeg. Al die auto's wekken die oude verkeerswoede weer in hem op.

Pops, die auto kost 37.000 dollar en jij maakt je druk over 50 dollar?

Ze naaien je, Andre! Ze naaien mij. Iedereen probeert me altijd te naaien!

Hij stormt het kantoor van de verkoper uit en rent de toonzaal in. Daar zitten de managers achter een hoge balie. Hij schreeuwt tegen hen: Denken jullie soms dat je daar veilig bent? Denken jullie soms dat je veilig bent achter die balie? Waarom komen jullie daar niet achter vandaan?

Hij heeft zijn vuisten gebald. Hij is bereid het tegen vijf man op te nemen.

Mijn moeder slaat haar arm om me heen en zegt dat we maar beter buiten kunnen wachten.

We staan op het trottoir en kijken door het raam naar mijn vaders woede-uitbarsting. Hij stompt met zijn vuisten tegen de balie. Hij zwaait met zijn handen. Het is net alsof we naar een verschrikkelijk slechte stomme film kijken. Ondertitels zijn niet nodig. Ik ben doodsbang, maar ook een beetje jaloers. Ik zou willen dat ik een beetje van mijn vaders woede in me had. Ik zou willen dat ik daar wat van had tijdens lastige partijen. Ik vraag me af wat ik in het tennis zou kunnen bereiken als ik die woede in me had en iets daarvan over het net heen kon slaan. Maar ja, alle woede die ik heb richt ik op mezelf.

Mom, vraag ik, hoe hou je dit uit? Al zoveel jaar?

Ach, zegt ze, dat weet ik niet hoor. Hij heeft nog nooit in de gevangenis gezeten. En hij is nog nooit vermoord. Ik denk dat we ons al met al gelukkig mogen prijzen. Dus ik hoop maar dat we hier ook doorheen komen zonder dat een van die beide dingen gebeurt.

Ik zou niet alleen willen dat ik iets van mijn vaders woede bezat, maar ook iets van mijn moeders kalmte.

De volgende dag gaan Philly en ik terug naar de autodealer. De verkoper overhandigt me de sleutel van mijn nieuwe Corvette, maar bekijkt ons met een medelijdende blik. Hij zegt dat ik helemaal niet op mijn vader lijk. Hij bedoelt het kennelijk als een compliment, maar toch is de blijdschap over mijn nieuwe Corvette opeens verdampt. Ik zeg tegen Philly dat alles vanaf nu anders gaat worden. Ik switch van de ene rijstrook naar de andere, geef gas en zeg: Het is tijd. Ik moet de zeggenschap over mijn eigen geld krijgen. Ik moet de zeggenschap over mijn eigen verdomde leven krijgen.

Tijdens lange matches raak ik uitgeput. Maar voor mij is elke partij lang, omdat mijn opslag niet geweldig is. Ik kan mezelf niet uit de problemen serveren, ik krijg geen gemakkelijke punten dankzij mijn opslag en dus kan iedere tegenstander me uitputten. Mijn kennis van het spel neemt toe, maar mijn lichaam geeft het op. Ik ben mager, broos en mijn benen raken snel uitgeput, al snel daarna gevolgd door mijn zenuwen. Ik zeg tegen Nick dat ik niet fit genoeg ben om het tegen de beste spelers van de wereld op te nemen. Hij is het met me eens. Benen zijn alles, zegt hij.

In Vegas vind ik een trainer, een gepensioneerde kolonel die Lenny heet. Hij is heel stoer, kan vloeken als een zeeman en loopt als een piraat, doordat hij lang geleden is neergeschoten in een oorlog waar hij liever niet over praat. Na één uur met Lenny wens ik dat iemand míj neerschiet. Hij vindt bijna niets leuker dan me te treiteren en ondertussen obscene opmerkingen te maken.

In december 1987 is het in de woestijn ongewoon koud voor de tijd van het jaar. De blackjack-dealers op de Strip dragen kerstmutsen. In de palmbomen hangen kerstlichtjes. De hoertjes op de Strip dragen kerstboomversieringen in hun oor. Ik zeg tegen Perry dat ik verlangend uitkijk naar het nieuwe jaar. Ik voel me sterk. Ik heb het gevoel alsof ik tennis nu pas begin te begrijpen.

Ik win het eerste toernooi van 1988, in Memphis, en elke bal die mijn racket verlaat leeft. Mijn forehand wordt beter. Ik sla de bal dwars door het racket van mijn tegenstanders heen. Ze kijken allemaal naar me met een blik van: Waar kwam die slag verdomme vandaan?

Ik zie ook iets op het gezicht van het publiek. De manier waarop ze naar me kijken en me om een handtekening vragen en de manier waarop ze gillen als ik een strijdperk betreed, geven me een ongemakkelijk gevoel, maar het is ook bevredigend. Het bevredigt een verborgen verlangen waarvan ik niet wist dat ik het had... Ik ben verlegen, maar houd ook van aandacht. Ik vind het vreselijk als fans dezelfde kleren dragen als ik, maar vind het ook leuk.

Dezelfde kleren dragen als ik betekent in 1988 een korte spijkerbroek dragen. Dat is mijn kenmerk. Een korte spijkerbroek is synoniem aan mij; dat staat in elk kranten- en tijdschriftartikel over mij. Gek genoeg heb ik daar niet zelf voor gekozen. Dat gebeurde in 1987, in Portland, Oregon. Ik deed mee aan de Nike International Challenge en vertegenwoordigers van Nike nodigden me uit naar een hotelsuite te komen om me de nieuwste kleding te laten zien. McEnroe was er ook en natuurlijk had hij de eerste keus. Hij hield een korte spijkerbroek omhoog en vroeg: *What the fuck are these?*

Ik keek er met grote ogen naar, likte mijn lippen af en dacht: Wauw! Wat cool. En ik zei: Als jij die niet wilt, Mac, wil ik hem graag.

Zodra Mac hem weglegde, greep ik hem. Nu draag ik ze tijdens elke tennismatch, net als talloze fans. Sportjournalisten beschimpen me erom. Ze zeggen dat ik probeer op te vallen. Eigenlijk probeer ik me alleen maar te verbergen, net als door mijn hanekam. Ze zeggen dat ik probeer het spel te veranderen. Eigenlijk probeer ik te voorkomen dat het spel mij verandert. Ze noemen me een rebel, maar ik wil helemaal geen rebel zijn; ik probeer me alleen maar te gedragen als een doorsnee opstandige tiener. Subtiele verschillen, maar wel belangrijk. In feite doe ik niets anders dan mezelf zijn, en omdat ik niet weet wie dat is, komen mijn pogingen om daarachter te komen onbeholpen en uiteraard tegenstrijdig over. In feite doe ik precies hetzelfde als op de Bollettieri Academy: me tegen autoriteit verzetten, met mijn identiteit experimenteren, een boodschap aan mijn vader afgeven, me afzetten tegen het gebrek aan keuzevrijheid in mijn leven – alleen heb ik nu meer publiek.

Wat ik ook doe, om welke reden dan ook, het slaat aan. Ik word stelselmatig aangeduid als de redder van het Amerikaanse tennis, wat dat ook moge betekenen. Fans dragen niet alleen dezelfde outfits als ik als ze naar mijn wedstrijden komen kijken, maar ook hetzelfde kapsel. Ik zie mijn matje terug bij talloze mannen en vrouwen. De vrouwen staat het beter. Ik voel me gevleid door die imitatiedrang, maar ook beschaamd en verward. Ik kan me niet voorstellen dat iemand op Andre Agassi wil lijken, omdat ik Andre Agassi niet wil zijn.

Af en toe probeer ik dat tijdens een interview uit te leggen, maar het komt er nooit goed uit. Ik probeer grappig te zijn, maar het komt eruit als een flauwe grap of als een belediging. Ik probeer iets diepzinnigs te zeggen, maar er komt alleen onzin uit. Daarom houd ik ermee op en beperk me tot oppervlakkige antwoorden en gemeenplaatsen, vertel journalisten wat ik denk dat ze willen horen. Meer kan ik niet doen. Als ik mijn eigen motieven en demonen niet eens begrijp, hoe zou ik dan ooit aan journalisten met een deadline kunnen uitleggen wat me bezielt? De zaak wordt nog erger doordat journalisten mijn uitspraken woordelijk opschrijven, alsof het de letterlijke waarheid is. Dan wil ik zeggen: Stop, schrijf dit niet op, ik denk alleen maar even hardop. Je vraagt me iets over het onderwerp waar ik het minst over weet: over mij. Laat ik het anders zeggen, laat ik mezelf tegenspreken. Maar daar is geen tijd voor. Zij hebben pasklare antwoorden nodig, goede of slechte, eenvoudige verhaaltjes in 700 woorden, want daarna dient het volgende onderwerp zich alweer aan.

Als ik genoeg tijd had, als ik zelfbewuster was, zou ik tegen de journalisten zeggen dat ik probeer te ontdekken wie ik ben, maar dat ik tot die tijd vrij goed weet wie ik niet ben. Ik ben niet mijn kleding. Ik ben niet mijn kapsel. Ik ben zeker niet mijn spel. Ik ben niets van wat het publiek denkt dat ik ben. Ik ben geen showman omdat ik uit Vegas kom en opvallende kledij draag. Ik ben geen enfant terrible, een begrip dat in elk artikel over mij staat, omdat je volgens mij niet eens iets kunt zijn wat je niet eens kunt uitspreken. En wat ik al helemaal niet ben is een punker. Ik luister naar eenvoudige, softe popmuziek, zoals Barry Manilow en Richard Marx.

De sleutel van mijn identiteit, het enige wat ik over mezelf weet maar niet tegen de journalisten kan zeggen, is natuurlijk dat ik kaal word. Ik heb lang donzig haar, om te verbloemen dat het snel dunner wordt. Alleen Philly en Perry weten het, omdat zij aan dezelfde kwaal lijden. Philly is onlangs zelfs naar New York gevlogen, voor een ontmoeting met een eigenaar van Hair Club for Men, om een paar haarstukjes te kopen. Hij is uiteindelijk maar opgehouden met op zijn hoofd te staan. Hij belt me op en vertelt over de verbazingwekkende variëteit aan haarstukjes bij de Hair Club. Het is een haar-smørrebrød, zegt hij. Het lijkt de saladebar bij Sizzler wel, alleen is het allemaal haar.

Ik vraag of hij er ook eentje voor mij mee wil nemen. Elke ochtend vind ik iets meer van mijn identiteit op mijn hoofdkussen, in mijn kam, in het afvoerputje.

In Indian Wells, in februari 1988, vecht ik me een weg naar de halve finale, waar ik het moet opnemen tegen Boris Becker uit Duitsland, de beroemdste tennisspeler ter wereld. Hij is heel groot en heeft een grote bos haar in de kleur van een nieuwe penny en benen zo breed als mijn middel. Op dat moment is hij op het toppunt van zijn krachten, maar ik win de eerste set. Ik verlies de volgende twee sets, waaronder een zware derde set. Ik mag Becker meteen al niet en dat is wederzijds. Als we de baan af lopen, kijken we naar elkaar als bronstige stieren. Ik beloof mezelf dat ik de volgende keer dat we tegen elkaar spelen van hem zal winnen.

In maart speel ik op Key Biscayne tegen een voormalige schoolmakker van de Bollettieri Academy, Aaron Krickstein. We worden vaak met elkaar vergeleken, vanwege onze relatie met Nick en onze vroegrijpe vaardigheden. Nadat ik de eerste twee sets heb gewonnen, ben ik kapot. Krickstein wint de volgende twee sets. Aan het begin van de vijfde set verkramp ik. Fysiek gezien ben ik nog altijd niet waar ik zijn moet en ik verlies de partij.

Ik ga naar Isle of Palms, vlak bij Charleston en win mijn derde toernooi. Halverwege het toernooi word ik achttien. De toernooidirecteur rolt een taart het centercourt op en iedereen begint te zingen. Ik heb verjaardagen nooit leuk gevonden. Toen ik jong was, werd er nooit aandacht aan mijn verjaardag besteed. Maar deze verjaardag voelt anders. Nu ben ik volwassen, zegt iedereen. Volgens de wet ben je volwassen.

Aan me reet met die wet.

Ik ga naar New York City, voor het Tournament of Champions, een belangrijke mijlpaal omdat de beste spelers van de wereld hier tegen elkaar spelen. Alweer loot ik tegen Chang, die sinds ons laatste treffen een slechte gewoonte heeft ontwikkeld. Telkens als hij een punt heeft gemaakt, wijst hij naar de hemel. Hij bedankt God voor het punt en dat stuit me tegen de borst. Dat God partij zou kiezen tijdens een tennismatch, dat God tegen me zou zijn, dat God aan Changs kant zou staan, voelt belachelijk en beledigend aan. Ik versla Chang en geniet van elke godslasterlijke slag. Daarna neem ik wraak op Krickstein. In de finale speel ik tegen Slobodan Živojinović, een Serviër die vooral bekend is vanwege zijn dubbelspel. Ik versla hem in straight sets.

Ik win vaker. Ik zou gelukkig moeten zijn. Maar in plaats daarvan ben ik gespannen, omdat het voorbij is. Ik heb een fantastisch hardcourtseizoen gehad, mijn lichaam wil op hardcourts blijven spelen, maar het gravelseizoen begint. Een plotselinge overstap van de ene ondergrond naar de andere verandert alles. Gravel betekent een andere manier van spelen en dus moet je je speelstijl aanpassen; en hetzelfde geldt voor je lichaam. In plaats van van de ene naar de andere kant sprinten, abrupt stoppen en weer gaan rennen, moet je nu glijden en overhellen en dansen. De vertrouwde actieve spieren hebben nu een ondersteunende functie, slapende spieren domineren. Het is onder optimale omstandigheden al pijnlijk genoeg dat ik niet weet wie ik ben. Maar dat ik opeens een ander mens word, een gravelmens, leidt alleen maar tot nog meer frustratie en angst.

Een vriend zegt tegen me dat de vier soorten ondergrond bij tennis vergelijkbaar zijn met de vier seizoenen. Elke ondergrond vraagt iets anders van je. Elke ondergrond heeft zijn eigen voor- en nadelen. Elke ondergrond verandert je kijk op de dingen, verandert je op moleculair niveau. Na drie ronden in de Italian Open, in mei 1988, ben ik Andre Agassi niet meer. En zit ik niet meer in het toernooi.

Ik ga in 1988 naar Roland Garros en verwacht meer van hetzelfde. Als ik de kleedkamer op Roland Garros binnenloop, staan alle gravelexperts tegen de muur geleund, met een vuile blik op hun gezicht. Smerige ratten, noemt Nick ze. Ze oefenen hier al maanden en wachten tot de anderen klaar zijn op de hardcourts en op gravel gaan spelen.

Al even desoriënterend als het nieuwe oppervlak, vormt Parijs een grotere schok voor me dan New York of Londen. Er zijn dezelfde logistieke problemen, evenveel mensen en evenveel verschillende culturen, maar daar komt de taalbarrière nog bij. Bovendien vind ik het feit dat honden een restaurant in mogen maar niets. De eerste keer dat ik een café binnenloop, op de Champs-Elysées, tilt een hond zijn poot op en plast tegen het tafeltje naast het mijne.

Roland Garros neemt dat unheimische gevoel niet weg. Ik heb nog nooit eerder ergens getennist waar het naar sigaretten en sigaren ruikt. Terwijl ik serveer, op een kritiek moment in een partij, kronkelt er een sliert rook langs mijn neus. Ik wil weten wie die pijp rookt en hem uitfoeteren, maar tegelijkertijd wil ik niet weten wie het is, omdat ik me wel kan voorstellen wat voor soort wanstaltige hobbit tijdens een tennismatch een pijp zit te roken.

Ondanks mijn onbehaaglijke gevoel versla ik mijn eerste drie tegenstanders. Ik versla zelfs de grote gravelmeester Guillermo Pérez Roldán in de kwartfinale. In de halve finale speel ik tegen Mats Wilander. Hij is de nummer drie van de wereld, maar volgens mij is hij de beste speler van dit moment. Altijd als een van zijn partijen op tv is, stop ik met wat ik aan het doen ben en kijk. Hij is met een verbijsteringwekkend goed jaar bezig. Hij heeft de Australian Open al gewonnen en is de gedoodverfde winnaar van dit toernooi. Ik slaag erin een vijfde set af te dwingen, maar die verlies ik door slecht spel met 6-0.

Ik herinner Nick eraan dat ik Wimbledon oversla. Ik zeg: Waarom zou ik op gras overstappen en daar al die energie in steken? Ik kan beter een maand vrij nemen, uitrusten en me voorbereiden op de gravelbanen van de zomer.

Hij vindt het prima om niet naar Londen te hoeven. Hij vindt Wimbledon even erg als ik. Bovendien wil hij snel terug naar de VS om een betere trainer voor me te zoeken.

Nick huurt een sterke Chileen in die Pat heet en die me nooit vraagt iets te doen wat hij zelf niet zou willen doen. Daar heb ik respect voor. Maar Pat heeft ook een paar nare gewoontes: hij spuugt op me als hij praat en als ik aan het gewichtheffen ben en hij over me heen hangt, druppelt zijn zweet op mijn gezicht. Ik heb het gevoel dat ik een plastic poncho aan moet trekken als ik met hem ga trainen.

De pijler van Pats dagelijkse training bestaat uit het op-en afrennen van een heuvel buiten Vegas. Die heuvel ligt afgelegen, wordt zinderend heet door de zon en wordt nog heter als je de top bereikt, alsof het een actieve vulkaan is. Die heuvel ligt bovendien een uur rijden van mijn vaders huis, volgens mij onnodig ver. Maar Pat is van mening dat deze heuvel de oplossing is voor al mijn fysieke problemen. Zodra we er zijn en uit de auto zijn gestapt, begint hij meteen naar boven te rennen en zegt dat ik hem moet volgen. Al na een paar minuten grijp ik naar mijn zij, badend in het zweet. Tegen de tijd dat we op de top zijn, krijg ik geen adem meer. Volgens Pat is dat goed. Gezond.

Op een dag, als Pat en ik de top hebben bereikt, arriveert er een vrachtauto die vol deuken zit. Er stapt een oude indiaan uit. Hij heeft een stok bij zich en loopt naar ons toe. Als hij me wil vermoorden, kan ik hem niet tegenhouden omdat ik mijn armen niet kan optillen. En ik kan niet wegrennen, omdat ik geen adem meer krijg.

De man vraagt: Wat doen jullie hier?

We zijn aan het trainen. Wat doe jij hier?

Een paar ratelslangen vangen.

Ratelslangen! Zijn hier dan ratelslangen?

Kun je hier dan trainen?

Als ik uitgelachen ben, zegt de indiaan dat ik vast en zeker met een hoefijzer op mijn kont geboren ben, omdat dit Rattlesnake Fucking Hill is. Elke dag vangt hij twaalf ratelslangen op deze heuvel en deze ochtend denkt hij er ook twaalf te vangen. Het is gewoon een wonder dat ik nog nooit op een ratelslang ben gestapt, groot en dik en opgerold, klaar om toe te slaan.

Ik kijk Pat aan en heb zin hem te bespugen.

In juli ga ik naar Argentinië als een van de jongste mannen die ooit in het Amerikaanse Davis Cupteam hebben gespeeld. Ik speel goed tegen Martin Jaite uit Argentinië en het publiek toont respect voor me, zij het met tegenzin. Ik heb de eerste twee sets gewonnen, sta met 4-0 voor in de derde en wacht op Jaites service. Ik heb het ijskoud, want het is hartje winter in Argentinië. Het vriest bijna. Jaite slaat een let-service, daarna een onmogelijke service die afbuigt. Ik steek mijn hand uit en vang de bal. Het publiek wordt woedend. Ze denken dat ik hun landgenoot belachelijk wil maken, geen respect voor hem heb. Het boegeroep houdt minutenlang aan.

De volgende dag word ik neergesabeld door de kranten. In plaats van mezelf te verdedigen, word ik strijdlustig. Ik zeg dat ik zoiets altijd al heb willen doen. Maar eigenlijk had ik het alleen maar koud en dacht niet na. Ik was dom, niet arrogant. Mijn reputatie loopt een flinke deuk op.

Een paar dagen later echter word ik door het publiek in Stratton Mountain als een verloren zoon verwelkomd. Ik speel om hen een plezier te doen. Ik speel om hen te bedanken dat ze de herinnering aan Argentinië uitwissen. Iets in deze mensen, in deze smaragdgroene bergen, in de lucht van Vermont, zorgt ervoor dat ik het toernooi win. Even later kom ik tot de ontdekking dat ik de nummer vier van de wereld ben. Maar ik ben te kapot om het te vieren. Tussen Pat en de Davis Cup en de vermoeiende tour slaap ik elke nacht twaalf uur.

Die herfst vlieg ik naar New York om mee te doen aan een onbelangrijk toernooi in New Jersey, een warming-up voor de US Open van 1988. Ik bereik de finale en speel tegen Tarango. Ik versla hem dik, een heerlijke overwinning omdat ik, als ik mijn ogen sluit, nog altijd kan zien dat Tarango me bedroog toen ik acht was. Mijn eerste nederlaag. Die zal ik nooit vergeten. Elke keer dat ik een winner sla, denk ik: *Fuck you, Jeff. Fuck. You.*

Ik bereik de kwartfinale van de US Open. Ik moet tegen Jimmy Connors spelen. Verlegen loop ik in de kleedkamer naar hem toe en vraag: Weet je nog dat we elkaar al eens hebben ontmoet? In Las Vegas? Toen ik vier was? Toen je in Caesar's Palace speelde? Toen we even tegen elkaar hebben gespeeld?

Nee, zegt hij.

O. Nou ja. Bovendien hebben we elkaar weer een paar keer ontmoet toen ik zeven was. Toen bracht ik je altijd je rackets, weet je nog? Mijn vader bespande je rackets altijd als je naar de stad kwam en dan bracht ik ze altijd naar je favoriete restaurant op de Strip.

Nee, zegt hij weer. Daarna gaat hij op een bank liggen en legt een lange, witte handdoek over zijn benen en sluit zijn ogen.

Dismissed!

Dit klopt precies met alles wat ik andere spelers over Connors heb horen zeggen. *Asshole*, zeggen ze. Ongemanierde, aanmatigende, egomaniakale lul. Maar ik dacht dat hij me anders zou behandelen, ik dacht dat hij aardig tegen me zou doen, vanwege onze oude band.

Alleen al daarom, zeg ik tegen Perry, ga ik die vent in drie simpele sets verslaan en gaat hij niet meer dan negen games van me winnen.

Het publiek is voor Connors. Het tegendeel van Stratton. Hier ben ik de slechterik. Ik ben die brutale nieuweling die het lef heeft deze oude rot uit te dagen. Het publiek wil dat Connors het lot, en vadertje tijd, zal tarten. Ze willen dat hij heel ver zal komen in dit toernooi. En ik sta in de weg van dit droomscenario. Elke keer dat ze juichen denk ik: Weten ze eigenlijk wel hoe deze man zich in de kleedkamer gedraagt? Weten ze wel wat de andere spelers over hem zeggen? Hebben ze wel enig idee hoe hij reageert op een vriendelijke begroeting?

Ik speel ontspannen, ben met gemak aan het winnen, wanneer een man in de bovenste tribunes roept: *C'mon, Jimmy, he's a punk, you're a legend!* De woorden blijven even in de lucht hangen, groter en luider dan de Goodyear-zeppelin die boven ons hoofd hangt, en dan bulderen de 20.000 fans van het lachen. Connors begint vals te grijnzen en slaat dan als dank een bal naar de man die schreeuwde.

Het publiek springt overeind. Een staande ovatie.

Vol adrenaline en woede punk ik de legende in de laatste set, 6-1.

Na de match vertel ik de verslaggevers wat ik voor de match heb gezegd, en zij vertellen het aan Connors.

Hij zegt: Ik vind het leuk om tegen jongelui te spelen die mijn zoon hadden kunnen zijn. Misschien is hij er wel zo eentje. Ik ben heel vaak in Vegas geweest.

In de halve finale verlies ik weer van Lendl. Ik dwing een vierde set af, maar hij is te sterk. Ik probeer hem uit te putten, maar put mezelf uit. Ondanks alle inspanningen van Limping Lenny en Pat the Spitting Chilean kan ik niet op tegen een man van Lendls kaliber. Wanneer ik terugga naar Vegas zeg ik tegen mezelf dat ik moet blijven zoeken naar iemand – wie dan ook – die me klaar kan maken voor de strijd.

Maar niemand kon me voorbereiden op de slachting die de media voor mij in petto hadden. Elke dag verschijnt er wel weer een anti-Agassiverhaal in de media. Een sarcastische opmerking van een andere speler. Een felle aanval van een sportjournalist. Een nieuwe smadelijke aantijging, verpakt als analyse. Ik ben een punk, ik ben een clown, ik ben een bedrieger, ik ben een mislukkeling. Ik heb mijn hoge ranking alleen maar te danken aan een samenzwering, aan een complot van omroepen en tieners. Ik verdien al die aandacht niet, omdat ik nog geen enkele slam heb gewonnen.

Maar miljoenen fans houden kennelijk wel van me. Ik krijg zakken vol fanmail, waaronder naaktfoto's van vrouwen met hun telefoonnummer in de marge. En toch word ik elke dag belasterd. Vanwege mijn uiterlijk, vanwege mijn gedrag, of zomaar, zonder reden. Ik accepteer de rol van slechterik, groei erin. Die rol lijkt onderdeel van mijn werk, en dus speel ik die rol. Maar al snel identificeert iedereen me met die rol. Ik zal altijd de slechterik blijven, tijdens elke partij en op elk toernooi.

Ik wend me tot Perry. Ik vlieg naar het oosten en ga een weekendje bij hem op bezoek. Hij studeert bedrijfseconomie in Georgetown. We gaan uit eten en hij neemt me mee naar zijn favoriete bar, de Tombs. Bij een biertje doet Perry wat Perry altijd al heeft gedaan: hij kaatst terug wat mij kwelt, maakt die kwelling logischer en duidelijker. Hij gebruikt andere bewoordingen. Eerst herdefinieert hij het probleem alsof het onderhandelingen zijn tussen mij en de wereld. Daarna legt hij de voorwaarden van die onderhandelingen bloot. Hij geeft toe dat het heel erg is voor iemand die gevoelig is om elke dag weer publiekelijk op de slachtbank te worden gelegd, maar hij zegt dat dit maar tijdelijk is. Er komt een einde aan deze marteling. Alles zal beter worden, zegt hij, vanaf het moment dat ik Grand Slams ga winnen.

Winnen? Waarom zou dat zo zijn? Waarom zouden de mensen anders over me gaan denken als ik ga winnen? Of ik nou win of verlies, ik blijf dezelfde persoon. Moet ik daarom winnen? Om hen de mond te snoeren? Om een stelletje sportjournalisten en verslaggevers tevreden te stellen, mensen die mij niet eens kennen? Zijn dat de voorwaarden voor die onderhandelingen?

Philly ziet dat ik eronder lijd, dat ik zoekende ben. Hij is ook op zoek. Hij is zijn hele leven al op zoek en sinds kort zoekt hij het hogerop. Hij zegt dat hij tegenwoordig naar de kerk gaat, of eigenlijk naar een soort kerk, in een kantoorgebouw in het westen van de stad. Het is niet gebonden aan een kerkgenootschap en de dominee is anders.

Hij sleept me mee naar die kerk en ik moet toegeven dat hij gelijk heeft: de dominee, John Parenti, ís anders. Hij draagt een spijkerbroek en een T-shirt en heeft lang lichtbruin haar. Hij is eerder een surfer dan een dominee. Hij is onconventioneel. Hij is – je kunt niet anders zeggen – een opstandige. Ik hou ook van zijn prominente kromme neus, van zijn verdrietige hondenogen. Maar ik hou vooral van de nonchalante toonzetting van zijn dienst: hij versimpelt de Bijbel. Geen ego, geen dogma. Alleen maar gezond verstand en verstandige raad.

Parenti is heel gewoon, hij wil niet dominee Parenti worden genoemd. Hij staat erop dat we hem J.P. noemen. Hij zegt dat hij wil dat zijn kerk niet voelt als een kerk. Hij wil dat zijn kerk voelt als een thuis waar vrienden bij elkaar komen. Hij heeft helemaal geen antwoorden, zegt hij. Hij heeft alleen de Bijbel tientallen keren gelezen, van voor tot achter, en er zijn hem wat dingen opgevallen en die wil hij nu met anderen delen.

Volgens mij heeft hij meer antwoorden dan hij beweert. En ik heb antwoorden nodig. Ik beschouw mezelf als christen, maar J.P.'s kerk is de eerste plek waar ik me echt dicht bij God heb gevoeld.

Ik ga er elke week met Philly naartoe. We plannen onze aankomst zo dat we net binnenkomen als J.P. begint te praten. En we gaan altijd achterin zitten, in elkaar gedoken, zodat we niet worden herkend. Op een dag zegt Philly dat hij kennis wil maken met J.P. Ik hou me gedeisd. Aan de ene kant wil ik ook wel kennismaken met J.P., maar aan de andere kant wantrouw ik onbekenden. Ik ben altijd al verlegen geweest, maar door de recente vloedgolf aan negatieve pers ben ik bijna paranoïde geworden.

Een paar dagen later rijd ik door Vegas. Ik heb net de nieuwste aanvallen op mij gelezen en voel me ellendig. Ik merk dat ik de auto voor J.P.'s kerk parkeer. Het is laat, op één na zijn alle lichten uit. Ik gluur door het raam. Een secretaresse is aan het werk. Ik klop aan en zeg tegen de vrouw dat ik met J.P. moet praten. Ze zegt dat hij thuis is. Ze zegt niet: Waar jij ook hoort te zijn. Met trillende stem vraag ik of ze hem alsjeblieft wil bellen. Ik moet echt met hem praten. Met wie dan ook. Ze belt J.P. en geeft me de telefoon.

Hallo? vraagt hij.

Hallo. Ja eh... u kent me niet. Mijn naam is Andre Agassi, ik ben tennisser en eh... nou...

Ik ken je wel. Ik heb je de afgelopen zes maanden in de kerk gezien. Ik heb je natuurlijk wel herkend, maar wilde je gewoon niet lastigvallen.

Ik bedank hem voor zijn discretie, voor het respecteren van mijn privacy. Zoveel respect heb ik de laatste tijd niet gekregen, zeg ik. Weet u, ik vroeg me af of u tijd voor me hebt. Om te praten.

Wanneer?

Nu.

O. Nou, ik denk dat ik wel naar de kerk kan komen om met je te praten.

Als u het goedvindt, kan ik ook wel naar u toekomen. Ik heb een snelle auto en ik denk dat ik sneller naar u toe kan komen dan u hier bent.

Hij zwijgt even. Oké, zegt hij dan.

Dertien minuten later ben ik er. Hij doet de deur voor me open.

Bedankt hoor, dat u me wilt ontvangen. Ik weet niet tot wie ik me anders moet wenden.

Waar heb je behoefte aan?

Ik vraag me af of we eh... elkaar kunnen leren kennen?

Hij glimlacht. Luister, zegt hij, ik ben geen goede vaderfiguur, hoor.

Ik knik, lach inwendig. Ik zeg: Dat is goed. Maar misschien kunt u me een paar tips geven. Hoe ik moet leven? Wat ik moet lezen?

Als een mentor?

Ja.

Ik ben ook geen goede mentor, hoor.

O.

Praten, luisteren, vriendschap, die dingen kan ik wel.

Ik frons.

Kijk, zegt J.P., mijn leven is net zo'n puinhoop als het leven van veel andere mensen. Misschien nog wel een grotere puinhoop. Als zielenherder heb ik niet veel te bieden. Zo'n dominee ben ik niet. Als je behoefte hebt aan iemand die je leven richting geeft, dan moet ik je teleurstellen. Maar als je op zoek bent naar een vriend, dan kan dat wel. Misschien.

Ik knik.

Hij houdt de deur open, vraagt of ik binnen wil komen. Maar ik vraag of hij zin heeft een eindje te rijden. Ik kan beter nadenken als ik rijd.

Hij kijkt langs me heen en ziet mijn witte Corvette. Het lijkt wel alsof er een klein privévliegtuig op zijn oprit staat.

Ik rijd met J.P. door heel Vegas, de Strip op en neer en daarna de bergen in die om de stad heen liggen. Ik laat hem zien wat de Vette kan doen, geef vol gas op een leeg stuk weg en daarna stort ik mijn hart bij hem uit. Ik vertel hem mijn verhaal, verward en ongestructureerd. Hij heeft Perry's vermogen om het te herhalen, maar dan in betere bewoordingen. Hij begrijpt mijn contradicties en ontkracht er enkele.

Je bent een knul die nog steeds bij zijn ouders woont, zegt hij, maar je bent wereldberoemd. Dat is vast heel moeilijk. Je probeert jezelf vrij en creatief en artistiek te uiten en elke keer krijg je klappen. Dat is heel moeilijk.

Ik vertel hem dat iedereen me op de huid zit, dat iedereen beweert dat mijn hoge ranking onverdiend is, dat ik niemand ooit goed heb verslagen, dat ik geluk heb gehad. Hoefijzer op mijn kont.

Hij zegt dat men zich tegen me afzet en dat ik het niet eens leuk vond mij overal tegen af te zetten.

Ik lach.

Hij zegt dat het wel een vreemd gevoel zal zijn dat onbekenden denken dat ze me kennen en zonder reden van me houden, terwijl andere mensen denken dat ze me kennen en me zonder reden haten. En dat terwijl ik mezelf amper ken.

Wat zo erg is, zeg ik tegen hem, is dat alles met tennis te maken heeft en dat ik tennis haat.

Tuurlijk, ja hoor, maar je haat tennis niet echt.

Ja, echt wel.

Ik vertel hem over mijn vader. Ik vertel J.P. over het geschreeuw, de woede, de verwaarlozing. J.P. kijkt me vreemd aan. Je realiseert je toch wel dat God absoluut niet op je vader lijkt? Dat weet je toch wel?

Ik rijd de Corvette bijna de berm in.

God, zegt hij, is het tegendeel van je vader. God is niet altijd boos op je. God staat niet in je oor te schreeuwen, zeurt niet over je onvolkomenheden. Dat stemmetje dat je steeds hoort, die boze stem? Dat is God niet. Dat is nog steeds je vader.

Ik vraag hem: Doe me een plezier en zeg dat nog eens.

Dat doet hij. Woord voor woord.

Zeg het nog eens.

Dat doet hij.

Ik bedank hem. Vraag naar zijn eigen leven. Hij zegt dat hij een hekel heeft aan wat hij doet. Hij kan niet veel langer dominee blijven. Hij wil niet langer verantwoordelijk zijn voor het zielenheil van andere mensen. Je hebt nooit vrij en je hebt nooit tijd om te lezen of voor reflectie. Hij wordt continu met de dood bedreigd. Prostituees en drugdealers komen naar zijn kerk en bekeren zich, waarna hun pooiers en de verslaafden en hun gezinnen die afhankelijk waren van die inkomstenbron J.P. de schuld geven.

Wat zou je dan willen doen?

Eigenlijk ben ik songwriter. Componist. Ik zou het liefst de kost verdienen met muziek maken.

Hij zegt dat hij een liedje heeft geschreven, *When God Ran.* Een enorme hit op de christelijke hitparade. Hij zingt een paar strofen. Hij heeft een goede stem en de song grijpt je bij je vel.

Ik zeg hem dat als hij het echt wil en hard genoeg zijn best doet, succes zal hebben.

Als ik begin te praten als een mental coach, besef ik hoe moe ik ben. Ik kijk op mijn horloge. Drie uur 's nachts. Wauw, zeg ik en houd een gaap in. Zou je me bij mijn ouders willen afzetten? Zij wonen vlakbij en ik ben uitgeput; ik kan geen seconde langer autorijden. Dan rijd je maar met mijn auto naar je eigen huis en dan zien we wel wanneer je hem terug kunt brengen.

Ik wil niet in je auto rijden.

Waarom niet? Geweldige auto. Rijdt als een speer.

Dat begrijp ik wel, maar stel dat ik hem in de prak rijd?

Als je hem in de prak rijdt, maar er zelf heelhuids vanaf komt, dan kan het me niets schelen. Die auto kan me niets schelen.

Hoelang wil je dat ik... ik bedoel, wanneer moet ik hem terugbrengen?

Wanneer je maar wilt.

De volgende dag brengt hij hem al terug.

Het was al gek om hierin naar de kerk te rijden, zegt hij als hij me de sleutels toegooit. Maar weet je, Andre, ik doe ook begrafenissen en daar kan ik echt niet in een witte Corvette naartoe.

Ik vraag J.P. of hij mee wil naar München, voor de Davis Cup. Ik heb echt zin in de Davis Cup, omdat het daar niet om mij gaat, maar om het land. Ik denk dat het zoiets is als in een team spelen en dus verwacht ik dat deze trip een plezierige afleiding zal zijn en dat de matches gemakkelijk zullen zijn. Dat wil ik graag samen met mijn nieuwe vriend ervaren.

Eerst speel ik tegen Becker. Die wordt in Duitsland zo ongeveer als een god beschouwd en dus breken zijn fans het huis af. Twaalfduizend Duitsers juichen voor elke slag van hem en roepen boe als ik een bal raak. En toch ben ik niet onder de indruk, omdat ik fantastisch speel. Ik kan niet verkeerd slaan. Bovendien had ik mezelf maanden geleden beloofd dat ik nooit meer van Becker zou verliezen en het lijkt erop dat ik me aan mijn belofte ga houden. Ik sta twee sets voor. J.P., Philly en Nick zijn de enigen die voor me juichen en ik kan hen horen. Een heerlijke dag in München.

Ik ben mijn concentratie kwijt, raak daarna mijn zelfvertrouwen kwijt. Ik verlies de derde set. Daarna de vierde. Aan het einde van de vijfde set verlies ik een game en ik stort op mijn stoel tijdens de changeover, totaal ontmoedigd.

Dan zeggen een paar Duitse scheidsrechters iets tegen me. Ze roepen me terug de baan op. De game is nog niet afgelopen.

Kom terug, meneer Agassi, kom terug.

Becker giechelt. Het publiek brult van het lachen.

Ik loop de baan weer op, met tranen in mijn ogen. Ik ben opeens weer op de Bollettieri Academy, waar Nick me vernedert waar de andere kinderen bij zijn. Ik vind het al moeilijk genoeg om in de pers uitgelachen te worden, maar ik kan er al helemaal niet tegen om in mijn gezicht uitgelachen te worden. Ik verlies die game en daarna de hele wedstrijd.

Nadat ik me heb gedoucht, stap ik voor de arena in de auto. Ik kijk J.P., Nick en Philly aan en zeg: De eerste die iets tegen me zegt over tennis is ontslagen.

Ik zit op het balkon van mijn hotelkamer in München, alleen, en kijk uit over de stad. Zonder erbij na te denken begin ik dingen in brand te steken. Papier, kleren, schoenen. Dit is al jaren een van de manieren waarop ik met extreme stress omga. Ik doe het niet bewust. In een opwelling pak ik dan de lucifers.

Als mijn vreugdevuur lekker brandt, komt J.P. eraan. Hij kijkt even en legt dan een vel briefpapier van het hotel op mijn vreugdevuur. Daarna een papieren servetje. Ik leg het roomservicemenu erop. Een kwartier lang voeden we het vreugdevuur zonder iets te zeggen. Als de laatste vlammen zijn gedoofd, vraagt hij: Zullen we een blokje om gaan?

We zoeken onze weg door de biertuinen in het centrum van München. Overal zijn de mensen luidruchtig, in een feeststemming. Ze drinken bier uit enorme pullen, zingen en lachen. Ik krijg de rillingen van dat gelach.

We komen bij een grote stenen brug met een voetpad van kinderkopjes. We steken de brug over. Ver beneden ons is een snelstromende rivier. Midden op de brug blijven we staan. Er is niemand. Het gezang en gelach zijn verstomd. We horen niets anders dan het ruisende water. Ik kijk naar het water en vraag J.P.: Stel dat ik niet goed kan tennissen? Stel dat ik vandaag geen slechte dag had, maar dat het mijn beste dag was? Ik bedenk altijd excuses als ik heb verloren. Ik had hem kunnen verslaan als... áls ik het echt had gewild, áls ik beter had gespeeld. Maar stel dat ik niet beter kan spelen en het me wel wat kon schelen en ik het echt wil en dat ik dan nog steeds niet de beste van de wereld ben.

Stel...

Ik ga nog liever dood.

Snikkend leun ik tegen de brugleuning. J.P. is zo goed, zo wijs, om niets te zeggen of te doen. Hij weet dat er niets te zeggen valt, niets te doen, behalve wachten tot deze brand gedoofd is.

De volgende middag speel ik tegen Carl-Uwe Steeb, ook een Duitser. Ik ben kapot, geestelijk en lichamelijk, en hanteer dus helemaal de verkeerde speelwijze tegen Steeb. Ik val zijn backhand wel aan, zijn zwakste slag, maar dat doe ik te snel. Als ik de bal geen snelheid zou geven zou hij die zelf moeten opwekken en daardoor zou zijn backhand veel zwakker zijn. Dan zou zijn zwakste plek goed zichtbaar worden. Maar doordat ik de bal tempo geef, kan hij een lage effectbal slaan die op dit snelle oppervlak laag blijft. Ik laat hem dus beter spelen dan hij in feite kan, alleen maar doordat ik de bal harder sla dan nodig is, omdat ik perfect wil spelen. Steeb neemt mijn cadeautjes met een vriendelijke glimlach in ontvangst, concentreert zich op zijn benenwerk en op zijn dankzij Agassi verbeterde backhand, en geniet. Later verwijt de aanvoerder van het Davis Cupteam me ervan dat ik de partij weggegeven heb. Een bekende sportjournalist doet hetzelfde.

In 1989 wordt mijn slechte spel deels veroorzaakt door mijn racket. Ik heb altijd met een Prince gespeeld, maar Nick heeft me overgehaald om een contract af te sluiten met een nieuw bedrijf, Donnay. Waarom? Omdat Nick financiële problemen heeft en hij een flink 'vindersloon' opstrijkt door mij naar Donnay over te hevelen.

Nick, zeg ik tegen hem, ik houd van mijn Prince.

Jij kunt zelfs met een bezemsteel spelen, zegt hij. Het maakt niets uit.

Maar nu, met die Donnay, heb ik inderdaad het gevoel alsof ik met een bezemsteel speel. Alsof ik linkshandig speel, alsof ik een hersenbeschadiging heb opgelopen. Alles gaat net iets slechter. De bal gehoorzaamt me niet. De bal doet niet wat ik zeg.

Ik ben in New York, op stap met J.P. Het is al ver na middernacht. We zitten in een vuile deli met felle tl-verlichting en luidruchtige personeelsleden die in verschillende Oost-Europese talen met elkaar ruziën. We drinken een kop koffie en ik zit met mijn hoofd in mijn handen. Steeds weer zeg ik tegen J.P.: Als ik met dat nieuwe racket tegen de bal sla, heb ik geen idee waar hij terechtkomt.

Daar verzin je nog wel een oplossing voor, zegt J.P..

Hoe dan? Welke?

Dat weet ik niet, maar het is zo. Dit is een tijdelijke crisis, Andre. Een van vele. En er zullen er nog meer volgen. Grote, kleine en alles daartussenin. Beschouw deze crisis maar als een oefening voor de volgende.

En dan, tijdens een training, lost de crisis zichzelf op. Een paar dagen later ben ik aan het tennissen op de Bollettieri Academy en iemand geeft me een nieuwe Prince. Ik sla drie ballen, meer niet, en het lijkt wel een religieuze ervaring. Elke bal gaat als een laser naar de plek waar ik hem wil hebben. De court opent zich voor me als Xanadu.

Die deals kunnen me gestolen worden, zeg ik tegen Nick. Ik kan mijn leven niet opofferen voor een deal.

Ik regel het wel, zegt hij.

Hij knoeit met een Prince-racket, sjabloneert hem zo dat hij op een Donnay lijkt en ik behaal verschillende gemakkelijke zeges in Indian Wells. Ik verlies in de kwartfinale, maar dat kan me niets schelen omdat ik mijn racket terug heb, mijn spel terug heb.

De volgende dag vliegen drie stafleden van Donnay naar Indian Wells.

Dit is onacceptabel, zeggen ze. Iedereen kan zien dat je met een vermomde Prince speelt. Je ruïneert ons. Het is jouw schuld als ons bedrijf naar de knoppen gaat.

Het is jullie schuld als ik naar de knoppen ga.

Als ze merken dat ik op mijn strepen blijf staan en niet wil toegeven, zeggen de mensen van Donnay dat ze een beter racket voor me zullen maken. Ze vertrekken en kopiëren een Prince, net zoals Nick had gedaan, maar dan minder opvallend. Ik neem mijn zogenaamde Donnay mee naar Rome en speel tegen een knul die ik nog van de junioren ken. Pete nog wat. Sampras, volgens mij. Griekse knul uit Californië. Toen ik nog bij de junioren zat, heb ik een keer met gemak van hem gewonnen. Ik was tien, hij negen. Maar de laatste keer dat ik hem zag was een aantal maanden geleden, op een toernooi. Ik weet niet meer welke. Ik zat op een prachtige met gras begroeide heuvel naast mijn hotel, vlak nadat ik mijn partij had gewonnen. Philly en Nick zaten naast me. We genoten van de koele lucht van Vermont en keken naar Pete, die zojuist zijn partij dik had verloren. Hij was nog wat aan het trainen op de tennisbaan van het hotel, en bijna elke bal die hij sloeg zag er slecht uit. Hij miste drie van de vier slagen. Zijn eigenaardige backhand sloeg hij eenhandig, wat nieuw was. Iemand had met zijn backhand geknoeid en het was wel duidelijk dat die hem zijn carrière zou kosten.

Deze knaap gaat het dus niet redden, zei Philly.

Het zal me verbazen als hij zich voor toernooien weet te kwalificeren, zei ik.

Degene die dit met zijn spel heeft gedaan, moet zich diep schamen, zei Nick.

Die zouden ze voor de rechter moeten slepen, zei Philly. Fysiek is hij perfect geschikt voor het spelletje: hij is 1 meter 85 lang en beweegt zich fantastisch, maar iemand heeft hem verknoeid. Iemand heeft dat gedaan en die iemand zou daarvoor moeten boeten.

Eerst verbaasde ik me over Philly's felheid, maar daarna realiseerde ik me dat het projectie was. Hij zag zichzelf in Pete. Hij wist hoe het voelde als je je best doet en het toch niet lukt. Hij herkende zichzelf in Pete's ellendige situatie.

Nu, in Rome, zie ik dat Pete sinds Stratton beter is geworden, maar niet veel. Hij heeft een goede service, maar niet bijzonder, geen Becker-service. Hij heeft een snelle arm, is rap, beweegt zich gemakkelijk en slaat de bal dicht bij waar hij hem hebben wil. Als hij een ace vlak langs de lijn wil slaan, is die nooit ver uit. Hij is niet zo'n speler die probeert je met een ace te verslaan waarna de bal vervolgens tegen je borst kletst. Echt in de problemen komt hij pas ná zijn service. Hij speelt niet consistent. Hij kan nog geen drie ballen achter elkaar binnen de lijnen slaan. Ik versla hem, 6-2, 6-1, en als ik van de baan loop denk ik dat hij nog een lange en pijnlijke weg te gaan heeft. Ik heb medelijden met hem. Hij lijkt heel aardig. Maar ik verwacht niet dat ik hem ooit nog terug zal zien.

Ik bereik de finale. Ik speel tegen Alberto Mancini. Hij is sterk, gedrongen, heeft benen als boomstammen en slaat de bal met enorm veel kracht, diepte en een tornado spin waardoor hij als een boksbal op je racket terechtkomt. Ik krijg een matchpoint tegen hem in de vierde set, maar verspeel het punt. Daarna stort ik in en verlies de partij.

Terug in mijn hotel zit ik urenlang naar de Italiaanse tv te kijken en dingen in brand te steken. Ik denk: Niemand begrijpt hoeveel pijn het doet als je een finale verliest. Je traint en reist en werkt je kapot om je erop voor te bereiden. Je wint een week lang, vier partijen achter elkaar, of bij een slam twee weken en je wint zes partijen achter elkaar. Daarna verlies je de laatste match en dan staat jouw naam niet op de trofee, dan komt jouw naam niet in de boeken. Je bent een mislukkeling.

In 1989 ga ik naar Roland Garros en in de derde ronde speel ik tegen Courier, die samen met mij op de Bollettieri Academy zat. Ik ben de favoriet, maar ik verlies van Courier en hij wrijft me dat onder de neus. Hij steekt zijn vuist op naar mij en Nick. Bovendien zorgt hij ervoor dat iedereen in de kleedkamer ziet dat hij zijn joggingschoenen aantrekt en nog even gaat hardlopen. Boodschap: het was een makkie om Andre te verslaan.

Later, als Chang het toernooi heeft gewonnen en Jezus Christus ervoor bedankt dat de bal over het net is gegaan, voel ik me misselijk worden. Hoe is het in vredesnaam mogelijk dat Chang eerder dan ik een slam wint?

Weer sla ik Wimbledon over. En weer word ik afgeslacht door de media: Agassi verliest de slams waar hij aan meedoet en vervolgens slaat hij de slams over die echt belangrijk zijn. Maar het raakt me niet meer. Ik ben gevoelloos aan het worden.

Ook al behandelen sportjournalisten me als een boksbal, grote bedrijven vragen me of ik reclame wil maken voor hun producten. Halverwege 1989 onderteken ik een contract met Canon. Ze plannen een aantal opnamesessies, waaronder eentje in de wildernis van Nevada, in de Valley of Fire. Dat klinkt goed, vind ik. Ik loop elke dag door een vallei van vuur.

De regisseur zegt dat hij een kleurrijke achtergrond wil; het gaat immers om een reclamecampagne voor een fotocamera. Levendig, zegt hij. Filmisch. Hij laat midden in de woestijn een complete tennisbaan aanleggen. Als ik naar de werklieden kijk, moet ik aan mijn vader denken die ook midden in de woestijn een tennisbaan heeft aangelegd. Ik heb veel bereikt. Of toch niet?

Een hele dag filmt de regisseur me terwijl ik in m'n eentje aan het tennissen ben met de vuurrode bergen en oranje rotsformaties op de achtergrond. Ik ben moe, verbrand door de zon en verlang naar een pauze, maar de regisseur is nog niet klaar met me. Hij zegt dat ik mijn shirt moet uittrekken. Ik sta erom bekend dat ik mijn shirt uittrek, in een bui van jeugdige overmoed, en hem dan in het publiek gooi.

Vervolgens wil hij me in een kooi filmen, dan moet ik een bal naar de camera slaan, alsof de lens kapot zal gaan.

Daarna, bij Lake Mead, filmen we verschillende scènes met het meer als achtergrond.

Het lijkt allemaal suf, mal, maar ongevaarlijk.

Als we terug zijn in Vegas maken we opnames op de Strip, daarna bij een zwembad. Gelukkig kiezen ze het zwembad bij de gouwe ouwe Cambridge Racquet Club. Eindelijk maken we ons klaar voor de laatste opname in een countryclub in Vegas. Ik moet een wit pak aantrekken en daarna in een witte Lamborghini naar de zuileningang rijden. Uitstappen, zegt de regisseur, in de camera kijken, je donkere zonnebril naar beneden trekken en zeggen: *Image Is Everything.*

Image Is Everything?

Ja. *Image Is Everything.*

Tussen de opnames door zie ik Wendi, het ballenmeisje waar ik vroeger verliefd op was, volwassen nu. Ze staat bij de toeschouwers. Het is voor ons allebei een hele tijd geleden sinds dat Alan Kingtoernooi en ze is er alleen maar mooier op geworden. Ze heeft een koffer bij zich. Ze is net van school gegaan en gaat een tijdje thuis wonen. Jij bent de eerste die ik wilde zien, zegt ze.

Ze ziet er prachtig uit. Haar bruine haar is lang en krullend, en haar ogen zijn ongelooflijk groen. Ik kan alleen maar aan haar denken terwijl de regisseur me allerlei instructies geeft. Als de zon ondergaat, roept hij: *Cut! That's a wrap!* Wendi en ik springen in mijn nieuwe jeep, zonder de portieren en met een open dak, en brullen weg, als Bonnie en Clyde.

Wendi vraagt: Wat was dat voor slogan die je steeds voor de camera moest herhalen?

Image Is Everything.

Wat bedoelen ze daarmee?

Geen idee. Het is voor een bedrijf dat camera's maakt.

Een paar weken later hoor ik die slogan twee keer per dag. Daarna zes keer per dag. Dan tien keer. Het doet me denken aan die stormen in Vegas, die stormen die beginnen met een zacht, dreigend geruis van bladeren en uiteindelijk veranderen in gierende, stormachtige driedaagse (ruk)winden.

Van de ene op de andere dag wordt deze slogan synoniem met mij. Sportjournalisten associëren hem met mijn karakter, met mijn wezen. Ze zeggen dat het mijn filosofie is, mijn religie, en ze voorspellen dat het mijn grafschrift zal worden. Ze zeggen dat ik alleen maar image ben, dat ik niets voorstel, omdat ik nog geen slam heb gewonnen. Ze zeggen dat die slogan bewijst dat ik alleen maar een handige verkoper ben, op mijn roem drijf, alleen maar om geld geef en niets om tennis. Het publiek begint me tijdens mijn partijen te pesten met die slogan. *Come on, Andre – Image Is Everything!* Dat schreeuwen ze als ik emotie laat zien. Dat schreeuwen ze als ik geen emotie laat zien. Dat schreeuwen ze als ik win. Dat schreeuwen ze als ik verlies.

Deze alomtegenwoordige slogan, en de golf van vijandigheid en kritiek en sarcasme die hij opwekt, is ondraaglijk. Ik voel me verraden, door het reclamebureau, door de directie van Canon, door de sportjournalisten, door het publiek. Ik voel me in de steek gelaten. Ik voel me net zoals toen ik pas op de Bollettieri Academy zat.

Maar de ultieme vernedering is als mensen beweren dat ik mezélf een leeg image heb genoemd, dat ik dat zélf heb verkondigd, alleen maar omdat ik die zin in een reclamefilmpje heb uitgesproken. Ze beschouwen deze belachelijke wegwerpslogan als mijn bekentenis. En dat is net zo 'logisch' als Marlon Brando arresteren voor moord, omdat hij in *The Godfather* iets heeft gezegd.

Als de reclamecampagne om zich heen grijpt en deze verraderlijke slogan elk artikel over mij binnensluipt, verander ik. Ik word scherp, gemeen. Ik geef geen interviews meer. Ik val uit tegen lijnrechters, tegen tegenstanders, tegen journalisten, zelfs tegen fans.

Ik vind dat ik dat mag doen, omdat de hele wereld tegen me is, omdat de wereld me probeert te naaien. Ik begin op mijn vader te lijken.

Als het publiek boe roept, als ze schreeuwen: *Image Is Everything*, schreeuw ik terug: Jullie willen me hier niet hebben, maar ik wil hier ook helemaal niet zijn! In Indianapolis, na een verschrikkelijke nederlaag en een indringend boegeroep, vraagt een journalist me wat er misging. Je leek jezelf niet vandaag, zegt hij met een glimlach die geen glimlach is. Heb je ergens last van?

Ik vertel hem, met zoveel woorden, dat hij mijn kont kan kussen.

Niemand heeft me verteld dat je nooit tegen een journalist moet snauwen. Niemand heeft me verteld dat een journalist als je tegen hem snauwt, als je je tanden laat zien, alleen maar valser wordt. Je moet ze niet laten zien dat je bang bent, maar je moet ze zeker je tanden niet laten zien. Maar ook al had iemand me dat wel verteld, weet ik niet of ik me had kunnen beheersen.

En dus verstop ik me als een vluchteling. Mijn medeplichtigen in deze afzondering zijn Philly en J.P. Elke avond gaan we naar een oud koffiehuis op de Strip, de Peppermill. We drinken talloze koppen koffie en eten stukken taart en praten en praten maar. J.P. heeft inmiddels de overstap gemaakt van dominee naar componist-muzikant. Hij is verhuisd naar Orange County en wijdt zijn leven nu aan de muziek. Samen met Philly brullen we onze favoriete songs tot de andere klanten van de Peppermill zich naar ons omdraaien.

J.P. is ook een gefrustreerde komiek, een adept van Jerry Lewis, en Philly en ik liggen vaak dubbel van het lachen om zijn slapstickachtige humor. Soms proberen we hem te overtreffen. We dansen om de serveerster heen, kruipen over de grond en komen ten slotte niet meer bij van het lachen. Ik lach meer dan ik mijn hele leven heb gelachen en ook al grenst het aan hysterie, het heeft toch een helende werking. Door laat op de avond een paar uur te lachen, heb ik het gevoel dat ik de oude Andre weer ben, wie dat verdomme ook mag zijn.

HOOFDSTUK 10

Niet ver van het huis van mijn ouders ligt de uitgestrekte campus van de University of Nevada, Las Vegas (UNLV). Deze universiteit krijgt in 1989 dankzij zijn sportteams steeds meer bekendheid. Het basketbalteam is bijvoorbeeld ontzettend goed, met allemaal spelers die in de NBA zouden meekunnen. Het footballteam wordt snel beter. De Running Rebels staan bekend om hun snelheid en hun uitstekende conditie. Bovendien heten ze de Rebels, dat bevalt mij wel. Pat zegt dat er bij de UNLV misschien wel iemand is die me kan helpen in vorm te komen, als Pat er zelf niet is.

Op een dag rijden we naar de campus en lopen de fitnessruimte binnen, een nieuw gebouw dat ik even imposant vind als de Sixtijnse Kapel. Zoveel perfecte lichamen. Zoveel volgroeide mannen. Ik ben 1 meter 80, weeg 67 kilo en mijn Nike-kleding slobbert om mijn lichaam. Volgens mij is dit een vergissing: ik voel me niet alleen heel klein, maar ben ook nog altijd niet op mijn gemak in een school, wat voor school dan ook.

Pat: Dit is belachelijk. Ik hoor hier niet.

Hij houdt me tegen. We zijn er, zegt hij. Kom mee.

We lopen naar het kantoor van de krachttrainer van de school. Ik zeg tegen Pat dat hij moet wachten, dat ik wel alleen met die man ga praten en steek mijn hoofd om de hoek van de deur. Aan de andere kant van het kantoor, in de verste hoek, achter een bureau dat even groot is als mijn Corvette, zit een boom van een kerel. Hij doet me denken aan het standbeeld van Atlas voor Rockefeller Center dat ik tijdens mijn eerste US Open heb gezien, behalve dan dat deze Atlas lang zwart haar heeft en zwarte ogen die even groot en rond zijn als de gewichten in de fitnessruimte. Hij kijkt alsof hij de eerste de beste die hem stoort zal verslinden.

Ik spring terug de gang in.

Ga jij maar, Pat.

Hij loopt naar binnen. Ik hoor hem iets zeggen. Een diepe bariton geeft antwoord. Die stem lijkt wel een vrachtwagenmotor. Dan roept Pat dat ik binnen kan komen.

Ik haal diep adem en loop weer naar binnen.

Hallo, zeg ik.

Hallo, zegt de boom.

Eh, nou eh... ik ben Andre Agassi. Ik speel tennis en eh... ik woon hier in Vegas en...

Ik weet wie je bent.

Hij staat op. Hij is 1 meter 90 en de omvang van zijn borstkas is minstens 1 meter 40. Even denk ik dat hij woedend zijn bureau omver wil duwen, maar hij loopt eromheen en steekt zijn hand uit. De grootste hand die ik ooit heb gezien. Een hand die past bij zijn schouders, biceps en benen; ook groter dan ik ooit heb gezien.

Gil Reyes, zegt hij.

Aangenaam kennis met u te maken, meneer Reyes.

Zeg maar Gil.

Oké, Gil. Ik neem aan dat je het heel druk hebt en ik wil niet veel van je tijd in beslag nemen, maar ik vroeg me af... Wij vroegen ons af of we af en toe gebruik mogen maken van je sportfaciliteiten. Ik wil proberen mijn conditie te verbeteren.

Natuurlijk, zegt hij. Zijn stem doet me denken aan de bodem van de oceaan en het middelste van de aarde. Maar zijn stem is even zacht als diep.

Hij leidt ons rond en stelt ons voor aan verschillende studentsporters. We praten over tennis, basketbal, de verschillen, de overeenkomsten. Dan komt het footballteam binnenlopen, met z'n allen.

Wacht heel even, zegt Gil. Ik moet iets tegen die kerels zeggen. Doe maar net alsof je thuis bent. Je mag alle apparaten en gewichten gebruiken. Maar doe wel voorzichtig, want in feite is het tegen de regels.

Dankjewel.

Pat en ik doen een paar bench presses, leg lifts, sit-ups, maar ik kijk liever naar Gil. De footballspelers gaan voor hem staan en kijken vol ontzag naar hem op. Hij ziet eruit als een Spaanse generaal die zijn conquistadores toespreekt. Hij geeft hun instructies. Jij, pak die bank. Jij, pak dat apparaat. Jij, pak dat squat rack. Als hij praat, is er niemand die een andere kant op kijkt. Hij eist hun aandacht niet op, maar dwingt die af. Ten slotte zegt hij dat ze om hem heen moeten gaan staan, dichterbij, hij herinnert hen eraan dat hard werken het antwoord is, het enige antwoord. Iedereen. Handen op elkaar. Eén, twee, drie... Rebels!

Ze gaan uit elkaar en aan de slag. Ik realiseer me weer dat ik in een team veel beter af zou zijn.

Pat en ik gaan elke dag naar de fitnessruimte van de UNLV, en terwijl ik curls en bench presses doe, voel ik dat Gil ons in de gaten houdt. Ik voel dat hij ziet dat ik niet in vorm ben. Ik voel dat de andere sporters dat ook zien. Ik voel me net een amateur en wil daar weg, maar Pat houdt me tegen.

Een paar weken later vliegt Pat terug naar de oostkust. Onvoorziene gebeurtenis in de familie. Ik klop op de deur van Gils kantoor en zeg dat Pat is vertrokken, maar heeft opgeschreven welke oefeningen ik moet doen. Ik vraag of hij me daarbij wil helpen.

Natuurlijk, zegt Gil. Maar het klinkt alsof hij er niet veel zin in heeft.

Bij elke oefening trekt Gil een wenkbrauw op. Hij kijkt naar Pats instructies, draait het papier om en om, en fronst. Ik vraag of hij me wil vertellen wat hij denkt, maar hij trekt alleen maar een bedenkelijk gezicht.

Dan vraagt hij: Wat is het doel van deze oefening?

Dat weet ik niet.

Vertel eens, hoe lang doe je dit al?

Heel lang.

Ik vraag of hij me alsjeblieft wil vertellen wat hij denkt.

Ik wil niemand beledigen, zegt hij, en ik wil me nergens mee bemoeien, maar ik kan niet tegen je liegen. Als iemand jouw oefeningen kan opschrijven, zijn ze de moeite niet waard. Je vraagt of ik je wil begeleiden bij een work-out die geen enkele ruimte laat voor waar je bent, voor hoe je je voelt, voor de dingen waar je speciale aandacht aan moet schenken. Een work-out die geen enkele ruimte biedt voor verandering.

Ik begrijp wat je bedoelt. Kun jij me helpen? Me misschien wat tips geven?

Wel, kijk, wat wil je bereiken?

Ik vertel hem dat ik onlangs heb verloren van Alberto Mancini. Hij was fysiek sterker dan ik en heeft me alle hoeken van de baan laten zien. Ik had de match bijna in mijn zak, ik had 'm bij z'n strot, maar kon het toch niet afmaken. Ik serveerde voor de wedstrijd, maar Mancini brak mijn service, won daarna de tiebreak en brak daarna mijn service drie keer in de vijfde set. Ik was aan het eind van mijn Latijn. Ik moet sterk worden zodat dit nooit weer kan gebeuren. Verliezen is één ding, maar verliezen omdat de ander fysiek een heel stuk sterker is dan jij is wat anders. Dat wil ik nooit weer meemaken.

Gil luistert, bewegingloos, en zonder me te onderbreken, en neemt het allemaal in zich op.

Een tennisbal maakt soms rare sprongen, zeg ik, en daar ik heb ik niet altijd controle over. Maar waar ik wél controle over kan hebben, is mijn lichaam. Tenminste, dat denk ik, als ik de juiste informatie heb.

Gil haalt eens diep adem en ademt dan langzaam weer uit. Hij vraagt: Hoe ziet je schema eruit?

De komende vijf weken ben ik weg. Het is zomer en dus speel ik op hardcourtbanen. Maar zodra ik terug ben, zou ik het een eer vinden als we samen zouden kunnen werken.

Goed dan, zegt Gil. We bedenken wel iets. Succes met je wedstrijden. Ik zie je wel weer als je terug bent.

Tijdens de US Open van 1980 speel ik in de kwartfinale alweer tegen Connors. Het is de eerste vijfsetter van mijn carrière die ik win, na vijf straight losses. Om de een of andere reden veroorzaakt dit een nieuwe golf van kritiek. Ik had Connors in drie sets moeten verslaan. Iemand beweert dat hij me tegen Philly in mijn box heeft horen schreeuwen: Ik ga hem in vijf sets verslaan en ik zal hem laten lijden!

Mike Lupica, een columnist van de *New York Daily News*, wijst op mijn negentien niet-gedwongen fouten in de derde set en zegt dat ik Connors vooral heb verslagen om te bewijzen dat ik sterk genoeg was om het tot het einde vol te houden. Als ze me niet afkraken omdat ik expres zou verliezen, bekritiseren ze me om de manier waarop ik win.

Als ik de fitnessruimte in loop, zie ik aan Gils gezicht dat hij me had verwacht. We geven elkaar een hand. Het begin van iets.

Hij loopt met me naar de rekken met gewichten en zegt dat veel oefeningen die ik altijd deed fout waren, ontzettend fout, maar dat de manier waarop ik ze deed nog veel fouter was. Zo vraag ik om ellende. Zo ga ik mezelf nog pijn doen.

Hij geeft me een korte les over de werking van het lichaam, over de fysica en de hydraulica en de architectuur van de menselijke anatomie. Als je weet wat je lichaam wil, zegt hij, begrijp wat je wat het nodig heeft en wat niet. Je moet zowel ingenieur, wiskundige, kunstenaar als mysticus zijn.

Ik heb niks met lessen, maar als alle lessen zo waren als die van Gil dan zou ik nog altijd op school zitten. Ik neem elk feit in me op, elk inzicht. Terwijl hij praat, weet ik al dat ik geen enkel woord van hem ooit zal vergeten.

Het is verbazingwekkend, zegt hij, hoeveel misvattingen er zijn over het menselijk lichaam, hoe weinig we eigenlijk over ons eigen lichaam weten. Bijvoorbeeld: veel jongens werken op een incline bench aan hun upper pecs. Zonde van de tijd. Ik heb al dertig jaar geen incline meer gedaan. Zou mijn borstkas groter kunnen worden als ik inclines zou doen?

No sir.

De step-ups die Pat je laat doen, die oefeningen waarbij je met een zwaar gewicht op je rug omhoogloopt? Daarmee vraag je gewoon om een vreselijke blessure. Je mag van geluk spreken dat je je knieën nog niet hebt geruïneerd.

Hoezo?

Het gaat allemaal om hoeken, Andre. Onder de ene hoek gebruik je je quadriceps. Prima, uitstekend. Onder een andere hoek gebruik je je knie, leg je heel veel druk op die knie. Als je die knie te vaak belast, zal hij ermee ophouden.

De beste oefeningen, zegt hij, maken gebruik van de zwaartekracht. Hij vertelt hoe je zwaartekracht en weerstand kunt gebruiken om een spier af te breken, zodat die sterker wordt. Hij laat me zien hoe ik een goede, veilige bicep curl moet doen. Hij neemt me mee naar een schoolbord en maakt een schets van mijn spieren, armen, gewrichten, pezen. Hij praat over een pijl en boog, wijst aan waar de drukpunten zitten op een gespannen boog. Dan gebruikt hij hetzelfde model om uit te leggen waarom mijn rug pijn doet na matches en work-outs.

Ik vertel hem over mijn ruggenwervel, mijn spondylolisthesis, de verschoven wervel. Hij maakt een aantekening, zegt dat hij deze kwaal zal opzoeken in een medisch handboek en er alles over te weten wil komen.

Maar het komt erop neer, zegt hij, dat je carrière kort zal zijn als je op deze manier door blijft gaan. Grote problemen met je rug. Met je knieën. En als je curls blijft doen op de manier waarop ik je die heb zien doen, krijg je problemen met je ellebogen.

Als Gil iets uitlegt, schrijft hij het kernwoord vaak op. Daarna ontleedt hij dat woord, breekt het open en laat zien welke informatie erin zit, als een noot in de dop. Calorieën bijvoorbeeld. Hij zegt dat dit woord is afgeleid van het Latijnse woord *calor* dat warmte betekent. Mensen denken dat calorieën verkeerd zijn, zegt Gil, maar calorieën staan voor warmte en we hebben warmte nodig. Als je eet, voed je de natuurlijke oven van je lichaam. Dat kan toch niet slecht zijn? Waar het om gaat is wannéér je eet, hoevéél je eet, welke keuzes je maakt.

Mensen denken dat eten slecht is, zegt hij, maar we moeten ons inwendige vuur opstoken.

Ja, denk ik. Mijn interne vuur moet nodig worden opgestookt.

Nu we het toch over warmte hebben, zegt Gil tussen neus en lippen door, ik heb een hekel aan warm weer. Daar kan ik niet tegen.

Hij is bijzonder gevoelig voor hoge temperaturen en in de zon zitten is een kwelling voor hem. Hij zet de airco hoger. In gedachten schrijf ik dit op.

Ik vertel hem over het hardlopen met Pat op Rattlesnake Hill, over hoe ik me voel als ik boven ben. Hij vraagt: Hoeveel kilometer loop je elke dag hard?

Acht kilometer.

Waarom?

Dat weet ik niet.

Heb je ooit tijdens een match acht kilometer gelopen?

Nee.

Hoe vaak loop je tijdens een wedstrijd meer dan vijf stappen één kant op voordat je blijft staan?

Niet vaak.

Ik weet niets van tennis, maar volgens mij moet je bij de derde stap al denken aan stoppen. Anders sla je de bal en ren je door, wat betekent dat je helemaal uit positie bent voor je volgende slag. De truc is dat je afremt, dan slaat, daarna op de rem gaat staan en terugloopt. Volgens mij gaat het bij jouw sport helemaal niet om rennen, maar om starten en stoppen. Je moet je richten op het cultiveren van de spieren die je nodig hebt om te starten en te stoppen.

Ik lach en zeg dat dit misschien wel het slimste is wat ik ooit iemand over tennis heb horen zeggen.

Als het tijd is om af te sluiten, help ik Gil met opruimen en lampen uitdoen. We gaan in mijn auto zitten praten. Op een bepaald moment ziet hij dat ik zit te klappertanden.

Zit er geen verwarming in deze fraaie auto?

Jawel.

Waarom zet je die dan niet aan?

Omdat je zei dat je gevoelig was voor warmte.

Ik kan niet geloven dat je dat heb onthouden, zegt hij verbaasd. En hij vindt het heel erg dat ik het al die tijd koud had. Hij zet de verwarming op hoog. We blijven praten en algauw zie ik zweetdruppels op Gils wenkbrauwen en bovenlip verschijnen. Ik zet de verwarming uit en draai de raampjes naar beneden. We praten nog een halfuur, tot hij ziet dat ik blauw aanloop. Hij zet de verwarming weer hoog. We blijven tot in de kleine uurtjes zitten praten, afwisselend in de kou en in de warmte, waarmee we laten zien dat we elkaar respecteren.

Ik vertel Gil over mijn leven, mijn vader, de draak, Philly, Perry. Ik vertel hem over mijn verbanning naar de Bollettieri Academy. Hij vertelt me zijn verhaal, dat hij is opgegroeid buiten Las Cruces, New Mexico. Zijn ouders waren landarbeiders. Katoen en pecannoten. Hard werken. In de winter pecannoten plukken en in de zomer katoen. Daarna verhuisden ze naar East L.A. en in die gevaarlijke buurt is Gil snel groot geworden.

Het was oorlog, zegt hij. Ik werd neergeschoten. De kogelgaten zitten nog in mijn been. Bovendien sprak ik geen Engels, alleen Spaans, zodat ik verlegen was op school, nooit iets zei. Ik heb Engels geleerd door Jim Murray te lezen in de *Los Angeles Times* en door te luisteren naar Vin Scully die op de radio de wedstrijden van de Dodgers versloeg. Ik had een kleine transistorradio. Vin Scully was mijn leraar Engels.

Nadat hij het Engels beheerste, besloot Gil dat hij het lichaam dat God hem had gegeven wilde beheersen.

Hij zegt: Want alleen de sterken overleven. Waar ik opgroeide, hadden we geen geld voor gewichten en dus maakten we ze zelf. Mannen die in de bak hadden gezeten, vertelden ons hoe dat moest. We vulden bijvoorbeeld koffieblikken met cement en prikten die aan weerszijden van een stok. Zo maakten we een opdrukbank, met melkkratten als bank.

Hij vertelt me dat hij de zwarte band heeft in karate. Hij vertelt me over enkele van zijn tweeëntwintig gevechten als prof, inclusief dat ene waarin hij zijn kaak brak. Maar ik ging niet knock-out, zegt hij trots.

Als het tijd is om afscheid te nemen omdat het al licht wordt, geef ik Gil met tegenzin een hand en zeg dat ik de volgende dag terugkom.

Dat weet ik, zegt hij.

De hele herfst van 1989 werk ik met Gil. Het resultaat is geweldig en onze band is hecht. Gil is achttien jaar ouder dan ik en een soort vaderfiguur voor me. Ik merk dat hij me beschouwt als de zoon die hij nooit heeft gehad. (Hij heeft drie kinderen, allemaal dochters.) Dat is een van de weinige dingen die we niet uitspreken. Verder gooien we alles eruit.

Gil en zijn vrouw Gaye hebben een geweldige traditie. Elke donderdagavond mag iedereen in het gezin zeggen wat hij of zij wil eten en dan maakt Gaye het klaar. Wil een van de dochters hotdogs? Prima. Wil een ander pannenkoeken met chocolade? Geen probleem. Het wordt al snel een gewoonte dat ik elke donderdag bij hen op bezoek ga en van iedereen een hapje mee-eet. Algauw eet ik om de dag bij Gil. En als het laat wordt en ik geen zin meer heb om naar huis te rijden, slaap ik op de vloer.

Gil heeft nog een traditie. Ook al denk je dat iemand er ongemakkelijk bij ligt, als hij slaapt ligt hij waarschijnlijk niet echt ongemakkelijk en blijf je dus van hem af. Daarom wekt hij me nooit, maar legt hij gewoon een lichte plaid over me heen en laat me tot de volgende ochtend slapen.

Luister, zegt Gil een keer. We vinden het fijn als je bij ons bent, dat weet je. Maar, ik moet je dit vragen: Je ziet er goed uit, je bent rijk, je kunt overal naartoe en toch kom je elke donderdagavond bij mij thuis hotdogs eten en je slaapt op de grond.

Ik vind het fijn om op de grond te slapen. Dat is beter voor mijn rug.

Ik heb het niet over de grond, ik heb het over mijn huis. Weet je zeker dat je hier wilt zijn? Er zijn vast plekken waar je liever wilt zijn.

Ik kan geen plek bedenken waar ik liever ben, Gil.

Hij geeft me een knuffel. Ik dacht dat ik wist wat een knuffel was, maar je bent nog nooit echt geknuffeld als je niet bent geknuffeld door een man met een borstomvang van bijna anderhalve meter.

Gil nodigt me uit om kerstavond 1989 samen met hem en zijn gezin door te brengen.

Leuk dat je het vraagt. Graag.

Terwijl Gaye koekjes bakt en hun dochters boven liggen te slapen, zitten Gil en ik op de vloer van de woonkamer. We pakken kerstcadeautjes in, speelgoed en treinstellen. Ik zeg tegen Gil dat ik nog nooit zo'n vredig gevoel heb gehad.

Zou je niet liever naar een feestje gaan? Met vrienden?

Ik ben waar ik wil zijn.

Ik houd op met wat ik aan het doen ben en kijk Gil aan. Ik vertel hem dat in mijn hele leven nog nooit één dag van mezelf is geweest. Mijn leven was altijd van iemand anders. Eerst van mijn vader. Daarna van Nick. En altijd, altijd tennis. Zelfs mijn lichaam was niet van mij tot ik Gil leerde kennen, die het enige doet wat vaders horen te doen: me sterker maken.

En dus Gil, nu ik hier ben, bij jou en je gezin, heb ik voor het eerst in mijn leven het gevoel dat ik ben waar ik thuishoor.

Genoeg gepraat, zegt Gil. Ik zal het niet meer vragen. *Merry Christmas, son.*

HOOFDSTUK 11

Als ik dan toch moet tennissen, de eenzaamste sport ter wereld, dan ben ik van plan zoveel mensen om me heen te verzamelen als ik me kan permitteren. Iedereen heeft zijn eigen taak. Perry helpt me met mijn chaotische gedachten. J.P. helpt me met mijn gekwelde ziel. Nick helpt me met de basis van mijn spel. Philly helpt me met het regelen van alles, de afspraken, de details.

Sportjournalisten maken me belachelijk om mijn gevolg. Volgens hen heb ik al die mensen bij me om mijn ego op te krikken. Ze zeggen dat ik al die mensen om me heen nodig heb omdat ik niet alleen kan zijn. Ze hebben wel een beetje gelijk. Ik houd er niet van om alleen te zijn. Maar al deze mensen zijn niet mijn gevolg, maar mijn team. Ik heb hen nodig voor hun gezelschap, voor advies en voor mijn algemene ontwikkeling. Ze zijn mijn team, maar ook mijn goeroes, mijn beste klankbord. Ik bestudeer ze en steel van hen. Ik pik een uitdrukking van Perry, een verhaal van J.P., een houding of gebaar van Nick. Ik leer over mezelf en creëer mezelf, door imitatie. Hoe zou ik dat anders moeten doen? Ik heb mijn hele jeugd in een isoleercel doorgebracht en mijn tienertijd in een martelkamer.

Bovendien wil ik mijn team niet verkleinen, maar juist uitbreiden. Ik wil Gil erbij, formeel. Ik wil hem inhuren, fulltime, om me te helpen met mijn kracht en mijn conditie. Ik bel Perry op in Georgetown en leg hem mijn probleem voor.

Waarom is dat een probleem? vraagt hij. Als je met Gil wilt werken, huur je hem toch in?

Maar ik heb Pat al, de Spitting Chilean. Die kan ik niet zomaar ontslaan. Ik kan niemand ontslaan. En ook al kon dat wel, hoe zou ik Gil dan kunnen vragen een belangrijke, goedbetaalde baan bij de UNLV op te geven om exclusief voor mij te komen werken? Wie ben ik nou helemaal?

Perry zegt dat ik ervoor moet zorgen dat Pat door Nick wordt ingehuurd om met de andere tennissers te werken die Nick coacht. Daarna, zegt hij, kun je Gil vragen of hij zin heeft. Laat de beslissing maar aan hem over.

In januari 1990 vraag ik Gil of hij me de grote eer wil aandoen met mij samen te werken, te reizen, te trainen.

En mijn baan hier bij de UNLV opgeven?

Ja.

Maar ik weet helemaal niets van tennis.

Geen probleem, ik ook niet.

Hij schiet in de lach.

Gil, ik denk dat ik heel veel kan bereiken. Ik denk dat ik grote dingen kan doen. Maar na onze korte tijd samen ben ik er vrij zeker van dat ik dat alleen maar kan met jouw hulp.

Hij heeft niet veel aandrang nodig. Ja, zegt hij, ik wil wel met jou samenwerken.

Hij vraagt niet hoeveel ik hem ga betalen. Hij neemt het woord geld niet eens in de mond. Hij zegt dat we twee verwante zielen zijn die samen een groot avontuur aangaan. Hij zegt dat hij dit eigenlijk al wist op de dag dat we elkaar leerden kennen. Hij zegt dat ik een lotsbestemming heb. Hij zegt dat ik net zoiets ben als Lancelot.

Wie is dat?

Sir Lancelot. Je weet wel, koning Arthur. Ridders van de Ronde Tafel. Lancelot was Arthurs belangrijkste ridder.

Doodde hij de draken?

Alle ridders doden draken.

Er is maar één probleem: Gil heeft geen fitnessruimte bij hem aan huis. Hij moet zijn garage verbouwen tot een echte fitnessruimte, en dat zal nogal veel tijd vergen, omdat hij de apparaten die nodig zijn zelf wil bouwen.

Zelf bouwen?

Ik wil het metaal voor de gewichten lassen en eigenhandig de touwen en katrollen maken. Ik wil niets aan het toeval overlaten. Ik wil niet dat je gewond raakt. Niet zolang ik verantwoordelijk voor je ben.

Ik denk aan mijn vader, die zijn eigen ballenmachine en ballenblazers bouwde. Ik vraag me af of dit het enige is wat hij en Gil gemeen hebben.

Tot Gils fitnessruimte af is, blijven we in de UNLV trainen. Hij houdt zijn baan aan, blijft met het basketbalteam van de Rebels werken tijdens een geweldig seizoen, waarin ze na een waanzinnige overwinning op Duke de landstitel behalen. Als zijn taak erop zit en zijn fitnessruimte thuis bijna klaar is, zegt Gil dat hij er klaar voor is.

En Andre, ben jij er ook klaar voor? Ik vraag het je nog één keer: weet je zeker dat je dit wilt?

Gil, ik ben nog nooit zo zeker over iets geweest.

Ik ook niet.

Hij zegt dat hij vanochtend naar de universiteit gaat om zijn sleutels in te leveren.

Als hij uren later de universiteit uitkomt, zit ik op hem te wachten. Hij lacht als hij me ziet en we gaan cheeseburgers eten, om het nieuwe begin te vieren.

Soms is een work-out met Gil letterlijk een gesprek. Dan raken we niet één gewicht aan. Dan zitten we op een bank te praten. Volgens Gil kun je op verschillende manieren sterk worden, en soms is praten de beste manier. Als hij me niet van alles over mijn lichaam leert, leer ik hem van alles over tennis, over hoe het is om onderweg te zijn, van toernooi naar toernooi te trekken. Ik vertel hem over de organisatie rond het spel, over de kleinere toernooien en over de vier belangrijke – de grand slams – die alle spelers als een maatstaf beschouwen. Ik vertel hem over de tenniskalender, hoe we het jaar aan de andere kant van de wereld beginnen, tijdens de Australian Open, en vervolgens gewoon de zon achterna reizen. Dan volgt het gravelseizoen, in Europa, dat in Parijs zijn hoogtepunt bereikt met Roland Garros. Dan wordt het juni, het grasseizoen, met Wimbledon. Ik steek mijn tong uit en trek een gezicht. Dan komt het zware werk, het hardcourtseizoen, dat wordt afgesloten met de US Open. Daarna het indoorseizoen: Stuttgart, Parijs, de wereldkampioenschappen. Alles is altijd hetzelfde: dezelfde banen, dezelfde tegenstanders, alleen de jaartallen en de uitslagen verschillen.

Ik probeer Gil te vertellen hoe ik in elkaar zit. Ik begin bij het begin, bij de centrale waarheid.

Hij lacht. Je haat tennis niet echt, zegt hij.

Ja hoor, echt.

Hij kijkt me aan en ik vraag me af of hij zich afvraagt of hij zijn baan bij het UNLV te snel heeft opgezegd.

Als dat waar is, vraagt hij, waarom tennis je dan?

Dat is het enige wat ik kan. Ik weet niet hoe ik iets anders moet doen. Dit is het enige waarvoor ik ben opgeleid. Bovendien zou mijn vader een hartaanval krijgen als ik iets anders deed.

Gil krabt aan zijn oor. Dit is nieuw voor hem. Hij kent honderden sportlieden, maar hij heeft nog nooit iemand ontmoet die de sport die hij beoefent haat. Hij weet niet wat hij moet zeggen. Ik maak hem duidelijk dat hij niets hoeft te zeggen. Dat ik het zelf ook niet begrijp. Dat ik hem alleen maar kan vertellen hoe het zit.

Ik vertel Gil ook over het *Image Is Everything*-debacle. Om de een of andere reden vind ik dat hij dat moet weten, zodat hij begrijpt waar hij zich mee inlaat. Die zaak maakt me nog steeds woedend, maar die woede zit nu diep weggestopt, moeilijk bereikbaar, moeilijk om over te praten. Het voelt als een lepel zuur in mijn maag. Als Gil het hoort, wordt hij ook woedend, maar hij heeft er minder moeite mee zijn woede te uiten. Hij wil er iets mee doen, nu. Hij wil een reclameman een dreun verkopen. Hij zegt: De een of andere jandoedel op Madison Avenue bedenkt een stomme reclamecampagne en laat jou voor een camera iets zeggen en dan gaat het opeens over jou?

Miljoenen mensen vinden dat. En zeggen dat. En schrijven dat.

Ze hebben misbruik van je gemaakt, zegt hij. Zo simpel als wat. Niet jouw schuld. Jij wist niet wat je zei, je wist niet hoe het zou worden opgevat en verdraaid en geïnterpreteerd.

We zetten ons gesprek buiten de fitnessruimte voort. We gaan buitenshuis eten. We ontbijten buitenshuis. We bellen zes keer per dag met elkaar. Ik bel Gil een keer als het al heel laat is en dan praten we urenlang. Als we bijna uitgepraat zijn, vraagt hij: Heb je zin om morgen langs te komen voor een work-out?

Dat zou ik graag doen, maar ik ben nu in Tokio.

We hangen al drie uur aan de telefoon en jij zit in Tokio? Ik dacht dat je aan de andere kant van de stad was. Ik voel me schuldig, man. Ik heb je al uren aan de lijn...

Hij zwijgt even en zegt dan: Weet je, ik voel me niet schuldig. Nee, ik voel me vereerd. Jij wilt met me praten en dan maakt het niet uit of je nou in Tokio of Timboektoe bent. Ik begrijp het. *All right, man, I get it.*

Al meteen vanaf het begin maakt Gil nauwgezette aantekeningen over mijn work-outs. Hij koopt een bruin aantekenboek en noteert elke rep, elke set, elke oefening, elke dag. Hij noteert mijn gewicht, wat ik eet, mijn polsslag, mijn reizen. In de marge tekent hij grafieken en maakt hij zelfs tekeningen. Hij zegt dat hij mijn vorderingen wil bijhouden, een database wil samenstellen waar hij de komende jaren op kan terugvallen. Hij maakt een studie van me, zodat hij me van de grond af aan opnieuw kan opbouwen. Hij lijkt Michelangelo wel die een brok marmer bekijkt, of Da Vinci die alles in zijn aantekenboekjes noteert. Aan Gils aantekenboeken, aan de zorg die hij eraan besteedt, aan het feit dat hij nooit een dag overslaat, zie ik dat ik hem inspireer. En dat inspireert mij.

Natuurlijk is het de bedoeling dat Gil met me meegaat naar de toernooien. Hij moet mijn conditie tijdens de wedstrijden kunnen zien, mijn voedsel in de gaten houden, ervoor zorgen dat ik voldoende vocht binnenkrijg. Maar geen gewoon vocht. Gil heeft een speciaal drankje van water, koolhydraten, zout en elektrolyten die ik de avond voor een match moet drinken. Zijn training houdt tijdens onze reizen niet op. Eigenlijk is die onderweg nog belangrijker. We spreken af dat onze eerste reis samen in februari 1990 zal zijn, naar Scottsdale.

Ik vertel Gil dat we er een paar dagen voor aanvang van het toernooi moeten zijn, voor de *hit-and-giggle.*

Hit-and-giggle?

Ja, zo heet dat. Het is een oefensessie met enkele beroemdheden om geld in te zamelen voor liefdadige doelen, om de sponsors een goed gevoel te geven en om de fans te vermaken.

Klinkt leuk.

Bovendien, zeg ik, rijden we er in mijn nieuwe Corvette naartoe. Ik wil Gil dolgraag laten zien hoe hard die kan.

Maar als ik de auto voor Gils huis tot stilstand breng, realiseer ik me dat dit waarschijnlijk niet zo'n goed plan is. De auto is heel klein en Gil is heel groot. De auto is zo klein dat Gil twee keer zo groot lijkt. Hij perst zichzelf in de passagiersstoel en zelfs dan moet hij schuin gaan zitten en zelfs dan zit hij met zijn hoofd klem tegen het dak. Het lijkt wel alsof de Corvette elk moment uit elkaar kan barsten.

Nu ik zie dat Gil zo opgevouwen en ongemakkelijk naast me zit, wil ik heel snel rijden. Maar in de Corvette heb ik natuurlijk geen extra reden nodig. Het is een supersonische auto. We zetten de muziek keihard en vliegen Vegas uit, over de Hoover Dam, dwars door het onherbergzame Joshua Tree Park in het noordwesten van Arizona. We besluiten even buiten Kingman te gaan lunchen. Door het vooruitzicht dat ik iets kan gaan eten in combinatie met de snelheid van de Corvette en de keiharde muziek en de aanwezigheid van Gil, trap ik het gaspedaal diep in. We gaan bijna sneller dan het geluid. Gil vertrekt zijn gezicht en maakt een ronddraaiende beweging met een opgestoken wijsvinger. Als ik in de achteruitkijkspiegel kijk, zie ik een politieauto die bijna op mijn achterbumper zit.

De agent geeft me een bekeuring voor te snel rijden.

Niet mijn eerste, zeg ik tegen Gil die zijn hoofd schudt.

In Kingman stoppen we bij Carl's Jr. en verorberen een enorme lunch. We vinden eten allebei heerlijk en we hebben allebei een heimelijk zwak voor fastfood en dus lappen we alle voedingsvoorschriften aan onze laars, eten Franse frietjes, bestellen daarna nog een portie, nemen nog wat fris. Als ik Gil weer in de Corvette pers, kom ik tot de ontdekking dat we behoorlijk achter zijn op ons schema. We moeten wat tijd inhalen. Ik trap het gaspedaal diep in en we suizen terug naar de US 95. Nog twee uur naar Scottsdale.

Twintig minuten later, maakt Gil weer dat gebaar met zijn wijsvinger.

Een andere agent. Hij bekijkt mijn rijbewijs en de autopapieren en vraagt: Hebt u recent nog een boete voor te snel rijden gekregen?

Ik kijk Gil aan. Hij fronst zijn voorhoofd.

Tja, als u een uur geleden als recent beschouwt, agent, dan klopt dat.

Wacht even.

Hij loopt terug naar zijn auto. Een minuutje later komt hij terug.

De rechter wil u zien in Kingman.

Kingman? Waarom?

Kom maar met mij mee, meneer.

Kom maar met... maar de auto dan?

Die neemt uw vriend wel mee.

Maar, maar kan ik niet gewoon achter u aan rijden?

Meneer, nou moet u eens goed naar me luisteren en precies doen wat ik zeg, anders gaat u geboeid met mij mee. U gaat achter in mijn auto zitten en uw vriend rijdt achter ons aan. Nu. Uitstappen.

Ik zit achter in de politiewagen en Gil rijdt achter ons aan in een Corvette die strak als een korset om hem heen zit. We zitten in *the middle of nowhere* en ik hoor de idioot uit *Deliverance* zachtjes op zijn banjo tokkelen. De rit naar de rechtbank van Kingman duurt drie kwartier. Ik loop achter de politieagent aan naar binnen en word voorgeleid voor een kleine, al wat oudere rechter met een cowboyhoed op. De gesp van zijn riem is zo groot als een taartbodem.

Het banjogeluid zwelt aan.

Ik kijk of er wel een certificaat of iets dergelijks aan de muur hangt, het een of andere bewijs dat dit echt een rechtbank is en dat deze man een echte rechter is. Ik zie alleen maar koppen van dode dieren.

Hij begint een stel vragen op me af te vuren over... tennis!?

Je speelt in Scottsdale?

Ja meneer.

Heb je al vaker meegedaan aan dat toernooi?

Eh... ja meneer.

Hoe is je loting?

Pardon?

Tegen wie moet je in de eerste ronde?

De rechter blijkt een tennisfanaat. Bovendien heeft hij mijn carrière op de voet gevolgd. Hij vindt dat ik Courier op Roland Garros had moeten verslaan. Hij heeft een uitgesproken mening over Connors, Lendl, Chang, over het spel, over dat er zo weinig goede Amerikaanse tennissers zijn. Nadat hij me zijn mening heeft gegeven, uitgebreid, bijna een halfuur lang, vraagt hij: Zou je me een paar handtekeningen voor mijn kinderen willen geven?

Geen probleem, meneer. Edelachtbare.

Ik teken alles wat hij voor mijn neus legt en wacht dan op het vonnis.

Goed dan, zegt de rechter. Het vonnis luidt: Geef ze goed op hun donder in Scottsdale.

Sorry? Ik begrijp niet... Ik bedoel, edelachtbare, ik moest hier naartoe komen, zo'n zestig kilometer... ik dacht dat ik naar de gevangenis moest, of in elk geval een boete zou krijgen.

Nee! Nee, nee, nee, ik wilde je alleen maar ontmoeten. Maar het lijkt me beter als je je door je vriend naar Scottsdale laat rijden, want als je vandaag nóg een boete krijgt, moet ik je hier in Kingman houden tot je een ons weegt.

Ik loop de rechtbank uit en ren naar de Corvette, waar Gil zit te wachten. Ik vertel hem dat de rechter een tennisfanaat is die me alleen maar wilde ontmoeten. Gil denkt dat ik lieg. Ik vraag of hij ons alsjeblieft bij deze rechtbank vandaan wil rijden. Hij rijdt weg, maar langzaam. Normaal gesproken is Gil al een voorzichtige chauffeur, maar hij is zo van slag door onze ontmoeting met de ordehandhavers van Arizona dat hij met de rem erop rijdt en de hele weg naar Scottsdale niet boven de 85 kilometer per uur, komt.

Natuurlijk ben ik te laat voor de *hit-and-giggle*. Zodra we op de parkeerplaats van het stadion zijn, trek ik mijn tenniskleren aan. We stoppen bij het hokje van de bewaking en zeg ik tegen de bewaker dat ik word verwacht, dat ik een van de spelers ben. Hij gelooft me niet. Ik laat hem mijn rijbewijs zien, dat ik gelukkig nog in mijn bezit heb, en dan gebaart hij dat we mogen doorrijden.

Gil zegt: Maak je maar niet druk over de auto, daar zorg ik wel voor. Ga maar.

Ik grijp mijn tennistas en ren de parkeerplaats over. Gil zegt later dat hij applaus hoorde toen ik de arena binnenkwam. De raampjes van de Corvette zaten dicht, maar toch kon hij het publiek horen. Op dat moment begreep hij een beetje wat ik hem had geprobeerd te vertellen. Na het maffe optreden van de rechter uit het Oude Westen, nadat het publiek mijn komst met een waanzinnig gebrul begroette, begreep hij het. Later bekent hij dat hij zich vóór deze reis nooit had gerealiseerd dat mijn leven zo... idioot was. Hij had er geen idee van waar hij zich mee had ingelaten. Ik zeg tegen hem dat dit ook voor mij geldt.

We hebben een fantastische tijd in Scottsdale. We leren elkaar snel beter kennen, zoals dat gaat als je samen op reis bent. Tijdens een partij stop ik met spelen tot een toernooiofficial een paraplu naar Gil heeft gebracht. Hij zit in de zon en zweet verschrikkelijk. Als de scheidsrechter de paraplu aan Gil geeft, kijkt deze hem verbaasd aan. Dan kijkt hij naar mij, ziet me zwaaien en begrijpt het. Hij glimlacht breeduit naar me en dan schieten we allebei in de lach.

Op een avond gaan we uit eten in de Village Inn. Het is laat, we nemen een combigerecht dat zowel diner als ontbijt is. Dan komen er vier mannen binnen die vlak bij ons gaan zitten. Ze lachen en maken me belachelijk, mijn haar, mijn kleding. Wedden dat hij homo is, zegt een van hen.

Zeker weten, zegt zijn vriend.

Gil schraapt zijn keel, dept zijn mond met een papieren servetje en wenst me een aangename voortzetting van mijn maaltijd. Hij is zelf uitgegeten.

Ben je echt klaar met eten, Gilly?

Ja, zeker weten. Het laatste wat ik wil is vechten met een volle maag.

Als ik klaar ben met eten, zegt Gil dat hij nog even iets moet regelen aan het tafeltje naast ons. Als er iets gebeurt, zegt hij, hoef je je geen zorgen te maken. Hij staat heel langzaam op. Hij loopt langzaam naar de vier mannen toe. Hij leunt over hun tafeltje heen. De mannen kreunen. Hij duwt zijn borstkas in hun gezicht. Hij vraagt: Vinden jullie het leuk andermans maaltijd te verstieren? Dat vinden jullie wel een leuk tijdverdrijf zeker? Jee, dat zou ik zelf ook weleens willen proberen. Wat eet je daar? Een hamburger?

Hij pakt de hamburger en bijt er in één keer de helft vanaf.

Moet ketchup op, zegt Gil met volle mond. Weet je wat? Nu heb ik dorst. Ik denk dat ik maar een slokje van jouw frisdrank neem. Ja... En als ik je glas neerzet, knoei ik een beetje. Dat vind ik nou eenmaal leuk... En laat een van jullie maar eens proberen me tegen te houden.

Gil neemt een grote slok en giet dan, heel langzaam, zo langzaam als hij autorijdt, de rest over de tafel.

Geen van de vier mannen verroert zich.

Gil zet het lege glas op tafel en kijkt me aan. Andre, ben je klaar om te gaan?

Ik win het toernooi niet, maar dat maakt niet uit. Ik ben tevreden en blij als we aan de terugreis beginnen. Voordat we de stad uitrijden, gaan we even wat eten in Joe's Main Event. We praten over alles wat er in de afgelopen drie dagen is gebeurd en we zijn het erover eens dat deze reis voelt als het begin van een grotere reis. In zijn Da Vinci-aantekenboekje maakt Gil een tekening van mij met handboeien om.

Na het eten staan we buiten op de parkeerplaats naar de sterren te kijken. Ik word overspoeld door een vlaag van liefde, en dankbaarheid, voor Gil. Ik bedank hem voor alles wat hij heeft gedaan en dan zegt hij dat ik hem nooit weer hoef te bedanken.

Dan houdt hij een speech. Gil, die Engels heeft geleerd uit de krant en van het commentaar bij sportwedstrijden, produceert een vloeiende, welluidende monoloog, vlak voor Joe's. Ik vind het ontzettend jammer dat ik geen taperecorder bij me heb. Toch herinner ik me alles nog bijna woordelijk.

Andre, ik zal nooit proberen je te veranderen, want ik heb nog nooit geprobeerd iemand te veranderen. Als ik iemand kon veranderen, zou ik mezelf veranderen. Maar ik weet wel dat ik je structuur kan geven en een blauwdruk om te bereiken wat je wilt. Er is verschil tussen een trekpaard en een renpaard. Daarom moet je ze verschillend behandelen. Iedereen heeft altijd de mond vol over gelijke behandeling, maar ik betwijfel of een gelijke behandeling ook dezélfde behandeling betekent. Ik vind jou een renpaard en daarom zal ik je altijd als zodanig behandelen. Ik zal streng zijn, maar rechtvaardig. Ik zal je leiden, maar nooit dwingen. Ik ben niet iemand die zijn gevoelens goed kan verwoorden, maar nou ja, vanaf nu geldt: *It's on, man. It is on*. Begrijp je wat ik bedoel? We zitten midden in een gevecht en je kunt op me rekenen tot de laatste man is verslagen. Ergens daarboven is een ster die jouw naam draagt. Ik kan je misschien niet helpen die te vinden, maar ik heb behoorlijk sterke schouders en je mag op mijn schouders staan als je op zoek gaat naar jouw ster. Zo lang je maar wilt. Ga maar op mijn schouders staan en grijp hem, man. Grijp hem.

HOOFDSTUK 12

Tijdens Roland Garros van 1990 haal ik de krantenkoppen omdat ik roze kleding draag. Het staat op de voorpagina van de sportkaterns: *Agassi in the Pink.* Om precies te zijn, een roze compressiebroek onder een gebleekte korte broek. Ik zeg tegen de verslaggevers: Dat is geen roze, maar Hot Lava. Het verbaast me hoe belangrijk ze het vinden. Het verbaast me hoe belangrijk ik het vind dat ze weten hoe het echt zit. Maar toch denk ik: Ik heb liever dat ze schrijven over de kleur van mijn korte broek dan over mijn gebrekkige karakter.

Gil, Philly en ik willen niets te maken hebben met de pers, het publiek, Parijs. We vinden het niet prettig dat we ons hier als buitenlanders verdwaald voelen, dat de mensen ons aanstaren omdat we Engels praten. We sluiten onszelf op in onze hotelkamer, zetten de airco aan en laten eten brengen van McDonald's en de Burger King.

Maar door die afzondering schiet Nick in een akelige depressie. Hij wil eruit, dingen zien. Mannen, zegt hij, we zijn in Parijs! De Eiffeltoren? Het Louvre?

Been there, done that, zegt Philly.

Ik wil helemaal niet naar het Louvre. En dat hoeft ook niet. Als ik mijn ogen sluit, zie ik dat enge schilderij weer van die man die aan die rots hangt terwijl zijn vader en zijn andere dierbaren zich aan hem vastklampen.

Ik zeg tegen Nick dat ik niets en niemand wil zien. Het enige wat ik wil is dit verdomde toernooi winnen en dan naar huis.

De eerste ronden kom ik makkelijk door, ik speel goed. Dan sta ik weer tegenover Courier. Hij wint de eerste set na een tiebreak, maar daarna speelt hij slecht en geeft me de tweede set cadeau. Ik pak de derde en dan, in de vierde set, klapt hij in elkaar een besterft hij het: 6-0. Zijn gezicht loopt rood aan. Zijn gezicht krijgt de kleur van Hot Lava. Ik zou bijna tegen hem willen zeggen dat ik hoop dat hij zich nu wel genoeg heeft ingespannen, maar dat doe ik niet. Misschien word ik wel volwassen.

Daarna volgt Chang. Kampioen verdedigen. Tijdens de partij ben ik chagrijnig, omdat ik nog steeds niet kan geloven dat hij eerder dan ik een slam heeft gewonnen. Ik ben jaloers op zijn moreel, ik bewonder zijn discipline op de baan, maar ik mag hem gewoon niet. Hij blijft maar volhouden dat Jezus aan zijn kant staat; een verwrongen kijk op God en op het geloof, waar ik echt niet tegen kan. Ik versla hem in vier sets.

In de halve finale speel ik tegen Jonas Svensson. Hij heeft een keiharde opslag en komt veel en graag naar het net. Hij speelt beter op een snelle ondergrond en dus verwacht ik dat ik hem op gravel wel kan verslaan. Omdat hij een geweldige looping forehand heeft, besluit ik al vroeg om zijn backhand aan te vallen. Steeds weer zoek ik zijn kwetsbare backhand op en kom al snel op een voorsprong van 5-1. Svensson herstelt zich niet. Set Agassi. In de tweede set pak ik een 4-0 voorsprong. Hij breekt en komt op 3-4. Dichterbij laat ik hem echter niet komen. Het pleit voor hem dat hij weer wat meer zelfvertrouwen krijgt en hij wint de derde set. Vroeger zou ik daardoor van streek zijn geraakt, maar als ik dit jaar naar mijn box kijk, zie ik Gil daar zitten. Ik denk aan Joe's en aan zijn speech op de parkeerplaats en ik win de vierde set met 6-3.

Ik sta in de finale. Eindelijk. Mijn eerste slamfinale. Ik speel tegen Gómez, de Ecuadoriaan, die ik een paar weken geleden nog heb verslagen. Hij is dertig, bijna op de voor een tennisser pensioengerechtigde leeftijd en eigenlijk dacht ik dat hij al met pensioen wás. Eindelijk, schrijven de kranten, gaat Agassi echt laten zien wat hij kan.

Maar dan slaat het noodlot toe. De avond voor de finale stap ik onder de douche en valt het haarstukje dat Philly voor me heeft gekocht opeens in mijn handen uit elkaar. Ik heb waarschijnlijk een verkeerde conditioner gebruikt. De slag is eruit en het verdomde ding valt uit elkaar.

In paniek laat ik Philly naar mijn kamer komen.

Dit is echt een ramp, zeg ik. Mijn haarstukje, kijk!

Hij kijkt ernaar. We kunnen het wel op zijn plek houden, zegt hij.

Waarmee dan?
Haarspelden.
Hij struint heel Parijs door op zoek naar haarspelden, maar kan ze nergens vinden. Hij belt me op en zegt: Wat is dit voor klotestad? Nergens haarspeldjes te vinden!
In de foyer van het hotel komt hij Chris Evert tegen en vraagt of zij misschien haarspeldjes heeft. Niet dus. Ze vraagt waar hij ze voor nodig heeft. Hij geeft geen antwoord. Ten slotte komt hij een vriendin tegen van onze zus Rita, die een hele tas vol haarspeldjes heeft. Hij helpt me met het vastzetten van mijn haarstukje en we hebben er wel twintig voor nodig.
Wat denk je, blijft het zo wel zitten? vraag ik.
Ja, vast wel, je moet gewoon niet te veel bewegen.
We schieten allebei in de lach, zij het wel als een boer met kiespijn.
Natuurlijk zou ik ook zonder mijn haarstukje kunnen spelen. Maar na al die maanden waarin ik ben bespot, bekritiseerd en belachelijk gemaakt, heb ik daar geen zin in. *Image Is Everything?* Wat zouden ze wel niet zeggen als ze wisten dat ik al zo lang een haardstukje draag? Ze zouden in elk geval niet over mijn spel schrijven, of ik nou win of verlies. Ze zouden het alleen maar over mijn haar hebben. Ik zou worden uitgelachen, niet door een paar kinderen op de Bollettieri Academy of door 12.000 Duitsers tijdens de Davis Cup, maar door de hele wereld. Als ik mijn ogen sluit, kan ik het bijna horen. En ik weet dat ik daar niet tegen zou kunnen.

Tijdens de warming-up voorafgaand aan de partij bid ik. Niet voor een zege, maar dat mijn haarstukje het houdt. Normaal gesproken zou ik gespannen moeten zijn voor mijn eerste slamfinale. Maar door mijn minuscule haarstukje raak ik enigszins verlamd. Ik beeld me in dat het losraakt. Tijdens elke uithaal, elke sprong denk ik dat het op het gravel valt, net als een van die haviken die mijn vader vroeger uit de lucht schoot. Ik hoor het publiek al verbaasd naar adem happen. Ik kan miljoenen mensen al verbaasd dichter naar de tv zien schuiven, elkaar aankijken en in tientallen talen en dialecten horen vragen: Viel Andre Agassi's haar zojuist op de grond?

Mijn wedstrijdplan voor Gómez is een weerspiegeling van mijn gespannen zenuwen, van mijn verlegenheid. Omdat ik weet dat zijn benen niet zo jong meer zijn en dat hij er bij een vijfde set het bijltje bij neer zal gooien, ben ik van plan de partij te rekken, lange rally's te forceren, hem uit te putten. Maar bij het begin van de partij blijkt al dat ook Gómez weet hoe oud hij is. Daarom probeert hij het tempo erin te houden. Hij speelt snel en riskant tennis. Al gauw wint hij de eerste set. En als hij de tweede set verliest, doet hij dat in een rap tempo. Ik besef dat de match hooguit drie en zeker geen vier uur zal gaan duren en dat onze conditie geen rol gaat spelen. Dit is een snelle partij, het soort partij dat Gómez kan winnen. Nadat we in korte tijd twee sets hebben gespeeld, weet ik dat ik tegenover een man sta die fit zal blijven, ook als er vijf sets moeten worden gespeeld.

Natuurlijk heeft mijn wedstrijdplan vanaf het begin fatale gebreken vertoond. Het kon niet werken, hoe lang de partij ook had geduurd, omdat je een slamfinale nooit kunt winnen als je speelt om niet te verliezen of wacht tot je tegenstander gaat verliezen. Mijn plan om lange rally's te forceren inspireert Gómez alleen maar. Hij is een ouwe rot die weet dat dit misschien zijn laatste kans is om een slam te winnen. Ik kan hem alleen verslaan als ik hem zijn zelfvertrouwen en zijn hoop kan ontnemen, door aanvallend spel. Als hij ziet dat ik behoudend speel en niet probeer te domineren, krijgt hij hoop.

Hij wint de derde set. Bij het begin van de vierde realiseer ik me dat ik me opnieuw heb vergist. De meeste spelers die tijdens een match vermoeid raken, gaan slechter serveren. Omdat hun benen moe zijn, kunnen ze niet meer zo hoog springen. Maar Gómez heeft een slingshot service. Hij springt nooit hoog. Hij leunt in de bal. En als hij moe wordt, leunt hij nog meer en wordt zijn natuurlijke slingshot-actie nog duidelijker. Ik heb gewacht tot zijn service zwakker zou worden, maar in plaats daarvan wordt die alleen maar scherper.

Nadat hij de match heeft gewonnen gedraagt Gómez zich ongelooflijk gracieus en charmant. Hij huilt. Hij zwaait naar de camera's. Hij weet dat hij een nationale held zal zijn in zijn geboorteland Ecuador. Ik vraag me af hoe het is in Ecuador. Misschien ga ik daar wel wonen. Misschien is dat wel de enige plek ter wereld waar ik me kan verstoppen voor de schande. Ik zit in de kleedkamer, met gebogen hoofd, en stel me voor wat de honderden journalisten zullen zeggen. En dan heb ik het nog niet eens over mijn collega's. Ik kan ze al horen. *Image Is Everything, Agassi is Nothing. Mr. Hot Lava is a hot mess.*

Philly loopt binnen. Ik zie aan zijn ogen dat hij niet alleen met me meeleeft, maar het zelf ook voelt. Dit was ook zijn nederlaag. Hij lijdt. Dan zegt hij de juiste woorden, op de juiste toon, en ik weet dat ik daarom altijd van hem zal blijven houden: *Let's get the fuck outta this town.*

Gil duwt de grote bagagekar met onze koffers door het Parijse luchthavengebouw. Ik loop een stukje voor hem uit. Ik blijf staan en kijk op de borden met de aankomst- en vertrektijden. Gil loopt door. De kar heeft een scherpe metalen rand en die drukt tegen mijn zachte, blote achillespees. (Ik draag lage schoenen zonder sokken.) Er stroomt een straal bloed op de glimmende vloer. Dan nog een straal. Er spuit bloed uit mijn achillespees. Gil haalt snel wat verband uit zijn koffer, maar ik zeg dat hij maar rustig aan moet doen. Het is goed hoor, zeg ik, het hoort er allemaal bij. Toen we Parijs verlieten, lag er minstens een halve liter bloed op de vloer van dit vliegveld.

Weer sla ik Wimbledon over en ik train de hele zomer keihard, samen met Gil. Zijn garage is klaar en staat vol met een stuk of tien zelfgemaakte apparaten en allerlei andere unieke zaken. In het raam heeft hij een enorme airco geplaatst. Op de vloer heeft hij sponzige Astroturf getimmerd. En in de hoek heeft hij een oude pooltafel neergezet. Tussen de fitnessoefeningen door spelen we nine ball. Vaak zijn we om vier uur 's ochtends nog in de fitnessruimte, waar Gil naar nieuwe manieren zoekt om naast mijn lichaam ook mijn geest, mijn zelfvertrouwen op te krikken. Hij is net zo van slag door Roland Garros als ik. Op een ochtend, vlak voor zonsopgang, vertelt hij me wat zijn moeder altijd tegen hem zei: *Qué lindo es soñar despierto.* Wat heerlijk is het toch om te dromen terwijl je wakker bent. Droom als je wakker bent, Andre. Iedereen kan dromen als hij slaapt, maar jij moet voortdurend dromen en je dromen hardop uitspreken en erin geloven.

Met andere woorden, in de finale van een slam moet ik een droom hebben. Ik moet spelen om te winnen.

Ik bedank hem. Ik geef hem een cadeau. Het is een halsketting met een gouden piramide met drie ringen erin. Die vertegenwoordigen de Vader, de Zoon en de Heilige Geest. Ik heb hem ontworpen en laten maken door een juwelier in Florida. Ik heb ook een bijpassende oorring.

Hij doet hem om en ik weet dat er heel wat moet gebeuren voordat hij hem weer af zal doen.

Met Gil in de woestijn net buiten Las Vegas, vlak na de start van onze samenwerking in 1990.

Gil schreeuwt graag tegen me als ik aan het trainen ben, al is dat niet te vergelijken met het geschreeuw van mijn vader. Gil schreeuwt liefde. Als ik probeer een nieuw persoonlijk record te breken, als ik probeer een zwaarder gewicht te heffen dan ik ooit heb gedaan, staat hij ergens achter me en schreeuwt: *Come on, Andre! Let's go! Big Thunder!* Door zijn geschreeuw klopt mijn hart tegen mijn ribben. En dan, om me nog meer te inspireren, zegt hij soms dat ik even opzij moet gaan en dan tilt hij zijn eigen record: 250 kilo. Het is een indrukwekkend gezicht om iemand zoveel ijzer boven zijn borstkas te zien tillen en het geeft me altijd het gevoel dat alles mogelijk is. Wat is het toch heerlijk om een droom te hebben. Maar dromen, zeg ik op een van onze rustige momenten tegen Gil, een droom hebben is zo verdomde vermoeiend.

Hij lacht.

Ik kan je niet beloven dat je niet moe zult worden, zegt hij. Maar weet wel dat er voorbij je vermoeidheid heel veel mooie dingen op je liggen te wachten. Zorg dat je moe wordt, Andre. Dan zul je jezelf leren kennen, zodra je door je vermoeidheid heen bent.

Dankzij Gils zorg en nauwgezette supervisie heb ik in de maand augustus van 1990 vierenhalve kilo spiermassa gekweekt. We gaan naar New York voor de US Open en ik voel me sterk en slank en gevaarlijk. Ik versla de Rus Andrei Tsjerkasov in een gemakkelijke driesetter. Ik worstel mezelf naar de halve finale, versla Becker in vier vlammende sets en heb nog steeds ongelooflijk veel energie over. Gil en ik rijden terug naar ons hotel en kijken naar de andere halve finale om te zien tegen wie ik morgen moet spelen. McEnroe of Sampras.

Het lijkt onmogelijk, maar de knul die ik nooit weer verwacht had te zullen zien heeft zijn oude spel hervonden. En hij bezorgt McEnroe het gevecht van zijn leven. Maar dan realiseer ik me dat hij McEnroe geen gevecht bezorgt, maar dat McEnroe hem een gevecht bezorgt, en verliest. Niet te geloven, mijn tegenstander morgen is Pete.

De camera zoomt in op Pete's gezicht en ik zie dat hij helemaal op is. Bovendien zegt de verslaggever dat zijn dik ingetapete voeten vol blaren zitten. Gil laat me zoveel Gil Water drinken dat ik bijna moet kotsen. Daarna ga ik met een glimlach op mijn gezicht naar bed. Ik bedenk met hoeveel plezier ik Pete alle hoeken van de baan zal laten zien. Ik zal hem van links naar rechts laten rennen, van San Francisco naar Bradenton, tot zijn blaren ervan gaan bloeden. Ik denk aan mijn vaders oude spreuk: Plak een pleister op zijn hersens. Ik val rustig, fit en vol zelfvertrouwen in slaap.

De volgende ochtend heb ik het gevoel dat ik wel een tiensetter kan spelen. Ik heb geen problemen met mijn haarstukje, want dat draag ik niet meer. Ik maak gebruik van een nieuw, minder problematisch camouflagesysteem: een dikkere hoofdband en felgekleurde highlights. Ik kán gewoon niet verliezen van Pete, van dat ongelukkige joch waar ik vorig jaar nog met zoveel sympathie naar stond te kijken, dat zielige joch dat geen bal in kon slaan.

Maar dan verschijnt er een totaal andere Pete ten tonele. Een Pete die geen enkele fout maakt. We spelen lange punten, moeizame punten, en hij speelt perfect. Hij rent op elke bal, slaat alles terug, rent als een gazelle naar voren en naar achteren. Hij serveert snoeihard, gaat als een razende naar het net, slaat me met zijn games om de oren en beantwoordt mijn opslag met keiharde returns. Ik heb geen enkel verweer. Ik ben kwaad. Ik zeg tegen mezelf: Dit gebeurt niet echt.

Ja, dit gebeurt wel echt.

Nee, dit kan niet.

Maar dan, in plaats van me af te vragen hoe ik kan winnen, begin ik te denken hoe ik kan voorkomen dat ik verlies. Dezelfde fout die ik tegen Gómez maakte, met hetzelfde resultaat. Als het allemaal voorbij is, zeg ik tegen de journalisten dat Pete me op een ouderwetse manier heeft bestolen. Geen geweldige quote. Ja, ik ben inderdaad bestolen. Want iets wat van mij was is me afgenomen. Maar ik kan geen aangifte doen. En er is geen enkele kans op gerechtigheid.

Uren later doe ik opeens mijn ogen open. Ik lig op bed in mijn hotelkamer. Het is gewoon een droom geweest, toch? Eén heerlijke seconde denk ik dat ik in slaap ben gevallen op die winderige heuvel, terwijl Philly en Nick moesten lachen om Pete's erbarmelijke spel. Ik heb gewoon gedróómd dat Pete, juist hij, me in de finale van een slam heeft verslagen.

Maar nee, het ís echt. Het is écht gebeurd. Ik zie dat het langzaam lichter wordt in de kamer, maar mijn stemming wordt steeds somberder.

HOOFDSTUK 13

Al sinds Wendi naar de opnamen van de *Image Is Everything*-commercial kwam kijken, zijn zij en ik een stel. Ze reist met me mee en zorgt voor me. We zijn een perfect stel, doordat we samen zijn opgegroeid en we verwachten dat we door kunnen gaan met samen opgroeien. We hebben dezelfde achtergrond, willen dezelfde dingen. We zijn gek op elkaar, hoewel we hebben afgesproken dat onze relatie, zoals zij het noemt, open zal zijn. Ze zegt dat wij nog te jong zijn om ons vast te leggen, te verward. Ze weet niet wie ze is. Ze is opgevoed als mormoon en heeft later besloten dat ze niet gelooft in de basisbeginselen van die religie. Toen ze naar college ging, kwam ze tot de ontdekking dat dit niet de goede school voor haar was. Pas als ze zelf weet wie ze is, kan ze zich helemaal aan me geven.

In 1991 zijn we samen met Gil in Atlanta en vieren mijn eenentwintigste verjaardag. We zitten met z'n drieën in een bar, een verwaarloosde oude gelegenheid in Buckhead, met plastic bierglazen en met biljarttafels met schroeiplekken van uitgedoofde sigaretten. We lachen en drinken, en zelfs Gil, die anders nooit drinkt, wordt een beetje aangeschoten. Om deze avond voor het nageslacht vast te leggen, heeft Wendi haar camcorder meegenomen. Ze geeft hem aan mij en zegt dat ik haar moet filmen terwijl zij ballen in de basket gooit die aan de muur hangt. Ze zal me een lesje leren, zegt ze. Nadat ik haar drie seconden heb gefilmd, laat ik de camera langzaam langs haar lichaam naar beneden glijden.

Andre, zegt ze, haal die camera van mijn kont.

Dan komt er een stel luidruchtige kerels binnen. Ze zijn ongeveer even oud als ik en lijken leden van het lokale football- of rugbyteam. Ze maken een paar schunnige opmerkingen over mij en richten hun aandacht vervolgens op Wendi. Ze zijn dronken, grof, en proberen me in haar bijzijn van mijn stuk te brengen. Ik moet aan Năstase denken, die veertien jaar eerder hetzelfde deed.

Het rugbyteam legt een paar kwartjes op de hoek van onze pooltafel. Een van hen zegt: Wij zijn hierna aan de beurt. Dan lopen ze weg, grijnzend.

Gil zet zijn bierpul neer, pakt de kwartjes en loopt langzaam naar een automaat met versnaperingen. Hij koopt een zakje pinda's en loopt weer terug naar de tafel. Langzaam eet hij de pinda's op en houdt zijn blik op de rugbyspelers gericht, tot ze zo verstandig zijn naar een andere bar te gaan.

Wendi giechelt en oppert dat Gil mijn bodyguard moet worden, naast alle andere dingen die hij al voor me doet.

Dat is hij al, zeg ik. Maar toch dekt dat woord de lading niet. Dat woord beschrijft niet echt wat hij is. Gil bewaakt mijn body, mijn hoofd, mijn spel, mijn hart, mijn vriendin. Hij is de enige stabiele factor in mijn leven. Hij bewaakt mijn leven.

Ik vind het heel leuk als mensen – verslaggevers, fans, mafkezen – Gil vragen of hij mijn bodyguard is. Dan verschijnt er een glimlach op zijn gezicht als hij zegt: Raak hem maar eens aan, dan weet je het.

In 1991 vecht ik me tijdens Roland Garros door zes ronden en bereik de finale. Mijn derde slamfinale. Ik speel tegen Courier en ik ben de favoriet. Iedereen zegt dat ik hem ga verslaan. Ik zeg dat ik hem ga verslaan. Ik moet hem verslaan. Ik moet er niet aan denken hoe ik me zou voelen als ik drie slamfinales op rij speel en ze alle drie verlies.

Het goede nieuws is dat ik weet hoe ik Courier moet verslaan. Ik heb hem een jaar eerder tijdens hetzelfde toernooi verslagen. Het slechte nieuws is dat het iets persoonlijks is, waardoor ik gespannen ben. We zijn op dezelfde plek begonnen, in dezelfde barak op de Bollettieri Academy, op onze stapelbedden die vlak bij elkaar stonden. Ik was zoveel beter dan Courier, was zoveel meer Nicks favoriet, dat het verschrikkelijk zal zijn om van hem te verliezen in de finale van een slam. Het is al erg genoeg dat Chang eerder dan ik een slam heeft gewonnen. En Pete. Maar Courier ook? Dat kan ik niet laten gebeuren.

Ik speel om te winnen. Ik heb van mijn fouten geleerd tijdens de vorige twee slams. De eerste set win ik met gemak, 6-3. In de tweede set sta ik voor met 3-1, dan heb ik een breakpoint. Als ik dit punt maak, heb ik stevig grip op de set en daarmee op de partij.

Opeens begint het te regenen. Fans bedekken zichzelf of zoeken een schuilplek. Courier en ik trekken ons terug in de kleedkamer waar we als gekooide leeuwen heen en weer lopen. Nick komt binnen en ik kijk naar hem omdat ik advies wil, aanmoediging, maar hij zegt niets. Geen woord. Ik weet al een tijdje dat ik uit gewoonte, en uit loyaliteit, doorga met Nick; niet om gecoacht te worden. Toch heb ik op dit moment minder behoefte aan iemand die me coacht dan aan iemand die me met menselijkheid behandelt. In feite is dat natuurlijk een van de taken van elke coach. Ik heb er behoefte aan dat iemand ziet dat ik klem zit. Dat is toch niet te veel gevraagd?

Na de regenpauze gaat Courier verder achter de baseline staan in de hoop een beetje stoom van mijn slagen te halen. Hij heeft tijd gehad om uit te rusten en na te denken, en hij komt fel terug om te voorkomen dat ik hem breek, en wint ten slotte de tweede set. Nu ben ik boos. Woedend. Ik win de derde set met 6-2. Ik laat Courier, en mezelf, denken dat de tweede set een vergissing was. Met een voorsprong van twee sets tegen één kan ik voelen hoe de eindstreep aan me trekt. Mijn eerste slam. Nog maar zes games te gaan.

Bij het begin van de vierde set verlies ik twaalf van de eerste dertien punten. Speel ik slechter of speelt Courier beter? Ik weet het niet. Ik zal het nooit weten. Maar ik weet wel dat ik dit eerder heb meegemaakt. Griezelig gewoon. Dit gevoel van onvermijdelijkheid. Courier wint de set, 6-1.

In de vijfde set, bij 4-4, breekt hij me. En nu wil ik opeens verliezen.

Ik kan het niet anders verklaren. In de vierde set verloor ik de wil, maar nu verlies ik de behoefte. Even zeker als ik van tevoren wist dat ik zou winnen, weet ik nu zeker dat ik zal verliezen. En dat wil ik ook. Ik verlang ernaar. Ik denk: Laat het snel afgelopen zijn. Omdat verliezen doodgaan is, heb ik liever dat het snel gaat dan langzaam.

Ik hoor het publiek niet meer. Ik hoor mijn eigen gedachten niet meer. Het enige wat ik hoor is een wit geluid tussen mijn oren. Ik voel en hoor niets meer, alleen mijn verlangen om te verliezen. Ik verlies de tiende en beslissende game van de vijfde set met 6-4 en feliciteer Courier. Vrienden zeggen dat ze nooit eerder zo'n wanhopige blik op mijn gezicht hebben gezien.

Na afloop scheld ik mezelf niet uit. Heel kalm verklaar ik het voor mezelf als volgt: Je hebt niet wat je nodig hebt om over die grens te gaan. Je bent er gewoon mee opgehouden, nu moet je ophouden met dat spel.

De nederlaag laat zijn sporen na. Wendi zegt dat ze het bijna kan zien, een litteken alsof ik door de bliksem ben getroffen. Dat is zo ongeveer het enige wat ze zegt tijdens de vlucht terug naar Vegas.

Als we het huis van mijn ouders binnenlopen, komt mijn vader ons al in de hal tegemoet. Hij gaat meteen in de aanval. Waarom heb je dít niet gedaan? Waarom heb je dát niet gedaan? Ik antwoord niet. Ik beweeg me niet. Ik wacht al vierentwintig uur op deze tirade en ben er nu ongevoelig voor. Maar Wendi niet. Ze doet iets wat nog nooit iemand heeft gedaan, iets waarvan ik altijd hoopte dat mijn moeder het zou doen. Ze komt tussenbeide. Ze zegt: Kunnen we gewoon twee uur lang niet over tennis praten? Twee uur, geen tennis?

Mijn vader zwijgt, verbijsterd. Hij is het niet gewend dat iemand hem in zijn eigen huis de voet dwars zet. En al helemaal geen vrouw. Ik ben bang dat hij haar zal slaan. Maar hij draait zich om en stormt naar zijn slaapkamer.

Ik kijk Wendi verbaasd aan. Ik heb nog nooit zo veel van haar gehouden.

Ik raak mijn rackets niet aan. Ik maak mijn tennistas niet open. Ik train niet met Gil. Ik kijk samen met Wendi naar griezelfilms. Alleen griezelfilms kunnen me afleiden, omdat ze een soortgelijk gevoel oproepen als ik had tijdens de vijfde set tegen Courier.

Nick zeurt dat ik mee moet doen aan Wimbledon. Ik lach hem midden in zijn zonverbrande gezicht uit.

Terug op het paard, zegt hij, dat is de enige manier, *my boy*.

Dat paard kan doodvallen.

Waarom? vraagt Wendi. Echt, hoe erg kan het nou helemaal worden?

Ik voel me dusdanig klote dat ik geen zin heb in discussies en laat me door Nick en Wendi in een vliegtuig naar Londen duwen. We huren een prachtig huis van twee verdiepingen, onzichtbaar vanaf de hoofdstraat, vlak bij de All England Lawn Tennis and Croquet

Club. Het heeft een leuke achtertuin, met allerlei soorten rozen en zangvogels – een veilig toevluchtsoord waar ik bijna vergeet waarom ik eigenlijk in Engeland ben. Dankzij Wendi voelt het huis bijna aan als thuis. Ze zet het vol kaarsen, voedsel... en haar parfum. Ze kookt elke avond een verrukkelijke maaltijd en 's ochtends maakt ze een lunchpakketje voor me klaar dat ik mee kan nemen naar de trainingsbanen.

Het toernooi wordt vijf dagen uitgesteld vanwege de regen. Ook al is het een gezellig huis, toch worden we op de vijfde dag bijna gek. Ik wil de baan op. Ik wil die nare smaak kwijt die ik aan Roland Garros heb overgehouden, en laat me anders maar verliezen en naar huis gaan.

Eindelijk houdt het op met regenen. Ik speel tegen Grant Connell, een serve-and-volleyspeler die zijn geld niet op snelle oppervlakken verdient. Het is een merkwaardige tegenstander voor de eerste ronde van mijn eerste toernooi op gras sinds jaren. Men verwacht dat hij me zal inmaken. Op de een of andere manier slaag ik erin deze vijfsetter te winnen.

Ik bereik de kwartfinale waar ik tegen David Wheaton speel. Ik sta met 2-1 in sets voor en op het moment dat ik in de vierde set twee breaks heb, voel ik opeens iets trekken in mijn heupbuigspier, de spier die voor het buigen van het heupgewricht zorgt. Strompelend maak ik de match af die Wheaton met gemak wint.

Ik zeg tegen Wendi dat ik had kunnen winnen. Ik begon me beter te voelen dan tijdens Roland Garros. Kloteheup.

Maar het goede nieuws is, neem ik aan, dat ik wilde winnen. Misschien heb ik mijn verlangen dan toch in de juiste richting omgebogen.

Ik genees snel. Na een paar dagen is mijn heup weer in orde. Maar mijn geest blijft aangedaan. Ik ga naar de US Open en verlies in de eerste ronde. De eerste ronde! En wat zo griezelig is, is de wijze waarop. Ik speel tegen Krickstein, die goeie ouwe Krickstein, en weer wil ik het gewoon niet. Ik weet dat ik hem kan verslaan en toch vind ik het de moeite niet waard. Ik steek er gewoon niet de benodigde energie in. Ik heb een merkwaardig helder besef van mijn gebrek aan inzet. Het is een gebrek aan inspiratie, meer niet. Ik twijfel er niet aan. Ik doe niet eens moeite het opzij te zetten.

Terwijl Krickstein rent en springt en druk zet, bekijk ik hem als vanaf een afstandje. Pas na afloop schaam ik me.

Er moet iets radicaal veranderen. Ik moet iets doen om een einde te maken aan de verleidelijke aantrekkingskracht die verliezen op me lijkt te hebben. Ik besluit op mezelf te gaan wonen. Ik koop een grote vierkamerwoning in het zuidwesten van Vegas en verander die in het ultieme vrijgezellenhonk, bijna een parodie op een vrijgezellenhonk. Van één slaapkamer maak ik een speelhal, met alle klassieke games: Asteroids, Space Invaders, Defender. Ik ben er heel slecht in, maar ben van plan er beter in te worden. Ik verander de voormalige woonkamer in een bioscoopzaal, met de allerbeste geluidsinstallatie en luidsprekers. Ik verander de eetkamer in een biljartzaal. In het hele huis zet ik supersjieke leren stoelen, behalve in de woonkamer waar ik een gigantische, met ganzendons gevulde, groenfluwelen bank neerzet. In de keuken zet ik een frisdrankautomaat vol Mountain Dew, mijn favoriete drankje, en biertaps. Buiten, achter het huis, installeer ik een verwarmd bad en een bassin met een zwarte bodem.

Maar het leukste is de grot die ik van de slaapkamer maak, pikzwart, met zwarte gordijnen waar geen sprankje daglicht door naar binnen kan. Het is de woning van iemand die nog niet echt volwassen is, van een jonge man die de wereld wil buitensluiten. Als ik door mijn nieuwe huis loop, door deze luxe speeltuin, vind ik mezelf al heel volwassen.

Begin 1992 sla ik de Australian Open weer over. Ik heb er nog nooit aan meegedaan en het lijkt nu niet het juiste moment om ermee te beginnen. Ik doe wel mee aan de Davis Cup en speel redelijk goed, misschien wel omdat het in Hawaï is. We spelen tegen Argentinië. Ik win mijn beide partijen. Dan gaan Wendi en ik op de avond voor de laatste dag wat drinken met McEnroe en zijn vrouw Tatum O'Neal. We maken het te bont en ik ga pas om vier uur naar bed. Ik ga ervan uit dat iemand anders me wel zal vervangen die zondag. Het gaat immers om een onbelangrijke partij, vaak aangeduid als *dead rubber*.

Dat blijkt niet het geval. Hoewel ik een kater heb en uitgedroogd ben, moet ik de baan op tegen Jaite, wiens service ik ooit met mijn hand heb opgevangen. Gelukkig heeft Jaite ook een kater. De term *dead rubber* is zeer toepasselijk, want we ogen allebei doods en rubberachtig. Om mijn bloeddoorlopen ogen te verbergen, zet ik een Oakley-zonnebril op en gek genoeg speel ik goed. Ik speel ontspannen. Ik stap als overwinnaar de baan af en vraag me af of dit iets betekent. Kan ik me ook zo ontspannen voelen als er echt iets op het spel staat, zoals een Grand Slam? Moet ik gewoon altijd met een kater spelen?

De week daarna zie ik dat ik op de voorplaat van *Tennis Magazine* sta, terwijl ik, met mijn Oakley-zonnebril op, een winner sla. Een paar uur nadat het blad in de winkels ligt, zijn Wendi en ik in mijn vrijgezellenhonk en stopt er een vrachtwagen voor de deur. We lopen naar buiten. Hier tekenen, zegt de chauffeur.

Wat is dit?

Cadeau. Van Jim Jannard, de stichter van Oakley.

De achterklep van de vrachtwagen gaat open, waarna er langzaam een rode Dodge Viper zichtbaar wordt.

Leuk om te weten dat ik, ook al is mijn spel niet meer geweldig, toch nog steeds producten kan promoten.

Mijn ranking daalt. Ik verdwijn uit de top tien. De enige keer dat ik het gevoel heb dat ik redelijk speel, is als ik meedoe aan de Davis Cup. In Fort Meyers draag ik er mede toe bij dat de VS Tsjecho-Slowakije verslaat, ik win allebei mijn partijen. Buiten dat is het enige spel waar ik beter in word Asteroids.

In 1992 versla ik Pete op Roland Garros en dat voelt goed. Dan moet ik weer tegen Courier spelen. Dit keer in de halve finale. De herinneringen aan vorig jaar zijn nog vers, nog steeds pijnlijk, en ik verlies weer, in straight sets. En weer trekt Courier na afloop zijn hardloopschoenen aan en gaat joggen. Ik kan er nog steeds niet voor zorgen dat hij voldoende calorieën verbrandt.

Ik sleep me naar Florida en verstop me in Nicks huis. Terwijl ik daar ben, raak ik geen racket aan. Daarna oefen ik met tegenzin een keer op een hardcourt van de Bollettieri Academy, waarna we met zijn allen naar Wimbledon vliegen.

Het is verbijsterend hoeveel talent zich in 1992 in Londen heeft verzameld. Courier is er, de nummer één, die net twee slams heeft gewonnen. Dan heb je Pete, die steeds beter wordt. En Edberg, die speelt als een gek. Ik ben als twaalfde geplaatst en dat valt gezien mijn spel nog mee.

In de eerste ronde speel ik tegen de Rus Tsjesnokov. Ik speel alsof ik heel laag ben geplaatst. Ik verlies de eerste set. Gefrustreerd scheld ik mezelf uit, ik schreeuw tegen mezelf en de scheidsrechter geeft me een officiële waarschuwing omdat ik *fuck* heb gezegd. Bijna roep ik een paar keer *fuck-fuck-fuck* tegen hem. Maar in plaats daarvan besluit ik hem te choqueren, iedereen te choqueren door diep adem te halen en mezelf tot bedaren te brengen. Dan doe ik iets wat pas echt choquerend is: ik win de volgende drie sets.

Ik zit in de kwartfinale. Tegen Becker, die zes van de zeven laatste Wimbledonfinales heeft bereikt. In feite is dit zijn thuisbasis, zijn lievelingsstek. Maar de laatste tijd heb ik goed naar zijn service gekeken en ik win in vijf sets, verspreid over twee dagen. De herinnering aan München is uitgewist.

In de halve finale speel ik tegen McEnroe, de drievoudige Wimbledonkampioen. Hij is 33, bijna aan het einde van zijn carrière en niet-geplaatst. Gezien zijn status van underdog en zijn legendarische prestaties, wil het publiek natuurlijk dat hij wint. Ergens wil ik ook dat hij wint, maar ik versla hem in drie sets. Ik zit in de finale.

Ik denk dat ik tegen Pete moet spelen, maar hij verliest zijn halve finale tegen Goran Ivanisevic, een groot, sterk opslagkanon uit Kroatië. Ik heb twee keer eerder tegen Ivanisevic gespeeld en beide keren heeft hij in straight sets van me gewonnen. Daarom heb ik medelijden met Pete en ik weet dat ik hem binnenkort gezelschap ga houden. Ik maak geen enkele kans tegen Ivanisevic. Het wordt een wedstrijd tussen een middengewicht en een zwaargewicht. De enige onzekere factor is of het een knockout zal worden of een nederlaag op punten.

Normaal is Gorans opslag al heel goed, maar vandaag is het een waar kunstwerk. Hij slaat me links en rechts met aces om de oren, hij slaat monsterlijke services van ruim 220 km/uur. Maar het is niet alleen de snelheid waarmee de bal van zijn racket komt, maar ook de scherpe lijn die de bal beschrijft. Ik probeer me er niets van aan te trekken. Ik zeg tegen mezelf dat aces nu eenmaal voorkomen. Telkens als hij zijn opslag langs me heen mept, zeg ik zachtjes tegen mezelf dat hij dat niet elke keer kan doen. Gewoon naar de andere kant lopen en klaarstaan, Andre. De match zal worden beslist door die paar tweede services.

Hij wint de eerste set met 7-6. Ik breek hem geen enkele keer. Ik doe mijn best niet overdreven te reageren – inademen, uitademen, rustig blijven. Als ik me realiseer dat ik op het punt sta mijn vierde slamfinale te verliezen, duw ik die gedachte gewoon weg. In de tweede set permitteert Ivanisevic zich een paar weggevertjes, hij maakt een paar fouten, en ik breek hem. Ik pak de tweede set. Dan de derde. Dat vind ik bijna nog erger, omdat ik opnieuw nog maar één set van een slam af ben.

Ivanisevic richt zich op in de vierde set en maakt me in. Ik heb de Kroaat woedend gemaakt. Hij verliest maar een paar punten. Daar gaan we weer. Ik zie de krantenkoppen van morgen al voor me, even duidelijk als het racket in mijn hand. Als de vijfde set begint, ren ik naar mijn plaats om de bloedcirculatie op gang te brengen en ik zeg tegen mezelf: Jij wilt dit. Je wilt niet verliezen, deze keer niet. Het probleem tijdens de vorige drie slams was dat je niet graag genoeg wilde winnen. Daarom is het toen niet gelukt, maar deze keer wil je het wel en dus moet je Ivanisevic en alle anderen in deze tent laten wéten dat je het wilt.

Het staat 3-3 en ik ben aan service, breakpoint. Ik heb deze hele set nog geen eerste service goed geslagen, maar nu wel. Hij retourneert de bal naar het midden van de baan, ik sla naar zijn backhand, hij slaat een chip lob. Ik moet twee stappen naar achteren. De smash is een van de makkelijkste slagen die er zijn. Het is ook de belichaming van mijn problemen tijdens slams, omdat hij te gemakkelijk is. Ik houd niet van gemakkelijke dingen. Maar hier krijg ik hem op een presenteerblaadje aangeboden. Zal ik hem aannemen? Ik zwaai, sla een voorbeeldige smash en haal het punt binnen. Ik hou opnieuw mijn eigen service.

Nu serveert Ivanisevic bij 4-5. Hij slaat een dubbele fout. Twee keer. Hij staat met 0-30 achter. Hij bezwijkt onder de spanning. Ik heb deze man in anderhalf uur nog geen enkele keer gebroken en nu breekt hij zichzelf. Hij mist nóg een eerste service. Hij stort in. Dat weet ik. Niemand weet beter dan ik hoe instorten eruitziet. Ik weet ook hoe dat voelt. Ik weet precies wat er in zijn lichaam gebeurt. Zijn keel snoert dicht. Zijn benen trillen. Maar dan weet hij zijn lichaam tot bedaren te brengen en slaat een tweede service achter in het servicevak, een streep geel licht die de lijn amper raakt. Ace. Een wolkje kalk spat op alsof hij de lijn met een kanonskogel heeft geraakt. Dan slaat hij nog een ace. Opeens is het 30-30.

Opnieuw slaat hij zijn eerste service uit, daar komt de tweede. Ik sla de bal terug, hij slaat een half volley, ik ren naar voren en passeer hem en begin dan aan het hele eind terug naar de baseline. Ik zeg tegen mezelf: Nog één klap en je hebt gewonnen. Eén klap. Je bent er nog nooit zo dichtbij geweest. Misschien kom je er nooit meer zo dichtbij.

En dat is het probleem. Ik ben er zo dichtbij; stel dat ik toch niet win? De spotternijen. De afkeuring. Ik houd even in, probeer me weer op Ivanisevic te concentreren. Ik moet bepalen waar hij zijn service naartoe zal slaan. Want een normale linkshandige speler zal bij een beslissend punt de bal in het ad court slaan, een kromme slider, out wide, waardoor zijn tegenstander naar de buitenkant van de baan gedrongen wordt. Maar Ivanisevic is geen normale speler. Bij een beslissend punt slaat hij zijn opslag meestal snoeihard door het midden. Waarom hij daar de voorkeur aan geeft mag Joost weten. Misschien kan hij dat beter niet doen. Maar hij doet het wel. Dat weet ik van hem. Ik weet dat hij door het midden slaat. Zie je wel, daar komt ie al, maar hij belandt in het net. Des te beter, want de bal leek een komeet, recht op de lijn af. Ook al heb ik goed gegokt, ik had er vast en zeker mijn racket niet achter gekregen.

Het publiek gaat staan. Ik rek tijd, zodat ik op mezelf in kan praten, hardop: Doe je best. Niet bang zijn. Doorgaan! Je moet dit punt maken, anders is het niet al te best met je gesteld, Andre. En nou niet hopen dat hij een dubbele fout of uit slaat, maar win, ga ervoor, houd de zaak zo veel mogelijk in eigen hand. Retourneer zijn service met alle kracht die je in je hebt en als je return keihard is en uit gaat, dan valt daarmee te leven. Dat overleef je wel. Eén return, geen smoesjes.

Sla harder.

Hij gooit de bal op en slaat hem naar mijn backhand. Ik spring de lucht in, rek me zo ver mogelijk uit, maar ik ben zo gespannen dat de bal naar zijn backhand niet al te veel snelheid heeft. Op de een of andere manier echter gaat zijn makkelijke volley de mist in. Zijn bal belandt in het net en dan, na tweeëntwintig jaar en tweeëntwintig miljoen keer zwaaien met een tennisracket, ben ik zomaar Wimbledonkampioen 1992.

Ik ben ongelooflijk geëmotioneerd. Ik val op mijn knieën. Ik val op mijn buik. Ivanisevic loopt op me toe, omhelst me en zegt warm: Gefeliciteerd, Wimbledonkampioen. Je hebt het echt verdiend vandaag.

Geweldig gevecht, Ivanisevic.

Hij slaat me op de schouder. Hij glimlacht, loopt naar zijn stoel en slaat een handdoek over zijn hoofd. Ik begrijp zijn emoties beter dan die van mezelf. Mijn gevoelens gaan grotendeels naar hem uit als ik in mijn stoel zit en mezelf weer in de hand probeer te krijgen. Een zeer Brits uitziende man komt naar me toe en zegt dat ik moet gaan staan. Hij overhandigt me een grote gouden bokaal. Ik weet niet hoe ik die vast moet houden, of wat ik ermee aanmoet. Hij wijst en zegt dat ik een rondje over de baan moet lopen. Houd de trofee maar boven je hoofd, zegt hij.

Ik doe wat me gezegd wordt. Ik loop over de baan met de trofee boven mijn hoofd. Het publiek juicht. Een andere man probeert de trofee van me af te pakken. Ik trek hem terug. Hij legt uit dat er iets in de trofee gegraveerd moet worden. Mijn naam.

Ik kijk naar mijn box, zwaai naar Nick, Wendi en Philly. Ze klappen allemaal, ze stralen. Philly omhelst Nick. Nick omhelst Wendi. Ik hou van je, Wendi. Ik buig naar de leden van het koninklijk huis en loop de baan af.

In de kleedkamer kijk ik naar mijn wazige spiegelbeeld in de trofee. Ik zeg tegen de trofee en tegen mijn wazige spiegelbeeld: Na alle pijn en ellende die je me hebt aangedaan, heb ik je nu dan toch eindelijk te pakken.

Het verbaast me niet dat ik me zo licht voel in mijn hoofd. Mij zou het eigenlijk niet zoveel moeten uitmaken. Het zou niet zo goed moeten voelen. Ik word overspoeld door golven emotie, opluchting en verrukking. En zelfs door een soort hysterische kalmte, omdat ik eindelijk alle kritische geluiden voor korte tijd tot zwijgen heb gebracht. Vooral die van mezelf op mezelf.

Later die middag, als we terug zijn in de woning die we hebben gehuurd, bel ik Gil. Hij kon niet mee, omdat hij na het lange gravelseizoen thuis moest zijn, bij zijn gezin. Hij was er zó graag bij geweest. Hij bespreekt de match met me, de fijne kneepjes van de sport. Het is verbijsterend hoeveel hij in zo korte tijd over tennis heeft geleerd. Ik bel Perry en J.P. en dan, trillend, bel ik mijn vader in Vegas.

Pops? Ik ben het! Kun je me horen? Wat vind jij ervan?

Stilte.

Pops?

Stom van je dat je de vierde set hebt verloren.

Ik ben verbijsterd en zwijg, geloof mijn oren niet. Dan vraag ik: Maar goed hè, dat ik de vijfde set heb gewonnen?

Hij zegt niets. Niet omdat hij het niet met me eens is, of dat hij het níét goed vindt, maar omdat hij huilt. Heel zachtjes hoor ik mijn vader sniffen en zijn tranen wegvegen. Dan weet ik dat hij wel trots op me is, maar dat gewoon niet hardop kan zeggen. Ik kan het de man niet kwalijk nemen dat hij niet weet hoe hij moet zeggen wat hij voelt. Daar heeft ons hele gezin last van.

Op de avond van de finale is het beroemde Wimbledon Ball. Daar heb ik al jaren over horen praten en ik wil er heel graag naartoe. De nummer één van de heren mag dan namelijk dansen met de nummer één van de dames en dat betekent dit jaar, zoals meestal, Steffi Graf. Ik ben al verliefd op Steffi sinds ik op de Franse tv een interview met haar zag. Ik was als door de bliksem getroffen, verblind door haar ingehouden gratie, haar ongelooflijke schoonheid. Ze zag eruit, ik weet niet waarom, alsof ze lekker rook. Ook alsof ze goed was – fundamenteel, essentieel, inherent goed, boordevol morele oprechtheid en een soort waardigheid die je tegenwoordig niet meer ziet. Ik dacht dat ik heel even een halo boven haar hoofd zag. Nadat ze het jaar daarvoor Roland Garros had gewonnen, had ik geprobeerd een boodschap aan haar door te geven, maar daarop heeft ze niet gereageerd. Ik kan niet wachten tot ik met haar over de dansvloer mag zwieren, ook al kan ik niet eens dansen.

Wendi weet wat ik voor Steffi voel en is helemaal niet jaloers. We hebben een open relatie, zegt ze weer. We zijn allebei eenentwintig geweest. We gaan die avond zelfs samen naar Harrod's om een smoking voor me te kopen, voor het geval ik die nodig heb. Wendi zegt vrolijk tegen de verkoopster dat ik alleen maar wilde winnen om met Steffi Graf te kunnen dansen.

En dus begeef ik mij, voor de eerste keer in avondkleding gestoken, met Wendi aan mijn arm naar het bal. We worden meteen bij een stel grijsharige Britse echtparen gezet. De mannen hebben haren in hun oren en de vrouwen ruiken naar oude likeur. Ze lijken opgetogen over mijn overwinning, maar vooral omdat dit vers bloed in de club betekent. Een nieuw iemand om mee te praten tijdens deze vreselijke, afschuwelijk saaie avonden, zegt iemand. Wendi en ik staan met onze rug naar elkaar toe, als duikers te midden van een school haaien. Het kost me moeite enkele vette Britse accenten te verstaan. Ik probeer aan een van de oudere vrouwen die op Benny Hill lijkt uit te leggen dat ik heel veel zin heb in de traditionele dans met de winnares van het vrouwentoernooi.

Helaas, zegt de vrouw, vindt die dans dit jaar niet plaats.

Wat zegt u?

De spelers waren de afgelopen jaren niet erg gecharmeerd van die dans. En daarom is die geschrapt.

Ze ziet mijn gezicht betrekken. Wendi draait zich om, ziet het ook en schiet in de lach.

Ik ga dus niet met Steffi dansen, al zal er wel een soort van troostfinale plaatsvinden. Een officiële introductie. De hele avond verheug ik me erop. Dan is het zover. Als ik haar een hand geef, vertel ik haar dat ik heb geprobeerd contact met haar op te nemen tijdens Roland Garros en dat ik hoop dat ze mijn bedoelingen niet verkeerd heeft opgevat. Ik zeg dat ik heel graag een keer met haar zou willen praten.

Ze geeft geen antwoord. Ze glimlacht alleen maar, een ondoorgrondelijke glimlach, en ik kan niet zien of ze blij is door wat ik net heb gezegd, of zenuwachtig.

HOOFDSTUK 14

Nu ik een slam heb gewonnen, word ik geacht een ander mens te zijn. Althans, dat zeggen ze. Geen *Image Is Everything* meer. Voor Andre Agassi geldt nu, aldus de sportjournalisten, *winning is everything*. Nadat ze me twee jaar lang een bedrieger hebben genoemd, dragen ze me nu op handen. Ze noemen me een winnaar, een fantastische speler, een belangrijke speler. Ze zeggen dat mijn Wimbledonzege hen dwingt hun oordeel over mij te herzien, en na te gaan wie ik echt ben.

Maar zelf heb ik niet het gevoel dat Wimbledon me heeft veranderd. Ik heb eigenlijk het gevoel dat ik in een duister geheim ben ingewijd: winnen verandert niets. Nu ik een slam op zak heb, weet ik iets wat maar heel weinig mensen op de wereld mogen weten: dat een overwinning lang niet zo goed voelt als een nederlaag slecht voelt. En het goede gevoel duurt korter dan het slechte gevoel. Veel korter.

In de zomer van 1992 voel ik me gelukkiger en meer mezelf dan ooit, maar dat komt niet door Wimbledon. Dat komt door Wendi. We zijn dichter naar elkaar toe gegroeid. We hebben elkaar beloftes in het oor gefluisterd. Ik heb me erbij neergelegd dat Steffi en ik geen paar zullen zijn. Het was een aardige droom, maar ik ben aan Wendi verknocht, en vice versa. Ze werkt niet, gaat niet naar een college. Ze heeft verschillende colleges bezocht, maar geen daarvan voldeed. En dus is ze constant bij mij.

In de loop van 1992 wordt ons samenzijn echter steeds moeilijker. In een bioscoop, in een restaurant – we zijn nooit echt alleen. Mensen duiken op vanuit het niets, vragen om een foto, vragen om mijn handtekening, vragen om mijn aandacht of om mijn mening. Wimbledon heeft me beroemd gemaakt. Ik dacht dat ik al lang beroemd was – ik deelde mijn eerste handtekening al uit toen ik zes was – maar nu kom ik tot de ontdekking dat ik in feite berucht was. Dankzij Wimbledon word ik erkend, wordt mijn aantrekkingskracht groter, in elk geval volgens de agenten, managers en marketingexperts die ik nu regelmatig spreek. Mensen willen dichter bij me zijn, vinden dat ze daar recht op hebben. Ik begrijp dat je in Amerika overal belasting over moet betalen. Nu kom ik tot de ontdekking dat dit de belasting is die je moet betalen over je sportsuccessen: vijftien seconden tijd voor elke fan. Daar kan ik mee leven in zekere zin. Ik zou alleen willen dat dit niet betekende dat ik samen met mijn vriendin geen enkele privacy meer heb.

Wendi haalt er haar schouders over op. Ze vat elke storing heel sportief op. Ze voorkomt dat ik alles te serieus opvat, inclusief mezelf. Met haar hulp besluit ik dat ik mijn beroemdheid het best kan hanteren door te vergeten dat ik beroemd ben. Ik doe mijn best te vergeten dat ik beroemd ben.

Maar roem is een kracht. Een onstuitbare kracht. Als je de ramen sluit voor roem, dan kruipt het onder de deur door. Op een dag kom ik tot de ontdekking dat ik tientallen beroemde vrienden heb en ik heb geen idee hoe ik de meesten heb ontmoet. Ik word uitgenodigd voor feestjes en viprooms, evenementen en gala's waar beroemdheden elkaar treffen, en velen vragen mijn telefoonnummer en geven mij hun eigen nummer. Op dezelfde manier als waarop mijn Wimbledonzege me automatisch levenslang lid heeft gemaakt van de All England Club, ben ik ook lid geworden van deze vage Famous People's Club. Mijn kennissenkring bestaat nu uit mensen als Kenny G, Kevin Costner en Barbra Streisand. Ik word uitgenodigd om een nacht in het Witte Huis door te brengen en te dineren met president George Bush, voorafgaand aan zijn topconferentie met Michael Gorbatsjov. Ik slaap in de Lincoln Bedroom.

Ik vind het eerst onwerkelijk. Dan volkomen normaal. Het verbaast me hoe snel het onwerkelijke normaal wordt. Ik vind het fijn te ontdekken dat het helemaal niet opwindend is om beroemd te zijn, dat beroemde mensen eigenlijk heel normaal zijn. Ze voelen zich verward, onzeker, onveilig, en hebben vaak een hekel aan wat ze doen. Het is iets wat je heel vaak hoort – net als dat gezegde dat geld niet gelukkig maakt – maar dat geloven we pas als we het zelf ondervinden. Als ik dat in 1992 ondervind, geeft me dat heel veel hernieuwd zelfvertrouwen.

Ik ben bij Vancouver Island op vakantie met mijn nieuwe vriend, muziekproducent David Foster. Vlak nadat Wendi en ik aan boord zijn gegaan van Fosters jacht komt Costner in een roeiboot langszij en nodigt ons uit op zijn jacht dat vijftien meter verderop voor anker ligt. We gaan er meteen naartoe. Costner bezit weliswaar een eigen jacht, maar lijkt het toonbeeld van een echte man: ontspannen, grappig, cool. Hij houdt van sport, volgt het sportnieuws op de voet en gaat ervan uit dat ik dat ook doe. Verlegen vertel ik hem dat ik het sportnieuws niet volg. Dat ik er niet van hou.

Wat bedoel je?

Ik bedoel, ik hou niet van sport.

Hij lacht. Je bedoelt, behalve tennis?

Tennis haat ik het meest.

Ik begrijp het, dat zal wel vervelend zijn. Maar je haat tennis toch niet echt?

Ja, toch wel.

Wendi en ik passen tijdens die boottocht vooral op Costners drie kinderen. Ze hebben goede manieren, zijn voorkomend en bovendien ontzettend knap. Ze zien eruit alsof ze zo uit een van mijn moeders Norman Rockwell-puzzels komen gestapt. Kort nadat hij me heeft leren kennen, pakt de vier jaar oude Joe Costner mijn broekspijp vast en kijkt met zijn grote blauwe ogen naar me op. Hij schreeuwt: Laten we gaan worstelen! Ik pak hem op en hou hem ondersteboven en zijn gegiechel is het mooiste geluid dat ik ooit heb gehoord. Wendi en ik zeggen tegen elkaar hoe ontzettend leuk we die kleine Costners vinden, maar in feite doen we met opzet alsof het onze kinderen zijn. Af en toe zie ik dat Wendi de volwassenen even in de steek laat om naar de kinderen te kijken. Ik zie dat ze een geweldige moeder zal zijn. Ik stel me voor dat ik er ook ben en haar help met de opvoeding van drie vlaskopjes met groene ogen. Die gedachte windt me op, en haar ook. Ik begin over een gezin, de toekomst. Ze kijkt er niet echt van op. Zij wil het ook. Een paar weken later nodigt Costner ons uit in zijn huis in Los Angeles voor een preview van zijn nieuwe film *The Bodyguard*. Wendi en ik vinden de film niet geweldig, maar zijn weg van de herkenningsmelodie, *I Will Always Love You*.

Dit wordt ons liedje, zegt Wendi.

Altijd.

We zingen dit liedje voor elkaar, zeggen het hardop tegen elkaar, en als het op de radio wordt gedraaid, houden we op met wat we aan het doen zijn en kijken elkaar met zo'n smachtende blik aan dat iedereen in onze omgeving er doodziek van wordt. Maar daar trekken we ons niets van aan.

Ik zeg tegen Philly en Perry dat ik me een leven zonder Wendi niet kan voorstellen, dat ik haar binnenkort misschien ten huwelijk ga vragen. Philly knikt van harte. Perry geeft me het groene licht.

Wendi is mijn grote liefde, zeg ik tegen J.P.

Hoe zit het dan met Steffi Graf?

Zij heeft me afgewezen. Vergeet haar. Het is Wendi.

Trots laat ik mijn nieuwe speeltje zien aan J.P. en Wendi.

J.P. vraagt: Hoe heet dat ding ook alweer?

Een Hummer. Die hebben ze tijdens de Golfoorlog ook gebruikt.

Het is een van de eerste Hummers die in de VS zijn verkocht. We rijden ermee door de woestijn buiten Vegas, maar komen dan vast te zitten in het zand. J.P. zegt vrolijk dat ze tijdens de Golfoorlog waarschijnlijk nergens zand zijn tegengekomen. We springen eruit en gaan lopen. Ik heb een vlucht geboekt voor die middag en moet morgen een wedstrijd spelen. Als ik ons niet op tijd de woestijn uit kan krijgen, zullen heel veel mensen boos op me worden. Maar als we lopen en lopen, lijkt die wedstrijd opeens absoluut niet belangrijk. Overleven is opeens het allerbelangrijkst. Overal waar we kijken is niets te zien en het begint al donker te worden.

Het voelt alsof dit een keerpunt in ons leven kan worden, zegt J.P. En dat bedoel ik niet op een goede manier.

Bedankt voor je positieve gedachten.

Eindelijk komen we bij een hut. Een oude alleen wonende man leent ons zijn shovel. We lopen terug naar de Hummer waar ik snel het zand rondom het wiel begin weg te graven. Opeens raakt mijn shovel iets hards. *Caliche*, de cementachtige laag aarde onder de Nevada-woestijn. Ik voel dat er iets breekt in mijn pols. Ik schreeuw het uit.

Wat is er? vraagt Wendi.

Ik heb geen idee.

Ik kijk naar mijn pols.

Wrijf er wat aarde op, zegt J.P.

Ik graaf de Hummer uit, haal mijn vlucht en win zelfs de volgende dag de match. Maar een paar dagen later word ik wakker met heel veel pijn. Ik heb het gevoel alsof mijn pols gebroken is. Ik kan hem amper heen en weer bewegen. Het voelt alsof er allemaal naalden en scheermessen in dat gewricht zitten. Dit is erg. Dit is heel erg.

Dan verdwijnt de pijn. Ik ben opgelucht. Dan komt de pijn terug. Ik ben bang. Algauw gaat de pijn niet meer weg. 's Ochtends is de pijn draaglijk, maar aan het einde van de dag kan ik dat gemene naalden-scheermessengevoel niet langer negeren.

Een arts zegt dat ik tendinitis heb. Om precies te zijn dorsale capsulitis. Kleine, onherstelbare scheurtjes in de pols. Het gevolg van overbelasting, zegt hij. Alleen te genezen met rust of een operatie.

Ik kies voor rust. Ik tennis niet meer, koester mijn pols. Nadat ik de pols wekenlang heb rondgedragen als een gewond vogeltje, kan ik nog steeds geen work-out doen, me opdrukken of een deur openmaken zonder dat mijn gezicht van pijn vertrekt.

Het enige positieve aan die polsblessure is dat ik meer tijd met Wendi kan doorbrengen. In plaats van een hardcourtseizoen wordt het begin van 1993 een Wendi-seizoen en ik stort me er helemaal in. Ze geniet van die extra aandacht, maar vindt het ook erg dat ze daardoor haar studie verwaarloost. Ze heeft zich ingeschreven bij een ander college. Haar vijfde. Of zesde. Ik ben de tel kwijt.

We rijden over de Rainbow Boulevard en ik stuur met mijn linkerhand om mijn pijnlijke pols te ontlasten. Ik draai het raampje naar beneden en zet de radio harder. Het lentewindje waait door Wendi's haar. Ze zet de radio zachter en zegt dat ze al heel lang niet meer echt weet wat ze wil.

Ik knik en zet de radio harder.

Ze zet de radio weer zacht en zegt dat ze naar allerlei colleges is geweest, in allerlei staten heeft gewoond en haar hele leven al op zoek is naar zin, een doel, maar dat niets goed voelt. Het lijkt wel alsof ze er maar niet achter kan komen wie ze is.

Ik knik weer. Ik ben het met haar eens. Dat gevoel ken ik. Wimbledon winnen heeft dat gevoel niet verjaagd. Ik kijk naar Wendi en realiseer me dat ze niet zomaar wat zegt, maar ergens naartoe wil. Ze zegt iets, over ons. Ze draait zich om in haar stoel en kijkt me aan. Andre, ik heb hier heel lang over nagedacht en ik denk dat ik niet gelukkig kan zijn, echt gelukkig, voordat ik weet wie ik ben en wat ik met mijn leven moet doen. En ik weet niet hoe ik dat moet doen als we bij elkaar blijven.

Ze huilt en zegt: Ik kan niet langer je reisgenoot zijn, je kameraad, je fan. Of nou ja, ik zal altijd een fan van je blijven, maar je begrijpt wat ik bedoel.

Ze moet zichzelf vinden, en om dat te kunnen doen moet ze vrij zijn.

En jij ook, zegt ze. We kunnen onze doelen niet bereiken als we bij elkaar blijven.

Zelfs een open relatie is te benauwend.

Ik kan niet met haar in discussie. Als zij dat vindt, is er niets wat ik kan zeggen. Ik wil dat ze gelukkig is. Natuurlijk komt op dat moment ons liedje op de radio. *I Will Always Love You*. Ik kijk naar Wendi, probeer haar blik te vangen, maar ze houdt haar gezicht van me afgewend. Ik keer de auto, rijd terug naar haar huis en loop met haar mee naar de voordeur. Ze geeft me nog een laatste, lange knuffel.

Dan rijd ik weg en red het maar net, de hoek om. Daar zet ik de auto stil en bel Perry. Wanneer hij opneemt, kan ik geen woord uitbrengen. Ik huil veel te hard. Hij denkt dat het een hijger is.

Hallo, zegt hij, geïrriteerd. Hal-lo?

Hij verbreekt de verbinding.

Ik bel weer, maar kan nog steeds geen woord uitbrengen. Weer verbreekt hij de verbinding.

Ik duik onder. Ik verstop me in mijn vrijgezellenhonk, drink, slaap en eet junkfood. Ik heb pijn op de borst. Dat zeg ik tegen Gil. Hij zegt dat het klinkt alsof ik een gebroken hart heb. Kleine scheurtjes die niet willen genezen. Het gevolg van overbelasting.

Dan vraagt hij: Wat doen we met Wimbledon? Het wordt tijd dat we de oceaan eens oversteken. Tijd om te winnen, Andre. *It's on.*

Ik kan amper de telefoon vasthouden, laat staan een tennisracket. Toch wil ik gaan. Ik kan wel wat afleiding gebruiken. Ik heb wel zin om op stap te gaan met Gil, naar een gemeenschappelijk doel toe te werken. Bovendien ben ik de titelverdediger. Ik heb geen keus. Vlak voor onze vlucht regelt Gil dat een arts in Seattle, naar verluidt de beste, me een cortisoninjectie geeft. Als ik in Europa aankom, beweeg ik mijn pols heen en weer, geen pijn.

We gaan eerst naar Halle, in Duitsland, voor een warming-uptoernooi. Nick vangt ons daar op en begint meteen over geld te praten. Hij heeft de Bollettieri Academy verkocht, omdat hij schulden had gemaakt en dat was de grootste fout van zijn leven. Hij heeft de Academy voor te weinig geld van de hand gedaan. Nu heeft hij geld nodig. Hij is zichzelf niet, of misschien is hij juist meer zichzelf. Hij zegt dat hij eigenlijk meer geld verdient dan hij in feite ontvangt. Hij zegt dat ik een slechte investering ben geweest. Hij heeft honderdduizenden dollars in mijn ontwikkeling gestoken en nu heeft hij recht op honderdduizenden dollars boven op de honderdduizenden dollars die hij al van me heeft ontvangen. Ik vraag hem of we hier alsjeblieft over kunnen praten als we terug zijn. Nu heb ik een paar andere dingen aan mijn hoofd. Natuurlijk, zegt hij. Als we terug zijn. Ik ben zo van slag door deze aanvaring dat ik direct al in de eerste ronde van het toernooi van Halle op mijn bek ga tegen Steeb. Hij verslaat me in drie sets. Tot zover de warming-up.

Het afgelopen jaar heb ik amper gespeeld en als ik speelde was het slecht. Ik ben de laagst geplaatste titelverdediger in de geschiedenis van Wimbledon. Mijn eerste partij is die tegen Bernd Karbacher, een Duitser wiens dikke haar er van het begin tot het einde van de wedstrijd altijd hetzelfde uitziet. En dat intrigeert me natuurlijk. Alles aan Karbacher lijkt bedoeld als afleiding. Behalve zijn jaloersmakende uiterlijk heeft hij O-benen. Hij loopt niet alleen alsof hij hele dagen op een paard zit, maar ook alsof hij net is afgestapt, na een lange rit, en blaren op zijn kont heeft. Niet alleen zijn uiterlijk is vreemd, zijn spel ook. Zijn backhand is enorm goed, een van de beste, maar die gebruikt hij om niet te hoeven lopen. Hij haat lopen. Haat bewegen. Hij heeft een agressieve eerste service en een matige tweede.

Met mijn verstijfde pols heb ik zelf ook serviceproblemen. Ik moet mijn bewegingen veranderen, alleen een kleine achterzwaai maken, zo weinig mogelijk plotselinge bewegingen maken. Natuurlijk veroorzaakt dit problemen. In de eerste set kom ik al snel met 2-5 achter te staan. Ik ben bezig de eerste titelverdediger in decennia te worden die al in de eerste ronde wordt uitgeschakeld. Maar ik verman me, dwing me aan mijn nieuwe service te wennen en win met moeite. Karbacher springt op zijn paard en rijdt weg.

Britse fans zijn aardig. Ze juichen, ze schreeuwen, ze waarderen de moeite die het me heeft gekost om mijn pols in orde te krijgen.

Maar de Britse sensatiepers is totaal anders, vol venijn. Ze schrijven, ongelooflijk maar waar, over mijn borstkas, die ik sinds kort scheer. Ik had een gebroken pols en het enige waar zij over schrijven is mijn borstkas. Mijn persconferenties veranderen in Monty Python-sketches, elke tweede vraag gaat over mijn nieuwe gladde borst. Britse reporters zijn geobsedeerd door haar; als ze het eens wisten van mijn hoofdhaar... Enkele tabloids zeggen ook dat ik dik ben en scheppen er een kwaadaardig genoegen in me Burger King te noemen. Gil zegt dat ik vocht vasthoud door die cortisoninjectie in mijn pols, maar ze geloven het niet.

Maar niets fascineert de Britten zo als Barbra Streisand. Ze arriveert bij het Centre Court om me te zien spelen, en ze wordt bijna begeleid door trompetgeschal. Er komen altijd wel beroemdheden naar Wimbledon, maar Barbra's aanwezigheid zorgt voor ongekend veel ophef. Journalisten vallen haar lastig, daarna vallen ze mij lastig over haar, en de sensatiepers doet veel moeite onze relatie te analyseren en te bagatelliseren, hoewel die relatie niet meer is dan een innige vriendschap.

Ze willen weten hoe we elkaar hebben ontmoet. Dat weiger ik hun te vertellen, omdat ik niemand ken die zo verlegen en op zichzelf is als Barbra.

Het is begonnen met Steve Wynn, de casino-impresario, die ik al vanaf mijn vroegste jeugd ken. Toen we een keer aan het golfen waren, zei ik dat ik Barbra Streisands muziek mooi vond. Hij zei dat ze een goede vriendin van hem was. Daarna hebben Barbra en ik elkaar een paar keer gebeld en zijn we bevriend geraakt. Nadat ik Wimbledon had gewonnen, stuurde ze een lief telegram, feliciteerde me en zei dat het prettig was om nu eindelijk te weten welk gezicht bij de stem hoorde.

Een paar weken later nodigde ze me uit voor een kleine bijeenkomst op haar ranch in Malibu. David Foster zou er ook zijn, zei ze, en nog een paar vrienden. Eindelijk zouden we elkaar ontmoeten.

Haar landgoed stond vol kleine huisjes, waarvan er eentje een bioscoop bleek te zijn. Na de lunch liepen we ernaar toe voor een sneak preview van *The Joy Luck Club*, een echte chickfilm waarbij ik me stierlijk verveelde. Daarna liepen we met z'n allen naar een ander huisje, een muzieksalon, met een grote piano onder een raam. We stonden wat te eten en te kletsen toen David aan de piano ging zitten en een medley van sentimentele nummers speelde. Hij probeerde een paar keer Barbra over te halen om te zingen. Ze wilde niet. Hij bleef aandringen. Ze weigerde. Hij bleef aandringen tot het bijna gênant was. Ik wilde dat hij ermee ophield. Barbra stond met haar ellebogen op de piano geleund, met haar rug naar me toe. Ik zag haar verstijven. Ze was duidelijk doodsbang om voor andere mensen op te treden.

Maar nog geen vijf minuten later zong ze een paar tonen. Het geluid vulde het vertrek van de dakspanten tot de vloerdelen. Iedereen hield op met praten. De glazen trilden. De borden rammelden. De botten in mijn ribben en pols vibreerden. Ik dacht even dat iemand een van Barbra's albums in de cd-speler had gestopt en het geluid keihard had gezet. Ik kon amper geloven dat een mens zoveel geluid kon produceren, dat een menselijke stem elke vierkante centimeter van een vertrek kon vullen.

Vanaf dat moment intrigeerde ze me nog meer. Het idee dat ze zo'n verwoestend instrument bezat, zo'n machtig talent, en dat niet vrijuit voor haar plezier kon gebruiken, was fascinerend. En vertrouwd. En deprimerend. Niet lang daarna kwamen we elkaar weer tegen. Ze nodigde me uit op de ranch. We aten een pizza en hebben uren zitten praten, we ontdekten dat we heel veel dingen gemeen hadden. Ze was een gekwelde perfectionist en haatte het om zich bezig te houden met iets waarin ze uitblonk. En toch, ondanks dat ze zich al jaren min of meer had teruggetrokken, ondanks haar gebrek aan zelfvertrouwen en haar knagende angst, gaf ze toe dat ze een comeback overwoog. Ik drong erop aan dat ze dit deed. Ik zei dat het verkeerd was de wereld die stem te onthouden. Bovendien, zei ik, is het gevaarlijk om toe te geven aan je angsten. Angsten zijn vergelijkbaar met drugs, zei ik. Als je er een beetje aan toegeeft, geef je er algauw helemaal aan toe. Het maakte dus niet uit dat ze niet wilde optreden. Ze moest.

Natuurlijk voelde ik me een ontzettende hypocriet toen ik dit tegen haar zei. Tijdens mijn eigen gevechten tegen mijn angst en perfectionisme heb ik vaker verloren dan gewonnen. Ik praatte met haar op de manier waarop ik altijd tegen journalisten praatte: over zaken waarvan ik wist dat ze waar waren en over zaken waarvan ik hoopte dat ze waar waren. Maar de meeste zaken kon ik zelf niet eens geloven, laat staan ernaar handelen.

Dat voorjaar hadden we een middag samen lang getennist toen ik Barbra vertelde over een nieuwe zangeres die ik in Vegas had gezien, een vrouw met een stem die wel iets op die van Barbra leek. Ik vroeg: Wil je haar horen?

Ja, natuurlijk.

Ik nam haar mee naar mijn auto en zette een cd op van deze nieuwe sensatie, een Canadese vrouw, Céline Dion. Barbra luisterde aandachtig, beet op haar duimnagel. Ik zag dat ze dacht: Dat kan ik ook. Ze dacht eraan hoe het zou zijn om weer te beginnen. En alweer dacht ik dat ik behulpzaam was, maar voelde me ook een ongelooflijke hypocriet.

Mijn gevoel van hypocrisie bereikte een hoogtepunt toen Barbra zichzelf eindelijk dwong weer op te treden. Ik zat op de voorste rij, met een zwart basketbalpetje op. Ik had weer problemen met mijn haarstukje en ik was bang voor wat de mensen zouden denken en zeggen. Die avond voelde ik me niet alleen een hypocriet, maar was ik ook doodsbang.

Meestal lachen Barbra en ik om de ophef en het schandaal die onze weinige afspraakjes veroorzaken. We zijn het erover eens dat we goed zijn voor elkaar, dat we *simpático* zijn, en de ophef leidt er alleen maar toe dat we onze tijd samen des te plezieriger vinden. Onze vriendschap voelt daardoor verboden aan, alsof er een taboe op rust... als het zoveelste stukje van mijn algehele opstandigheid. Uitgaan met Barbra Streisand is vergelijkbaar met het dragen van Hot Lava.

Maar toch, als ik moe ben, of niet in de juiste stemming, zoals tijdens Wimbledon, heb ik last van alle kleinerende opmerkingen. En Barbra speelt de mensen die die opmerkingen maken ook nog eens in de kaart door tegen een journalist te zeggen dat ik een zenmeester ben. De kranten storten zich op deze opmerking. Continu hoor ik het citaat, heel even neemt het de plaats in van *Image Is Everything*. Ik begrijp die reactie niet, misschien omdat ik niet weet wat een zenmeester is. Het moet wel iets positiefs zijn, omdat Barbra een vriendin is.

Ik ban het onderwerp Barbra uit mijn hoofd, vermijd contact met kranten en tv en concentreer me op mijn taak op het Wimbledon van 1993. Nadat ik Karbacher heb overleefd, versla ik de Portugees

João Cunha Silva en de Australiër Patrick Rafter en daarna de Nederlander Richard Krajicek. Ik bereik de kwartfinale en speel, hoe kan het ook anders, tegen Pete. Ik vraag me af hoe mijn pols het in vredesnaam moet houden tegen zijn service, waarvan hij een echt wapen heeft gemaakt. Maar Pete heeft zelf ook fysieke problemen. Zijn schouder doet pijn, zijn spel is niet geweldig. Dat zeggen ze tenminste. Al zou je dat niet denken als je ziet hoe hij tegen mij speelt. Hij wint de eerste set in minder tijd dan ik nodig had om me aan te kleden voor de wedstrijd. Hij wint de tweede set al net zo snel.

Dat wordt een kort dagje, denk ik. Ik kijk omhoog naar mijn box en daar zit Barbra die continu op de foto wordt gezet aan de flitsers te zien. Ik denk: Is dit echt mijn leven?

Aan het begin van de derde set struikelt Pete. Ik krijg er weer zin in. Ik win deze set, net als de vierde. Het wiel draait in mijn richting. Ik zie aan Pete's gezicht dat hij bang wordt. We staan gelijk, hebben elk twee sets gewonnen. Ik zie dat de twijfel hem bekruipt, net als de lange middagschaduw op het gras van Wimbledon. Deze keer is het Pete die schreeuwt en zichzelf uitfoetert, niet ik.

In de vijfde set krimpt Pete ineen, masseert zijn schouder. Hij vraagt om een fysiotherapeut. Tijdens de pauze, terwijl hij wordt behandeld, zeg ik tegen mezelf dat deze partij van mij is. Twee Wimbledonzeges op rij, dat zou toch geweldig zijn? Ik ben benieuwd wat de sensatiepers dan zal zeggen. Of wat ik zal zeggen. En wat vind je nu van die Burger King van je?

Maar als we weer gaan spelen, is Pete een ander mens. Niet opgebloeid of opgepept, maar totaal anders. Hij heeft het weer voor elkaar, heeft die andere twijfelende Pete van zich afgeschud als een slang die zijn huid afschudt, en nu schudt hij mij van zich af. Hij staat met 5-4 voor en slaat aan het begin van de tiende game van de vijfde set drie zuivere aces. Maar geen gewone aces. Ze klinken zelfs anders, als kanonnen uit de Burgeroorlog.

Drie matchpoints. En dan loopt hij opeens naar het net en steekt zijn hand uit, alweer de winnaar. Die handdruk doet letterlijk pijn, en dat komt niet door mijn gevoelige pols.

Terug in mijn vrijgezellenhonk, een paar dagen nadat ik van Pete heb verloren, heb ik maar één simpel doel: ik wil de komende zeven dagen niet aan tennis denken. Ik heb gewoon even rust nodig. Mijn hart doet pijn, mijn pols doet pijn en ik ben bekaf. Ik wil een week lang helemaal niets moeten, alleen maar rustig zitten. Geen pijn, geen drama, geen services, geen sensatiepers, geen zangeressen, geen matchpoints. Ik zit met mijn eerste kop koffie door de *USA Today* te bladeren en opeens valt mijn blik op een kop. Omdat mijn naam erin voorkomt. *Bollettieri Parts Ways with Agassi.* De wegen van Agassi en Bollettieri scheiden zich. Nick vertelt de krant dat hij klaar is met me. Hij wil meer tijd met zijn gezin doorbrengen. Na tien jaar is dit de manier waarop hij me dit laat weten. Niet eens een pandabeer met zijn kont omhoog in mijn stoel.

Een paar minuten later ontvang ik een FedEx-envelop met een brief van Nick. Er staat niet meer in dan in het krantenartikel. Ik lees de brief een keer of tien en gooi hem dan in een schoenendoos. Ik loop naar de spiegel. Ik voel me niet eens slecht. Ik voel helemaal niets. Verdoofd. Alsof de cortison vanuit mijn pols in mijn hele wezen is gestroomd.

Ik rijd naar Gils huis en we gaan samen naar de fitnessruimte. Hij luistert en voelt zich direct slecht en geagiteerd, net als ik.

Nou, zeg ik, volgens mij is dit het *Break-Up-With-Andre*-seizoen. Eerst Wendi, nu Nick.

Mijn gevolg dunt sneller uit dan mijn haar.

Hoewel het nergens op slaat, wil ik de baan weer op. Ik verlang naar de pijn die alleen door tennis overgaat.

Maar zoveel pijn wil ik nou ook weer niet. De cortison is helemaal uitgewerkt en dat naalden-scheermessengevoel in mijn pols is domweg te erg. Ik ga naar een andere dokter, die zegt dat mijn pols geopereerd moet worden. Ik ga naar weer een andere dokter, die zegt dat nog meer rust misschien verlichting zal brengen. Ik luister naar de rust-dokter. Maar na vier weken rust stap ik een baan op en merk ik al na één slag dat een operatie de enige optie is.

Maar ik heb gewoon geen vertrouwen in chirurgen. Ik vertrouw maar heel weinig mensen en vind het vooral vervelend om iemand te vertrouwen die ik helemaal niet ken, om me over te geven aan iemand die ik nog maar net heb ontmoet. Ik krijg de kriebels bij de gedachte dat ik op een tafel lig, bewusteloos, terwijl iemand de pols opensnijdt waarmee ik de kost verdien. Stel dat hij zijn hoofd er die dag niet bij heeft? Stel dat hij verkeerd snijdt? Dat zie ik elke dag op de baan gebeuren, de helft van de tijd overkomt mij dat. Ik sta in de top tien, maar soms zou je denken dat ik een amateur was. Stel dat mijn chirurg de Andre Agassi van de geneeskunde is? Stel dat hij die dag niet op zijn best is? Stel dat hij dronken is, of drugs heeft gebruikt?

Ik vraag Gil of hij erbij wil zijn, in de operatiekamer. Ik wil dat hij fungeert als schildwacht, toezichthouder, achtervanger, getuige. Met andere woorden, ik wil dat hij doet wat hij altijd doet. Mij bewaken. Maar deze keer met een operatieschort aan en een kapje voor.

Hij fronst zijn voorhoofd. Hij schudt zijn hoofd. Hij weet het niet.

Gil heeft heel veel vertederende zwakheden, zoals zijn afkeer van de zon, maar de meest vertederende is zijn gevoelige maag. Hij kan niet tegen naalden. Hij krijgt de kriebels al als hij een griepprik moet halen.

Maar voor mij zal hij zich vermannen. Hij zegt: Ik verzet me er wel tegen.

Ik ben je eeuwig dankbaar, zeg ik.

Hoeft niet, zegt hij. Nergens voor nodig.

Op 19 december 1993 vliegen Gil en ik naar Santa Barbara. We gaan naar het ziekenhuis. Terwijl de verpleegkundigen me klaarmaken voor de operatie, zeg ik tegen Gil dat ik zo zenuwachtig ben dat ik misschien wel flauw ga vallen.

Dan hoeven ze je geen narcose meer te geven.

Dit kan het einde betekenen, Gil, het einde van mijn tenniscarrière.

Welnee.

En wat dan? Wat moet ik dan doen?

Ze leggen een masker over mijn neus en mond. Diep inademen, zeggen ze. Mijn oogleden worden zwaar. Ik vecht om ze open te houden, vecht om de controle niet te verliezen. Niet weggaan, Gil. Laat me niet alleen. Ik kijk naar Gils zwarte ogen boven zijn operatiekapje. Hij kijkt terug, zonder te knipperen. Gil is hier, zeg ik tegen mezelf. Gil let wel op. Gil staat op wacht. Alles komt goed. Ik laat mijn ogen dichtvallen, laat me opslokken door een soort nevel. Een halve seconde later word ik wakker en hangt Gil over me heen.

Hij zegt dat de pols erger was dan ze hadden verwacht. Veel erger. Maar ze hebben het opgelost, Andre. Nu maar hopen dat het goed komt. Meer kunnen we niet doen, hè? Hopen dat het goed komt.

Ik nestel me op mijn gigantische, met ganzendons gevulde, groenfluwelen bank, met de afstandsbediening in de ene en de telefoon in de andere hand. De chirurg zegt dat ik mijn pols een paar dagen omhoog moet houden, daarom heb ik er een groot hard kussen onder gelegd. Hoewel ik sterke pijnstillers heb, ben ik gewond, bezorgd en kwetsbaar. Gelukkig heb ik afleiding. Een vrouw, een vriendin van Kenny G's vrouw Lyndie.

Ik heb Kenny G leren kennen via Michael Bolton, die ik ontmoette toen ik meedeed aan de Davis Cup. We logeerden allemaal in hetzelfde hotel. Toen belde Lyndie G me opeens en zei dat ze de perfecte vrouw voor me had gevonden.

Nou, ik houd wel van perfect.

Volgens mij zullen jullie het goed met elkaar kunnen vinden.

Waarom?

Ze is knap, briljant, mondain, grappig.

Ik weet het niet, hoor. Ik ben nog altijd niet over Wendi heen. Bovendien houd ik er niet van gekoppeld te worden.

Deze keer wel. Ze heet Brooke Shields.

Ik heb van haar gehoord.

Wat heb je te verliezen?

Heel veel. Andre.

Ik zal erover nadenken. Heb je haar telefoonnummer voor me?

Je kunt haar niet opbellen. Ze is in Zuid-Afrika, voor filmopnames.

Ze moet toch bereikbaar zijn?

Nee. Ze is in the middle of nowhere. Ze woont in een tent, of een hut, in het oerwoud. Je kunt haar alleen per fax bereiken.

Ze gaf me Brooke's faxnummer en vroeg om mijn faxnummer.

Ik heb geen fax. Dat is het enige apparaat dat ontbreekt in dit huis.

Ik gaf haar Philly's faxnummer.

En toen, vlak voor mijn operatie, kreeg ik een telefoontje van Philly.

Je hebt een fax gekregen, op mijn faxnummer. Van Brooke Shields?

Zo is het begonnen. We stuurden elkaar berichten per fax, ik voerde een langeafstandscorrespondentie met een vrouw die ik nog nooit had ontmoet. Wat vreemd begon, werd steeds vreemder. Het tempo van onze conversatie was ongelooflijk traag, en dat vonden we allebei prima. We hadden geen van beiden haast. Maar door de enorme geografische afstand tussen ons lieten we algauw onze verdediging zakken. We stapten al na een paar faxen over van onschuldig geflirt op het uitwisselen van onze diepste geheimen. Binnen een paar dagen werd de toon van onze faxberichten teder, toen intiem. Ik had het gevoel dat ik al een relatie had met deze vrouw, die ik nog nooit had gezien of gesproken.

Ik belde Barbra niet meer op.

Nu ik me niet kan verplaatsen en mijn verbonden pols op het kussen ligt, hoef ik niets anders te doen dan nadenken over mijn volgende fax naar Brooke. Gil komt een paar dagen logeren en helpt me met verschillende versies. Ik maak me druk over het feit dat Brooke aan Princeton een graad in de Franse literatuur heeft behaald, terwijl ik mijn middelbare school niet eens heb afgemaakt. Gil veegt die opmerkingen van tafel, vergroot mijn zelfvertrouwen.

Bovendien, zegt hij, hoef jij je niet af te vragen of ze jou wel leuk vindt. Wel of je haar wel leuk vindt.

Ja, zeg ik. Ja. Daar heb je gelijk in.

En dus vraag ik of hij alle films van Brooke Shields wil kopen en we organiseren een filmfestival voor twee personen. We maken popcorn, dimmen het licht en dan zet Gil de eerste film op. *The Blue Lagoon*. Brooke als een prepuberale zeemeermin, die samen met een jongen op een paradijselijk eiland is gestrand. Een moderne versie van Adam en Eva. We spoelen terug, vooruit, zetten de film stil, vragen ons af of Brooke Shields mijn type wel is.

Niet slecht, zegt Gil. Helemaal niet slecht. Ze is absoluut nog een faxbericht waard.

Onze hofmakerij via de fax duurt nog een paar weken, tot Brooke een korte fax stuurt met het bericht dat ze klaar is met de filmopnames en teruggaat naar de VS. Over twee weken zal ze hier zijn. Ze landt op LAX. Toevallig moet ik de dag daarna in Los Angeles zijn voor een interview met sportjournalist Jim Rome.

We spreken af in haar huis. Ik rijd er rechtstreeks vanuit de studio naartoe, nog steeds met de zware tv-make-up op van mijn interview met Rome. Ze doet de deur open en ziet er heel erg filmsterachtig uit, met een loshangend sjaalachtig ding van fluweel om haar hals. En geen make-up. (Of in elk geval minder dan ik.) Maar haar haar is kortgeknipt en dat verbaast me. Ik heb me haar steeds voorgesteld met lang, golvend haar.

Ik heb het kort laten knippen voor mijn rol, zegt ze.

In welke film? *Bad News Bears*?

Dan verschijnt opeens vanuit het niets haar moeder. We geven elkaar een hand. Ze is vriendelijk, maar stijf. Ik krijg een vreemd gevoel: instinctief weet ik dat deze vrouw en ik, wat er ook gebeurt, het nooit met elkaar zullen kunnen vinden.

Brooke en ik rijden naar een restaurant. Onderweg vraag ik: Woon je bij je moeder?

Ja. Nou nee. Het ligt ingewikkeld.

Met ouders is het altijd ingewikkeld.

We gaan naar Maria's Cafe, een klein Italiaanse restaurantje aan San Vicente. Ik vraag om een tafeltje in een hoek, zodat we wat privacy hebben. Algauw vergeet ik Brooke's moeder, haar kapsel, alles. Ze heeft ongelooflijk veel zelfvertrouwen en charisma, en ze is verrassend grappig. We schieten allebei in de lach als de ober naar ons tafeltje komt en vraagt: Zo dames, hebt u al besloten wat u wilt bestellen?

Misschien moet ik maar eens naar de kapper, zeg ik.

Ik vraag Brooke over de film die ze net heeft opgenomen in Afrika. Vindt ze het leuk om actrice te zijn? Ze praat vol passie over het avontuur van films maken, het plezier van samenwerken met getalenteerde acteurs en regisseurs en het valt me op dat ze totaal anders is dan Wendi, die nooit wist wat ze wilde. Brooke weet precies wat ze wil. Ze ziet haar dromen en aarzelt niet die onder woorden te brengen, ook al weet ze nog niet hoe ze ze precies moet waarmaken. Ze is vijf jaar ouder dan ik, maar is veel wereldwijzer, zich veel bewuster van alles en toch heeft ze iets onschuldigs. Ze straalt iets uit waardoor ik haar wil beschermen. Ze wekt de Gil in me op, een kant waarvan ik niet wist dat ik die had.

We zeggen zo ongeveer dezelfde dingen als we per fax hebben gezegd, maar nu we elkaar kunnen zien klinken ze anders, intiemer. Nu is er ook sprake van nuances, dubbele bodems, lichaamstaal en feromonen. Bovendien maakt ze me aan het lachen, heel vaak, en ze lacht zelf ook veel. Ze heeft een heerlijke lach. Net als tijdens mijn polsoperatie verstrijken drie uren in een milliseconde.

Ze is heel lief en aardig over mijn pols. Ze onderzoekt het drie centimeter lange litteken, raakt hem even aan, stelt vragen. Ze leeft ook heel erg mee, omdat zij ook geopereerd moet worden, aan haar beide voeten. Haar tenen zijn beschadigd door haar jarenlange danstraining, zegt ze, en de artsen moeten ze breken en opnieuw zetten. Ik vertel haar over Gil die op wacht stond in de operatiekamer en ze vraagt voor de grap of ze hem mag lenen.

We komen tot de ontdekking dat we, ondanks onze totaal verschillende levens, dezelfde uitgangspositie hebben gehad. Ze weet wat het is om op te groeien met een voortvarende, ambitieuze, agressieve, arrogante ouder. Al sinds Brooke elf maanden was is haar moeder haar manager. Het enige verschil is dat haar moeder haar nog altijd managet. En ze zijn bijna failliet, omdat Brooke's carrière in het slop is geraakt. Deze Afrika-film is de eerste grote klus sinds tijden. Ze doet koffiereclames in Europa om de hypotheek te kunnen betalen. Dit soort dingen vertelt ze me, verrassend open, alsof we elkaar al jaren kennen. En dat komt niet alleen doordat we dankzij onze faxen al enigszins vertrouwd met elkaar zijn geraakt. Ze is van nature open, altijd, dat merk ik meteen. Ik wilde dat ik half zo open kon zijn. Ik kan haar niet zoveel over mijn eigen kwellingen vertellen, hoewel ik wel moet toegeven dat ik tennis haat.

Ze lacht. Je haat tennis niet.

Toch wel.

Maar je haat het niet echt.

Ja, dat doe ik wel.

We praten over onze reizen, ons favoriete eten, muziek, films. We zijn het eens over een recente film, *Shadowlands*, het verhaal van de Britse auteur C.S. Lewis. Ik vertel Brooke dat de film me heeft geraakt. Door Lewis' nauwe band met zijn broer. Door zijn beschermde leventje, afgeschermd van de wereld. Door zijn angst voor de risico's en de pijn van de liefde. Maar dan komt die moedige vrouw in zijn leven die hem laat zien dat pijn de prijs is die je betaalt om mens te zijn, en dat die prijs de moeite waard is. Aan het einde van de film zegt Lewis tegen zijn studenten: Pijn is Gods megafoon om een dove wereld wakker te schudden. Hij zegt tegen hen: Wij zijn als rotsblokken [...] en we worden juist perfect door de klappen van zijn beitel die ons zoveel pijn doen. Perry en ik hebben die film twee keer gezien, vertel ik Brooke, en we kennen de tekst bijna uit ons hoofd. Ik ben ontroerd, en verbaasd, dat Brooke ook weg is van *Shadowlands*.

Tot ver na middernacht zitten we met onze lege koffiekopjes voor ons nog te kletsen. Maar dan kunnen we de ongeduldige blikken van de obers en de eigenaar van het restaurant niet langer negeren. We moeten gaan. Ik breng Brooke met de auto naar huis. Als we op de stoep voor haar huis staan heb ik het gevoel dat haar moeder achter het gordijn van een bovenraam naar ons staat te kijken. Ik geef Brooke een kuise zoen en vraag of ik haar weer mag bellen.

Natuurlijk.

Als ik terugloop naar de auto ziet ze een gat in mijn spijkerbroek, bij de taille. Ze steekt haar vinger erin en krabt met haar nagel over mijn staartbotje. Ze grijnst even en rent dan naar binnen.

Ik rijd met mijn huurauto over Sunset Boulevard. Ik was van plan geweest terug naar Vegas te vliegen. Ik had nooit verwacht dat ons afspraakje zo goed zou verlopen en zo lang zou duren. Ik besluit de nacht door te brengen in het eerste hotel dat ik tegenkom. Dat blijkt een Holiday Inn dat betere tijden heeft gekend. Tien minuten later lig ik in een muffe kamer op de eerste verdieping te luisteren naar het verkeer op de Sunset en de 405. Ik denk terug aan ons afspraakje en probeer conclusies te trekken over de betekenis ervan. Maar mijn oogleden zijn zwaar. Ik vecht om ze open te houden, vecht zoals altijd om de controle niet te verliezen, omdat dat voelt als het ultieme verlies van keuzevrijheid.

HOOFDSTUK 15

Mijn derde afspraakje met Brooke vindt plaats op de avond voor de operatie van haar voeten. We zijn in Manhattan, in de woonkamer op de begane grond van haar woning. We kussen elkaar, bijna, maar eerst moet ik haar de waarheid vertellen over mijn haar.

Ze voelt dat ik haar iets wil vertellen. Wat is er aan de hand? vraagt ze.

Niets.

Je kunt het me wel vertellen.

Nou weet je, ik ben niet helemaal eerlijk tegen je geweest.

We liggen op een bank. Ik ga rechtop zitten, klop een kussen op, haal diep adem. Op zoek naar de juiste woorden kijk ik naar de muren. Daar hangen Afrikaanse maskers, zonder ogen, zonder haar. Ik vind ze griezelig. Maar ook wel een beetje vertrouwd.

Andre, wat is er?

Ik vind het niet gemakkelijk om dit toe te geven, Brooke. Maar weet je, ik ben al een tijdje kaal aan het worden en dat probeer ik te verbergen met een haarstukje.

Ik steek mijn hand uit, pak haar hand, leg hem op mijn haarstukje.

Ze glimlacht. Zoiets dacht ik al, zegt ze.

Echt waar?

Dat stelt niets voor.

Dat zeg je toch niet zomaar?

Ik vind je ogen heel aantrekkelijk. En je hart. Niet je haar.

Ik kijk naar de gezichten zonder ogen en zonder haar, en ik vraag me af of ik val.

Ik ga met Brooke mee naar het ziekenhuis en wacht op haar in de recoverykamer. Daar ben ik als ze haar naar binnen rijden, met haar voeten gezwachteld net als de mijne voor een match, en daar ben ik ook als ze wakker wordt. Ik krijg een ongelooflijk beschermend gevoel naar haar toe, een teder gevoel. Maar dat verdwijnt al snel als ze wordt gebeld door haar goede vriend Michael Jackson. Ik begrijp niets van haar langdurige vriendschap met Jackson, door alle gruwelijke berichten over al die neusoperaties, apen als huisdier en kindermisbruik. Maar Brooke zegt dat hij op ons lijkt, dat hij als wonderkind ook geen echte jeugd heeft gehad.

Ik ga met Brooke mee naar huis en zit dagen naast haar bed terwijl zij aan het herstellen is. Haar moeder ontdekt me op een ochtend op de grond naast Brookes bed. Ze is helemaal ontdaan. Op de grond slapen? Dat is onbestaanbaar. Ik zeg tegen haar dat ik het liefst op de grond slaap. Mijn rug. Ze loopt beledigd weg.

Ik geef Brooke een ochtendkus. Je moeder en ik staan niet echt op goede voet met elkaar.

We kijken allebei naar beneden, naar haar voeten. Niet zo'n beste woordkeuze.

Ik moet weg. Ik word verwacht in Scottsdale voor mijn eerste toernooi na de operatie.

Tot over een paar weken, zeg ik tegen haar, en kus haar weer, houd haar vast.

Ik heb een gemakkelijke loting in Scottsdale, maar daar word ik niet minder bang door. Dit is de eerste echte test voor mijn pols. Stel dat die niet goed genezen is? Stel dat hij slechter is? Ik heb een steeds terugkerende nachtmerrie, waarin ik met een match bezig ben en mijn hand eraf valt. Ik ben op mijn hotelkamer, sluit mijn ogen en probeer mezelf ervan te overtuigen dat mijn pols in orde is en de westrijd goed verloopt, als er op de deur wordt geklopt.

Wie is daar?

Brooke.

Met twee gebroken voeten is ze naar me toe gekomen.

Ik win het toernooi, geen centje pijn.

Weken later maken Pete en ik een afspraak voor een simultaaninterview met een tijdschriftjournalist. Pete komt naar mijn hotelkamer waar het interview zal plaatsvinden en is verbijsterd als hij daar Peaches ziet.

Wat is dat nou? vraagt Pete.

Pete, dit is Peaches. Ze is een oude papegaai die ik heb gered uit een dierenwinkel in Vegas die ging sluiten.

Leuke vogel, zegt Pete grappend.

Het is een aardig dier, zeg ik. Ze bijt niet. Ze doet mensen na.

Zoals?

Zoals mij. Ze niest zoals ik, praat zoals ik, maar ze heeft wel een grotere woordenschat. Elke keer als de telefoon gaat, schrik ik me rot. Dan schreeuwt Peaches: Telefoon! Te-le-foon!

Ik vertel Pete dat ik in Vegas een hele menagerie heb. Een kat die King heet, een konijn dat Buddy heet, alles wat maar kan helpen de eenzaamheid te verdrijven. Een mens is geen eiland. Hij schudt zijn hoofd. Kennelijk vindt hij tennis een stuk minder eenzaam dan ik.

Dan doen we het interview, en opeens heb ik het gevoel dat ik met twee papegaaien in die kamer zit. Als ik een verslaggever voor de gek houd, doe ik dat met enige flair, kleurrijk. Pete klinkt robotachtiger dan Peaches.

Ik zeg het niet tegen Pete, maar ik beschouw Peaches als een integraal onderdeel van mijn team, dat steeds groter wordt, steeds verandert, een constant experiment is. Ik ben Nick en Wendi kwijtgeraakt, maar heb Brooke toegevoegd. Ik heb Slim er ook aan toegevoegd, een slimme, aardige vent uit Vegas. We zaten samen op de basisschool. We zijn een dag na elkaar geboren, in hetzelfde ziekenhuis. Slim is een goede vent, ook een gedoemde ziel, en daarom heb ik hem aangesteld als mijn personal assistant. Hij past op mijn huis, laat de man die het zwembad onderhoudt en allerlei andere manusjes-van-alles binnen, verzorgt mijn post en beantwoordt verzoeken van fans om foto's en handtekeningen.

Nu denk ik dat ik misschien een manager aan mijn team moet toevoegen. Ik neem Perry even apart en vraag hem of hij mijn huidige management eens wil doorlichten, kijken of ze me niet afzetten. Hij bekijkt de contracten en zegt dat ik inderdaad wat beters zou moeten zoeken. Ik omhels hem en bedank hem. Dan krijg ik een idee: Wil jij mijn manager niet worden, Perry? Ik heb iemand nodig die ik vertrouw.

Ik weet dat hij het druk heeft. Hij zit in zijn tweede jaar van zijn rechtenstudie aan de University of Arizona Law School en werkt keihard. Maar ik vraag hem of hij er alsjeblieft over wil nadenken, eventueel als parttimebaan.

Dat hoef ik hem geen twee keer te vragen. Perry wil die baan wel en wil meteen beginnen. Hij doet het wel tussen de colleges door, zegt hij. 's Ochtends, in het weekend, wanneer dan ook. Het is niet alleen een geweldige kans, maar deze baan geeft hem ook de kans iets terug te doen. Ik heb Perry het geld geleend voor zijn rechtenstudie, omdat hij het niet van zijn vader wilde lenen. Hij vertelde me een keer dat zijn vader geld gebruikt om mensen te manipuleren en te kleineren, met name hem. Ik moet me losmaken van mijn vader, zei hij. Ik moet me losmaken, Andre, voor eens en altijd.

Er zijn maar weinig smeekbedes waar ik gevoeliger voor ben. Ik heb ter plekke een cheque uitgeschreven.

In zijn nieuwe functie als mijn manager moet Perry allereerst een nieuwe coach voor me zoeken, een vervanger voor Nick. Hij maakt een korte lijst met kandidaten en boven aan die lijst staat iemand die net een boek over tennis heeft geschreven: *Winning Ugly*.

Perry geeft me het boek, zegt dat ik het moet lezen.

Ik kijk hem vuil aan. Nee, bedankt. Ik wil niet meer naar school.

Bovendien hoef ik dat boek niet te lezen. Ik ken de auteur, Brad Gilbert. Ik ken hem goed. Hij is een collega-speler. Ik heb al vaak tegen hem gespeeld, nog geen week geleden zelfs. Hij speelt totaal anders dan ik. Hij is een junker, wat betekent dat hij gebruikmaakt van tempowisselingen, misleiding, trucjes. Hij kan niet veel, maar hij vindt het leuk de beperkte mogelijkheden die hij heeft helemaal uit te buiten. Ik kan altijd beter spelen, maar hij speelt altijd beter dan hij kan. Hij frustreert zijn tegenstanders, aast op hun fouten. Hij heeft al heel vaak op mij geaasd. Ik vind het een interessant idee dat iemand als Brad mij zou gaan coachen, maar hij speelt nog steeds. In feite is zijn ranking, door mijn operatie en het feit dat ik al een tijdje niet meer heb gespeeld, hoger dan de mijne.

Nee, zegt Perry, het einde van Brads carrière is in zicht. Hij is 32 en misschien staat hij wel open voor het idee mijn coach te worden. Perry zegt nog eens dat hij erg onder de indruk is van Brads boek en dat hij van mening is dat er het soort praktische wijsheid in staat dat ik nodig heb.

In maart 1994, als we allemaal in Key Biscayne zijn voor het toernooi aldaar, nodigt Perry Brad uit voor een diner in een Italiaans restaurant op Fisher Island. Café Porte Chervo, direct aan het water. Een van onze favoriete restaurants.

Het is vroeg in de avond. De zon verdwijnt achter de masten en de zeilen van de boten in de haven. Perry en ik zijn vroeg, Brad is precies op tijd. Ik was vergeten hoe opvallend hij eruitziet. Hij is donker, harig, best wel knap maar niet op de klassieke manier. Zijn gelaatstrekken zijn niet gebeeldhouwd, maar gegoten. Ik kan het idee niet van me afzetten dat Brad eruitziet als de oermens, alsof hij net uit een tijdmachine is gestapt, een beetje buiten adem omdat hij zojuist het vuur heeft uitgevonden. Misschien denk ik dat wel door al dat haar van hem. Op zijn hoofd, armen, biceps, schouders, gezicht – Brad heeft zoveel haar dat ik er bang van ben maar ook wel jaloers. Alleen al zijn wenkbrauwen zijn fascinerend. Alleen al van zijn linkerwenkbrauw zou ik een prachtig haarstukje kunnen maken. De maître d', Renato, zegt dat we op het terras kunnen zitten met uitzicht op de haven.

Klinkt goed, zeg ik.

Nee, zegt Brad. We moeten binnen zitten.

Waarom?

Vanwege Manny.

Hoezo? Wie is Manny?

Manny Mosquito. Muggen. Daar kan ik echt niet tegen en geloof me, Manny is hier, Manny is met velen en Manny vindt me lekker. Kijk dan! Zwermen! Kijk! Nee, ik moet binnen zitten. Ver bij de Manny's vandaan!

Hij vertelt dat hij vanwege de muggen een spijkerbroek draagt in plaats van een korte broek ook al is het 38 graden. Manny, zegt hij nog een keer, rillend.

Perry en ik kijken elkaar aan.

Oké, zegt Perry. Dan gaan we binnen zitten.

Renato zet ons aan een tafeltje bij het raam. Hij geeft ons de menukaarten. Brad bekijkt de kaart en trekt een bedenkelijk gezicht.

Probleem, zegt hij.

Wat is er?

Ze hebben mijn bier niet. Bud Ice.

Misschien hebben ze wel...

Ik moet Bud Ice hebben. Ander bier drink ik niet.

Hij staat op en zegt dat hij naar de supermarkt naast het restaurant gaat om wat Bud Ice te kopen.

Perry en ik bestellen een fles rode wijn en wachten. We zeggen niets zolang Brad weg is. Vijf minuten later komt hij terug met zes flesjes Bud Ice en vraagt Renato of hij die koud wil zetten. Niet in de koelkast, zegt Brad, want dat is niet koud genoeg. Op ijs, of anders in de vriezer.

Als Brad eindelijk tevreden is, met een halve koude Bud Ice achter de kiezen, begint Perry te praten.

Luister Brad, een van de redenen dat we je wilden zien, is dat we je mening over Andre's spel willen vragen.

Wát zeg je?

Andre's spel. We zouden het op prijs stellen als je ons wilt vertellen wat je daarvan denkt.

Wat ik denk?

Ja.

Je wilt weten wat ik denk van zijn spel?

Dat klopt.

Wil je dat ik eerlijk ben?

Ja, graag.

Heel eerlijk?

Hou je niet in.

Hij neemt een grote slok bier en geeft een pijnlijk nauwgezette, degelijke, recht op de man af samenvatting van mijn gebreken als tennisser.

Het is eigenlijk heel simpel, zegt hij. Als ik jou was, met jouw vaardigheden, jouw talent, jouw return en voetenwerk, dan zou ik domineren. Maar je bent het vuur kwijt dat je had toen je zestien was. Die knul – die de bal vroeg nam, agressief was – waar is die knul verdomme gebleven?

Brad zegt dat mijn algehele probleem, het probleem dat mijn carrière al vroegtijdig kan beëindigen – het probleem dat aanvoelt als de erfenis van mijn vader – perfectionisme is.

Jij probeert altijd perfect te zijn, zegt hij, en dat lukt altijd net niet, en daardoor laat je je afleiden. Nu is je zelfvertrouwen verdwenen en dat komt door je perfectionisme. Je wilt van elke bal een winner maken, terwijl een rustige, consistente return goed genoeg is om in negentig procent van de gevallen tijd te winnen.

Hij praat maar door, een constante dreun, als het gezoem van muggen. Hij onderbouwt zijn argumenten met metaforen uit allerlei sporten, zoals boksen, honkbal, basketbal, football. Hij is gek op sport, en op metaforen.

Stop met je streven om iemand ko te slaan, zegt hij. Stop met de bal zo hoog en zo ver mogelijk over de hekken te rammen. Je hoeft alleen maar solide te spelen. Enkelspel, dubbelspel, denk vooruit. Stop met aan jezelf denken, aan je eigen spel, maar denk eraan dat de man aan de andere kant van het net zwakke punten heeft. Val zijn zwakke punten aan. Je hoeft niet elke keer dat je de baan op gaat de beste van de wereld te zijn. Je moet alleen beter zijn dan je tegenstander. Jij hoeft geen succes te hebben; je moet zorgen dat hij faalt. Nog beter is: laat hem zelf falen. Het gaat alleen maar om kansen en percentages. Jij komt uit Vegas, jij zou dat moeten weten. De bank wint toch altijd? En waarom? Omdat de kansen in het voordeel van de bank worden gemanipuleerd. En dus? Moet jij de bank zijn! Manipuleer de kansen in jouw voordeel. Op dit moment, nu je elke bal perfect wilt slaan, manipuleer je jezelf in het nadeel. Je gaat er te vaak van uit dat je risico's loopt. Daar hoef je helemaal niet van uit te gaan. *Fuck that.* Je hoeft de bal alleen maar in het spel te houden. Heen en terug. Heel rustig. Solide. Wees als de zwaartekracht, man. Als je zoals jij naar perfectie streeft, als perfectie je ultieme doel is, weet je wat je dan doet? Dan streef je iets na wat niet bestaat. En je bezorgt iedereen om je heen een ellendig gevoel. En je bezorgt jezelf een ellendig gevoel. Perfectie? Je wordt hooguit vijf keer per jaar perfect wakker, op die dag kun je van niemand verliezen. Maar je bent geen tennisser – en geen mens – dankzij die vijf keer per jaar. Het gaat om alle andere keren. Het zit allemaal in je hoofd, man. Met jouw talent ga je winnen als je vijftig procent van de tijd goed speelt en vijfennegentig procent van de tijd je hoofd gebruikt. Maar als je vijfennegentig procent van de tijd goed speelt en vijftig procent van de tijd je hoofd gebruikt, ga je verliezen, verliezen, verliezen. Vergeet niet, er zijn eenentwintig sets nodig om een slam te winnen. Meer niet. Je hoeft maar eenentwintig sets te winnen. Zeven partijen, best of five. Dat is eenentwintig. Eenentwintig is bij tennis, net als bij kaarten, een winner. Blackjack! Focus je op dat getal, dan kun je niet falen. Houd het simpel, houd het simpel. Zeg elke keer dat je een set wint tegen jezelf: Dat is één. Weer één in mijn zak. Aan het begin van een toernooi moet je terúgtellen vanaf eenentwintig. Dat is positief denken, snap je? Natuurlijk, als ik blackjack speel, wil ik liever met zestien winnen, omdat ik dan dik win. Dan is het niet nodig met eenentwintig te winnen. Dan is het niet nodig perfect te zijn.

Hij is een kwartier aan het woord geweest. Perry en ik zijn hem niet in de rede gevallen, hebben elkaar niet aangekeken, hebben niet één slokje wijn genomen. Brad drinkt zijn tweede biertje op en zegt: Waar is het toilet in deze tent? Ik moet pissen.

Zodra hij vertrokken is, zeg ik tegen Perry: *That's our guy.*

Absoluut.

Als Brad terug is, komt de ober onze bestelling opnemen. Brad bestelt penne arrabbiata en gegrilde kip en mozzarella.

Perry bestelt kip met Parmezaanse kaas. Brad kijkt Perry vol afschuw aan. Foute keus, zegt hij.

De ober stopt met het noteren van zijn bestelling.

Wat je zou moeten doen, zegt Brad, is kipfilet bestellen, apart, en daarnaast bestel je dan je mozzarella en saus. Op die manier is de kipfilet namelijk vers, niet klef, en bovendien kun je dan zelf bepalen hoeveel kaas en saus je eroverheen doet.

Perry bedankt Brad voor zijn menuadvies, maar zegt dat hij toch bij zijn keuze blijft. De ober kijkt naar mij. Ik wijs naar Brad en zeg: Ik neem hetzelfde als hij.

Brad glimlacht.

Perry schraapt zijn keel en zegt: Zo Brad. Zou je er iets voor voelen om Andre's coach te worden?

Brad denkt erover na. Drie seconden. Ja, zegt hij dan. Ik denk dat ik dat wel wil. Ik denk dat ik je wel kan helpen.

Ik vraag: Wanneer kunnen we beginnen?

Morgen, zegt Brad. Ik zie je om tien uur 's ochtends op de baan.

Eh, nou, dat wordt lastig. Ik speel namelijk nooit voor één uur.

Andre, zegt hij, we beginnen om tien uur.

Ik ben natuurlijk te laat. Brad kijkt op zijn horloge.

Dacht dat we tien uur hadden afgesproken?

Man, ik weet niet eens wat tien uur 's ochtends is.

Wij beginnen te slaan en Brad begint te praten. Hij houdt niet op, alsof de uren tussen zijn monoloog van de vorige avond en de training van deze ochtend alleen maar een korte pauze zijn geweest. Hij fileert mijn spel, en anticipeert en analyseert mijn slagen terwijl ik ze uitvoer. Hij maakt zich vooral druk over mijn backhand op de lijn.

Zodra je de kans krijgt een backhand op de lijn te leggen, zegt hij, moet je dat doen. Met die slag kun je winnen. Het is je actieve vermogen. Je kunt er een hoop rekeningen mee betalen.

We spelen een paar games en hij stopt bij elk tweede punt, loopt naar het net en vertelt me waarom ik zojuist iets ontzettend stoms heb gedaan.

Waarom deed je dát nou? Ik weet wel dat het een *killer shot* is, maar niet elke slag hoeft een killer te zijn. Soms is de beste slag een ingehouden slag, een oké-slag, een slag waardoor je tegenstander de kans loopt fout te retourneren. Laat je tegenstander maar spelen.

Ik geniet. Ik reageer op Brads enthousiasme, op zijn energie. Ik kan me goed vinden in zijn opvatting dat perfectie een vrijwillige keuze is. Perfectionisme is iets waar ik voor heb gekozen, predikt hij, en dat richt me te gronde. Ik kan ook een andere keuze maken. Ik móét een andere keuze maken. Zoiets heeft nog nooit iemand tegen me gezegd. Ik heb altijd aangenomen dat perfectionisme net zoiets was als mijn dunner wordende hoofdhaar of mijn verdikte ruggenwervel. Een aangeboren deel van mezelf.

Na een lichte lunch ga ik lui onderuit liggen, kijk tv, lees de krant, zit in de schaduw onder een boom. Daarna speel en win ik mijn partij tegen Mark Petchey, een Britse knul van mijn leeftijd. Mijn volgende partij is tegen Becker, die nu door Nick wordt gecoacht. Nadat hij publiekelijk heeft verkondigd dat hij zich niet kan voorstellen dat hij een van mijn rivalen zou coachen, coacht Nick nu een van mijn aartsrivalen. Nick zit zelfs in Beckers box. Becker serveert snoeihard, zoals altijd, 217 kilometer per uur, maar nu Nick aan zijn kant staat, zit ik vol adrenaline en kan ik al zijn ballen aan. En Becker weet dat. Hij houdt op met vechten en bespeelt het publiek. Terwijl hij een set en een break achterstaat, geeft hij zijn racket aan het ballenmeisje, alsof hij wil zeggen: Hier, jij kunt het net zo goed als ik.

Ik denk: Ja, laat haar maar spelen, dan versla ik jullie allebei.

Nadat ik korte metten met Becker heb gemaakt, zit ik in de finale. Mijn tegenstander? Pete. Zoals altijd, Pete.

De match zal op tv worden uitgezonden. Brad en ik zijn allebei gespannen als we de kleedkamer binnenlopen, maar daar zien we Pete op de grond liggen. Een arts en een fysiotherapeut zijn met hem bezig. De toernooidirecteur drentelt heen en weer. Pete trekt zijn knieën op en kreunt.

Voedselvergiftiging, zegt de arts.

Brad fluistert: Volgens mij heb je zojuist Key Biscayne gewonnen.

De directeur neemt Brad en mij even apart en vraagt of we bereid zijn Pete tijd te geven om te herstellen. Ik voel Brad verstijven. Ik weet wat hij wil dat ik zeg. Maar ik zeg tegen de directeur: Geef Pete alle tijd die hij nodig heeft.

De directeur slaakt een zucht en legt zijn hand op mijn arm. Dank je wel, zegt hij. Er zitten veertienduizend mensen op de tribune en er is ook televisie bij.

Brad en ik hangen wat rond in de kleedkamer, zappen wat, bellen deze en gene. Ik bel Brooke, die auditie doet voor *Grease* op Broadway. Anders zou ze hier ook zijn geweest.

Brad kijkt me vals aan.

Ontspan, zeg ik tegen hem, Pete wordt vast niet beter.

De dokter geeft Pete een infuus en krijgt hem vervolgens weer op de been. Maar Pete wankelt op zijn benen als een pasgeboren veulen. Dat wordt niets.

De toernooidirecteur komt naar ons toe. Pete is er klaar voor, zegt hij.

Fucking A, zegt Brad. Inderdaad.

Wordt vast een kort avondje, zeg ik tegen Brad.

Maar Pete doet het weer. Hij stuurt zijn gemene tweelingbroer de baan op. Dit is niet de Pete die opgerold als een bal op de vloer van de kleedkamer lag. Dit is niet de Pete die een infuus kreeg en wankelend rondjes liep. Deze Pete is in de bloei van zijn leven, serveert op topsnelheid, hoeft zich amper in te spannen. Hij speelt zijn beste tennis, hij is onverslaanbaar en hij komt op een voorsprong van 5-1.

Nu ben ik boos. Ik voel me alsof ik een gewond vogeltje heb gevonden, het mee naar huis heb genomen en het heb verzorgd tot het weer gezond was, waarna het probeert mijn ogen uit te pikken. Ik vecht terug en win de set. Ik heb ongetwijfeld de enige aanval die Pete kan opbrengen afgeslagen. Het is onmogelijk dat hij nu nog reserves over heeft.

Maar in de tweede set is hij zelfs nog beter. En in de derde speelt hij fantastisch. Hij wint de best-of-three-partij.

Ik storm de kleedkamer binnen. Brad wacht me op, woedend. Hij zegt weer dat hij in mijn plaats Pete zou hebben gedwongen de nederlaag te accepteren. Hij zou de directeur hebben gedwongen hem tot winnaar uit te roepen.

Zo ben ik niet, zeg ik tegen Brad. Zo wil ik niet winnen. En trouwens, als ik niet in staat ben een man met voedselvergiftiging te verslaan, een man die op zijn rug ligt, dan verdíén ik de overwinning niet.

Brad houdt meteen zijn mond. Hij kijkt me met grote ogen aan. Daar kan hij niets tegen inbrengen. Hij respecteert mijn principes, zegt hij, maar hij is het er niet mee eens.

We lopen samen het stadion uit als Bogart en Claude Rains aan het einde van de film *Casablanca*. Het begin van een prachtige vriendschap. Een belangrijk nieuw lid van het team.

Dan begint het team aan een heldhaftige reeks nederlagen.

Het toepassen van Brads denkbeelden is net zoiets als links leren schrijven. Hij noemt zijn filosofie Bradtennis. Ik noem het Braditude. Maar hoe het ook heet, het is moeilijk. Ik heb het gevoel dat ik weer op school zit, dat ik het niet begrijp, dat ik ergens anders wil zijn. Steeds weer zegt Brad dat ik consistent moet zijn, gelijkmatig, als de zwaartekracht. Dat zegt hij steeds weer: Wees als de zwaartekracht. Constante druk, duw je tegenstander omlaag. Hij probeert me zover te krijgen dat ik met gemeen spel wil winnen, maar ik weet alleen hoe ik gemeen moet verliezen. En gemeen moet denken. Ik vertrouw Brad, ik weet dat zijn adviezen goed zijn, ik doe alles wat hij zegt... waarom win ik dan niet? Ik heb het perfectionisme overboord gezet... waarom ben ik dan niet perfect?

Ik ga naar Osaka, verlies weer van Pete. In plaats van de zwaartekracht te zijn, lijk ik wel een knoeier.

Ik ga naar Monte Carlo en verlies van Jevgeny Kafelnikov, in de eerste ronde.

Om de vernedering nog groter te maken, vraagt men Kafelnikov tijdens de persconferentie na afloop van de match hoe het was om mij te verslaan – omdat zoveel fans me aanmoedigden.

Moeilijk, zegt Kafelnikov met een grijns, want hij lijkt een beetje op Jezus.

Ik heb geen idee wat hij daarmee wil zeggen, maar het is vast niet als compliment bedoeld.

Ik ga naar Duluth, Georgia, en verlies van MaliVai Washington. Na afloop, in de kleedkamer, ben ik kapot. Brad komt binnen, met een glimlach, en zegt dat er goede dingen gaan gebeuren.

Ik kijk hem ongelovig aan.

Hij zegt: Je moet lijden. Je moet een heleboel wedstrijden nipt verliezen. En dan, op een dag, begin je wedstrijden nipt te winnen en dan gaat de hemel open en dan breek je door. Het enige wat jij nodig hebt is die ene doorbraak, die ene opening. Daarna is er niets meer dat je ervan weerhoudt de beste tennisser ter wereld te worden.

Je bent gek.

Je bent aan het leren.

Je bent geschift.

Je zult het zien.

In 1994 ga ik naar Roland Garros en speel vijf venijnige sets tegen Thomas Muster. In de vijfde set sta ik met 5-1 achter. Dan voel ik iets. In gedachten hoor ik Brads filosofie altijd, maar nu hoor ik het van binnen. Ik internaliseerde het, net zoals ik dat vroeger met mijn vaders stem deed. Ik krabbel terug tot 5-5. Muster breekt me. Hij serveert voor de partij. Toch weet ik terug te komen tot 30-40, er is nog hoop. Ik doe mijn uiterste best, ben er klaar voor, maar hij slaat een backhand waar ik niets mee kan. Ik raak de bal wel, maar sla hem uit.

Game, set en match voor Muster.

Bij het net aait hij over mijn hoofd. Dat vind ik niet alleen aanmatigend, maar door dat gebaar verlies ik bijna mijn haarstukje.

Goed geprobeerd, zegt hij.

Ik kijk hem met een hatelijke blik aan. Dat was stom, Muster. Raak mijn haar niet aan. Raak mijn haar nooit aan. Alleen al daarom, zeg ik tegen hem aan het net, zal ik je één ding beloven: Ik zal nooit weer van je verliezen.

Brad feliciteert me in de kleedkamer.

Hij zegt: Er gaan goede dingen gebeuren.

Wat?!

Hij knikt. Geloof me, goede dingen.

Het is wel duidelijk dat hij niet begrijpt hoe erg ik het vind om te verliezen. En als iemand dat niet begrijpt, dan heeft het ook geen zin om te proberen het uit te leggen.

Op Wimbledon bereik ik in 1994 de vierde ronde, maar verlies na een zenuwslopende partij van Todd Martin. Ik voel me aangeslagen, bang, teleurgesteld. In de kleedkamer glimlacht Brad en zegt: Goede dingen.

We gaan naar de Canadian Open. Als het toernooi begint, maakt Brad me aan het schrikken: Er gaan géén mooie dingen gebeuren. In feite, zegt hij, ziet hij iets heel vervelends aan de horizon.

Hij kijkt naar mijn loting. NG, zegt hij.

Wat betekent NG verdomme?

Niet Goed. Je hebt verschrikkelijk geloot.

Laat zien!

Ik gris het papier uit zijn handen. Hij heeft gelijk. Mijn eerste partij is een makkie, tegen de Zwitser Jakob Hlasek, maar in de tweede ronde moet ik tegen Wheaton, waar ik altijd heel veel moeite mee heb. Toch vind ik het fijn als er niet veel van me wordt verwacht. Zeg maar tegen me dat ik iets niet kan. Ik zeg tegen Brad dat ik ga winnen.

En als ik dat doe, voeg ik eraan toe, moet je een oorring nemen.

Ik hou niet van sieraden, zegt hij.

Hij denkt er even over na. Oké, zegt hij dan, afgesproken.

Op de Canadian Open voelt de baan ongelooflijk klein aan, zodat je tegenstanders groter lijken.

Wheaton is een grote vent, maar hier in Canada lijkt hij wel drie meter lang. Het is een optische illusie, maar toch. Ik heb het gevoel alsof hij op een halve meter afstand van me staat. Ik word afgeleid en sta in de tiebreak van de derde set twee matchpoints achter.

Daarna weet ik me tot mijn eigen verbazing te vermannen. Ik druk alles weg wat me ook maar enigszins afleidt, vecht terug en win. Ik doe wat Brad zei dat ik zou doen. Het is een nipte overwinning. Later zeg ik tegen Brad: Dat was de match waarvan je zei dat ik hem zou winnen. Dat was de match waarvan je zei dat hij alles zou veranderen.

Hij glimlacht alsof ik in mijn eentje in een restaurant zit en de kip met Parmezaanse kaas bestel met als bijgerechten saus en kaas.

De valk heeft de valkenier gehoord. Heel goed, Grasshopper. *Wax on, wax off.*

Mijn spel wordt beter, ik ontspan me, en zo dender ik door de rest van mijn loting en win de Canadian Open.

Brad kiest een eenvoudig diamanten sierknopje.

Ik doe mee aan de US Open 1994, als nummer twintig en dus als niet-geplaatste speler. Sinds de jaren zestig heeft geen enkele niet-geplaatste speler de US Open gewonnen.

Brad vindt dat wel wat hebben. Hij zegt dat hij wil dat ik niet-geplaatst ben. Hij wil dat ik de joker in het spel ben. In een van de vroege ronden speel je tegen een degelijke speler, zegt hij, en als je die verslaat ga je dit toernooi winnen.

Hij weet het zeker. Zo zeker dat hij belooft zijn hele lichaam te scheren als ik win. Ik zeg altijd tegen hem dat hij te veel haar heeft. Bij hem vergeleken lijkt Sasquatch wel op Kojak. Die borstkas, en zijn armen, die moet hij gaan scheren. Net als die wenkbrauwen van hem. Scheer ze of doe er wat aan.

Geloof me, als jij je borstkas scheert, zeg ik, ga je dingen voelen die je nooit eerder hebt gevoeld.

Win jij nou maar de US Open, zegt hij, dan geldt dat ook voor jou.

Door mijn lage ranking wordt er tijdens deze US Open amper op me gelet. (Er zou nog minder op me worden gelet als Brooke niet bij me was en niet al die flitslampen zou activeren door alleen maar met haar hoofd te draaien.) Ik ben bijzonder gemotiveerd en kleed me ook zo: ik draag een zwarte hoed, zwarte korte broek, zwarte sokken, zwart-witte schoenen. Maar in de eerste ronde, in mijn partij tegen Robert Eriksson, voel ik mijn gevoelige zenuwen weer opspelen. Ik ben er gewoon misselijk van. Ik vecht me erdoorheen, denk aan Brad, weiger zelfs maar aan perfectie te denken. Ik concentreer me op de gedachte dat ik degelijk moet spelen, Eriksson moet laten verliezen, en behaal een vrij eenvoudige overwinning.

Vervolgens versla ik na enig gestuntel de Fransman Guy Forget, en schakel daarna de Zuid-Afrikaan Wayne Ferreira uit in straight sets.

De volgende is Chang. Als ik die ochtend wakker word, heb ik verschrikkelijke diarree. Vlak voordat de match begint, ben ik slap, uitgeput en wauwel ik als Peaches. Gil laat me een extra dosis Gil Water drinken; het is dik, stevig, het lijkt wel olie. Ik dwing mezelf het op te drinken, kokhals een paar keer. Ondertussen fluistert Gil: Bedankt dat je me vertrouwt.

Daarna loop ik in de klassieke Chang-cirkelzaag. Hij is een ongekend fenomeen: een tegenstander die even graag wil winnen als ik, niet meer en niet minder. Vanaf de allereerste opslag weten we allebei dat het een nek-aan-nekrace zal worden, een fotofinish. Een andere manier is er niet. Maar in de vijfde set, als we allebei denken dat we zo dadelijk een tiebreak zullen gaan spelen, raak ik op dreef en break hem al vroeg. Ik sla de gekste slagen en voel dat hij de controle kwijtraakt. Eigenlijk is het niet eerlijk, na zo'n nek-aan-nekrace, dat ik de match op zo'n manier win. Het zou logischer zijn geweest als ik in de laatste minuten meer problemen met hem had gehad, maar ik maak het vrij eenvoudig af.

Tijdens zijn persconferentie blijkt dat Chang een heel andere wedstrijd heeft gezien. Hij zegt tegen de verslaggevers dat hij nog wel twee sets had kunnen spelen. Andre heeft geluk gehad, zegt hij. Bovendien lijkt Chang er prat op te gaan dat hij heeft laten zien dat er nogal wat gaten in mijn spel zitten en hij voorspelt dat andere spelers in dit toernooi hem daar dankbaar voor zullen zijn. Hij zegt dat ik nu kwetsbaar ben. *I'm toast.*

Mijn volgende tegenstander is Muster. Ik prent me terdege in dat ik nooit meer van hem zou verliezen. Ik moet me echt inhouden om bij het net niet over zijn hoofd te aaien.

Ik zit in de halve finale. Ik moet zaterdag tegen Martin. Op vrijdagmiddag lunchen Gil en ik bij P.J. Clarke's. We bestellen wat we altijd bestellen bij P.J. Clarke's: cheeseburgers op geroosterde Engelse muffins. We zitten in de sectie van onze favoriete serveerster, van wie we denken dat ze een bijzonder verhaal zou kunnen vertellen, als iemand de moed zou hebben haar ernaar te vragen. Terwijl we op ons eten zitten te wachten, bladeren we door een stapel New Yorkse kranten. Ik zie dat sportjournalist Mike Lupica een column over mij heeft geschreven. Ik zou hem niet moeten lezen, maar doe het toch. Hij schrijft dat ik de US Open gemakkelijk kan winnen, maar dat je erop kunt rekenen dat ik een manier zal vinden om hem te verliezen.

Agassi, schrijft Lupica, is gewoon geen kampioen.

Ik sla de krant dicht en heb het gevoel dat de muren me insluiten, alsof mijn zicht zo klein wordt als een speldenprik. Lupica klinkt wel erg zeker van zijn zaak, alsof hij in de toekomst heeft kunnen kijken. En stel nou eens dat hij gelijk heeft? Dat dit mijn moment van de waarheid is en dat ik als bedrieger word ontmaskerd? En als het nu niet gebeurt, wanneer zal ik dán de kans krijgen de US Open te winnen? Daar zijn zoveel dingen voor nodig. Finales groeien niet aan de boom. Stel dat ik dit toernooi nooit ga winnen? Stel dat ik altijd vol spijt aan dit moment terugdenk? Stel dat Brad inhuren een vergissing was? Stel dat Brooke de verkeerde vriendin voor me is? Stel dat mijn team, hoe zorgvuldig samengesteld ook, het verkeerde team voor me is?

Gil kijkt op en ziet me lijkbleek worden.

Wat is er aan de hand?

Ik lees de column voor. Hij verroert geen vin.

Ik zou die Lupica weleens willen ontmoeten, zegt hij.

Stel dat hij gelijk heeft?

Control what you can control.

Ja.

Control what you can control.

Goed.

Hier komt ons eten.

Martin, die me onlangs nog op Wimbledon heeft verslagen, is een gevaarlijke tegenstander. Hij heeft een goede hold game en een solide break game. Hij is lang, 1,97 m, en retourneert een opslag van beide kanten met precisie en overtuiging. Hij straft een wat mindere opslag direct af en dat legt een enorme druk op een tegenstander die geen geweldige opslag heeft. Zelf serveert hij ongelooflijk accuraat. Als hij fout serveert gaat het maar om een paar millimeter. Hij slaat de bal precies op de lijn, en hij heeft allerminst de intentie de binnenste helft van die lijn te raken, maar de buitenste helft. Om de een of andere reden speel ik beter tegen goede serveerders die vaak misslaan. Ik ga graag naar voren en probeer te gokken waar de service naartoe gaat. Maar bij spelers als Martin raad ik vaker fout dan goed en dus dek ik het verkeerde deel van de baan af. Hij is een lastige tegenstander voor een speler als ik, en als onze halve finale begint schat ik zijn kansen, en die van Lupica, beter in dan de mijne.

Tijdens de eerste paar games kom ik echter tot de ontdekking dat er toch een aantal punten in mijn voordeel spreken. Martin is beter op gras dan op hardcourt. Dit is míjn ondergrond. Ook is hij, net als ik, iemand die onder zijn niveau speelt. Hij staat bol van de zenuwen. En dus begrijp ik tegen wie ik speel, ik begrijp hem zelfs heel goed. Je opponent doorzien is een belangrijk voordeel.

Bovendien heeft Martin een tic. Hij verraadt zichzelf. Er zijn spelers die tijdens de opslag naar hun tegenstander kijken. Andere spelers kijken nergens naar. Martin kijkt naar een bepaalde plek in het servicevak. Als hij lang naar die bepaalde plek blijft kijken, serveert hij in de richting van de tegenovergestelde plek. Als hij amper naar een bepaalde plek kijkt, zal hij daarop richten. Dat valt misschien niet op bij 0-0, of bij 15-0, maar bij breakpoint kijkt hij met grote ogen naar die plek, als de moordenaar in een griezelfilm, heel even maar, en kijkt daarna weer weg als een beginneling aan de pokertafel.

Maar nu verloopt de partij zo gemakkelijk dat ik Martins hints helemaal niet nodig heb. Hij speelt onzeker, geremd, terwijl ik uitzonderlijk vastbesloten speel. Ik zie dat hij aan zichzelf twijfelt. Ik kan zijn twijfel bijna horen en heb medelijden met hem. Als ik na vier sets als winnaar de baan afstap, denk ik: Hij moet nog volwassen worden. Ik schrik, dacht ik dat nou echt, over iemand anders?

In de finale sta ik tegenover de Duitser Michael Stich. Hij heeft al op drie slams in de finale gestaan; heel anders dan Martin dus. Hij vormt op elke ondergrond een bedreiging. Hij is bovendien een geweldige sportman met een ongelooflijke reach. Hij heeft een machtige eerste service, hard en snel, en als die in is, wat meestal het geval is, kun je er niets tegen beginnen. Hij is zo trefzeker dat je verbaasd bent als hij fout slaat en dan moet je jezelf over die verbazing heen zetten om in je spel te blijven. En zelfs als hij mist ben je nog niet uit de problemen, omdat hij dan terug kan grijpen op zijn veilige opslag, waar je weinig tot niets mee aankunt. En om je nog extra uit balans te brengen, heeft Stich eigenlijk geen vaste patronen of gewoontes. Je weet nooit of hij zal kiezen voor een serve-volley of dat hij bij de baselijn blijft hangen.

In de hoop het spel te kunnen domineren, de gang van zaken te kunnen bepalen, kom ik snel uit de startblokken, sla de bal foutloos en hard, alsof ik helemaal niet bang ben. Ik geniet van het geluid van de bal op mijn racket. Ik geniet van het geluid van het publiek, hun ooh's en aah's. Maar Stich lijkt nerveus. Als je de eerste set zo snel met 6-1 verliest als hij, raak je instinctief in paniek. Ik kan aan zijn lichaam zien dat hij aan dat instinct bezwijkt.

Maar in de tweede set herpakt hij zich en vecht keihard terug. Ik win met 7-6, maar weet dat ik geluk heb gehad. Het balletje had beide kanten op kunnen rollen.

We willen allebei de derde set hoe dan ook winnen. Ik voel de eindstreep al aan me trekken, maar nu is hij mentaal bereid de strijd aan te gaan. In het verleden heeft hij die strijd tegen mij weleens opgegeven, en nam hij onnodige risico's omdat hij niet in zichzelf geloofde. Maar nu niet. Hij speelt slim, laat zien dat ik die trofee uit zijn handen zal moeten trekken wil ik hem echt in mijn bezit krijgen. En ik wil hem echt hebben. En dus zal ik hem uit zijn handen trekken. Als hij aan opslag is spelen we lange rally's, tot hij zich realiseert dat ik echt gemotiveerd ben en dit de hele dag wel kan volhouden. Ik zie dat hij naar zijn zij grijpt, buiten adem. Ik stel me al voor hoe de trofee zal staan in mijn vrijgezellenhonk in Vegas.

In de derde set worden er geen services gebroken. Tot 5-0. Dan slaag ik er eindelijk in Stich te breken en serveer ik voor de match. Ik hoor Brads stem, zo duidelijk alsof hij achter me staat. Richt je op zijn forehand. Als je twijfelt, forehand, forehand. Dus richt ik op Stichs forehand. En elke keer mist hij. Volgens mij weten we allebei waar dit op zal uitdraaien.

Ik laat me op mijn knieën vallen. Ik krijg tranen in mijn ogen. Ik kijk naar mijn box, naar Perry, Philly en Gil en vooral naar Brad. Je weet alles wat je over iemand moet weten als je diens gezicht ziet op het moment van je grootste triomf. Vanaf het allereerste begin heb ik in Brads talent geloofd, maar nu, nu ik zijn pure, ongeremde blijdschap zie, geloof ik onvoorwaardelijk in hem.

Journalisten zeggen dat ik de eerste niet-geplaatste speler ben sinds 1966 die de US Open wint. Sterker nog, ik ben de eerste niet-geplaatste speler die de finale bereikt. De vorige persoon die dit flikte was Frank Shields, grootvader van de vijfde persoon in mijn box. Brooke heeft er elke partij gezeten. Ze lijkt even blij als Brad.

Mijn nieuwe vriendin, mijn nieuwe coach, mijn nieuwe manager, mijn surrogaatvader.

Eindelijk, mijn team is helemaal perfect.

HOOFDSTUK 16

Ik vind dat je dat haarstukje maar eens moet weggooien, zegt Brooke. En die paardenstaart ook. Scheer je haar kort, dan is het geen probleem meer.

Onmogelijk, dan zou ik me naakt voelen.

Je zou je vrij voelen.

Ik zou me naakt voelen.

Het voelt alsof ze voorstelt een van mijn ledematen af te hakken. Ik zeg dat ze het wel kan vergeten. Dan ga ik weg en denk er een paar dagen over na. Ik denk aan alle ellende die mijn haar me heeft bezorgd, het ongemak van dat haarstukje, de hypocrisie en het doen alsof en de leugens. Misschien is het helemaal niet zo'n gek idee. Misschien is dat wel het beste wat ik kan doen.

Op een ochtend ga ik voor Brooke staan en zeg: Laten we het maar doen.

Wat doen?

Het afknippen. Laten we álles er afknippen.

We spreken een tijd af voor de scheerceremonie, laat in de avond, een tijdstip dat normaal wordt gereserveerd voor seances en wilde feesten. We gaan het doen in de keuken van Brooke's huis, na afloop van haar theateroptreden (Ze had de rol in *Grease*). We gaan er een feest van maken, zegt ze, en nodigen een paar vrienden uit.

Perry is er. En Wendi, ook al zijn we niet meer samen. Brooke is duidelijk van slag door Wendi's aanwezigheid, en omgekeerd. Perry vindt het verbijsterend. Ik zeg tegen Brooke en Perry dat Wendi en ik ondanks ons romantische verleden altijd goede vrienden zullen blijven, ons leven lang. Kaalgeschoren worden is een dramatische gebeurtenis en daar moeten vrienden bij zijn, om me moreel te steunen. Net zoals ik Gil nodig had tijdens mijn polsoperatie. Het schiet door me heen dat ik voor deze operatie ook verdoofd zou moeten worden. We laten wat wijn komen.

Brooke's kapper, Matthew, wast mijn haar boven de gootsteen en bindt het in een paardenstaart.

Andre, weet je het zeker?

Nee.

Ben je er klaar voor?

Nee.

Wil je voor een spiegel zitten als we dit doen?

Nee. Ik wil niet kijken.

Hij zet me in een houten stoel en dan... knip. Daar gaat de paardenstaart.

Iedereen begint te klappen.

Hij begint met het kort knippen van het haar aan de zijkant van mijn hoofd, vlak bij de schedel. Ik denk aan het matje op de Bradenton Mall. Ik doe mijn ogen dicht, voel dat mijn hart klopt alsof ik een finale moet spelen. Dit was een vergissing. Misschien wel de grootste vergissing van mijn leven. J.P. zei al dat ik dit niet moest doen. J.P. zei dat hij, altijd als hij een van mijn wedstrijden bijwoont, de mensen over mijn haar hoort praten. Vrouwen houden van me om mijn haar, mannen haten me erom. Nu J.P. geen dominee meer is maar voor de muziek heeft gekozen, schrijft hij weleens jingles voor radio- en tv-reclames. Hij wist dus waar hij het over had toen hij zei: De grote bedrijven associëren Andre Agassi met zijn haar. En als Andre Agassi's haar weg is, gaan zij ook weg.

Hij zei ook dat ik het Bijbelverhaal over Samson en Delilah weer eens zou moeten lezen.

Terwijl Matthew knipt en knipt en knipt, bedenk ik dat ik naar J.P. had moeten luisteren. Wanneer heeft hij me ooit verkeerd geadviseerd? Als er plukken van mijn haar op de grond vallen, voelt het alsof er delen van mij op de grond vallen.

Alles bij elkaar duurt het elf minuten. Dan trekt Matthew de doek van mijn schouders af en zegt: Ta-dah!

Ik loop naar de spiegel. Ik zie iemand die ik niet herken. Er staat een onbekende voor me. Mijn spiegelbeeld is niet anders, maar het is domweg niet mijn spiegelbeeld. Eerst ben ik geschokt. Maar dan denk ik: Wat ben ik nu eigenlijk echt kwijtgeraakt? Misschien is het wel gemakkelijker om déze man te zijn. Al deze tijd samen met Brad, terwijl ik probeerde de dingen ín mijn hoofd op een rij te krijgen, ben ik nooit op het idee gekomen dat ik het ding óp mijn hoofd in orde moest krijgen. Ik glimlach naar mijn spiegelbeeld, wrijf met mijn hand over mijn schedel. Hallo, leuk je te leren kennen.

Terwijl de nacht overgaat in de ochtend werken wij verschillende flessen wijn weg. Ik ben opgewonden en ben Brooke ontzettend dankbaar. Je had gelijk, zeg ik tegen haar. Mijn haarstukje was een keten en mijn eigen haar was belachelijk lang en in drie verschillende kleuren geverfd; ook dat was een belasting. Het lijkt zo onbelangrijk, haar. Maar mijn haar is het zwaartepunt geweest van mijn publieke imago en van mijn zelfbeeld, en het was allemaal bedrog.

Nu ligt dat bedrog in kleine hoopjes op Brooke's vloer. Het voelt goed dat ik ervan af ben. Ik voel me echt. Ik voel me vrij.

En zo speel ik ook. Tijdens de Australian Open 1995 speel ik als de Incredible Hulk. Ik verlies niet één set tijdens mijn genadeloze, alles verzwelgende opmars naar de finale. Dit is de eerste keer dat ik in Australië speel en ik heb geen idee waarom ik daar zo lang mee heb gewacht. Ik houd van de ondergrond, het stadion, de hitte. Doordat ik in Vegas ben opgegroeid, voel ik de hitte niet zoals de andere spelers, en hét kenmerk van de Australian Open is de helse temperatuur. Net zoals je tijdens Roland Garros in een walm sigaren- en pijprook speelt, houd je nog weken nadat je Melbourne hebt verlaten een vage herinnering aan die hete bakoven waar je in hebt gespeeld.

Ik houd ook van de Australiërs en zij kennelijk ook van mij, ook al ben ik niet mezelf. Ik ben die onbekende kale vent met een kleurige hoofddoek en een sikje en een grote oorring. De kranten raken niet uitgeschreven over mijn nieuwe uiterlijk. Iedereen heeft er een mening over. Fans die voor me waren zijn in de war. Fans die tegen me waren hebben een nieuwe reden me niet te mogen. Ik lees en hoor een opmerkelijke reeks piratengrapjes. Ik wist niet dat er zoveel piratengrapjes waren. Maar het kan me niets schelen. Ik zeg tegen mezelf dat iedereen maar met deze piraat moet leren leven, hem moet leren accepteren als ik die trofee omhooghoud.

In de finale moet ik tegen Pete. Ik verlies de eerste set. Tot mijn schande verlies ik door een dubbele fout. Daar gaan we weer.

Voor de tweede set neem ik de tijd om mezelf weer in de hand te krijgen. Ik kijk naar mijn box. Brad ziet er gefrustreerd uit. Hij heeft nooit geloofd dat Pete beter is. Hij kijkt alsof hij wil zeggen: Jij bent beter, Andre. Je moet niet zo bang voor hem zijn.

Pete serveert handgranaten, de een na de andere, een typisch Pete-salvo. Maar halverwege de tweede set voel ik dat hij moe wordt. De pin zit nog in zijn granaten. Hij is fysiek moe, en geestelijk, omdat hij de afgelopen dagen door een hel is gegaan. Zijn coach, Tim Gullikson, heeft twee keer een beroerte gehad. Daarna bleek hij een hersentumor te hebben. Pete is van slag. Als de partij voor mij gunstig verloopt, voel ik me schuldig. Ik zou willen pauzeren, Pete naar de kleedkamer laten gaan om een injectie te halen, waarna hij terug kan komen als een andere Pete die me tijdens een slamfinale wat graag aftroeft.

Ik breek hem twee keer. Hij laat zijn schouders zakken, geeft de set weg.

De derde set loopt uit op een spannende tiebreak. Ik pak een 3-0 voorsprong, waarna Pete de volgende vier punten maakt. Opeens staat hij met 6-4 voor, serveert voor de set. Ik slaak een woeste kreet alsof ik samen met Gil aan het gewichtheffen ben en leg alles wat ik heb in een return die het net schampt en vervolgens binnen de lijn blijft. Pete staart naar de bal, dan naar mij.

Bij het volgende punt slaat hij een forehand die uit gaat: 6-6, het is nu erop of eronder. Er komt een einde aan een furieuze rally als ik hem verras door naar het net te komen en een zachte backhand dropvolley sla. Het werkt zo goed dat ik het nog een keer doe. Set, Agassi. Momentum, dito.

De vierde set is een gelopen race. Ik houd het tempo er stevig in en win met 6-4. Pete oogt resoluut. Het was te veel voor hem. In feite is hij ongelooflijk onverstoorbaar als hij naar het net komt.

Het is mijn tweede slam op rij, mijn derde in totaal. Iedereen zegt dat het mijn beste slam tot nu toe is, omdat het mijn eerste overwinning is op Pete tijdens de finale van een slam. Al denk ik zelf dat ik me dit toernooi over twintig jaar vooral zal herinneren als mijn eerste *kale* slam.

Iedereen praat meteen over het feit dat ik nummer één kan worden. Pete is al zeventig weken de nummer één en iedereen in mijn team zegt dat ik voorbestemd ben om hem van die beruchte troon te stoten. Ik zeg tegen hen dat tennis niets met lotsbestemming te maken heeft. Het lot heeft wel betere dingen te doen dan het tellen van ATP-punten.

Toch wordt het mijn doel om nummer één te worden, omdat mijn team dat wil. Ik sluit mezelf op in Gils fitnessruimte en begin fanatiek te trainen. In april 1995 vertel ik hem over mijn doel, en hij stelt een strijdplan op. Eerst ontwerpt hij zelf een studierichting. Hij begint met het opstellen van een lijst met de telefoonnummers en adressen van de beste sportartsen en voedingsdeskundigen ter wereld, neemt contact met hen op en bombardeert hen tot zijn privéadviseurs. Hij voert besprekingen met deskundigen van het US Olympic Training Center in Colorado Springs. Hij vliegt het hele land door, interviewt de beste en slimste beroemde onderzoekers op het gebied van gezondheid en noteert alles wat ze hem vertellen in zijn Da Vinci-aantekenboekje. Hij leest alles, van tijdschriften over krachttraining en obscure medische onderzoeksverslagen tot saaie rapporten. Hij neemt een abonnement op het *New England Journal of Medicine*. Binnen de kortste keren heeft hij zichzelf veranderd in een draagbare universiteit, met één hoogleraar en één vakgebied. En het onderzoeksobject ben ik.

Daarna berekent hij mijn fysieke limiet en drijft me tot het uiterste.

Hij laat me al snel bijna twee keer mijn lichaamsgewicht benchpressen, vijf tot zeven sets van ruim 135 kilo. Hij laat me gewichten van 20 kilo optillen, telkens in martelende sets van drie: back-to-back-to-backbuigingen die drie verschillende spieren in mijn schouders pijnigen. Daarna werken we aan mijn biceps en triceps. We verbranden die spieren tot as. Ik vind het leuk als Gil praat over het verbranden van spieren, over het in de fik steken van mijn spieren. Ik vind het leuk als ik mijn pyromane kant in iets constructiefs kan omzetten.

Daarna richten we ons op mijn middensectie. We beginnen met een speciaal toestel dat Gil zelf heeft ontworpen en gebouwd. Net als met al zijn apparaten heeft hij ook dit eerst gedemonteerd en aan stukken gesneden, en daarna opnieuw aan elkaar gelast. (De ontwerpen in zijn Da Vinci-notitieboekjes zien er verbazingwekkend goed uit.) Het is het enige toestel van deze soort ter wereld, zegt hij, omdat ik hiermee aan mijn abs kan werken zonder mijn kwetsbare rug te hoeven te belasten. We gaan je abs fors belasten, zegt hij, eraan werken tot ze in brand staan, en daarna doen we Russian Twists: jij pakt een ronde ijzeren plaat van ruim 20 kilo vast, een groot wiel, en draait dat in het rond, links, rechts, links, rechts. Daardoor verbrand je je zij- en schuine spieren.

Ten slotte wijden we ons aan Gils zelfgemaakte lat-toestel. De hendel waar ik aan trek om aan mijn brede rugspier te werken, bevindt zich iets voor me. Ik hang nooit ongemakkelijk naar achteren. Anders dan elk lat-toestel in elk fitnesscentrum ter wereld belast Gils lat-toestel mijn rug en nek niet.

Terwijl ik met de gewichten werk, geeft Gil me continu te eten, elke twintig minuten. Hij wil dat ik vier delen koolhydraten op één deel eiwit neem, en hij noteert mijn inname tot op de nanoseconde nauwkeurig. Het gaat erom wanneer je eet, zegt hij, en hoe je eet. Ik kan me niet omdraaien of hij schuift een kom eiwitrijke havermout mijn kant op, of een broodje ham of een bagel met pindakaas en honing.

Uiteindelijk smeken mijn bovenlichaam en ingewanden om medelijden. Dan gaan we naar buiten en rennen de heuvel achter Gils huis op en af. Gil Hill. Met een harde, felle krachtsexplosie ren ik de heuvel op en af, op en af, tot mijn benen me smeken te stoppen en dan ren ik nog een tijdje door, negeer mijn geest.

Als ik tegen de avond in mijn auto stap, weet ik amper of ik wel naar huis kan rijden. Soms probeer ik het niet eens. Als ik de kracht niet heb om de sleutel om te draaien, ga ik weer naar binnen, rol me op een van Gils banken op en val in slaap.

Na mijn mini-*bootcamp* met Gil lijkt het alsof ik mijn oude lichaam heb ingeruild voor het allernieuwste model. Toch is er nog ruimte voor verbetering. Ik zou wat beter kunnen letten op wat ik buiten de fitnessruimte eet. Maar Gil maakt zich ook weer niet al te druk over mijn uitspattingen. Uiteraard vindt hij het maar niets wat ik eet als ik niet bij hem ben – Taco Bell, Burger King – maar hij zegt ook dat ik af en toe behoefte heb aan eten als troost. Mijn geest, zegt hij, is kwetsbaarder dan mijn rug en hij wil mijn geest niet overvragen. Bovendien moet een man één of twee zwakke punten hebben. Gil is een paradox, dat weten we allebei. Als hij me een milkshake ziet drinken, geeft hij me een lesje in voedingsleer. Hij slaat de milkshake niet uit mijn handen, maar zou er zelfs een slokje van kunnen nemen. Ik houd natuurlijk van mensen met contradicties. Ook vind ik het prettig dat Gil geen harde leermeester is, die heb ik al genoeg gehad. Gil begrijpt me, kalmeert me en vindt het af en toe – heel af en toe – goed dat ik junkfood eet. Misschien wel omdat hij er zelf ook van houdt.

In Indian Wells speel ik weer tegen Pete. Als ik hem kan verslaan, ben ik nog maar een paar millimeter van de eerste plaats verwijderd. Ik ben in een puike conditie, maar we spelen een rommelige partij, met veel onnodige fouten. We hebben allebei ons hoofd er niet bij. Pete is nog steeds bezorgd over zijn coach. Ik ben bezorgd over mijn vader, die over een paar dagen een openhartoperatie moet ondergaan. Deze keer is het Pete die erin slaagt zijn zorgen opzij te zetten, terwijl ik me erdoor laat afleiden. Ik verlies in drie sets.

Ik ga zo snel mogelijk naar het UCLA Medical Center, waar mijn vader aan apparaten met lange slangen ligt. Ze doen me denken aan de ballenmachine uit mijn jeugd. Je kunt de draak niet verslaan. Mijn moeder omhelst me. Hij heeft gisteren naar je gekeken, zegt ze. Hij heeft gezien dat je van Pete verloor.

Het spijt me, Pops.

Hij ligt op zijn rug, onder de medicijnen, hulpeloos. Hij doet zijn ogen open. Hij ziet me en gebaart dat ik dichterbij moet komen.

Ik buig me over hem heen. Hij kan niets zeggen. Hij heeft een buisje in zijn mond en door zijn keel. Hij mompelt iets.

Ik versta je niet, Pops.

Nog meer gebaren. Ik weet niet wat hij probeert te zeggen. Nu wordt hij boos. Als hij kon zou hij uit bed komen en me een knal voor mijn kop geven.

Hij gebaart dat hij pen en papier wil hebben.

Vertel het me later maar, Pops.

Nee, nee. Hij schudt zijn hoofd. Hij wil het me nu vertellen.

De verpleegkundige geeft hem pen en papier. Hij krabbelt een paar woorden, maakt dan een vegend gebaar. Als een kunstenaar, zachtjes vegen. Eindelijk begrijp ik het.

Backhand, probeert hij te zeggen. Sla op Pete's backhand. Je had meer op zijn backhand moeten spelen.

Verk an je wolleys. Sla hárder.

Ik sta aan zijn bed en voel een allesoverheersende behoefte hem te vergeven, omdat ik me realiseer dat mijn vader er niets aan kan doen, dat hij er nooit iets aan heeft kunnen doen, dat hij zichzelf ook nooit heeft kunnen begrijpen. Mijn vader is wat hij is en altijd zal zijn, en hoewel hij er niets aan kan doen, en hoewel hij niet weet wat het verschil is tussen van mij houden en van tennis is het toch liefde. Niet veel mensen hebben het geluk dat ze zichzelf kennen en tot het zover is, kunnen we misschien maar het beste consequent zijn. En als mijn vader íéts is, dan is het wel consequent.

Ik leg mijn vaders hand langs zijn zij, dwing hem op te houden met gebaren, zeg tegen hem dat ik hem begrijp. Ja, ja, op zijn backhand. Volgende week in Key Biscayne zal ik op Pete's backhand spelen. En dan ga ik hem op zijn falie geven. Maak je maar geen zorgen, Pops. Ik ga hem verslaan. Nu moet je rusten.

Hij knikt. Zijn hand gebaart nog steeds, maar nu doet hij zijn ogen dicht en valt in slaap.

De week daarna versla ik Pete in de finale van Key Biscayne.

Na de wedstrijd vliegen we allemaal naar New York. Van daaruit vliegen we naar Europa, voor de Davis Cup. Maar eerst sleep ik Pete mee naar het Eugene O'Neill Theatre om Brooke de rol van Rizzo te zien spelen in *Grease*. Volgens mij is het de eerste keer dat Pete een Broadwayshow ziet, maar het is de vijftigste keer dat ik *Grease* zie. Ik ken elk woord van *We Go Together* uit mijn hoofd, een kunstje dat ik met een stalen gezicht en onder luid gelach heb vertoond tijdens De *Late Show* met David Letterman.

Ik houd van Broadway. De sfeer in het theater komt me bekend voor. Het werk van een Broadway-acteur is vermoeiend, stelt hoge fysieke eisen, en elke avond is er de druk om te presteren. De beste Broadway-acteurs doen me aan sportlieden denken. Ze beseffen het als ze niet op hun best zijn, en als zij het zich niet realiseren laat het publiek het hun wel weten. Maar dat gaat allemaal langs Pete heen. Vanaf het begin zit hij te gapen, te friemelen, op zijn horloge te kijken. Hij houdt niet van toneel en hij begrijpt de acteurs niet, omdat hij zich nog nooit anders heeft voorgedaan dan hij is. In de vage duisternis van de toneellichten glimlach ik om zijn onrust. Om de een of andere reden is het feit dat ik hem heb kunnen overhalen naar *Grease* te gaan kijken bevredigender dan hem in Key Biscayne te verslaan.

De volgende ochtend stappen we in de Concorde naar Parijs en daarna in een privévliegtuig naar Palermo. Ik ben nog maar net in mijn hotelkamer als mijn telefoon gaat. Perry.

Ik heb hier, zegt hij, de nieuwste ranking.

Vertel op.

Jij... bent nummer één.

Ik heb Pete van de top verdrongen. Na tweeëntachtig weken op nummer één staat Pete nu onder me. Ik ben de twaalfde tennisser in twintig jaar die nummer één staat sinds ze met de computerranking zijn begonnen. Daarna belt een verslaggever. Ik vertel hem dat ik blij ben met de ranking, dat het goed voelt om op de toppen van mijn kunnen te zijn.

Dat is een leugen. Zo voel ik me helemaal niet. Zo wíl ik me voelen. Ik had verwacht dat ik me zo zou voelen, ik maak mezelf wijs dat ik me zo moet voelen. Maar eigenlijk voel ik niets.

HOOFDSTUK 17

Urenlang dwaal ik door de straten van Palermo, drink sterke zwarte koffie en vraag me af wat er verdomme met me aan de hand is. Het is me gelukt, ik ben de beste tennisser ter wereld en toch voel ik me leeg. Als je je leeg voelt als je nummer één bent, onbevredigd, waarom zou je dan doorgaan met tennissen? Waarom zou ik er niet gewoon mee ophouden?

Ik stel me voor dat ik aankondig dat ik ermee ophoud. Ik bedenk wat ik tijdens de persconferentie zal zeggen. Er komen verschillende beelden in me op. Brad, Perry, mijn vader, allemaal teleurgesteld, verbijsterd. Bovendien zeg ik tegen mezelf dat ermee ophouden het echte probleem niet zal oplossen, me niet zal helpen te bedenken wat ik met mijn leven wil. Dan ben ik een tennisser die op zijn vijfentwintigste gestopt is en dat is net zoiets als een schoolverlater van zestien.

Nee, wat ik nodig heb is een nieuw doel. Het probleem is altijd al geweest dat ik de verkeerde doelen heb gehad. Ik heb nooit echt nummer één willen zijn, dat was gewoon iets wat anderen voor me wilden. Dus ben ik nummer één. Dus een computer mag me wel. Nou en? Wat ik volgens mij altijd wel heb gewild, al sinds ik een jongen was, is veel moeilijker, veel belangrijker. Ik wil Roland Garros winnen. Dan heb ik alle vier de slams op mijn naam geschreven. Dan heb ik het kwartet eindelijk compleet. Dan ben ik pas de vijfde speler ter wereld die dat gepresteerd heeft, en de eerste Amerikaan.

Ik heb computerrankings nooit belangrijk gevonden én ik heb het aantal slams dat ik heb behaald nooit belangrijk gevonden. Roy Emerson heeft de meeste slams (twaalf) gewonnen en niemand die hem beter vindt dan Rod Laver. Niemand. Mijn collega-tennissers plus alle tennisdeskundigen of tennishistorici die ik respecteer, zijn het met elkaar eens dat Laver de beste was, *the king*, omdat hij ze alle vier heeft gewonnen. Bovendien heeft hij dat in hetzelfde jaar gedaan, twee keer! Oké, er waren toen nog maar twee soorten ondergrond, gras en gravel, maar het blijft goddelijk.

Ik denk aan de groten uit het verleden, die allemaal geprobeerd hebben het Laver na te doen, er allemaal van droomden om ook alle vier de slams te winnen. Vandaar ook dat ze bepaalde slams oversloegen, omdat ze zich geen zak interesseerden voor het totáál aantal slams. Ze interesseerden zich voor het aantal verschíllende slams. Hij wist dat hij nooit als een belangrijke, echt belangrijke tennisser zou worden beschouwd als zijn erelijst niet compleet was, als hij een van de vier slams niet in zijn bezit had.

Hoe meer ik erover nadenk dat ik alle vier de slams zou kunnen winnen, hoe opgewondener ik word. Het is een onverwacht en verpletterend inzicht in mijzelf. Ik realiseer me dat dit is wat ik altijd heb gewild. Ik heb die wens altijd onderdrukt, omdat het onmogelijk leek. Vooral nadat ik twee jaar achter elkaar wel in de finale van Roland Garros heb gestaan, maar beide keren heb verloren. Bovendien heb ik mezelf aan de kant laten zetten door sportjournalisten en fans die het niet begrijpen, die het aantal slams tellen die een speler heeft behaald en zijn prestaties ten onrechte afmeten aan dat minder belangrijke aantal. Het behalen van alle vier de slamtitels, dat is de echte heilige graal. En dus besluit ik in 1995 in Palermo dat ik op jacht ga naar die heilige graal. Geen gedraal meer.

Brooke blijft ondertussen bezig met het najagen van haar eigen heilige graal. Haar optreden op Broadway wordt beschouwd als een groot succes en zij voelt zich allerminst leeg. Zij is hongerig. Zij wil meer. Ze ziet gretig uit naar het volgende grote project. Maar ze krijgt niet veel aanbiedingen. Ik probeer haar te steunen. Ik zeg tegen haar dat het publiek haar niet kent, ze dénken dat ze haar kennen, maar dat is niet zo. Een probleem waar ik wel enige ervaring mee heb. Sommige mensen denken dat ze model is, anderen denken dat ze actrice is. Ze moet haar image bijstellen. Ik vraag Perry of hij eens naar Brookes carrière wil kijken.

Perry komt al snel met een plan. Hij zegt dat Brooke een tv-show nodig heeft. Hij zegt dat haar toekomst bij de tv ligt en dus gaat ze meteen op zoek naar scripts en projecten waarin ze kan opvallen.

Vlak voor het begin van Roland Garros van 1995 gaan Brooke en ik een paar dagen naar Fisher Island, in Florida. We zijn beiden toe aan rust en slaap. Maar mij lukt het niet. Ik blijf maar aan Parijs denken. Ik lig 's nachts gespannen in bed en speel partijen na op het plafond van de hotelkamer.

In het vliegtuig naar Parijs blijf ik gespannen, ook al is Brooke bij me. Ze werkt niet op dat moment, zodat ze even weg kan.

De eerste keer dat we samen in Parijs zijn, zegt ze en kust me.

Ja, zeg ik en streel haar hand.

Hoe moet ik haar vertellen dat dit geen vakantie is, zelfs niet een beetje? Dat dit reisje in de verste verte niets met ons te maken heeft?

We logeren in Hotel Raphael, een bijzondere locatie vlak bij de Arc de Triomphe. Brooke houdt van de krakende, oude lift met de ijzeren deur die je met de hand moet sluiten. Ik houd van de kleine met kaarsen verlichte bar naast de lobby. De kamers zijn ook klein en hebben geen tv, wat Brad heel erg vindt. Hij kan er niet tegen. Een paar minuten nadat hij heeft ingecheckt, checkt hij alweer uit en gaat naar een moderner hotel.

Brooke spreekt Frans en dus kan ze me Parijs laten zien vanuit een nieuw en ruimer perspectief. Ik ben ontspannen tijdens onze verkenningstocht door de stad, omdat ik niet bang hoef te zijn dat ik verdwaal en omdat zij de taal kent. Ik vertel haar over de eerste keer dat ik hier was, met Philly. Ik vertel haar over het Louvre, over het schilderij waar we de kriebels van kregen. Ze vindt het interessant en wil dat ik haar ermee naartoe neem.

Een andere keer, zeg ik.

We eten in luxe restaurants en dwalen door afgelegen wijken waar ik me nooit in mijn eentje zou wagen. Enkele vind ik leuk, de meeste laten me koud, omdat ik mijn concentratie niet wil verliezen. De eigenaar van een café nodigt ons uit in zijn antieke wijnkelder, een muffe middeleeuwse kelder vol met stof bedekte flessen. Hij geeft er Brooke een aan. Ze kijkt naar de datum op het etiket: 1787. Ze houdt de fles vast als een baby, dan houdt ze hem voor mijn gezicht, vol ongeloof.

Ik begrijp je niet, fluister ik. Het is een fles. Met stof erop.

Ze kijkt me aan alsof ze hem het liefst op mijn hoofd kapot zou slaan.

Op een avond wandelen we nog laat langs de Seine. Het is haar dertigste verjaardag. We blijven staan bij een stenen trap die naar de rivier leidt en ik geef haar een armbandje met een diamanten tennisracket eraan. Ze lacht als ik hem om haar pols doe en met het sluitinkje sta te prutsen. We bewonderen de manier waarop de diamanten fonkelen in het maanlicht. Dan komt er vlak achter Brooke een dronken Fransman in beeld die de trap op komt wankelen en een grote boog urine de Seine in stuurt. Ik geloof niet in voortekenen, maar dit lijkt me onheilspellend. Ik weet alleen niet of hij iets zegt over Roland Garros of over mijn relatie met Brooke.

Eindelijk begint het toernooi. De eerste vier partijen win ik zonder ook maar één set te verliezen. De verslaggevers en commentatoren zien dat ik een andere speler ben geworden. Sterker en meer gefocust. Met een missie. En niemand ziet dat scherper dan mijn collega-tennissers. Tijdens elk toernooi zie ik hoe de spelers het alfamannetje in hun midden eruit pikken, die ene speler die de grootste kans heeft om te winnen. En tijdens dit toernooi, voor de eerste keer, ben ik die speler. In de kleedkamer voel ik dat ze allemaal naar me kijken. Ik voel dat ze elke beweging van me zien, de kleine dingetjes die ik doe, zelfs hoe ik mijn tennistas inpak. Ze stappen sneller opzij als ik eraan kom, zijn eerder bereid de massagetafel aan me af te staan. Ik word bejegend met een nieuw soort respect en hoewel ik probeer het niet al te serieus te nemen, geniet ik er toch van. Beter dat ík zo word behandeld dan iemand anders.

Brooke daarentegen lijkt niets vreemds aan me te zien, behandelt me ook niet anders. Als ik 's avonds in de hotelkamer zit en naar buiten kijk, naar Parijs, als een adelaar op een rots, praat zij over van alles en nog wat, over *Grease* en Parijs. Ze begrijpt niet hoeveel werk ik in Gils fitnessruimte heb verzet, begrijpt niets van de pijn, de opoffering en het denkwerk die tot dit nieuwe zelfvertrouwen hebben geleid, noch van de gigantische taak die op me wacht. Dat wil ze ook niet. Ze is meer geïnteresseerd in waar we straks gaan eten, welke wijnkelder we gaan bezoeken. Ze vindt het vanzelfsprekend dat ik ga winnen en ziet het liefst dat ik het snel doe, zodat we weer plezier kunnen maken. Dat is geen egoïsme of zo, alleen een foute aanname dat winnen normaal is en verliezen abnormaal.

In de kwartfinale speel ik tegen Kafelnikov, de Rus die me met Jezus vergeleek. Als de match begint, denk ik met een grijns: Jezus staat op het punt je met een autoantenne om de oren te slaan. Ik weet dat ik Kafelnikov kan verslaan. Hij weet dat ook. Dat kan ik aan hem zien. Maar in het begin van de eerste set, als ik een bal sla, voel ik iets knappen. Mijn heupbuigspier. Ik negeer het, doe net alsof er niets aan de hand is, alsof ik geen heup heb. Maar die heup stuurt pijnsignalen naar mijn been.

Ik kan me niet bewegen. Ik ben zo stijf als een plank. Ik vraag om de fysiotherapeut die me twee aspirines geeft en met ogen als pokerfiches zegt dat hij niets voor me kan doen.

Ik verlies de eerste set. Dan de tweede. In de derde set krijg ik een opleving. Ik sta voor met 4-1 en het publiek moedigt me aan. *Allez, Agassi!* Maar het gaat steeds slechter met me. Kafelnikov beweegt goed, komt gelijk, en ik voel mijn ledematen verslappen. Jezus is dood, de Rus is verrezen. Au revoir, heilige graal. Ik verlaat de baan zonder mijn rackets mee te nemen.

Het was niet de bedoeling dat Kafelnikov als toetssteen zou fungeren. Dat had Muster moeten zijn, die het gravel domineert. Dus ook al zou ik van Kafelnikov hebben gewonnen, dan had ik niet geweten hoe ik Muster had moeten verslaan. Maar ik had Muster beloofd dat ik nooit weer van hem zou verliezen en dat meende ik ook en ik schatte mijn kansen goed in. Volgens mij had ik fantastisch kunnen spelen, tegen wie dan ook. Als ik Parijs verlaat, voel ik me niet verslagen, maar belazerd. Dit was het, dat weet ik gewoon. Dit was mijn laatste kans. Ik zal me nooit weer zo fit, zo sterk, zo jong voelen in Parijs. Ik zal nooit meer zoveel vrees inboezemen in een kleedkamer.

Mijn gouden kans om alle vier slams te behalen is verdwenen.

Brooke is al eerder naar huis gevlogen en dus zitten alleen Gil en ik in het vliegtuig. Gil heeft het erover hoe we mijn heupbuigspier gaan behandelen, welke aanpassingen we gaan doorvoeren na alles wat we hebben doorstaan, hoe we ons gaan voorbereiden op wat komen gaat: gras. We blijven een week in Vegas, doen helemaal niets, behalve naar films kijken en wachten tot mijn heup genezen is. Een MRI-scan wijst uit dat de schade niet onherstelbaar is. Schrale troost.

We vliegen naar Engeland. Ik ben als nummer één geplaatst voor het Wimbledon van 1995, omdat ik nog steeds de nummer één van de wereld ben. Het enthousiasme en de blijdschap waarmee het publiek me begroet, passen helemaal niet bij mijn stemming. Nike is me al voorgegaan en heeft de stemming erin gebracht door Agassi Kits uit te delen – opplakbakkebaarden, Fu Manchu-snorren en bandana's. Dit is mijn nieuwe look. Ik ben van een piraat veranderd in een bandiet. Het is zoals altijd heel onwezenlijk om te zien dat jongens proberen op mij te lijken. Het is nog onwezenlijker om dat meisjes te zien doen. Meisjes met Fu Manchu's en bakkebaarden... ik moet er bijna om glimlachen. Bijna.

Het regent elke dag, maar toch stromen de fans in groten getale toe. Ze trotseren de regen en de kou van Wimbledon, staan helemaal tot in Church Road in de rij, zoveel houden ze van tennis. Ik wil wel naar ze toe om ze gezelschap te houden, vragen te stellen, te ontdekken waarom ze zoveel van tennis houden. Ik vraag me af hoe het is om zoveel passie voor die sport te hebben. Ik vraag me af of de namaak-Fu Manchu's wel blijven zitten in de regen of dat ze net als mijn oude haarstukje uit elkaar zullen vallen.

Ik win mijn eerste twee partijen vrij gemakkelijk en versla daarna Wheaton in vier sets. Hét voorpaginanieuws van die dag echter is Tarango, die zijn partij heeft verloren en daarna met een scheidsrechter heeft gevochten voordat hij de baan verliet. Daarna heeft Tarango's vrouw de scheidsrechter geslagen. Een van de grootste schandalen in de geschiedenis van Wimbledon. In plaats van tegen Tarango speel ik daarom tegen de Duitser Alexander Mronz. De pers vraagt me tegen wie ik liever had gespeeld. Het liefst zou ik hen vertellen dat Tarango me bedot heeft toen ik acht was. Maar ik doe het niet. Ik wil niet in het openbaar ruziemaken met Tarango en bovendien jaag ik zijn vrouw liever niet tegen me in het harnas. Ik zeg diplomatiek dat het niet uitmaakt tegen wie ik speel, ook al is Tarango dan een gevaarlijker tegenstander.

Ik versla Mronz eenvoudig in drie sets.

In de halve finale speel ik tegen Becker. De laatste acht keer dat we tegen elkaar speelden heb ik acht keer gewonnen. Pete heeft de finale al bereikt. Hij moet het dus opnemen tegen de winnaar van Agassi-Becker, wat betekent dat hij het tegen mij moet opnemen, omdat het erop begint te lijken dat elke slamfinale uitloopt op een ontmoeting tussen mij en Pete.

Ik win de eerste set van Becker, probleemloos. In de tweede set kom ik voor met 4-1. *Here I come, Pete. Get ready, Pete.* Maar dan, zomaar, begint Becker opeens agressiever, beter te spelen. Hij scoort verschillende punten op basis van zijn strijdlust. Nadat hij eerst met een stukje nagel aan mijn zelfvertrouwen heeft gekrabd, haalt hij nu de voorhamer tevoorschijn. Hij speelt vanaf de baseline, heel ongebruikelijk voor hem. Hij is gewoon te sterk voor me. Hij breekt me, komt op 4-2, en dan voel ik iets knappen. Niet in mijn heup, nee, in mijn geest. Opeens heb ik geen controle meer over mijn gedachten. Ik denk aan Pete, die zit te wachten. Ik denk aan mijn zus Rita, wier man Pancho onlangs zijn langdurige strijd tegen maagkanker heeft verloren. Ik denk aan Becker die nog altijd met Nick werkt, die bruiner dan ooit boven ons in Beckers box zit. Ik vraag me af of Nick Becker heeft ingewijd in mijn geheimen, op dezelfde manier als ik Beckers service heb ontleed. (Vlak voordat hij de bal opgooit, steekt Becker zijn tong uit die dan als een rood pijltje aanwijst waar hij op gaat richten.) Ik denk aan Brooke, die deze week bij Harrods heeft geshopt, samen met Pete's vriendin, een rechtenstudente die Delaina Mulcahy heet. Al deze gedachten dwarrelen door mijn hoofd, leiden me af. Hierdoor kan Becker zijn kans grijpen. Hij doet je nooit iets cadeau. Hij wint in vier sets.

Deze nederlaag is een van de vernietigendste nederlagen van mijn leven. Na afloop zeg ik geen woord tegen wie dan ook. Gil, Brad, Brooke, ik zeg niets tegen hen omdat ik dat niet kan. Ik ben kapot, helemaal stuk.

Brooke en ik zouden op vakantie gaan, dat hadden we weken geleden al afgesproken. We wilden naar een afgelegen plek, zonder telefoon, zonder andere mensen, en dus hadden we Indigo Island geboekt, op 350 kilometer afstand van Nassau. Na het Wimbledondebacle wil ik die trip annuleren, maar Brooke herinnert me eraan dat we het hele eiland hebben gereserveerd en dat we ons voorschot niet terug zullen krijgen.

Bovendien, zegt ze, moet het een paradijsje zijn. Het zal goed voor ons zijn.

Ik frons mijn voorhoofd.

We zijn nog maar net geland of het paradijs voelt precies zo aan als ik vreesde, als een extra beveiligde gevangenis. Op het hele eiland staat maar één huis en dat is niet groot genoeg voor ons drieën: Brooke, mij en mijn slechte stemming.

Brooke ligt in de zon en wacht tot ik begin te praten. Ze is niet bang voor mijn zwijgzaamheid, maar ze begrijpt het ook niet. In haar wereld doet iedereen net alsof, maar in mijn wereld kun je nu eenmaal niet doen alsof sommige dingen niet zijn zoals ze zijn.

Nadat ik twee dagen niets heb gezegd, bedank ik haar omdat ze zoveel geduld met me heeft gehad. Ik vertel haar dat ik terug ben.

Ik ga even hardlopen langs het strand, zeg ik.

Eerst loop ik heel rustig, maar daarna zet ik de vaart erin. Ik denk er alweer aan hoe ik weer in vorm moet komen, me moet opladen voor de hardcourts van de zomer.

Ik ga naar Washington DC, voor het Legg Mason-toernooi. Het is ongelooflijk heet. Brad en ik proberen aan de hitte te wennen door 's middags te trainen. Na afloop komen de fans erbij en stellen vragen. Van de andere spelers blijven er maar weinig achter om met de fans te praten, maar ik doe dat wel. Dat vind ik leuk. Ik geef altijd de voorkeur aan fans boven sportjournalisten.

Nadat we de laatste handtekening hebben gezet en de laatste vraag hebben beantwoord, zegt Brad dat hij toe is aan een biertje. Hij heeft een sluwe blik op zijn gezicht. Er gaat iets gebeuren. Ik neem hem mee naar The Tombs, waar Perry en ik vaak naartoe gingen toen hij nog in Georgetown woonde. De bar heeft een toegangsdeurtje aan de straatzijde, daarna een smalle trap naar de vochtige duisternis en het ruikt er naar een smerig toilet. Er is een open keuken, zodat je de koks aan het werk kunt zien. En hoewel je zou denken dat dit een goed teken is, geldt dit niet voor The Tombs. We vinden een plekje en bestellen wat te drinken. Brad baalt omdat ze geen Bud Ice hebben. Hij stelt zich tevreden met Bud. Ik voel me geweldig na mijn work-out, ontspannen, fit, kalm. Ik heb al bijna twintig minuten niet aan Becker gedacht. Brad maakt daar een einde aan. Uit de binnenzak van zijn zwartwollen trui haalt hij een stapeltje papier en smijt dat boos op ons tafeltje.

Becker, zegt hij.

Wat?

Dit heeft hij gezegd nadat hij je op Wimbledon heeft verslagen.

Wat kan mij dat schelen?

Hij kraamt onzin uit.

Wat voor onzin?

Hij leest het voor.

Becker heeft tijdens zijn persconferentie na afloop van de wedstrijd geklaagd dat Wimbledon mij bevoorrecht boven de andere spelers. Dat Wimbledonscheidsrechters zich oneerlijk gedragen, doordat ze zich in allerlei bochten wringen om mijn partijen op het Centre Court te laten plaatsvinden. Dat alle belangrijke toernooien mij bevoordelen. Daarna werd hij persoonlijk en zei dat ik overschat word. Met zoveel woorden noemde hij me een elitair persoon, dat ik me afzijdig houd van andere spelers, dat ik me niet open genoeg opstel en dat niemand me graag mag.

Met andere woorden, hij heeft me de oorlog verklaard.

Brad heeft zich nooit iets aan Becker gelegen laten liggen. Brad heeft hem altijd B.B. Socrates genoemd, omdat hij vindt dat Becker probeert over te komen als een intellectueel, terwijl hij niet meer is dan een opgeschoten boerenzoon. Maar Brad is nu zo woedend dat hij niet meer rustig op zijn stoel kan blijven zitten.

Andre, zegt hij, *it is so fucking on*. Luister naar me, want we gaan het weer opnemen tegen die klootzak. We gaan het tegen hem opnemen tijdens de US Open. Tot het zover is, gaan we ons voorbereiden, trainen, bedenken hoe we ons kunnen wreken.

Ik lees weer wat Becker heeft gezegd. Ik kan het niet geloven. Ik wist wel dat die vent me niet mocht, maar dit gaat te ver. Ik kijk naar mijn handen en zie dat ik mijn vuisten bal en ontspan.

Brad zegt: Hoor je me? Ik wil dat je deze, deze... klootzak afmaakt.

Dat gaat ook gebeuren.

We proosten met onze bierglazen, zweren een eed.

Sterker nog, ik denk: na Becker zal ik blijven winnen. Ik ga gewoon niet meer verliezen. Tenminste, niet zolang ik professioneel tennis. Ik ben er doodziek van om te verliezen, doodziek van om teleurgesteld te worden, doodziek van spelers die net zo de pest hebben aan mijn spel als ik.

En dus wordt de zomer van 1995 de Zomer van de Wraak. Puur op wrok wals ik me door het DC-toernooi. In de finale speel ik tegen Edberg. Ik ben de betere speler, maar het is bijna 40 graden, en zo'n extreme hitte is een geweldige nivelleerder. In deze hitte zijn alle mensen gelijk. Als onze partij begint kan ik niet denken, kan ik mijn ritme niet vinden. Gelukkig geldt dat ook voor Edberg. Ik win de eerste set, hij wint de tweede en in de derde set kom ik voor met 5-2. Het publiek juicht, althans degenen die nog niet geveld zijn door een zonnesteek. De match wordt een paar keer stilgelegd, zodat iemand op de tribune medisch kan worden verzorgd.

Ik serveer voor de partij. Ten minste, dat zeggen ze. Ik ben ook aan het hallucineren. Ik weet niet welk spel ik speel. Is dit pingpong? Is het de bedoeling dat ik deze pluizige gele bal heen en weer sla? Met wie dan? Mijn tanden klapperen. Ik zie drie ballen over het net komen en probeer de middelste te raken.

Mijn enige hoop is dat Edberg ook hallucineert. Misschien valt hij wel flauw voordat ik dat doe en dan ben ik automatisch de winnaar. Ik wacht, houd hem nauwlettend in de gaten, maar daarna speel ik opeens slechter. Mijn maag verkrampt. Hij breekt me.

Nu is hij aan service. Ik vraag om een korte pauze, stap van de baan af en deponeer mijn ontbijt in een decoratieve plantenbak aan de achterkant van de baan. Als ik weer op mijn plaats ga staan, heeft Edberg er geen enkele moeite mee zijn service te houden.

Nu serveer ik weer voor de match. We spelen een rally, zwakjes, slaan allebei slappe shots in het midden van de baan, als meisjes van tien die badminton spelen. Hij breekt me, alweer.

Het is 5-5. Ik laat mijn racket vallen en strompel de baan af.

Het is een ongeschreven regel, of misschien is het wel ergens geschreven, dat wanneer je met je racket de baan verlaat je ermee ophoudt. Dus laat ik mijn racket vallen, zodat iedereen weet dat ik terugkom. Ook al loop ik te ijlen, toch trek ik me nog iets aan van de tennisregels, maar ik trek me ook iets aan van de fysieke regels. Wat erin gaat, in die hitte, moet er ook weer uit, en snel ook. Ik geef een paar keer over onderweg naar de kleedkamer. Ik ren naar het toilet en braak een maaltijd uit van een paar dagen eerder. Ik heb het gevoel dat ik in shock zal raken. Gelukkig zorgen de airco in de kleedkamer en mijn totaal lege maag ervoor dat ik me beter ga voelen.

De arbiter klopt op de deur: Andre! Je gaat punten verliezen als je nu niet meteen weer de baan op gaat.

Met een lege maag en een tollend hoofd loop ik terug. Ik breek Edberg. Ik heb geen idee hoe ik het voor elkaar krijg. Dan win ik de partij.

Ik strompel naar het net, waar Edberg tegenaan hangt, hij valt bijna flauw. We hebben er allebei moeite mee overeind te blijven tijdens de ceremonie. Als ze me de trofee overhandigen, moet ik er bijna in kotsen. Ze drukken me een microfoon in de hand zodat ik wat kan zeggen, en ook daar moet ik bijna in kotsen. Ik bied mijn excuses aan voor mijn gedrag, vooral aan de mensen die vlak bij de bloempot zitten die ik heb misbruikt. Ik wil bij dezen voorstellen dat de scheidsrechters het toernooi naar Saskatchewan in Canada verplaatsen, maar ik moet alweer overgeven. Ik laat de microfoon vallen en ga ervandoor.

Brooke vraagt waarom ik de partij niet gewoon heb afgebroken.

Omdat het de Zomer van de Wraak is.

Na de wedstrijd maakt Tarango publiekelijk bezwaar tegen mijn gedrag. Hij eist een verklaring waarom ik de baan heb verlaten. Hij zegt dat hij zijn heren dubbel had willen uitspelen en dat hij door mij had moeten wachten. Hij is boos. Ik ben blij. Ik zou het liefst naar de baan teruggaan, de bloempot pakken en in cadeauverpakking naar Tarango sturen met daarbij een kaartje met het opschrift: ZEG MAAR DAT DEZE UIT IS, BEDRIEGER.

Ik vergeet nooit iets. Daar komt Becker ook nog wel achter.

Vanuit DC ga ik naar Montréal, waar het gelukkig koeler is. In de finale versla ik Pete in drie zware sets. Het voelt altijd goed als ik Pete versla, maar deze keer doet het me amper iets. Ik wil Becker. Ik versla Chang in de finale van Cincinnati en ga daarna naar New Haven, terug naar de zinderende hitte van de noordoostelijke zomer. Ik bereik de finale waar ik tegen Krajicek moet spelen. Hij is stevig gebouwd en lang, zeker 1 meter 95, en hoewel hij groot is, is hij verrassend lichtvoetig. Met twee passen is hij al bij het net, grauwend, klaar om het hart uit je lijf te scheuren. Na drie toernooien achter elkaar gewonnen te hebben, heb ik niet veel reserves meer. Maar Brad weigert dat te accepteren.

Maak je niet druk, zegt hij. Je bent in training, weet je nog? Voor dé wraakpartij die een eind zal maken aan alle wraakpartijen.

Dus maak ik me niet druk. Het probleem is alleen dat Krajicek dat ook niet doet. Hij wint de eerste set met 6-3. In de tweede set komt hij twee keer op matchpoint. Maar ik geef niet op. Ik win de tiebreak en vervolgens ook de derde set. Het is mijn twintigste overwinning in straight sets, mijn vierde straight toernooioverwinning. Dit jaar heb ik 63 van de 70 partijen gewonnen, 44 van de 46 op hardcourt. Verslaggevers vragen of ik mezelf onverslaanbaar acht en ik zeg nee. Ze denken dat ik me bescheiden voordoe, maar het is de waarheid. Zo voel ik het. Dat is het enige gevoel dat ik mezelf toesta in die Zomer van de Wraak. Trots is slecht, stress is goed. Ik wil geen vertrouwen voelen. Nu niet. Ik wil woede voelen, een eindeloze, allesverterende woede.

Iedereen heeft het alleen maar over mijn rivaliteit met Pete, vooral door een nieuwe reclamecampagne van Nike. Die bestaat onder andere uit een tv-reclame waarin we midden in San Francisco uit een taxi springen, een net spannen en gaan tennissen. Het *New York Times Sunday Magazine* publiceert een lang verhaal over onze rivaliteit en onze botsende karakters. Ze schrijven dat Pete helemaal opgaat in tennis, dat hij van die sport houdt. Ik vraag me af wat de auteur over onze rivaliteit zou hebben geschreven als hij wist hoe ik over tennis dacht. Maar ja, dat kon hij niet weten.

Ik leg de krant weg. Ik pak hem weer op. Ik wil het verhaal niet lezen. Ik moet het lezen. Ik kan het niet. Het voelt vreemd, het stoort me, want Pete is niet degene aan wie ik op dat moment denk. Dag en nacht denk ik aan Becker, alleen maar aan Becker. En toch, als ik het artikel vluchtig doorlees, schrik ik als ik lees wat Pete antwoordde toen hem werd gevraagd wat hij leuk vindt aan mij.

Hij kan niets bedenken. Ten slotte zegt hij: Ik vind zijn manier van reizen leuk.

En dan is het eindelijk augustus. Gil, Brad en ik vliegen naar New York voor de US Open 1995. Op de eerste ochtend in het Louis Armstrong Stadium komt Brad de kleedkamer binnen. Met de loting.

Het is goed, zegt hij met een glimlach. O, het is zo goed. Helemaal goed.

Ik ben in dezelfde helft van het schema ingedeeld als Becker. Als alles volgens Brads plan verloopt, dan speel ik in de halve finale tegen Becker. En daarna tegen Pete. Ik denk: Konden we bij onze geboorte maar een blik werpen op de loting van ons leven, op onze weg naar de finale.

In de eerste rondes tennis ik op de automatische piloot. Ik weet wat ik wil, ik zie wat ik wil, kijk alleen maar vooruit, en tegenstanders zijn niet meer dan pionnen. Edberg. Alex Corretja. Petr Korda. Ik moet hen verslaan om bij mijn doel te komen, en dus doe ik dat. Na elke zege is Brad niet zijn gebruikelijke uitbundige zelf. Hij glimlacht niet. Hij viert het niet. Hij denkt alleen maar aan Becker. Hij houdt Beckers vorderingen in de gaten, maakt aantekeningen van zijn partijen. Hij wil dat Becker elke set wint, elk punt.

Wanneer ik na alweer een overwinning van de baan loop, zegt Brad droog: Alweer een goede dag.

Dank je. Ja, dit voelt goed.

Nee. Ik bedoel B.B. Socrates. Hij heeft gewonnen.

Pete doet zijn werk. Hij bereikt de finale aan zijn kant van de loting en wacht nu op de winnaar van Agassi-Becker. Wimbledon, Deel II. Maar deze keer denk ik niet aan Pete. Ik kijk niet vooruit. Ik heb me op Becker gefocust en nu is het zover. Ik ben zo geconcentreerd dat ik er bang van word.

Een vriend vraagt of ik nooit de neiging heb mijn racket op de grond te smijten en mijn tegenstander naar de keel te vliegen. Als het een rancuneuze partij is, als de sfeer vijandig is, zou ik de zaak dan niet liever afmaken met een paar ronden ouderwets boksen? Ik antwoord dat tennis boksen *ís*. Elke tennisser vergelijkt zichzelf vroeg of laat met een bokser, omdat tennis een vuistgevecht is zonder fysiek contact. Het is gewelddadig, *mano a mano*, en de keus die je hebt is even meedogenloos eenvoudig als in elk strijdperk. Doden of gedood worden. Win, of leg je neer bij je verlies. Een tennispartij verliezen zit alleen dieper onder je huid. Het doet denken aan wat woekeraars in Vegas vroeger deden: iemand afranselen met een zak sinaasappels omdat het slachtoffer daar geen zichtbare verwondingen aan overhoudt.

Maar ik ben ook maar een mens. Dus voordat we de baan op gaan, als Becker en ik in de tunnel staan, zeg ik tegen de bewaker, James: Hou ons uit elkaar. Ik wil deze verdomde Duitser niet zien. Geloof me, James, je wilt niet dat ik hem zie.

Becker denkt er net zo over. Hij weet wat hij heeft gezegd en hij weet dat ik het vijftig keer heb gelezen en het heb onthouden. Hij weet dat ik me de hele zomer in zijn woorden heb gewenteld en hij weet dat ik bloed wil zien. Hij wil dat ook. Hij heeft me nooit gemogen en ook voor hem is dit de Zomer van de Wraak. We lopen de baan op, vermijden oogcontact, weigeren naar het publiek te kijken, concentreren ons op onze spullen, op onze tennistassen, en daarna op de smerige taak die ons wacht.

Vanaf het moment dat de wedstrijd begint, gaat het zoals ik had verwacht. We grijnzen, vloeken in twee verschillende talen. Ik win de eerste set met 7-6. Irritant genoeg lijkt Becker niet onder de indruk. Waarom zou hij ook? Onze partij op Wimbledon begon net zo. Hij maakt zich er niet druk over dat hij achterstaat, hij heeft bewezen dat hij mijn beste punch kan doorstaan en vervolgens terug kan komen.

Ik win de tweede set met 7-6. Nu begint hij echt in zijn spel te komen, gaat op zoek naar mijn zwakke plek. Hij probeert me op te fokken. Hij heeft me al eerder mijn kalmte zien verliezen en daarom doet hij iets waardoor hij denkt dat ik dat opnieuw zal doen, het meest ontmannende wat de ene tennisser een andere kan aandoen: hij blaast kushandjes naar mijn box. Naar Brooke.

Het werkt. Ik ben zo woedend dat ik even verslap. In de derde set, als ik voorsta met 4-2, duikt Becker naar een bal die hij eigenlijk niet kan halen. Hij krijgt er toch zijn racket tegen en wint het punt. Dan breekt hij me en daarna wint hij de set. Het publiek is uitzinnig. Ze hebben kennelijk door dat dit persoonlijk is, dat deze twee mannen de pest hebben aan elkaar, dat we een oude vete uitvechten. Ze genieten van dit drama dat voor hen niet lang genoeg kan duren. Nu voelt het pas echt als een Wimbledon-herhaling. Becker begint ze te voeren. Met een wolfachtige grijns blaast hij nog meer kusjes naar Brooke. Het heeft al eerder gewerkt, waarom zou hij het dus niet weer doen? Ik kijk naar Brad, naast Brooke, en hij kijkt me met een stalen blik aan, met die kenmerkende Brad-blik waarmee hij wil zeggen: *Come on. Let's go.*

De vierde set is een nek-aan-nekrace. Allebei houden we onze service, zoeken naar een opening voor een break. Ik kijk naar de klok. Halftien. Het duurt nog wel even voordat er iemand naar huis kan. Doe alle deuren op slot en laat wat te eten komen, want we vertrekken niet voordat deze verdomde strijd gestreden is. De intensiteit is angstaanjagend. Nooit eerder heb ik zo graag willen winnen. Nooit eerder heb ik iets zo graag gewild. Ik houd mijn service tot 6-5 en dan serveert Becker om in de wedstrijd te blijven.

Hij steekt zijn tong uit naar rechts, serveert naar rechts. Ik raad goed en veeg zijn bal van de baan. Winner. Ik vermorzel zijn volgende twee services. Nu is hij aan opslag bij 0-40, drie matchpoints.

Perry schreeuwt naar hem. Brooke schreeuwt bloedstollende dingen naar hem. Becker glimlacht, zwaait naar hen alsof hij Miss America is. Hij mist zijn eerste service. Ik weet dat zijn tweede agressief zal zijn. Hij is een kampioen, hij zal opslaan als een kampioen. En zijn tong zit in het midden. Ik weet zeker dat hij een snellere tweede service recht op mij zal richten. Normaal moet je je daar zorgen over maken omdat zo'n bal hoog opstuitert en dus stap je in, probeert de bal nog te raken voordat hij boven je schouder stuitert, maar ik gok, blijf staan, en de gok valt in mijn voordeel uit. Daar komt de bal, in gedachten draai ik mijn heupen al opzij en positioneer ik mezelf zo dat ik de meest fantastische bal uit mijn carrière kan slaan. Zijn service is net iets sneller dan ik had verwacht. Maar ik pas me aan. Ik ga op mijn tenen staan, voel me net Wyatt Earp en Spiderman en Spartacus. Ik haal uit. Elke haar op mijn lichaam staat overeind. Als de bal mijn racket verlaat, komt er een dierlijk geluid uit mijn mond. Ik weet dat ik dat geluid nooit weer zal maken en dat ik een bal nooit weer zo hard zal slaan, of zo perfect. Eén bal volkomen perfect raken – meer vraag ik niet. Als de bal aan Beckers kant van de baan terechtkomt, maak ik dat geluid nog steeds.

AAAAGHHHHHHHHH.

De bal vliegt langs Becker. Game, set en match, Agassi.

Becker loopt naar het net. Laat hem daar maar staan. Het publiek is gaan staan, juichend, in extase. Ik kijk naar Brooke en Gil en Perry en Brad, vooral naar Brad. *Come on!* Ik blijf hem aankijken. Becker staat nog steeds bij het net. Dat zal me een zorg zijn. Ik laat hem daar staan als een Jehova's getuige bij mijn voordeur. Eindelijk, eindelijk schuif ik mijn polsbandje af en loop naar het net en steek mijn hand zijn kant op, zonder te kijken. Hij schudt mijn hand en ik trek hem terug.

Een tv-verslaggever rent de baan op en stelt me een paar vragen. Ik beantwoord ze zonder erbij na te denken. Dan kijk ik glimlachend in de camera en zeg: *Pete! I'm coming!*

Ik hol de tunnel in, loop de kleedkamer binnen. Daar is Gil, bezorgd. Hij weet wat deze overwinning in fysiek opzicht van me heeft gevergd.

Ik voel me niet goed, Gil.

Ga liggen, man.

Mijn hoofd suist. Ik ben doorweekt. Het is tien uur 's avonds en ik moet over nog geen achttien uur de finale spelen. Tussen nu en morgen moet ik uit deze bijna psychotische gemoedsgesteldheid zien te raken, naar huis gaan, goed eten, liters Gil Water drinken tot ik niet meer kan en dan wat slapen.

Gil rijdt me terug naar Brookes huis. Na het eten zit ik een uur in de douche. Het is een van die douchebeurten die je het gevoel geeft dat je geld zou moeten overmaken aan verschillende milieu-organisaties en misschien ook meteen maar een boom zou moeten planten. Om twee uur 's nachts ga ik naast Brooke liggen en val meteen in slaap.

Vijf uur later doe ik mijn ogen open. Ik heb geen idee waar ik ben. Ik ga rechtop zitten en schreeuw, een ingehouden versie van mijn schreeuw in de finale tegen Becker. Ik kan me niet bewegen.

Eerst denk ik dat ik kramp in mijn maag heb. Dan realiseer ik me dat het iets veel ergers is. Ik rol van het bed af, ga op handen en knieën zitten. Ik weet wat dit is. Dit heb ik al eens eerder gehad. Het kraakbeen tussen mijn ribben is gescheurd. Ik denk zelfs te weten tijdens welke slag dat is gebeurd. Maar deze scheur lijkt behoorlijk ernstig, omdat ik mijn borstkast niet kan uitzetten. Ik kan niet ademen.

Vaag herinner ik me dat het drie weken duurt voordat dit genezen is. Maar ik moet al over negen uur tegen Pete spelen. Het is zeven uur 's ochtends en de wedstrijd is om vier uur. Ik roep Brooke. Ze is er niet. Ik lig op mijn zij en zeg hardop: Dit kan niet waar zijn. Laat dit alsjeblieft niet waar zijn.

Ik sluit mijn ogen en bid dat ik de baan op kan lopen. Dat lijkt een belachelijke vraag, omdat ik niet eens rechtop kan staan. Hoe ik ook mijn best doe, ik kan niet op mijn benen staan.

God, alsjeblieft. Het kan toch niet zo zijn dat ik niet kan komen opdagen voor de finale van de US Open.

Ik kruip naar de telefoon en bel Gil.

Gilly, ik kan niet opstaan. Ik kan letterlijk niet opstaan.

Ik kom er meteen aan.

Tegen de tijd dat hij er is sta ik, maar ik kan nog steeds niet goed ademen. Ik vertel hem wat het volgens mij is en hij is het met me eens. Hij zwijgt even terwijl ik een kop koffie drink en zegt dan: Het is tijd. We moeten weg.

We kijken op de klok en doen dan het enige wat je op zo'n moment kunt doen: we schieten in de lach.

Gil rijdt me naar het stadion. Mijn ribben protesteren zodra ik op de oefenbaan één bal sla. Ik sla nog een bal. Ik gil van de pijn. Ik sla een derde. Het doet nog steeds pijn, maar het gaat al iets beter. Ik kan ademen.

Hoe voel je je?

Beter. Ik ben ongeveer 38 procent.

We kijken elkaar aan. Misschien is dat genoeg.

Maar Pete is minstens honderd procent. Hij komt goed voorbereid de baan op, is van plan me van hetzelfde laken een pak te geven als wat hij mij Becker heeft zien geven. Ik verlies de eerste set met 6-4. Ik verlies de tweede set met 6-3.

Maar ik win de derde set. Ik weet inmiddels wat ik wel zonder problemen kan doen. Ik vind doorsteekjes, compromissen, achterdeurtjes. Ik zie een paar kansen om deze partij in een wonder te veranderen. Maar ik kan ze niet benutten. Ik verlies de vierde set met 7-5.

Verslaggevers vragen hoe het voelt om zesentwintig matches op rij te winnen, om de hele zomer te winnen, en dan tegen het gigantische net aan te lopen dat Pete is. Ik denk: Hoe dénk je dat dat voelt? Ik zeg: De volgende zomer ga ik iets vaker verliezen. Ik sta nu op 26-1 en al die overwinningen zou ik willen inruilen tegen dit ene verlies.

Tijdens de rit terug naar Brooke's huis houd ik mijn ribben vast, kijk naar buiten en herleef elk shot van de Zomer van de Wraak. Al dat geploeter en al die woede en al dat winnen en trainen en hopen en zweten, en dat alles leidt dan tot hetzelfde teleurgestelde lege gevoel. Het maakt niet uit hoe vaak je wint, want als je niet de laatste bent die wint, dan ben je een verliezer. En uiteindelijk verlies ik altijd, omdat Pete er altijd is. Pete, altijd weer Pete.

Brooke ontloopt me. Ze kijkt me vriendelijk en meelevend aan, maar het komt niet echt over, omdat ze het niet begrijpt. Ze wacht tot ik me beter voel, tot het voorbij is, tot alles weer normaal is. Verliezen is abnormaal.

Brooke heeft me verteld dat ze een ritueel heeft als ik verlies, een manier om de tijd te doden tot alles weer normaal is. Terwijl ik in stilte lijd, gaat zij haar kasten door en haalt alle kleren eruit die ze al maanden niet heeft gedragen. Ze vouwt haar truien en T-shirts op, stopt haar sokken en leggings en schoenen in laden en dozen. De avond waarop ik van Pete heb verloren, kijk ik in Brooke's kast.

Keurig netjes.

In onze korte tijd samen heeft ze al heel wat tijd moeten doden.

HOOFDSTUK 18

Tijdens mijn partij in de Davis Cup tegen Wilander ga ik me anders bewegen om mijn gescheurde ribkraakbeen te beschermen. Maar als je het ene beschermt, beschadig je meestal het andere. Ik sla een rare forehand en voel spanning in een borstspier. Tijdens de wedstrijd blijft hij wel warm, maar de volgende ochtend kan ik niet lopen.

De artsen leggen me een paar weken rust op. Brad krijgt zelfmoordneigingen.

Een pauze kost je je nummer-éénranking, zegt hij.

Wat kan mij dat schelen. Pete is nummer één, wat een stomme computer ook zegt. Pete heeft dit jaar twee slams én onze onderlinge confrontatie in New York gewonnen. Bovendien kan het me geen lor schelen of ik nummer één ben of niet. Dat zou leuk zijn geweest, maar het was niet míjn doel. Maar ja, van Pete winnen was ook niet mijn doel, maar van Pete verliezen heeft me een rampzalig gevoel gegeven.

Ik heb het altijd moeilijk gevonden een zware nederlaag van me af te schudden, maar deze nederlaag tegen Pete is toch anders. Dit is de ultieme nederlaag, de übernederlaag, de supernederlaag die alle andere nederlagen overschaduwt. Eerdere nederlagen tegen Pete, de nederlaag tegen Courier, de nederlaag tegen Gomez – dat waren vleeswonden vergeleken bij deze. Deze nederlaag voelt als een speer door mijn hart. Deze nederlaag voelt elke dag weer nieuw. Elke dag zeg ik tegen mezelf dat ik er niet meer aan moet denken, en elke dag lukt me dat niet. De enige verlichting brengt fantaseren over stoppen met tennis.

Ondertussen is Brooke non-stop aan het werk. Haar acteercarrière neemt een vlucht. Op advies van Perry is ze in Los Angeles gaan wonen, waar ze rollen in tv-series najaagt. Nu heeft ze zelfs een rolletje gekregen in een aflevering van de televisieserie *Friends.*

Het is de beste tv-serie ter wereld, de nummer één, zegt ze. Nummer één!

Ik schrik. Nummer één. Ze heeft het niet door.

De producers van *Friends* hebben Brooke gevraagd een stalker te spelen. Ik schrik, denk aan de ellende die ze heeft meegemaakt met stalkers en te enthousiaste fans. Maar Brooke denkt dat ze door haar ervaringen met zoveel stalkers goed op haar rol is voorbereid. Ze zegt dat ze de obsessie van een stalker begrijpt.

En bovendien, Andre, is het *Friends*. De beste tv-serie ter wereld, de nummer één. Het zou een nieuwe rol in de serie kunnen opleveren. En bovendien is het zo dat mijn aflevering meteen na de Super Bowl wordt uitgezonden, vijftig miljoen mensen zullen hem zien. In feite is dit mijn US Open.

Een tennisanalogie. De zekerste manier om ervoor te zorgen dat ik me afsluit voor haar verlangens. Maar ik doe net alsof ik blij ben en zeg precies de juiste dingen. Als jij gelukkig bent, zeg ik, ben ik gelukkig. Ze gelooft me. Of ze doet alsof. Wat vaak net zo voelt.

We spreken af dat Perry en ik met haar mee naar Hollywood zullen gaan en bij de opnames aanwezig zullen zijn. We zullen in haar box zitten, zoals zij altijd in mijn box zit.

Zal dat niet leuk zijn? vraagt ze.

Nee, denk ik.

Ja, zeg ik. Leuk.

Ik wil niet gaan. Maar ik wil ook niet thuis blijven liggen, tegen mezelf pratend. Pijnlijke borst, gewond ego, zelfs ik wil niet alleen met mezelf zijn.

De dagen voor de opnames van *Friends* sluiten we onszelf op in Brooke's huis in Los Angeles. Een collega-acteur komt elke dag langs om haar te helpen met haar tekst. Ik kijk naar hen. Brooke is gespannen, voelt de druk, repeteert fanatiek; een proces dat ik herken. Ik ben trots op haar. Ik zeg tegen haar dat ze een ster gaat worden. Er gaan goede dingen gebeuren.

Laat in de middag komen we de studio binnen. Een stuk of zes acteurs begroeten ons hartelijk. Zij zijn de cast, neem ik aan, de *Friends* uit de serie, maar het zouden net zo goed zes werkloze acteurs uit West Covina kunnen zijn. Ik heb de serie nog nooit gezien. Brooke omhelst hen, bloost, stottert, ook al heeft ze al dagenlang met hen gerepeteerd. Ik heb nooit eerder gezien dat ze zich laat intimideren door beroemdheden. Toen ik haar voorstelde aan Barbra Streisand gedroeg ze zich niet zo.

Ik blijf iets achter haar staan, in de schaduw. Ik wil haar niet overschaduwen en bovendien heb ik geen zin om sociaal te zijn. Maar de acteurs zijn tennisfans en blijven me maar bij het gesprek betrekken. Ze vragen naar mijn blessure, feliciteren me met een succesvol jaar. Dat jaar voelt allesbehalve succesvol, maar ik bedank hen zo beleefd mogelijk en stap weer achteruit.

Ze blijven aandringen. Ze vragen naar de US Open. De rivaliteit met Pete. Hoe zit dat eigenlijk? Jullie betekenen allebei heel veel voor het tennis.

Ja, nou ja.

Zijn jullie vrienden?

Vrienden? Vroegen ze me dat echt? Vragen ze dat omdat zij *Friends* zijn? Ik heb er nooit eerder bij stilgestaan, maar ja, ik neem aan dat Pete en ik vrienden zijn.

Ik kijk Perry aan, op zoek naar steun. Maar hij gedraagt zich net als Brooke, is belachelijk geïntimideerd door deze beroemde acteurs. Eigenlijk gedraagt hij zich een beetje naïef, laat merken dat hij andere acteurs kent, speelt de insider.

Gelukkig wordt Brooke naar haar caravan geroepen. Perry en ik lopen met haar mee en houden haar gezelschap terwijl een clubje mensen met haar aan de slag gaat en haar plaagt en haar haren kamt, en een ander team zich bezighoudt met haar make-up en kleding. Ik kijk naar Brooke die naar haar spiegelbeeld kijkt. Ze is zo gelukkig, zo hyper, als een meisje voor haar eerste afspraakje, en ik voel me zo misplaatst. Ik voel dat ik me afsluit. Ik zeg de juiste dingen, glimlach en zeg bemoedigende dingen, maar vanbinnen voel ik een deur dichtslaan. Ik vraag me af of dit hetzelfde gevoel is dat Brooke heeft als ik gespannen ben voor een toernooi of als ik treur na een nederlaag. Mijn voorgewende belangstelling, mijn ingeblikte antwoorden, mijn uiteindelijke gebrek aan belangstelling, is dat waar ik haar de helft van de tijd toe dwing?

We lopen naar de set, een paars appartement met tweedehands meubels. We staan een beetje te staan en doden de tijd, terwijl forse mannen bezig zijn met het licht en de regisseur met schrijvers overlegt. Iemand doet een stand-up, probeert het publiek in de stemming te brengen. Ik ga op de eerste rij zitten, vlak bij een namaakdeur waardoor Brooke moet opkomen. Het publiek zit te kletsen, net als de crew. De spanning loopt op. Ik moet steeds gapen. Ik voel me net Pete, gedwongen naar *Grease* te kijken. Ik vraag me af waarom ik zoveel respect had voor Broadway en zoveel minachting voor dit hier.

Iemand roept: Stilte! Iemand anders roept: Actie! Brooke stapt naar voren en klopt op de namaakdeur. Die zwaait open en Brooke zegt haar eerste tekst. Het publiek lacht en juicht. De regisseur roept: *Cut!* Een vrouw in het publiek roept: Je doet het geweldig, Brooke!

De regisseur geeft Brooke een complimentje. Ze knikt. Dank je wel, zegt ze, maar ik kan het nog beter. Ze wil het nog een keer doen, ze wil nog een kans. Oké, zegt de regisseur.

Terwijl ze zich opmaken voor de volgende take, geeft Perry Brooke aanwijzingen. Hij heeft helemaal geen verstand van acteren, maar Brooke is zo onzeker dat ze op dit moment aanwijzingen van iedereen zou opvolgen. Ze luistert en knikt. Ze staan vlak bij me en hij instrueert haar alsof hij de baas is van de Actor's Studio.

Op uw plaatsen, alstublieft!

Brooke bedankt Perry en rent naar de deur.

Stilte, allemaal!

Brooke sluit haar ogen.

Actie!

Ze klopt op de namaakdeur, doet de scène op precies dezelfde manier.

Cut!

Fantastisch, zegt de regisseur tegen Brooke.

Ze rent naar me toe en vraagt wat ik ervan vind. Geweldig, zeg ik, en ik lieg niet. Ze was ook geweldig. Ook al heb ik geen respect voor televisie, ook al walg ik van het net doen alsof, ik heb wel respect voor hard werken. Ik bewonder haar toewijding. Ze geeft zich helemaal. Ik kus haar en zeg dat ik trots op haar ben.

Ben je klaar?

Nee, ik moet nog een scène doen.

O.

We lopen naar een andere set, een restaurant. Brooke's stalkerpersonage heeft een afspraakje met het object van haar affectie, Joey. Ze zit aan een tafeltje tegenover de acteur die Joey speelt.

Weer oneindig lang wachten. Weer aanwijzingen van Perry. Eindelijk roept de regisseur: Actie!

De acteur die Joey speelt, lijkt een aardige vent. Maar als de scène is begonnen, realiseer ik me dat ik hem zal moeten slaan. Volgens het script moet Brooke Joey's hand grijpen en likken. Maar ze legt het er een beetje dik bovenop en doet net alsof zijn hand een ijsje is. Cut! Dat was geweldig, zegt de regisseur, maar laten we het nog een keer proberen. Brooke lacht. Joey lacht, en veegt zijn hand af aan een servetje. Ik zit met grote ogen te kijken. Brooke heeft me niets verteld over dat gelik aan die hand. Ze wist wel wat ik dan zou zeggen.

Dit is niet mijn leven, dit kan mijn leven niet zijn. Ik ben hier niet echt, ik zit hier niet echt samen met tweehonderd andere mensen te kijken naar mijn vriendin die de hand van een andere man likt.

Ik kijk naar het plafond, in de lampen.

Ze gaan het nog een keer doen.

Stilte, alstublieft!

Actie!

Brooke pakt Joey's hand en stopt hem in haar mond, tot aan de knokkels. Nu rolt ze met haar ogen en gaat met haar tong helemaal over...

Ik spring op en ren naar beneden, duw een deur open. Het is donker. Hoe heeft het zo snel donker kunnen worden? Vlak bij die deur staat mijn huurauto, een Lincoln. Perry en Brooke komen me achterna. Perry begrijpt er niets van. Brooke is woedend. Ze grijpt mijn arm en vraagt: Waar ga je naartoe? Je mag niet weggaan!

Perry vraagt: Wat is er mis? Wat is er aan de hand?

Dat weet je wel. Dat weten jullie wel.

Brooke smeekt me om te blijven. Perry ook. Ik zeg dat ik dat echt niet doe. Ik wil niet toekijken terwijl ze de hand van die man likt.

Doe dit alsjeblieft niet, zegt Brooke.

Ik? Ik? Ik doe helemaal niets. Ga maar terug en geniet. Neem nog wat hand. Maar ik ben weg.

Ik rijd in hoog tempo over de snelweg, switch van de linker- naar de rechterbaan. Ik weet niet waar ik naartoe ga, weet alleen dat ik niet terugga naar Brooke's huis. *Fuck that.* Opeens realiseer ik me dat ik helemaal naar Vegas wil en niet zal stoppen tot ik er ben. Dat voelt als een belangrijk besluit. Ik geef vol gas en raas de stad uit, de woestijn in, met tussen mij en mijn bed alleen een stuk leeg land en heel veel sterren.

Als de radio ermee ophoudt, probeer ik mijn emoties te begrijpen. Ik was jaloers, natuurlijk, maar ook in de war, niet mezelf. Net als Brooke speelde ik een rol, de rol van *Dopey Boyfriend*, en ik dacht dat ik dat wel kon. Maar toen ze die hand begon te likken, kon ik die rol niet langer volhouden. Natuurlijk heb ik Brooke op het toneel wel eerder een man zien kussen. Ik heb zelfs een keer een griezel ontmoet die me zo nodig moest vertellen dat hij een keer op een filmset met mijn vriendin had gevreeën toen ze vijftien was. Maar dit is anders. Dit gaat te ver. Ik weet niet precies waarom, maar het is wel zo.

Om twee uur 's nachts stop ik voor mijn vrijgezellenhonk. De rit heeft me vermoeid en de angel uit mijn woede gehaald. Ik ben nog wel boos, maar voel me ook schuldig. Ik bel Brooke.

Het spijt me. Ik moest gewoon weg.

Ze zegt dat iedereen vroeg waar ik was. Ze zegt dat ik haar heb vernederd, haar grote doorbraak in gevaar heb gebracht. Ze zegt dat iedereen haar vertelde hoe goed ze was, maar dat ze niet van haar succes heeft kunnen genieten omdat de enige met wie ze dat had willen delen was vertrokken.

Je hebt me ontzettend afgeleid, zegt ze, op luide toon nu. Ik moest je uit mijn hoofd zetten zodat ik me op mijn tekst kon concentreren, zodat het allemaal veel moeilijker was. Als ik ooit zoiets bij jou zou doen, tijdens een match, zou je woedend zijn.

Ik kon niet aanzien dat je de hand van die vent likte.

Ik was aan het acteren, Andre. Acteren! Was je soms vergeten dat ik actrice ben, dat ik de kost verdien met acteren, dat het allemaal niet echt is?

Kon ik dat maar vergeten.

Ik begin mezelf te verdedigen, maar Brooke zegt dat ze het niet wil horen. Ze verbreekt de verbinding.

Ik sta midden in mijn woonkamer en voel de vloer trillen. Ik denk even dat het een aardbeving is. Ik weet niet wat ik moet doen, waar ik moet gaan staan. Ik loop naar de plank waar mijn tennistrofeeën op staan en pak er eentje af. Ik smijt hem door de woonkamer, door de keuken. Hij breekt in stukken. Ik pak er nog eentje en smijt hem tegen de muur. De ene na de andere trofee smijt ik kapot. Davis Cup? Daar! US Open? Weg ermee! Wimbledon? Smijt, smijt! Ik haal de rackets uit mijn tennistas en probeer de salontafel kapot te slaan, met als enige resultaat dat de rackets aan diggelen gaan. Ik raap de kapotte trofeeën op en smijt ze weer tegen de muren en dan tegen allerlei andere dingen in huis. Als ik de trofeeën niet nog kapotter kan gooien, val ik op de bank, die vol ligt met kalk van de gebutste muren.

Uren later open ik mijn ogen. Ik bekijk de schade alsof iemand anders die heeft veroorzaakt, en voor een deel is dat ook zo. Het was iemand anders. De iemand die de helft van de ellende veroorzaakt die ik veroorzaak.

De telefoon gaat. Brooke. Ik bied weer mijn excuses aan, vertel haar dat ik mijn trofeeën kapot heb gegooid. Ze klinkt vriendelijker. Ze maakt zich zorgen. Ze vindt het verschrikkelijk dat ik zo opgefokt was, dat ik jaloers werd, dat ik me ellendig voel. Ik zeg dat ik van haar houd.

Een maand later ben ik in Stuttgart voor het begin van het indoorseizoen. Als ik alle plaatsen in de wereld zou opschrijven waar ik niet wil zijn, alle continenten en landen, steden en dorpen, gehuchten en vestingwerken, dan zou Stuttgart bovenaan staan. Ook al leef ik duizend jaar, dan nog zal me in Stuttgart nooit iets goeds overkomen. Ik heb niets tegen Stuttgart, maar ik wil er alleen niet zijn, nu niet, om te tennissen.

Toch ben ik er, en het is een belangrijke partij. Als ik win, kan ik mijn nummer-éénpositie handhaven, wat Brad zo graag wil. Ik speel tegen MaliVai Washington, die ik goed ken. Als junior heb ik vaak tegen hem gespeeld. Goede sportman, dekt de hele baan af als een laag teer, het kost me altijd veel moeite hem te verslaan. Hij heeft stalen benen, dus daar kan ik hem niet op aanvallen. Ik kan hem niet uitputten zoals een gewone tegenstander. Ik moet slimmer spelen dan hij. Dat doe ik dus. Ik sta een set voor, speel lekker, tot ik het gevoel heb dat ik in een muizenval trap. Ik kijk naar beneden. De zool van mijn schoen is eraf.

Maar ik heb geen extra paar schoenen bij me.

Ik vraag om een onderbreking, zeg tegen de scheidsrechters dat ik andere schoenen moet hebben. Uit de luidsprekers komt een mededeling, in dringend staccato-Duits. Kan iemand een schoen aan meneer Agassi lenen? Maat 44?

Het moet wel een Nike zijn, voeg ik eraan toe. Staat in mijn contract.

Een man hoog op de tribune staat op en zwaait met zijn schoen. Hij wil me heel graag zijn *Schuh* lenen, zegt hij. Brad loopt naar boven en haalt hem op. Hoewel de schoen maat 42 is, wring ik me erin als een soort van halvegare Assepoester en hervat het spel.

Is dit mijn leven?

Dit kan mijn leven niet zijn.

Ik speel een wedstrijd voor de nummer-éénranking in een schoen die ik van een onbekende man heb geleend in Stuttgart. Ik denk aan mijn vader, die toen wij nog klein waren onze schoenen met tennisballen repareerde. Dit voelt nog vreemder, belachelijker. Opeens ben ik uitgeput en vraag me af waarom ik er niet gewoon mee ophoud. De baan af. Weggaan. Waarom speel ik door? Hoe krijg ik het voor elkaar dat ik voor een bepaalde slag kies en mijn service houd en zijn service breek? Geestelijk ben ik al vertrokken. Ik ga naar de bergen, huur een skihut, maak een uitsmijter voor mezelf, leg mijn voeten op tafel, adem de sneeuwachtige, harsachtige geur van het bos in.

Ik zeg tegen mezelf: Als ik deze match win, houd ik ermee op. En als ik deze wedstrijd verlies, houd ik er ook mee op.

Ik verlies.

Ik stop er niet mee. In plaats daarvan doe ik precies het tegenovergestelde: ik stap in een vliegtuig naar Australië om aan een grandslamtoernooi mee te doen. Ik voel geen enkele emotie. Ik zie er verschrikkelijk uit: mijn ogen zijn bloeddoorlopen, mijn gezicht is grauw. De vliegmaatschappij zou me eruit moeten trappen. Ik trap mezelf er bijna uit. Een paar minuten nadat Brad en ik aan boord zijn gegaan, spring ik bijna uit mijn stoel en ren weg. Maar over een paar dagen al begint de Australian Open van 1996 en ik ben de titelverdediger. Brad ziet mijn gezicht en pakt me bij de arm.

Kom op, zegt hij, ontspan. Je weet maar nooit. Misschien gaat er wel iets goeds gebeuren.

Ik neem een slaappil en een glas wodka en als ik mijn ogen weer opendoe, taxiet het vliegtuig naar de gate in Melbourne. Brad rijdt ons naar het hotel, het Como. Mijn hoofd is wazig. Een piccolo brengt me naar mijn kamer, met een piano en een wenteltrap met glimmende houten treden in het midden. Ik sla een paar toetsen van de piano aan en strompel de trap op, richting bed. Ik val achterover. Mijn knie slaat tegen de scherpe rand van de metalen balustrade en scheurt open. Ik val van de trap. Overal bloed.

Ik bel Gil. Hij is er binnen twee minuten. Hij zegt dat het de patella is, de knieschijf. Nare snee, zegt hij. Flinke kneuzing. Hij verbindt de wond en legt me op de bank. De volgende ochtend mag ik niets doen van hem. Hij laat me een paar dagen niet trainen. We moeten voorzichtig zijn met die knieschijf, zegt hij. Ik vraag me af of dat ding het zeven partijen volhoudt.

Zichtbaar hinkend speel ik de eerste ronde met een verband om mijn knie en een waas voor mijn ogen. Alle fans, sportjournalisten en commentatoren zien meteen dat ik niet zo speel als een jaar geleden. Ik verlies de eerste set en sta in de tweede al snel twee breaks achter. Ik zal de eerste titelverdediger worden sinds Roscoe Tanner die er in een slam al in de eerste ronde uitvliegt.

Ik speel tegen de Argentijn Gastón Etlis, wie dat ook wezen mag. Hij ziet er niet eens uit als een tennisser. Hij ziet eruit als de invalkracht voor een leraar. Hij heeft zweterige krullen en een dreigend uitziende baardschaduw. Hij doet anders altijd mee aan het dubbelspel, maar speelt nu singles omdat hij zich als door een wonder heeft kunnen kwalificeren. Het lijkt hem zelf ook te verbazen dat hij hier staat. Zo'n vent versla ik normaal gesproken al in de kleedkamer door hem alleen maar aan te kijken, maar nu staat hij voor in de tweede set. Jezus. En hij is degene die lijdt. Ik zie er misschien gepijnigd uit, maar hij lijkt in paniek. Hij ziet eruit alsof er een gigantische brulkikker in zijn keel zit. Ik hoop maar dat hij het lef heeft me uit het toernooi te knikkeren, me af te maken, zodat ik in elk geval vroeg verlies en er snel vandoor kan.

Maar Etlis verkrampt, doet gekke dingen, neemt verbijsterend slechte beslissingen.

Ik begin me zwak te voelen. Die ochtend heb ik mijn hoofd geschoren, helemaal kaal, omdat ik mezelf wilde straffen. Waarom? Omdat het nog steeds steekt dat ik Brooke's rol bij *Friends* heb verstierd, omdat ik al mijn trofeeën kapot heb gesmeten, omdat ik naar een slam ben gekomen zonder me erop voor te bereiden, en omdat ik tijdens die verdomde US Open van Pete heb verloren. Je kunt de man in de spiegel niet voor de gek houden, zegt Gil altijd, en dus ga ik die man laten boeten. Mijn bijnaam tijdens dit toernooi is The Punisher, omdat ik mijn tegenstanders alle hoeken en gaten van het centercourt laat zien. Nu ben ik vast van plan mijn hardnekkigste tegenstander te straffen, mezelf, door mijn hoofd te laten verbranden.

Taak volbracht. De Australische zon grilt mijn schedel. Ik scheld mezelf uit, vergeef mezelf, druk op reset en forceer in de tweede set een tiebreak. Die ik win.

In gedachten ben ik elders. Wat kan ik verder nog met mijn leven gaan doen? Moet ik met Brooke trouwen? Moet ik het uitmaken? Ik verlies de derde set. Weer kan Etlis de weelde niet aan. Ik win de vierde set na alweer een tiebreak. In de vijfde set raakt Etlis uitgeput, geeft het op. Ik ben niet trots en niet opgelucht. Ik schaam me. Mijn hoofd lijkt wel een bloedblaar. Plak een pleister op zijn hersens. Verslaggevers vragen later of ik niet bang was voor een zonnesteek. Geloof me, zeg ik, ik heb wel iets anders om me druk over te maken.

In de kwartfinale speel ik tegen Courier. Hij heeft me zes keer achter elkaar verslagen. We hebben verschrikkelijke gevechten uitgevochten, op de baan en in de kranten. Nadat hij me in 1989 had verslagen op Roland Garros klaagde hij over alle aandacht die ik kreeg. Hij zei dat hij het gevoel had dat hij altijd de tweede viool speelde.

Klinkt alsof hij onzeker is, zei ik tegen de verslaggevers.

Waarna Courier reageerde met: Ik zou degene zijn die onzeker is?

Hij ergert zich er ook aan dat ik telkens van uiterlijk en stemming wissel. Na de vraag wat hij vond van de nieuwe Agassi, antwoordde hij een keer: Bedoel je de nieuwe Agassi, of de níéuwe nieuwe Agassi? Nadien hebben we het bijgelegd. Ik heb Courier verteld dat ik blij voor hem ben met zijn succes, dat ik hem als een vriend beschouw. Dat is dan wederzijds, zei hij. Maar er hangt nog altijd een bepaalde spanning tussen ons, en dat zal misschien altijd wel zo blijven, in elk geval tot een van ons met tennissen stopt, omdat onze rivaliteit al speelt sinds onze puberteit, sinds Nick.

De partij begint laat, is vertraagd door de kwartfinale bij de vrouwen. Het is al bijna middernacht als we de baan op gaan. We spelen negen games zonder break. Het is niet anders. Dan begint het te regenen. Men zou het dak kunnen sluiten, maar dat zou veertig minuten duren. Ze vragen of we niet liever de volgende dag terugkomen. We zeggen allebei ja.

Slapen helpt. Ik word uitgerust wakker, wil Courier verslaan. Maar aan de andere kant van het net staat niet Courier, maar een vage kopie van hem. Ondanks zijn voorsprong van 2-0 in sets ziet hij er gespannen uit, opgebrand. Ik herken die blik. Die heb ik al heel vaak in de spiegel gezien. Ik leg alles in mijn slagen. Ik win de partij, versla Courier voor het eerst in jaren.

Als verslaggevers me vragen stellen over Couriers spel, zeg ik: Hij is niet waar hij wil zijn.

Ik wil zeggen: Dat hebben wel meer mensen.

Dankzij deze overwinning krijg ik mijn nummer-éénranking terug. Alweer heb ik Pete onttroond, maar dat herinnert me opnieuw alleen maar aan al die keren dat ik hem niet heb verslagen.

In de halve finale speel ik tegen Chang. Ik weet dat ik van hem kan winnen, maar ik weet ook dat ik zal verliezen. Eigenlijk wil ik verliezen, moet ik verliezen, omdat Becker me in de finale te wachten staat. Het laatste wat ik nu kan gebruiken is een nieuwe heilige oorlog met Becker. Dat zou ik nu niet aankunnen. Daar ben ik nu niet klaar voor en dat betekent dat ik van hem zou verliezen. Als ik mag kiezen tussen Becker en Chang, dan verlies ik nu liever van Chang. Bovendien is het psychisch gezien makkelijker om in de halve finale te verliezen dan in de finale.

Daarom verlies ik nu. Gefeliciteerd, Chang. Ik hoop dat jij en de Messias gelukkig zullen worden.

Maar het valt nog niet mee om expres te verliezen. Dat is nog bijna moeilijker dan winnen. Je moet zodanig verliezen dat het publiek het niet merkt én zodanig dat jijzelf het niet merkt. Je mag je namelijk niet helemaal bewust zijn van het feit dat je expres verliest. Niet eens een beetje bewust. Want je geest mag het dan opgeven, je lichaam vecht door. Spiergeheugen. Het is niet eens je geest die expres verliest, maar een afscheidingsbeweging, een splintergroepering. De expres foute keuzes worden gemaakt op een duistere plek, ver onder het oppervlak. De kleine dingen die je moet doen, doe je niet. Je rent niet die extra paar centimeter, je rekt je niet helemaal uit. Je stopt net iets te laat. Je buigt en duikt net iets te weinig. Je wordt stijf, gebruikt je benen en heupen niet. Je maakt een slordige fout, compenseert die fout met een spectaculair shot, dan maak je nog twee fouten en langzaam maar zeker kom je achter te staan. Je denkt nooit: Nu sla ik deze bal in het net. Het ligt ingewikkelder, lastiger.

Tijdens de persconferentie na de match zegt Brad tegen de verslaggevers: Vandaag is Andre tegen een muur opgelopen.

Dat is zo, denk ik. Dat klopt. Maar ik zeg niet tegen Brad dat ik elke dag tegen die muur oploop. Hij zou verbijsterd zijn als hij wist hoe goed het voelde om vandaag tegen die muur op te lopen, dat ik blij ben dat ik heb verloren, dat ik liever in het vliegtuig terug naar Los Angeles zit dan dat ik me andermaal voorbereid op een partij tegen onze oude vriend B.B. Socrates. Ik ben overal liever dan hier, zelfs in Hollywood, mijn volgende stop. Omdat ik heb verloren, ben ik maar net op tijd terug voor de Super Bowl en voor de speciale aflevering van een uur van *Friends*, met in een van de hoofdrollen Brooke Shields.

HOOFDSTUK 19

Perry zeurt elke dag aan mijn hoofd, vraagt wat er mis is, wat er aan de hand is. Dat kan ik hem niet vertellen. Ik weet het niet. Maar eigenlijk wil ik het ook niet weten. Ik wil Perry, en mezelf, niet bekennen dat verliezen van Pete zo'n langdurig effect kan hebben. Deze keer heb ik helemaal geen zin om samen met Perry de kronkels in mijn geest te ontwarren. Ik wil mezelf niet meer begrijpen. Ik heb geen behoefte aan zelfanalyse. Eindelijk geef ik de lange, vergeefse strijd met mezelf op.

Ik ga naar San Jose en word onderuitgehaald door Pete. Dit was zeker niet wat de dokter me adviseerde. Tijdens de wedstrijd verlies ik een paar keer mijn zelfbeheersing, vloek mijn racket uit, vloek mezelf uit. Pete kijkt geamuseerd. De scheidsrechter geeft me een boete voor vloeken.

O, vind je dat leuk? Hier, pak aan.

Ik serveer een bal in de bovenste ring van de tribune.

Ik ga naar Indian Wells, verlies in de kwartfinale van Chang. Ik kan het niet opbrengen naar de persconferentie na afloop te gaan. Ik smeer hem, betaal een forse boete. Ik ga naar Monte Carlo. Ik verlies in drie kwartier van de Spanjaard Alberto Costa. Als ik van de baan loop, hoor ik gefluit, gejoel. Die geluiden kunnen ook wel uit mijn eigen hoofd komen. Ik wil tegen het publiek schreeuwen: Ik ben het met jullie eens!

Gil vraagt: Wat is er?

Ik vertel hem dat ik er genoeg van heb. Ik ben de wil om te winnen kwijt sinds ik op de US Open van Pete heb verloren.

Dan moeten we dit niet doen, zegt Gil. We moeten het eens zijn over wat we aan het doen zijn.

Ik wil ermee ophouden, zeg ik, maar ik weet niet hoe... of wanneer.

In 1996 ga ik tijdens Roland Garros helemaal los. Ik schreeuw tegen mezelf tijdens de hele match van de eerste ronde. Ik krijg een officiële waarschuwing. Ik schreeuw nog harder. Ik krijg een strafpunt. Ik ben nog maar één *motherfucking cocksucker* verwijderd van uitsluiting van het toernooi. Het begint te regenen en tijdens de regenpauze zit ik in de kleedkamer gehypnotiseerd voor me uit te staren. Als het spel wordt hervat, houd ik het langer vol dan mijn tegenstander Jacobo Díaz, die ik niet kan zien. Hij is even wazig en waterig als de weerspiegeling in de plassen langs de baan.

Díaz verslaan is alleen maar uitstel van executie. In de volgende ronde verlies ik van Chris Woodruff, uit Tennessee. Hij doet me altijd denken aan een countryzanger die veel liever aan een rodeo zou meedoen. Hij speelt zelfs nog gênanter op gravel en om dat te compenseren wordt hij agressief, vooral met zijn backhand. Ik kan zijn agressie niet pareren. Ik maak 63 onnodige fouten. Hij reageert met ongebreidelde vreugde. Ik kijk naar hem, niet jaloers op zijn overwinning maar jaloers op zijn enthousiasme.

Sportjournalisten beschuldigen me ervan dat ik mijn best niet heb gedaan, dat ik niet voor elke bal ben gegaan. Ze begrijpen er niets van. Als ik expres verlies, zeggen ze dat ik niet goed genoeg ben. Als ik niet goed genoeg ben, zeggen ze dat ik expres verlies. Ik zeg bijna dat ik niet expres heb verloren, maar mezelf heb bestraft omdat ik niet goed genoeg was. Altijd als ik weet dat ik een zege niet verdien, dat ik een overwinning onwaardig ben, bestraf ik mezelf. Je kunt het checken als je wilt.

Maar ik zeg niets. En alweer verlaat ik het stadion zonder aanwezig te zijn bij de verplichte persconferentie. En weer betaal ik de boete met plezier. Welbesteed geld.

Brooke neemt me mee naar een restaurant in Manhattan waar de voorste zaal kleiner is dan een telefooncel, maar de echte eetzaal groot en warm en mosterdgeel. Campagnola. Ik houd ervan hoe ze die naam uitspreekt, hoe het er ruikt, hoe we ons voelen als we binnenkomen. Ik houd van de gesigneerde foto van Sinatra naast de garderobe.

Dit is mijn favoriete restaurant in New York, zegt Brooke, en dus beschouw ik het ook als mijn favoriet. We zitten in een hoekje, eten een lichte maaltijd in dat onduidelijke schemeruurtje tussen de lunchgasten en de dinergasten. Normaal serveren ze geen maaltijden op dit tijdstip, maar de manager zegt dat ze voor ons een uitzondering maken.

Campagnola wordt al snel een soort uitbreiding van onze eigen keuken, en daarna van onze relatie. Brooke en ik gaan ernaartoe om onszelf te herinneren aan de redenen waarom we het fijn hebben samen. We gaan ernaartoe bij speciale gelegenheden en we gaan ernaartoe om van een saaie doordeweekse dag een speciale gelegenheid te maken. We gaan er na elke match van de US Open zo vaak en zonder nadenken naartoe, dat de koks en obers hun horloges erop gelijk kunnen zetten. Als ik aan de mensen in Campagnola denk, weet ik dat ze met een half oog naar de tv kijken terwijl ze de mozzarella, tomaten en prosciutto klaarmaken. Ik weet als ik voor de opslag de bal opgooi dat ik algauw aan het hoektafeltje zal zitten en gefrituurde garnalen met wittewijnsaus en citroen zal eten met als bijgerecht ravioli die zo zacht en zoet is dat je hem als nagerecht zou kunnen beschouwen. Ik weet dat wanneer Brooke en ik binnenkomen, na een overwinning of een nederlaag, iedereen begint te applaudisseren.

Campagnola's manager, Frankie, is altijd keurig gekleed. Italiaans pak, gebloemde stropdas, zijden pochet. Hij begroet ons altijd met een glimlach die zijn uiteenstaande tanden blootlegt, en met een nieuwe voorraad grappige anekdotes. Hij is een soort tweede vader voor me, zegt Brooke als ze ons aan elkaar voorstelt. En dat zijn magische woorden. Surrogaatvader is een rol waar ik veel respect voor heb en dus mag ik Frankie meteen. Dan laat hij een fles rode wijn komen, vertelt ons over de beroemdheden en zwendelaars en boeven die in zijn tent komen, maakt Brooke aan het lachen tot haar wangen rood zijn en dan mag ik hem om hemzelf.

Frank vraagt: John Gotti? Wil je iets weten over Gotti? Hij zit altijd daar, aan dat hoektafeltje, waar hij naar buiten kan kijken. Als iemand hem wil doodschieten, wil hij het zien aankomen.

Zo denk ik er ook over, zeg ik.

Frankie lacht somber, knikt dan. Waar woord.

Frankie is een eerlijke, hardwerkende, oprechte man, mijn soort man. Ik merk dat ik zijn gezicht zoek zodra we binnenkomen. Ik voel me beter, mijn pijnen en pijntjes worden minder zodra Frankie zijn armen uitsteekt en ons naar ons tafeltje duwt. Soms vraagt hij andere gasten daar ruimte voor ons te maken en dan doen

Brooke en ik net alsof we hun boze gezichten niet zien en hun geklaag niet horen.

Frankies belangrijkste goede eigenschap is volgens mij de manier waarop hij over zijn kinderen praat. Hij houdt van hen, schept op over hen, haalt foto's tevoorschijn van zijn nakomelingen. Maar hij maakt zich duidelijk zorgen over hun toekomst. Op een avond wrijft hij met een hand over zijn vermoeide gezicht en vertelt dan dat zijn kinderen nog op de basisschool zitten, maar dat hij zich nu al zorgen maakt over de universiteit. Hij klaagt over de kosten van het hoger onderwijs. Hij heeft geen idee hoe hij aan dat geld moet komen.

Een paar dagen later spreek ik Perry en vraag hem of hij een paar Nike-aandelen op Frankies naam wil zetten. De eerstvolgende keer dat Brooke en ik Campagnola binnenstappen, vertel ik dit aan Frankie. Je kunt tien jaar lang niet aan die aandelen komen, zeg ik, maar daarna zouden ze genoeg waard moeten zijn om de lasten van een beurs aanzienlijk te verlichten.

Frankies onderlip begint te trillen. Andre, zegt hij, ik kan niet geloven dat je dat voor mij hebt gedaan.

De blik op zijn gezicht schokt me. Ik heb de betekenis en het belang van onderwijs nooit begrepen, de zorgen en de stress die dit veel ouders en kinderen bezorgt. Zo heb ik nooit aan onderwijs gedacht. School was altijd een plaats waaraan ik wilde ontsnappen, niet als iets wat belangrijk was. Die aandelen vastzetten was vooral iets wat ik deed omdat Frankie het over de universteit had en ik hem wilde helpen. Toen ik zag wat het voor hem betekende, was ik degene die een lesje kreeg.

Frankie helpen geeft me meer bevrediging en laat me meer verbonden en levend en mijzelf voelen dan al het andere dat in 1996 plaatsvindt. Ik zeg tegen mezelf: Vergeet dit niet. Houd dit in gedachten. Dit is de enige perfectie die er is, de perfectie van anderen helpen. Het is het enige wat we kunnen doen dat lange tijd waardevol of van belang blijft. Daarom zijn we hier. Om elkaar een veilig gevoel te geven.

En later in de loop van 1996 lijkt veiligheid een bijzonder kostbaar iets. Brooke ontvangt regelmatig brieven van stalkers, waarin ze haar – en soms mij – bedreigen met de dood en andere gruwelen. De brieven zijn gedetailleerd, weerzinwekkend, ziek. We sturen ze door naar de FBI. We vragen Gil of hij met de agenten wil samenwerken, hun vordering in de gaten wil houden. Verschillende keren, als een brief traceerbaar is, gaat Gil eropaf. Dan stapt hij in een vliegtuig en brengt de stalker een bezoekje. Meestal arriveert hij vroeg in de ochtend, vlak na zonsopgang, bij de stalker thuis of op zijn werk. Dan houdt hij hem de brief voor zijn neus en zegt heel zacht: Ik weet wie je bent en waar je woont. Kijk maar eens goed naar me, want als je Brooke en Andre ooit weer lastigvalt, zie je me terug. En dat wil je niet, want dan is het afgelopen met je.

De engste brieven kunnen niet worden getraceerd. Wanneer ze boven een bepaalde gruwelijke drempel uitkomen, als ze dreigen met iets wat op een bepaalde datum zal gebeuren, gaat Gil als wij slapen voor Brooke's huis op wacht staan. Met staan bedoel ik ook staan. Op de stoep. Met de armen over elkaar. Hij gaat daar staan, kijkt van links naar rechts, en blijft daar de hele nacht staan.

Elke nacht weer.

Gil moet een hoge tol betalen voor de spanning, voor de gruwelen. Hij vraagt zich bezorgd af of hij wel genoeg doet, of hem niet iets ontgaan is terwijl hij even met zijn ogen knippert of opzij kijkt. Dat de een of andere griezel dan langs hem heen kan sluipen. Hij raakt er helemaal door geobsedeerd. Hij raakt in een bijna slopende depressie, en ik ook, omdat ik er de oorzaak van ben. Ik heb hem dit aangedaan. Ik voel me ontzettend schuldig en heb het gevoel dat er gruwelijke dingen gaan gebeuren.

Ik probeer mezelf ervan te overtuigen dat dit niet zo is. Ik zeg tegen mezelf dat je niet ongelukkig kunt zijn als je geld op de bank hebt en een eigen vliegtuig bezit. Maar ik kan er niets aan doen, ik word lusteloos, hopeloos, gevangen in een leven waar ik niet zelf voor heb gekozen. En dat kan ik allemaal niet met Brooke bespreken, omdat ik niet kan toegeven dat ik zo'n slappeling ben. Depressief worden na een nederlaag is tot daaraan toe, maar depressief worden vanwege niets, over het leven in het algemeen, is iets heel anders. Dat sta ik mezelf niet toe.

Maar ook al zou ik er wel met Brooke over willen praten, ik zou dat niet kunnen omdat we amper met elkaar praten. We zitten niet op dezelfde golflengte. Als ik bijvoorbeeld met haar over Frankie wil praten, over dat ik zo blij ben dat ik hem heb kunnen helpen, lijkt ze me niet te horen. Na haar eerste blijdschap dat ze me aan

Frankie heeft voorgesteld, lijkt ze nu onverschillig over hem. Alsof hij zijn rol heeft gespeeld en het nu tijd is dat hij van het toneel verdwijnt. Dit is iets wat vaker gebeurt, het is een patroon dat zich voordoet met veel mensen en plaatsen waar Brooke me kennis mee laat maken. Musea, galeries, beroemdheden, auteurs, shows, vrienden, vaak krijg ik meer van hen mee dan zij. Net als ik begin van iets te genieten, er iets van begin te leren, schuift zij het terzijde.

Daardoor begin ik me af te vragen of we wel bij elkaar passen. Dat denk ik niet. En toch kan ik me niet terugtrekken, niet voorstellen dat we uit elkaar gaan, omdat ik ook al afstand neem van tennis. Zonder Brooke en zonder tennis heb ik niets. Ik ben bang voor de leegte, de duisternis. En dus klamp ik me vast aan Brooke, en zij aan mij, en ook al voelt dat vastklampen als liefde, toch is het vergelijkbaar met het vastklampen op dat schilderij in het Louvre. Je vastklampen om in leven te blijven.

Als Brooke en ik bijna twee jaar bij elkaar zijn, besluit ik dat we ons vastklampen maar officieel moeten maken. Twee jaar is in mijn liefdesleven een belangrijke grens. In elke vorige relatie is de tweejarengrens het keuzemoment geweest: blijven of ermee stoppen, en ik heb er altijd voor gekozen om te stoppen. Na twee jaar ben ik telkens uitgekeken op de vrouw met wie ik een relatie heb, of zij op mij, alsof er in mijn hart een wekker afgaat. Ik ben twee jaar samen geweest met Wendi, en daarna besloot zij dat het een open relatie moest worden, wat het einde ervan heeft ingeluid. Vóór Wendi had ik een relatie met een meisje uit Memphis, precies twee jaar, en toen ging ik ervandoor. Waarom mijn liefdesleven een tweejarige cyclus heeft weet ik niet. Van dat patroon was ik me niet eens bewust tot Perry me erop wees.

Wat de reden ook is, ik wil er verandering in brengen. Nu ik zesentwintig ben moet ik dat patroon doorbreken, nu, anders kan ik op mijn zesendertigste terugkijken op een aantal tweejarige relaties die nergens toe hebben geleid. Als ik een gezin wil, als ik gelukkig wil worden, dan moet ik deze cyclus doorbreken. En dat betekent dat ik mezelf daartoe moet dwingen, mezelf moet dwingen me te binden.

Feitelijk zijn Brooke en ik nog geen twee jaar bij elkaar. Met onze drukke agenda's, met mijn tennis- en haar acteercarrière, zijn we in feite nog maar een paar maanden samen. We leren elkaar steeds beter kennen, nog steeds. Eigenlijk weet ik wel dat ik geen beslissing moet forceren. Eigenlijk wil ik niet getrouwd zijn. Maar wie kan het iets schelen wat ik wil? Wanneer is wat ik wil ooit een goede graadmeter geweest voor wat ik moet doen? Hoe vaak begin ik niet aan een toernooi, heb ik echt zin om te spelen, alleen maar om in de eerste ronde te worden uitgeschakeld? Hoe vaak begin ik niet aan een toernooi, heb ik helemaal geen zin om te spelen, en win ik? Misschien gaat het net zo met een huwelijk, de ultieme match, het ultieme single-eliminatietoernooi.

Bovendien gaat iedereen om me heen trouwen. Perry, Philly, J.P. Het is zelfs zo dat Philly en J.P. hun vrouwen samen op dezelfde avond hebben leren kennen. Na de Zomer van de Wraak is nu de Winter van het Huwelijk aangebroken.

Ik vraag Perry om raad. We praten er uren over, in Vegas en aan de telefoon. Hij neigt naar trouwen. Brooke is de ware, zegt hij. Hoe kun je het in vredesnaam beter treffen dan met een supermodel met een universitaire titel? Bovendien hebben we jaren geleden immers al over haar gefantaseerd? Hij heeft toch voorspeld dat ze in mijn leven zou komen? En nu is dat ook zo – het lot. Wat is het probleem dan? Hij herinnert me aan *Shadowlands*. C.S. Lewis komt niet helemaal tot leven, wordt niet volwassen, tot hij zich openstelt voor de liefde. Liefde is hoe we volwassen worden, volgens de film. En, zegt Lewis tegen zijn leerlingen, God wil dat we volwassen worden.

Perry zegt dat hij in Los Angeles een excellente juwelier kent. Dezelfde juwelier die Perry heeft ingeschakeld toen hij zich verloofde. Laat de vraag of je haar wel of niet ten huwelijk vraagt even rusten, zegt hij, en focus je nu eerst even op de ring.

Ik weet wat voor ring Brooke wil (rond en Tiffany-geslepen) omdat ze me dat heeft verteld. Al heel vaak. Ze heeft er nooit problemen mee haar mening te verkondigen over sieraden, kleren, auto's of schoenen. Eigenlijk gaan onze meest geanimeerde gesprekken over dingen. Vroeger hadden we het over toekomstdromen, onze jeugd en de diepste gevoelens. Nu kunnen we heel bezeten praten over de beste bank, de beste muziekinstallatie, de beste cheeseburger. Hoewel ik dat interessante onderwerpen vind, omdat ze een belangrijk aspect vormen van de kunst van het leven, ben ik toch bang dat Brooke en ik ze misschien iets te belangrijk vinden. Ik verman me, bel de juwelier en vertel haar dat ik geïnteresseerd ben in een verlovingsring. Ik zeg dit met schorre stem, met bonzend hart. Zou dit niet een fijn moment moeten zijn, een van de fijnste momenten van je leven? Voordat ik antwoord op die vraag kan geven, bestookt de juwelier me met haar eigen vragen. Maat. Karaat. Helderheid. Ze blijft maar doorgaan over helderheid.

Ik denk: mevrouw, vraag mij alsjeblieft niets over helderheid.

Ik zeg: Het enige wat ik weet, is de vorm en haar maat.

Wanneer hebt u hem nodig?

Binnenkort?

Dat kan. Volgens mij heb ik hier precies de juiste ring.

Een paar dagen later wordt de ring in een doosje afgeleverd door een koerier. Ik loop er twee weken mee in mijn zak. Hij voelt zwaar aan, en gevaarlijk, als een handgranaat.

Brooke is weg, voor filmopnames. Elke avond bellen we elkaar en soms houd ik de telefoon met mijn ene hand vast en streel de ring met mijn andere hand. Ze is op de Carolinen, waar het ijskoud is, maar volgens het script bevinden ze zich in een milder klimaat. Daarom dwingt de regisseur haar en de andere acteurs op ijsblokjes te zuigen zodat ze geen ademwolkjes uitademen.

Beter dan aan handen likken.

Ze zegt een paar zinnen tegen me die ze in de film moet zeggen. We lachen, omdat ze zo onecht klinken.

Nadat we hebben opgehangen, ga ik een eindje rijden met de verwarming hoog. De lichtjes op de Strip fonkelen als diamanten. In gedachten herhaal ik ons gesprek nog eens en ik kan niet aangeven waarom de woorden die wij zojuist tegen elkaar hebben gezegd anders zouden zijn dan de woorden die in haar script staan. Ik haal het doosje van de juwelier uit mijn zak en doe het binnenlampje aan. Daarna leg ik het doosje op het dashboard.

Helderheid.

Terwijl Brooke haar filmopnames afrondt, rond ik een serie slechte tenniswedstrijden af. Dat brengt sportjournalisten ertoe om openlijk en soms zelfs met kennelijk genoegen te verklaren dat ik het niet meer kan. Drie grandslamtoernooien, zeggen ze, dat is veel meer dan hij dacht te kunnen winnen. Brooke zegt dat we weg moeten. Ver weg. Deze keer kiezen we voor Hawaï. De ring neem ik ook mee.

Terwijl het vliegtuig richting de vulkanen vliegt kijk ik naar de palmbomen, de schuimende vloedlijn, de nevelige regenwouden. En denk: alweer een paradijselijk eiland. Waarom vluchten we altijd naar een paradijselijk eiland? Het lijkt wel alsof we lijden aan het Blue Lagoon-syndroom. Ik beeld me in dat de vliegtuigmotor begint te sputteren en het vliegtuig in de krater van een vulkaan dwarrelt. Helaas, we landen veilig.

Ik heb een bungalow gehuurd in het Mauna Lani resort. Twee slaapkamers, een keuken, een eetkamer, een zwembad, een inwonende kok. Bovendien een lang wit strand helemaal voor onszelf.

We blijven de eerste paar dagen wat rondhangen bij de bungalow, ontspannen bij het zwembad. Brooke is verdiept in een boek over hoe je als single van in de dertig gelukkig kunt zijn. Ze houdt het boek boven haar gezicht en likt aan haar vinger voordat ze de bladzijden hoorbaar omslaat. Het komt niet in me op dat dit wel eens een hint kon zijn. Niets komt in me op, omdat ik alleen maar aan mijn huwelijksaanzoek kan denken.

Andre, je lijkt ver weg.

Nee hoor, ik ben hier.

Alles in orde?

Laat me alsjeblieft met rust, denk ik, ik probeer te besluiten wanneer en waar ik je een huwelijksaanzoek zal doen.

Ik ben net een moordenaar die een gruwelijk geheim met zich meedraagt en alleen maar kan denken aan het tijdstip en de plaats. Behalve dan dat een moordenaar een motief heeft.

Op de derde avond zijn we van plan in de bungalow te blijven dineren. Ik stel voor dat we ons kleden alsof het een bijzondere gelegenheid is. Geweldig idee, zegt Brooke. Een uur later komt ze de slaapkamer uit, gekleed in een soepel vallende, lange jurk. Ik draag een linnen overhemd en een beige broek; absoluut de verkeerde keuze omdat de broek ondiepe zakken heeft waar het doosje van de ring niet in past. Ik houd mijn hand op de zak om de bobbel te verbergen.

Ik stretch alsof ik een wedstrijd moet spelen. Ik schud mijn benen los en vraag dan of ze zin heeft in een wandeling. Ja, zegt Brooke, goed idee. Ze neemt een slokje wijn, glimlacht ontspannen, heeft geen idee wat er gaat gebeuren. We wandelen een minuut of tien, tot we bij een afgelegen stuk van het strand zijn. Ik kijk om me heen om te zien of er niemand aankomt. Geen toeristen. Geen paparazzi. De kust is veilig. Ik denk aan de woorden uit de film *Top Gun*: *I had the shot, there was no danger, so I took it.*

Ik ga iets achter Brooke lopen en laat me op één knie op het zand vallen. Ze draait zich om, kijkt op me neer en trekt bleek weg.

Brooke Christa Shields?

Ze heeft al vaker gezegd dat een man die haar een huwelijksaanzoek wil doen haar volledige naam zou moeten gebruiken, Brooke Christa Shields. Ik heb geen idee waarom en heb er nooit aan gedacht dat te vragen, maar nu schiet het me weer te binnen.

Ik herhaal: Brooke Christa Shields?

Ze drukt een hand tegen haar voorhoofd. Wacht, zegt ze.

Wat? Ben je...? Wacht. Ik ben er nog niet klaar voor.

Ik ook niet.

Ze veegt een paar tranen weg als ik het doosje met de ring uit mijn zak haal en hem opendoe en de ring eruit haal en om haar vinger schuif.

Brooke Christa Shields? Wil je...

Ze trekt me overeind. Ik kus haar en denk: ik wilde dat ik hier beter over had nagedacht. Is dit de vrouw met wie Andre Kirk Agassi de volgende negentig jaar zal moeten doorbrengen?

Ja, zegt ze. Ja, ja, ja.

Wacht, denk ik. Wacht, wacht, wacht.

Ze zegt dat ze het nog een keer wil doen.

Eén dag later zegt ze dat ze op het strand in een dusdanige shock verkeerde, dat ze me niet kon verstaan. Ze wil dat ik mijn aanzoek herhaal, woord voor woord.

Je moet het nog een keer doen, dringt ze aan, omdat ik niet kan geloven dat dit echt is gebeurd.

Ik ook niet.

Nog voordat we het eiland hebben verlaten, is ze de bruiloft al aan het plannen. Als we teruggaan naar Los Angeles ga ik verder met het ongeplande, informele einde van mijn tenniscarrière. Ik 'moonwalk' door het ene toernooi na het andere. Omdat ik meestal al in de eerste ronde verlies, ben ik veel thuis. Brooke vindt dat wel fijn. Ik ben rustig, verdoofd, en heb alle tijd om te praten over bruidstaarten en uitnodigingen.

We vliegen naar Engeland voor Wimbledon 1996. Vlak voor het begin van het toernooi wil Brooke per se voor een high tea naar het Dorchester hotel. Ik wil liever niet, maar zij staat erop. We zitten midden tussen oudere echtparen, allemaal gekleed in tweed en met vlinderstrik en lintjes. Het lijkt alsof de helft zit te suffen. We eten kleine korstloze sandwiches, overvolle borden met eiersalade en scones met jam en boter, allemaal gerechten waarvan je aderen dichtslibben, terwijl ze niet eens goed smaken. Ik word chagrijnig door die gerechten en vind de omgeving belachelijk, alsof we theevisite spelen. Maar net als ik wil zeggen dat we maar beter om de rekening kunnen vragen, zie ik dat Brooke blij is. Ze geniet. Ze wil meer jam.

In de eerste ronde speel ik tegen Doug Flach, nummer 281 op de wereldranglijst, een qualifier, hoewel je dat niet zou zeggen als je hem tegen mij ziet spelen. Hij speelt alsof hij Rod Laver is en ik alsof ik Ralph Nader ben. We staan op Graveyard Court. Je zou denken dat ik daar zo langzamerhand zelf een gedenkplaat zou hebben. Ik verlies zo snel ik kan. Daarna gaan Brooke en ik meteen terug naar Los Angeles voor diepzinnige gesprekken over Battenburg-kant en met strikjes afgezette feesttenten.

Als de zomer dichterbij komt, is er maar één evenement dat me interesseert en inspireert. En het is niet mijn bruiloft. Het zijn de Olympische Spelen in Atlanta. Ik weet niet waarom. Misschien omdat het voelt als iets nieuws. Misschien omdat het voelt als iets wat niets met mij te maken heeft. Ik speel voor mijn land, ik speel voor een team met 300 miljoen leden. Ik ga ervoor zorgen dat de cirkel rond is: eerst mijn vader, nu ik.

Samen met Gil bedenk ik een strijdplan, een olympische strategie, en bereid deze zo goed mogelijk voor. Elke ochtend train ik twee uur met Gil, daarna tennis ik twee uur met Brad en daarna ren ik op het heetst van de dag Gil Hill op en neer. Ik wil die hitte. Ik wil die pijn.

Als de Spelen beginnen maken de sportjournalisten me af omdat ik de openingsceremonie aan me voorbij heb laten gaan. Perry ook. Maar ik ben niet in Atlanta voor de openingsceremonie, ik ben hier voor goud. En ik moet zuinig zijn op de het beetje concentratie en energie dat ik nog kan opbrengen. Er wordt getennist in Stone Mountain, een uur rijden van de plek waar de openingsceremonie plaatsvindt. Urenlang staan in de hitte en luchtvochtigheid van Georgia, gekleed in een jasje en met een stropdas om, urenlang wachten tot je de baan rond mag lopen en daarna naar Stone Mountain rijden om zo goed mogelijk te spelen? Nee, dat kan ik niet. Ik zou het leuk vinden om dat allemaal eens mee te maken, om te genieten van het spektakel van de Olympische Spelen, maar niet voor mijn eerste partij. Dit, zeg ik tegen mezelf, is wat je moet doen om je te kunnen concentreren. Dit is de prijs die je moet betalen als je je spel belangrijker vindt dan je image.

Na een goede nachtrust win ik de eerste ronde tegen de Zweed Jonas Björkman. In de tweede ronde win ik makkelijk van de Slowaak Karol Kučera. In de derde ronde heb ik het moeilijk tegen de Italiaan Andrea Gaudenzi. Hij speelt met veel kracht en mept zijn slagen graag richting je lichaam. Als hij ziet dat je respect voor hem hebt, vertoont hij nog meer machogedrag. Ik heb helemaal geen respect voor hem, maar de bal heeft geen respect voor mij. Ik maak allerlei onnodige fouten. Voordat ik weet wat me overkomt, sta ik een set en een break achter. Ik kijk naar Brad. Hij schreeuwt: Hou eens op met die foutslagen!

Juist. Wijze raad. Ik hou op met die foutslagen, hou op met proberen winners te slaan, leg de druk nu op Gaudenzi. Het is echt heel eenvoudig en ik forceer op het nippertje een lelijke, bevredigende zege.

In de kwartfinale word ik bijna uitgeschakeld door Ferreira. In de derde set staat hij met 5-4 voor en serveert voor de wedstrijd. Maar hij heeft me nog nooit verslagen en dus weet ik precies wat er in zijn lichaam omgaat. Er schiet me iets te binnen wat mijn vader altijd zei: Als je een stuk houtskool in zijn kont stopt, haal je er een diamant uit – rond en Tiffany-geslepen. Ik weet dat Ferreira's sluitspier verkrampt en dat geeft me zelfvertrouwen. Ik verman mezelf, breek hem en win de partij.

In de halve finale speel ik tegen Leander Paes uit India. Hij is één brok springerige, hyperactieve energie en heeft de snelste handen van iedereen. Toch heeft hij nog nooit geleerd hoe hij een tennisbal moet slaan. Hij slaat off-speed, hacks, lobs met backspin, lobs. Maar toch, ondanks zijn slechte slagen, vliegt hij naar het net en zijn dekking is zo goed dat alles lijkt te werken. Nadat je een uur tegen hem hebt gespeeld, heb je het idee dat hij nog niet één bal goed heeft geraakt, maar is hij je toch aan het verslaan. Omdat ik erop voorbereid ben, blijf ik geduldig, blijf ik rustig, en versla Paes met 7-6, 6-3.

In de finale speel ik tegen de Spanjaard Sergei Bruguera. De partij wordt naar een later tijdstip verplaatst vanwege onweer en volgens de weersvoorspelling kunnen we pas over vijf uur weer de baan op. Daarom verslind ik een gekruide kipsandwich van Wendy's. Troosteten. Op de dag waarop ik moet spelen maak ik me niet druk over calorieën en voedingswaarden. Dan maak ik me druk over energie hebben en me voldaan voelen. Bovendien heb ik meestal geen honger op zo'n dag, dus als dat wel het geval is probeer ik eraan toe te geven. Dan geef ik mijn maag waar hij om vraagt. Maar net als ik de laatste hap van de kipsandwich doorslik, klaart het op, waait het onweer over en wordt het weer warm. Nu heb ik een gekruide kipsandwich in mijn maag, is het 38 graden en is de lucht zwaar. Ik kan me niet bewegen en toch moet ik spelen voor een gouden medaille? Fijn hoor, troosteten, maar nu is mijn maag wel aardig van streek.

Het zal me een zorg zijn. Gil vraagt hoe ik me voel en ik zeg: Uitstekend. Ik zet alles op alles bij elke bal, ik zal deze man laten rennen en als hij denkt dat hij deze medaille mee kan nemen naar Spanje, dan moet hij er wel wat voor doen.

Gil grijnst van oor tot oor. *That's my boy.*

Dit is een van de zeldzame keren, zegt Gil, dat hij geen vrees in mijn ogen ziet als ik de baan oploop.

Vanaf de eerste service zet ik Bruguera stevig onder druk, laat hem van hot naar her rennen, zorg dat hij het gevoel heeft dat zijn deel van de baan zo groot is als Barcelona. Halverwege de tweede set spelen we een rally die veel wegheeft van een titanenstrijd. Hij haalt het punt binnen en komt weer op deuce. Hij neemt zoveel tijd om aan het volgende punt te beginnen, dat ik hierover met de scheidsrechter in discussie zou kunnen gaan. Terecht, en dan zou Bruguera een waarschuwing krijgen. In plaats daarvan maak ik gebruik van dit moment om naar mijn stoel te wandelen, een handdoek te pakken en fluisterend aan Gil te vragen: Hoe ziet je *boy* er vanaf hier uit?

Gil glimlacht. Hij schiet bijna in de lach, maar hij lacht nooit tijdens een gevecht.

Bruguera mag dan dit punt hebben gewonnen, Gil en ik weten allebei dat dit laatste punt hem tevens de volgende zes games gaat kosten.

Gil roept: *That's my boy!*

Als ik op het erepodium klim, denk ik: hoe zal dit voelen? Ik heb dit al zo vaak op tv gezien, zou het echt zo zijn als ik verwacht? Of zal het, zoals zo vaak, veel minder indrukwekkend zijn?

Ik kijk naar links en naar rechts. Paes, de winnaar van het brons, staat aan mijn ene kant. Bruguera, de winnaar van het zilver, aan de andere. Mijn platform is iets hoger, een van de weinige keren dat ik groter ben dan mijn tegenstanders. Maar ik zou me op elke hoogte groter voelen. Iemand hangt een gouden medaille om mijn hals. Het volkslied begint. Ik voel mijn hart opzwellen en dat heeft niets te maken met tennis, of met mij, en dus overtreft het al mijn verwachtingen.

Ik kijk naar het publiek en zie Gil, Brooke, Brad. Ik zoek mijn vader, maar hij verstopt zich. Hij heeft me de avond daarvoor verteld dat ik erin ben geslaagd iets te winnen wat hem jaren geleden is onthouden. Toch wil hij niets afdoen aan het bijzondere van mijn moment. Hij begrijpt niet dat dit moment bijzonder voor me is juist omdát het mijn moment niet is.

Dagen later, ik heb geen idee waarom, is de olympische roes verdwenen. Ik sta op de baan in Cincinnati en verlies mijn zelfbeheersing. Nu speel ik weer voor mezelf en ik smijt mijn racket woedend op de grond. Toch ben ik bezig het toernooi te winnen, wat ik belachelijk vind en me alleen maar sterkt in mijn gevoel dat het allemaal een grap is.

In augustus, tijdens de RCA Championships in Indianapolis, speel ik in de eerste ronde tegen Daniel Nestor, een Serviër die in Canada woont. Ik sta dik voor, maar word onevenredig boos omdat hij zojuist mijn service heeft gebroken. Ik slaag er niet in mijn plotselinge woede in bedwang te houden. Ik kijk omhoog en zou willen dat ik weg kon vliegen. Maar omdat ik niet kan wegvliegen, kan ik deze tennisbal misschien wel laten wegvliegen. Geniet van je vrijheid, kleine bal. Ik sla hem hoog over de tribunes het stadion uit.

Automatische waarschuwing.

De scheidsrechter, Dana Laconto, zegt in de microfoon: *Code violation. Warning. Abuse of ball.*

Fuck you, Dana.

Hij roept de ref erbij. Hij zegt tegen hem dat Agassi zei: *Fuck you, Dana.*

De referee komt naar me toe en vraagt: Heb je dat echt gezegd?

Ja.

Deze partij is afgelopen.

Fine. Fuck you too. And fuck the umpire you rode in on.

Het publiek komt in opstand. Ze begrijpen niet wat er gebeurt, omdat ze me niet kunnen horen. Ze weten alleen dat ze hebben betaald om een partij te zien die nu wordt afgelast. Ze roepen boe, gooien zitkussentjes en waterflesjes op het court. De mascotte van de RCA Championships, een Spuds MacKenzie-hond, loopt over de baan en probeert zitkussentjes en waterflesjes te ontwijken. Hij komt bij het net, tilt zijn poot op en plast ertegenaan.

Ik ben het helemaal met hem eens.

Hij rent snel weg. Ik loop achter hem aan, trek mijn hoofd in en sleep mijn tennistas achter me aan. Het publiek wordt helemaal gek, net als het gepeupel in een gladiatorfilm. Ze gooien allemaal troep op de baan.

In de kleedkamer vraagt Brad: Wat was er verd...?

Ze hebben me *defaulted.*

Waarom?

Dat vertel ik hem.

Hij schudt zijn hoofd.

Zijn zoontje van zeven, Zack, huilt omdat de mensen gemeen zijn tegen oom Andre. En omdat Spuds MacKenzie tegen het net heeft geplast. Ik stuur ze allebei weg en blijf daarna een uur lang in de kleedkamer zitten, met gebogen hoofd. Goed, hier zijn we dan. Een nieuw dieptepunt. Prima. Dat kan ik wel aan. Hier kan ik wel mee leven. Hier wen ik wel aan. Het absolute dieptepunt kan heel prettig zijn, omdat je dan in elk geval tot rust komt, voor even nergens anders naartoe gaat.

Maar het kan altijd nog erger. Ik ga naar de US Open 1996 en meteen is er al een controverse. Iets over de plaatsing. Een paar van mijn collega-spelers klagen dat ik een speciale behandeling heb gekregen, dat ze me tijdens de loting hoger hebben geplaatst omdat de toernooidirectie en CBS willen dat ik in de finale tegen Pete speel. Muster noemt me een prima donna. Daarom vind ik het extra leuk dat ik hem uit de kwartfinale mep, en me aan mijn belofte kan houden dat ik nooit meer van hem zal verliezen.

Ik bereik de halve finale, waarin ik het moet opnemen tegen Chang. Ik kan niet wachten hem te verslaan, omdat ik een paar maanden geleden in Indian Wells van hem heb verloren. Dat zou trouwens geen probleem moeten zijn. Hij bevindt zich aan het einde van zijn carrière, zegt Brad. Net als ik, zegt men. Maar ik heb een gouden medaille. Ik zou willen dat ik die tijdens de wedstrijd kon dragen. Maar Chang is helemaal niet onder de indruk van mijn gouden medaille. Hij slaat zestien aces, weet zich onder drie breakpoints uit te werken, dwingt me tot vijfenveertig onnodige fouten. Zeven jaar nadat hij zijn laatste slam heeft gewonnen, is Chang almachtig, omnipotent. En ben ik gesneuveld.

De volgende ochtend maken de sportjournalisten me af. Ik gaf het op. Ik heb expres verloren. Het kon me niets schelen. Het lijkt wel alsof ze boos op me zijn. Ik weet wel waarom. Omdat ik heb verloren, zitten ze nog een paar dagen met Chang opgescheept.

Ik kijk niet naar de finale die op tv wordt uigezonden. Pete verslaat Chang in straight sets. Maar ik lees de verslagen wel. In elk artikel staat dat Pete de beste tennisser van zijn generatie is.

Dan ga ik naar München, waar het boegeroep oorverdovend is. Ik verlies van Mark Woodforde, die ik nog geen twee jaar daarvoor met gemak met 6-0, 6-0 heb verslagen.

Brad krijgt bijna een beroerte. Hij smeekt me te vertellen wat er toch met me aan de hand is.

Ik weet het niet.

Vertel op, man. Vertel.

Dat zou ik doen als ik het kon.

We spreken af dat ik moet rusten, dat ik niet mee moet doen aan de Australian Open.

Ga naar huis, zegt hij. Rust wat uit. Breng wat tijd door met je verloofde. Wat je ook scheelt, daardoor zul je wel genezen.

HOOFDSTUK 20

Brooke en ik kopen een huis in Pacific Palisades, maar niet het huis dat ik wilde. Ik had mijn zinnen gezet op een grote, rommelige boerderij met een grote woonkamer met open keuken. Maar zij vond dit huis mooi en nu wonen we dus hier, in een soort aftreksel van een Frans landhuis van een paar verdiepingen, tegen een steile rots aan. Het leeft niet en doet steriel aan, het ideale huis voor een kinderloos stel dat van plan is veel tijd in verschillende kamers door te brengen.

De makelaar gaf hoog op over het adembenemende uitzicht. Aan de voorzijde kijken we uit op Sunset Boulevard. 's Avonds kan ik de Holiday Inn zien waar ik na ons eerste afspraakje heb gelogeerd. 's Avonds zit ik vaak naar het hotel te kijken en me af te vragen wat er zou zijn gebeurd als ik was doorgereden, als ik Brooke nooit zou hebben teruggebeld. Ik besluit dat het uitzicht vanuit ons huis beter is als ik vanwege mist of smog die Holiday Inn niet kan zien.

Eind 1996 organiseren we een gecombineerde housewarming/-nieuwjaarsparty en nodigen onze vrienden uit Vegas uit en Brooke's vrienden uit Hollywood. De veiligheid bespreken we met Gil. Na een aantal nieuwe enge brieven moeten we onszelf beschermen tegen indringers. Daarom staat Gil het grootste deel van de avond onder aan de oprit. Hij controleert iedereen. McEnroe arriveert en ik maak er grapjes over dat hij langs Gil heeft kunnen komen. Hij zit op de waranda en praat over tennis – op dat moment mijn minst favoriete gespreksonderwerp en dus luister ik maar half. Ik ben de hele avond drankjes aan het mixen, kijk naar J.P. die met een stalen Oscar Peterson-achtige borstel aan het drummen is, of zit voor de open haard. Ik stook hem op, leg er nieuw hout op en staar in de vlammen. Ik beloof mezelf dat 1997 een beter jaar zal worden dan 1996. Ik zweer dat 1997 mijn jaar gaat worden.

Brooke en ik zijn bij de Golden Globe Awards als ik word gebeld door Gil. Zijn twaalf jaar oude dochtertje Kacey heeft een ongeluk gehad. Ze was tijdens een uitje van de kerk aan het sleeën op Mt. Charleston, een uur ten noorden van Vegas, en is keihard op een bevroren sneeuwbank geklapt. Ze heeft haar nek gebroken. Ik laat Brooke achter en vlieg naar Vegas. Als ik in het ziekenhuis kom, draag ik nog steeds mijn smoking. Ik vind Gil en Gaye in de hal. Ze zien eruit alsof ze bijna niet meer kunnen. We omhelzen elkaar en ze vertellen me dat het er slecht uitziet, heel slecht. Kacey moet geopereerd worden. De artsen zeggen dat ze misschien wel verlamd is.

We zijn dagenlang in het ziekenhuis, praten met de artsen en proberen Kacey te troosten. Gil moet naar huis, bijslapen. Hij is uitgeput, maar wil niet weg; hij wil zijn dochter beschermen. Ik krijg een idee. Ik ben in het bezit van een grote verbouwde minibus, gekocht van Perry's vader. Er zitten een satellietschotel en een opklapbed in. Ik parkeer hem voor het ziekenhuis, voor de hoofdingang, en zeg tegen Gil: Nu hoef je buiten de bezoekuren niet helemaal naar huis. Dan hoef je alleen maar naar beneden te gaan om een paar uurtjes slaap te pakken, achter in je nieuwe bus.

Natuurlijk is het betaald parkeren voor het ziekenhuis. En dus heb ik de bekerhouders van het busje volgestopt met kwartjes. Het is voor het eerst dat de rollen van Gil en mij min of meer omgekeerd zijn: een paar dagen lang kan ik hém sterker maken.

Wanneer Kacey een week later uit het ziekenhuis wordt ontslagen, zeggen de doktoren dat het gevaar geweken is, dat ze snel weer op de been zal zijn. Ik wil met haar mee naar huis, zien hoe ze herstelt na haar operatie. Maar Gil wil er niets van weten; hij weet dat ik in San Jose word verwacht.

Ik zeg tegen Gil dat ik het toernooi ga afzeggen.

Geen sprake van, zegt hij. We kunnen nu alleen nog maar wachten en bidden. Ik hou je telefonisch wel op de hoogte. Ga. Speel.

Ik heb nog nooit ruziegemaakt met Gil en ik wil niet dat dit de eerste keer wordt. Met tegenzin ga ik naar San Jose en speel mijn eerste partij in drie maanden. Mijn tegenstander is Mark Knowles, een van mijn oude kamergenoten op de Bollettieri Academy. Na een lange carrière in het dubbelspel probeert hij nu door te breken in het enkelspel. Hij is een fantastisch sportman, maar ik verwacht geen problemen met hem. Ik ken zijn spel beter dan hijzelf. En toch komt het tot een derde set. En ook al win ik, het is geen fraaie overwinning, en dat steekt me. Ik sla me door het toernooi, zo te zien op ramkoers met Pete, maar ik verlies in de halve finale tegen de Canadees Greg Rusedski. Mijn geest vliegt terug naar Vegas, uren eerder dan mijn lichaam.

Ik zit in mijn vrijgezellenhonk tv te kijken met Slim, mijn assistent. Ik ben in een slechte bui. Het gaat toch niet goed met Kacey, en Gil heeft het niet meer. Ondertussen komt mijn trouwdag dichterbij en eigenlijk wil ik het uitstellen of het helemaal afblazen, maar ik weet niet hoe.

Slim is ook gestrest. Hij en zijn vriendin hebben kortgeleden een ongelukje gehad, hun condoom is geknapt. En nu is ze over tijd. Tijdens de reclame staat hij op en zegt dat er maar één ding op zit: high worden.

Hij vraagt: Wil je samen met mij high worden?

High?

Ja.

Waarmee?

Gack.

Wat is gack in vredesnaam?

Crystal meth.

Waarom noemen ze het dan *gack*?

Omdat je dat geluid maakt als je high bent. Je geest gaat dan zo snel dat je alleen nog maar *gack, gack, gack* kunt zeggen.

Zo voel ik me altijd. Waarom zou je dat willen?

Je denkt dat je Superman bent, *dude*. Echt.

Alsof iemand anders de woorden uitspreekt, alsof er iemand vlak achter me staat, hoor ik mezelf zeggen: *You know what? Fuck it. Yeah. Let's get high.*

Slim legt een beetje poeder op de salontafel. Hij snijdt het, snuift het op. Hij snijdt nog wat, ik snuif het op. Ik ga weer op de bank zitten en denk aan de Rubicon die ik net ben overgegaan. Even heb ik spijt, en meteen daarna voel ik me ontzettend verdrietig. Dan volgt een grote golf euforie die alle negatieve gedachten uit mijn hoofd veegt, elke negatieve gedachte die ik ooit heb gehad. Het is een cortisoninjectie in de subcortex. Ik heb me nog nooit zo levend gevoeld, zo vol hoop. Ik heb me vooral nog nooit zo energiek gevoeld. Ik krijg de aandrang, een wanhopig verlangen om schoon te maken. Ik ga mijn hele huis door, maak het van boven tot onder schoon. Ik stof de meubels af, sop de badkuip uit, verschoon de bedden, veeg de vloeren. Als er niets meer schoon te maken is, doe ik de was. Alle was. Ik vouw al mijn truien en T-shirts op. Daarna ben ik nog even energiek. Ik wil niet gaan zitten. Als ik zilveren bestek had, zou ik het gaan poetsen. Als ik leren schoenen had, zou ik ze poetsen tot ze glansden. Als ik een grote stapel munten had, zou ik er rolletjes van maken. Ik ga op zoek naar Slim. Hij is in de garage, demonteert de motor van zijn auto en zet hem weer in elkaar. Ik zeg tegen hem dat ik op dit moment alles zou kunnen doen, alles man, alles! Ik zou in de auto kunnen stappen, naar Palm Springs rijden en achttien holes spelen, daarna weer naar huis rijden, de lunch klaarmaken en gaan zwemmen.

Ik slaap twee dagen niet. En als ik uiteindelijk wel ga slapen, is het de slaap der doden en onschuldigen.

Een paar weken later speel ik tegen Scott Draper. Deze keer heb ik moeite met hem. Hij is linkshandig, getalenteerd, een goede speler, hoewel ik hem altijd met gemak heb verslagen. Ik zou geen enkel probleem met hem moeten hebben en toch maakt hij het me moeilijk. Eerlijk gezegd heb ik er zoveel moeite mee Draper te verslaan, dat ik me serieus begin af te vragen wie hem de laatste keer heeft verslagen. Hoe is het mogelijk dat ik zo kort geleden nog maar zoveel beter was? In elke fase van de strijd speelt hij beter dan ik.

Na afloop vragen de journalisten of het wel goed met me gaat. Hun toon is niet beschuldigend of vals. Ze klinken als Perry en Brad. Ze zijn echt geïnteresseerd, proberen erachter te komen wat er aan de hand is.

Brooke interesseert het merkwaardig genoeg amper. Ik verlies nu steeds en de enige keer dat ik niet verlies is wanneer ik me voor een toernooi afmeld. Het enige wat ze zegt is dat ze het fijn vindt dat ik vaker bij haar ben. Bovendien, zegt ze, omdat ik nu minder vaak tennis, ben ik ook minder chagrijnig.

Haar desinteresse komt gedeeltelijk doordat ze de trouwerij aan het plannen is, maar ook door haar overdreven prehuwelijkse trainingsschema. Ze doet met Gil aan fitness om in haar witte jurk te passen. Ze vecht met gewichten, doet aan hardlopen en stretchen, en telt elke calorie. Als extra stimulans plakt ze een foto op de deur van de koelkast met een metalen hartje eromheen. Het is een foto van de perfecte vrouw, zegt ze. De perfecte vrouw met de perfecte benen, de benen die Brooke wil.

Verbijsterd kijk ik naar de foto. Ik steek mijn hand uit en raak het fotolijstje aan.

Is dat niet...?

Ja, zegt Brooke, Steffi Graf.

In april doe ik mee aan de Davis Cup. Ik hoop op een vonk. Ik ben fanatiek aan het sporten, hard aan het trainen. We spelen tegen Nederland. Mijn eerste partij in Newport Beach is die tegen Sjeng Schalken. Hij is bijna twee meter lang, maar serveert alsof hij 1 meter 50 is. Toch slaat hij de bal zuiver en net als ik is hij een *punisher*, iemand die achterin blijft en probeert zijn tegenstander te laten lopen en daardoor af te matten. Ik weet wat me te wachten staat. De zon schijnt, het waait en de Nederlanders onder het publiek dragen klompen en zwaaien met tulpen. Ik versla Schalken in drie sets. Ik moet er diep voor gaan.

Twee dagen later speel ik tegen Jan Siemerink, bijgenaamd de Garbage Man, de vuilnisman. Hij is linkshandig, volleert geweldig en komt snel naar het net, dat hij bovendien uitstekend afdekt. Maar voor de rest oogt zijn spel vooral grappig. Elke forehand van Siemerink lijkt namelijk een misslag, elke backhand ook. Als vuilnis. Zelfs zijn service ziet er enigszins onooglijk, slingerend uit. Vol vertrouwen begin ik aan de partij, maar kom al snel tot de ontdekking dat zijn gebrekkige techniek een sterk wapen is. Zijn afgrijselijke slagen brengen je altijd uit balans. Je timing voelt nooit goed. Na twee uur ben ik uit mijn hum, loop ik te hijgen en heb ik een barstende koppijn. Desondanks win ik en behaal een eindscore van 24-4, een van de beste resultaten die ooit door een Amerikaan in de Davis Cup zijn behaald. Sportjournalisten loven dit minieme onderdeel van mijn spel en vragen waarom ik dit succes niet naar mijn overige partijen weet te vertalen. Ook al is hun lof gematigd, toch koester ik die. Het voelt goed. Deze Davis Cup is me wel een kort dankgebedje waard.

Aan de andere kant gooit de Davis Cup mijn manicureschema hopeloos in de war. Brooke heeft heel veel dingen van me gevraagd voor de bruiloft, maar één onwrikbare eis is dat mijn nagels perfect moeten zijn. Ik pluk aan mijn nagelriemen, mijn hele leven al, en als ze de trouwring om mijn vinger schuift, zegt ze, wil ze dat mijn handen er perfect uitzien. Maar vlak voor mijn partij tegen Schalken, en ook na afloop ervan, geef ik me over. Ik ga in de stoel van de manicure zitten, kijk naar de vrouw die zich met mijn nagelriemen bezighoudt en bedenk dat dit net zo verkeerd en wanstaltig aanvoelt als mijn partij tegen de Garbage Man.

Ik denk: dít noem ik pas *garbage.*

Met vier helikopters vol paparazzi boven ons hoofd trouwen Brooke en ik op 19 april 1997. De plechtigheid vindt plaats in Monterey, in een kerkje waar het verschrikkelijk, nee gruwelijk heet is. Ik zou alles overhebben voor een beetje frisse lucht, maar de ramen moeten dicht blijven om het lawaai van de helikopters buiten te sluiten.

De hitte is niet de enige reden dat het zweet me uitbreekt tijdens de plechtigheid. De voornaamste reden is dat mijn lichaam en zenuwen op zijn. Terwijl de priester praat, stroomt het zweet uit mijn wenkbrauwen, mijn kin, mijn oren. Iedereen kijkt naar me. Zij zweten ook, maar niet zoals ik. Mijn nieuwe Dunhill-jasje is doorweekt. Zelfs mijn schoenen knersen als ik loop. Ze hebben bovendien verhoogde zolen, nog zo'n niet-onderhandelbare eis van Brooke. Ze is nogal lang en wilde op de foto's niet boven me uittorenen.

Voordat wij de kerk verlaten, vertrekt een nepbruid, een stand-in voor Brooke. Zij moet de paparazzi op het verkeerde been zetten. Toen ik voor het eerst over dit plan hoorde, heb ik me ervoor afgesloten, weigerde er aandacht aan te besteden. Maar nu, nu ik Brooke's dubbelganger zie vertrekken, denk ik iets wat geen enkele man op zijn trouwdag hoort te denken: kon ik ook maar vertrekken. Had ik maar een nepbruidegom die mijn plaats kon innemen.

Een Assepoesterkoets met paarden ervoor staat klaar om Brooke en mij naar de receptie te brengen die plaatsvindt op een ranch die Stonepine heet. Maar eerst moeten we een stukje met de auto daar naartoe. In de auto zit ik naast Brooke, naar beneden te staren. Ik voel me ellendig door mijn aanvallen van angstzweet. Brooke zegt dat het oké is. Ze is heel lief, maar het is niet oké. Niets is oké.

Als we de ruimte betreden waar de receptie wordt gehouden stuiten we op een muur van geluid. Ik zie allemaal gezichten, van Philly, Gil, J.P., Brad, Rich, mijn ouders. Er zijn beroemde mensen die ik niet ken en nog nooit heb ontmoet, maar wel vaag herken. Vrienden van Brooke? Vrienden van vrienden? Een paar *Friends*? Ik zie Perry, mijn getuige en de officieuze regisseur van de trouwerij. Hij draagt een Madonna-headset zodat hij continu in contact kan zijn met de fotografen en bloemisten en cateraars. Hij is zo opgefokt, zo opgewonden, dat hij me nog zenuwachtiger maakt dan ik al ben, iets wat ik amper voor mogelijk had gehouden.

Aan het einde van de avond waggelen Brooke en ik naar boven, naar onze bruidssuite, waar ik honderden kaarsen heb laten neerzetten. Te veel kaarsen blijkt, want de kamer lijkt wel een oven. Het is er heter dan in de kerk. Weer breekt het zweet me uit. Als we de kaarsen uitblazen, gaan de rookmelders af. We demonteren de rookmelders en zetten alle ramen open. Terwijl de kamer afkoelt, gaan wij weer naar beneden, naar de receptie en drinken nog wat met onze gasten.

De volgende middag, tijdens een barbecue voor vrienden en familieleden, maken Brooke en ik een grootse entree. Conform Brooke's plan dragen we een cowboyhoed en een denim overhemd en arriveren op een paard. Mijn paard heet Sugar. Haar droevige, glanzende ogen doen me aan Peaches denken. Mensen verdringen zich om me heen, praten tegen me, feliciteren me, geven me een klopje op de rug, en ik wil alleen maar wegrennen. Tijdens de barbecue breng ik voornamelijk veel tijd door met mijn neefje Skyler, de zoon van Rita en Pancho. We vinden een pijl en boog en oefenen op een eik.

Als ik de boog span, gaat er opeens een pijnscheut door mijn pols.

Ik trek me terug uit Roland Garros van 1997. Gravel is de slechtst denkbare ondergrond als je last hebt van een pijnlijke pols. Ik kan het onmogelijk vijf sets volhouden tegen mannen die als een bezetene op gravel hebben getraind, terwijl ik gemanicuurd werd en op Sugar rondreed.

Maar ik ga wel naar Wimbledon. Ik wil erheen. Brooke heeft filmopnamen in Engeland en dat betekent dat ze me gezelschap kan houden. Dat komt goed uit, denk ik. Een verandering van omgeving. Een reisje, onze eerste als man en vrouw, naar een andere bestemming dan een eiland.

Hoewel, bedenk ik nu, Engeland natuurlijk ook een eiland is.

In Londen brengen we een paar prettige avonden door. Uit eten met vrienden. Een experimenteel toneelstuk. Een wandeling langs de Theems. De sterren staan goed voor een Wimbledonsucces. En toch zou ik liever in de Theems springen. Ik kan mezelf er niet toe brengen om te trainen.

Ik zeg tegen Brad en Gil dat ik me terugtrek uit het toernooi. Ik heb last van een vapour lock.

Brad vraagt: Hoezo een opgeblazen gevoel?

Ik zeg: Er waren altijd allerlei redenen om te tennissen, maar het waren nooit mijn eigen redenen.

De woorden ontglippen me, zonder dat ik er echt over heb nagedacht, net als destijds bij Rich. Maar ze klinken opvallend waar. Zo waar dat ik ze opschrijf. Ik herhaal ze als ik voor verslaggevers sla. En voor de spiegel.

Nadat ik me uit het toernooi heb teruggetrokken, blijf ik in Londen. Ik wacht tot Brooke klaar is met filmen. Op een avond gaan we met een groepje acteurs naar een wereldberoemd restaurant waar Brooke dolgraag naartoe wilde. The Ivy. Brooke en de acteurs praten over elkaar, terwijl ik zwijgend aan tafel zit te eten. Te schrokken eigenlijk. Ik bestel vijf gangen, en als nagerecht schuif ik drie kleffe karamelpuddinkjes naar binnen.

Opeens realiseert een actrice zich hoeveel eten er eigenlijk in mijn mond verdwijnt. Ze kijkt naar me, geschrokken.

Eet je altijd zoveel?

Ik speel in Washington DC en mijn tegenstander is Flach. Brad zegt dat ik moet proberen me te revancheren voor mijn nederlaag op Wimbledon van twee jaar geleden, maar dat interesseert me voor geen meter. Revanche? Alweer? Dit hebben we toch al eens meegemaakt? Het zit me dwars en ik word er lusteloos van dat Brad zo verblind kan zijn door zijn eigen wensen, dat hij zo voorbij kan gaan aan wat ik voel. Wie denkt hij wel dat hij is? Brooke?

Ik verlies. Van Flach natuurlijk.

Ik zeg tegen Brad dat ik het voor deze zomer voor gezien houd.

Brad vraagt: De hele zomer?

Ja, ik zie je wel weer in het najaar.

Brooke is in Los Angeles, maar ik ben het grootste deel van de zomer in Vegas. Slim is er en we worden heel vaak high. Het is best prettig om voor de afwisseling ook eens energie te hebben, me gelukkig te voelen, die vapourlock te verdrijven. Ik krijg weer inspiratie, ook al is het een door chemicaliën opgewekte inspiratie. Ik blijf de hele nacht wakker, een paar nachten achter elkaar, geniet van de stilte. Niemand belt me, niemand faxt me, niemand valt me lastig. Geen verplichtingen, ik kan het hele huis door dansen, de was opvouwen en nadenken.

Ik wil die leegte kwijtraken, zeg ik tegen Slim.

Ja, zegt hij. Ja. Die leegte.

High worden vind ik op zich al prettig, maar ik kan niet ontkennen dat ik het ook prettig vind dat ik daarmee mijn lichaam beschadig en mijn carrière bekort.

Maar de fysieke gevolgen ervan zijn desastreus. Nadat ik twee dagen high ben geweest en niet heb geslapen, voel ik me ellendig. En stom genoeg vraag ik me ook nog eens af waaróm ik me zo ellendig voel. Ik ben een sportman, mijn lichaam zou dit aan moeten kunnen. Slim is continu high en hij lijkt in orde.

Maar dan is Slim opeens niet meer in orde. Hij wordt onherkenbaar en dat komt niet alleen door de drugs. Hij was al van slag door het vooruitzicht dat hij vader zou worden. Dan belt hij me op een avond vanuit het ziekenhuis en zegt: Het is gebeurd.

Wat?

Ze heeft de baby gekregen. Maanden te vroeg. Een jongen. Andre, hij weegt nog geen 500 gram. De artsen weten niet of hij het zal redden.

Ik rijd snel naar het Sunrise Hospital, het ziekenhuis waar Slim en ik een dag na elkaar zijn geboren. Ik kijk door het raam naar wat volgens hen een baby is, hoewel het niet groter is dan mijn geopende hand. De artsen zeggen dat de baby het niet best maakt. Ze moeten hem via een infuus antibiotica toedienen.

De volgende ochtend vertellen de artsen ons dat het infuus eruit is gegleden. De vloeistof is eruit gedruppeld, op het beentje van de baby. Dat is nu verbrand. Bovendien blijkt de baby niet zelf te kunnen ademen. Ze moeten hem aan de beademing leggen. Dat is riskant. De artsen vrezen dat de longen van de baby nog niet voldoende ontwikkeld zijn. Maar zonder het beademingsapparaat gaat hij dood.

Slim zegt niets. Ik zeg tegen de dokters: Doe maar wat volgens u het beste is.

Een paar uur later gebeurt waar we al bang voor waren: een van de longen van de baby begeeft het, en daarna de andere. Nu zeggen de artsen dat zijn longen kennelijk de beademing niet aankunnen, maar dat hij zonder beademing zal sterven. Ze weten domweg niet wat ze moeten doen.

Er rest nog één sprankje hoop. Een apparaat dat het werk van het beademingsapparaat kan overnemen maar dat de longen niet beschadigt. Een apparaat dat bloed van de baby aftapt, daar vervolgens zuurstof aan toevoegt, en dit daarna weer laat terugstromen in de baby. Maar het dichtstbijzijnde apparaat staat in Phoenix.

Ik regel een medische vlucht. Een team artsen en verpleegkundigen haalt de baby van de beademing en draagt hem als een ei naar het vliegtuig. Daarna vertrekken Slim, zijn vriendin en ik in een ander vliegtuig naar Phoenix. Een verpleegkundige geeft ons een telefoonnummer dat we kunnen bellen zodra we geland zijn, dan kunnen we horen of de baby de vlucht heeft overleefd.

Zodra de wielen de landingsbaan raken, haal ik diep adem en bel het nummer.

Heeft hij het overleefd?

Ja. Hij heeft het gered. Nu moeten we hem aan het apparaat leggen.

We gaan naar het ziekenhuis en wachten. Het lijkt alsof de klok stilstaat. Slim is aan het kettingroken. Zijn vriendin zit zachtjes huilend in een tijdschrift te bladeren. Ik loop even weg om Gil te bellen. Het gaat niet goed met Kacey, zegt hij. Ze heeft steeds pijn. Hij klinkt niet als Gil. Hij klinkt als Slim.

Ik ga terug naar de wachtkamer. Er komt een arts binnen die zijn masker naar beneden trekt. Ik weet niet of ik nog meer slecht nieuws aankan.

We hebben hem aan het apparaat kunnen leggen, zegt de arts. Tot zover is alles goed gegaan. De volgende zes maanden zullen beslissend zijn.

Ik huur een huis voor Slim en zijn vriendin, vlak bij het ziekenhuis. Daarna vlieg ik terug naar Los Angeles. Ik zou eigenlijk moeten slapen tijdens de vlucht, maar ik zit alleen maar naar de rugleuning van de stoel voor me te kijken en denk hoe kwetsbaar alles is. De volgende zes maanden zullen beslissend zijn. Is die gruwelijke uitspraak niet van toepassing op ieder van ons?

Thuis, in onze keuken, vertel ik Brooke het hele, verdrietige, gruwelijke, wonderbaarlijke verhaal. Ze is gefascineerd, maar ook verbaasd.

Hoe ben je er zo betrokken bij geraakt?

Dat kon toch niet anders?

Weken later haalt Brad me over om weer te gaan spelen. Tijdens de ATP Championships, speel ik tegen de Braziliaan Gustavo Kuerten. Het kost hem zesenveertig minuten om mij te verslaan. Mijn derde nederlaag in de eerste ronde op rij. Gullickson laat weten dat hij me uit het Davis Cup-team zet. Ik ben een van de beste Amerikaanse spelers ooit, maar ik neem het hem niet kwalijk. Wie zou het hem kwalijk kunnen nemen?

Tijdens de US Open 1997 ben ik voor het eerst in drie jaar niet geplaatst. Ik draag een perzikkleurig shirt en de kledingkraam kan ze niet aangesleept krijgen. Verbazingwekkend. Willen mensen zich nog altijd net zo kleden als ik? Willen mensen er net zo uitzien... als ik? Hebben ze me de laatste tijd weleens goed bekeken?

Ik bereik de zestiende ronde en speel tegen Rafter. Dit jaar is zijn doorbraak. Hij heeft de halve finale van Roland Garros bereikt en is wat mij betreft de favoriet voor dit toernooi. Hij speelt fantastisch service-volley en doet denken aan Pete, al heb ik altijd het gevoel gehad dat onze rivaliteit gezonder is, omdat Rafter consistenter speelt. Pete kan achtendertig minuten heel slecht spelen en dan binnen één minuut de set winnen, terwijl Rafter continu goed speelt. Hij is 1 meter 87, zijn zwaartepunt ligt laag en hij is zo wendbaar als een raceauto. Hij is een van de lastigste spelers om te verslaan en het is nog lastiger om hem niet te mogen. Hij is een en al klasse, of hij nu wint of verliest, en vandaag wint hij. Hij drukt me als een gentleman de hand en schenkt me een glimlach waarin onmiskenbaar iets van medelijden doorschemert.

Over tien dagen moet ik in Stuttgart spelen. Ik zou me gedeisd moeten houden, uitrusten, trainen, maar ik plaats daarvan moet ik naar North Carolina, naar een klein stadje dat Mount Pleasant heet, vanwege Brooke. Ze heeft een goede band met David Strickland, een acteur van haar nieuwe tv-serie *Suddenly Susan,* en David gaat naar North Carolina om zijn verjaardag bij zijn familie te vieren. Brooke wil dat wij ook meegaan. Volgens haar zal het ons goed doen, een tijdje in de bergen waar we frisse lucht kunnen inademen, en ik kan geen enkele reden verzinnen om nee te zeggen.

Mount Pleasant is een weinig toepasselijke naam. Er is geen berg te bekennen en het is er weinig plezant. Het stadje ligt in niemandsland, maar het huis van de Stricklands heeft houten vloeren en zachte bedden en de warme, alomtegenwoordige vage geur van kaneel en gebakken taart. Het staat op een golfbaan en de achterveranda ligt maar een paar meter van een van de greens. De vrouw des huizes, Granny Strickland, is mollig, heeft appelwangen, komt uit Mayberry, en staat altijd aan haar fornuis om iets te bakken of alweer een pan paella te maken. Niet bepaald goed voedsel tijdens het tennisseizoen, maar om beleefd te zijn eet ik mijn bord leeg en vraag om meer.

Brooke lijkt in de zevende hemel en ergens begrijp ik dat wel. Het huis is omgeven door een prachtig heuvellandschap met oude bomen, de bladeren krijgen negen verschillende tinten oranje en ze houdt van David. Ze hebben een speciale band, een geheim taaltje met insidergrapjes en grappige plaagstootjes. Af en toe glijden ze in hun personages van de show, spelen een scène en liggen vervolgens in een deuk. Daarna vertellen ze snel wat ze zojuist hebben gedaan en gezegd, proberen me erbij te betrekken zodat ik me niet buitengesloten voel. Maar het is nooit genoeg. Ik ben het derde wiel aan de wagen en dat weet ik heel goed.

’s Nachts wordt het kouder. De koude lucht heeft een aardse geur die me triest stemt. Ik sta op de achterveranda naar de sterren te kijken en vraag me af wat er met me aan de hand is, waarom deze omgeving me niet kan bekoren. Ik denk terug aan het moment, jaren geleden al, waarop Philly en ik besloten dat ik ermee op zou houden. Tot ik dat telefoontje kreeg om in North Carolina te komen spelen. Hier dus. *The rest is history*. Steeds maar weer vraag ik mezelf af: Stel dat ik toen...?

Ik besluit dat ik weer aan de slag moet. Zoals altijd is werk het antwoord. Stuttgart is immers al over een paar dagen. Het zou fijn zijn om te winnen. Ik bel Brad en hij vindt een tennisbaan voor me, een uur rijden hiervandaan. Hij scharrelt ook ergens een sparringpartner voor me op, een jonge amateur die elke ochtend dolgraag een uur met me wil spelen. Ik rijd door de ochtendnevel en maak kennis met deze amateur. Ik bedank hem dat hij tijd voor me wil vrijmaken, maar hij zegt dat hij het graag doet. Het zal me een eer zijn, meneer Agassi. Ik voel me goed – ik ben aan het werk, zelfs hier in the middle of nowhere – en dan beginnen we te slaan. Op deze hoogte vliegt de bal alle kanten op en trekt zich niets aan van de zwaartekracht. Het lijkt wel alsof we op de maan spelen. Het kost amper inspanning.

Dan schiet de schouder van de aanstaande pro uit de kom.

De laatste twee dagen van ons verblijf eet ik paella en zit ik te tobben. Wanneer ik me dusdanig verveel dat ik de neiging krijg met mijn hoofd tegen een dennenboom te rammen, loop ik de golfbaan op en probeer een birdie te slaan.

Eindelijk mag ik weg. Ik geef Brooke een afscheidskus en geef Granny Strickland een afscheidskus, en realiseer me dat ik in beide kussen evenveel hartstocht leg. Ik vlieg naar Miami en neem van daaruit een rechtstreekse vlucht naar Stuttgart. Als ik naar de gate loop, zie ik Pete. Wie anders? Altijd weer Pete. Hij ziet eruit alsof hij de afgelopen maanden alleen maar heeft getraind en alsof hij zich als hij een keer niet trainde liggend op een brits in een kale cel afvroeg hoe hij me zou verslaan. Hij oogt fit, geconcentreerd, uitgerust, totaal niet afgeleid. Ik heb altijd gedacht dat sportjournalisten de verschillen tussen Pete en mij overdreven. Het leek te gemakkelijk, en vooral van belang voor het publiek, en voor Nike, en voor het tennis, dat Pete en ik volstrekte tegenpolen waren, de Yankees en de Red Sox van het tennis. Degene met de beste opslag versus degene met de beste return. De timide jongen uit Californië tegen de onbeschaamde jongen uit Las Vegas. Het leek allemaal onzin. Of, om Pete's favoriete woord te gebruiken, nonsens. Maar op dit moment, nu we bij de gate met elkaar staan te kletsen, lijkt het verschil tussen ons echt en angstaanjagend groot, net als het verschil tussen goed en kwaad. Ik heb vaak tegen Brad gezegd dat tennis een te grote rol in Pete's leven speelt en een te kleine rol in mijn leven, maar op dit moment lijkt het alsof Pete daar een balans in heeft gevonden. Tennis is zijn werk en hij wijdt zich vol vuur aan dat werk, terwijl al mijn geleuter over het leiden van een leven buiten het tennis kennelijk niet meer is dan geleuter. Dat geleuter is gewoon een handige manier om al mijn gezeik en gebrek aan concentratie te rationaliseren. Voor het eerst sinds ik hem ken – inclusief de keren dat hij de vloer met me heeft aangeveegd – ben ik jaloers op Pete's saaiheid. Hij lijkt elke behoefte aan inspiratie te ontberen. Kon ik hem dat maar nadoen.

In de eerste ronde van Stuttgart verlies ik van Martin. Als we het stadion hebben verlaten en in de auto zitten, is Brad in een stemming die ik niet ken. Hij kijkt me aan, verbaasd en verdrietig, met een Rafter-achtige medelijdende blik. Als we bij ons hotel zijn, vraagt hij of ik even mee wil komen naar zijn kamer.

Hij loopt naar de minibar en haalt er twee flesjes bier uit. Hij kijkt niet naar het etiket. Het kan hem niets schelen dat het Duits bier is. Als Brad Duits bier drinkt zonder het op te merken of erover te klagen is er iets aan de hand.

Hij draagt een spijkerbroek en een zwarte coltrui. Hij ziet er somber, ernstig en ouder uit. Hij is ouder geworden door mij.

Andre, we moeten een belangrijke beslissing nemen en die gaan we nemen voordat we vanavond deze kamer verlaten.

Wat is er aan de hand, Brad?

Zo gaan we niet door. Jij kunt beter dan dit. Tenminste, je kon beter dan dit. Je moet ermee ophouden óf opnieuw beginnen. Maar je kunt niet doorgaan jezelf zo te vernederen.

Wat...?

Laat me uitpraten. Je kunt het nog steeds. Dat denk ik tenminste. Je kunt nog altijd winnen. Er kunnen nog steeds goede dingen gebeuren. Maar dan moet je helemaal terug naar het begin. Je moet je overal uit terugtrekken en opnieuw beginnen. Je moet echt hele-maal opnieuw beginnen.

Als Brad zegt dat ik me uit alle toernooien moet terugtrekken, weet ik dat hij het echt meent.

Dit moet je gaan doen, zegt hij. Je moet gaan trainen zoals je al jaren niet meer hebt getraind. Keihard. Je moet je lichaam weer op orde krijgen en je geest, en daarna helemaal van onderaf opnieuw beginnen. Ik heb het over *challengers*, tegen jongens die nooit hebben durven dromen dat ze de kans zouden krijgen jou tegen te komen, laat staan tegen jou te spelen.

Hij zwijgt. Hij neemt een grote slok bier. Ik zeg niets. Dit is een cruciaal moment en het voelt alsof we hier al maanden, jaren op hebben afgestevend. Ik kijk door het raam naar het verkeer in Stuttgart. Ik haat tennis meer dan ooit, maar ik haat mezelf nog meer. Ik denk: wat maakt het uit dat je tennis haat? Wie kan dat iets schelen? Al die mensen hier buiten, al die miljoenen mensen die haten wat ze doen om de kost te verdienen, doen het toch. Misschien gaat het daar wel om, dat je doet wat je haat maar het toch goed en opgewekt doet. Je haat tennis dus. Prima hoor, maar toch moet je het respecteren, en jezelf.

Ik zeg: Oké Brad, ik ben er nog niet klaar voor dat het voorbij is. Ik ben je man. Zeg maar wat ik moet doen en ik doe het.

HOOFDSTUK 21

Het is tijd voor verandering, Andre. Zo kun je niet doorgaan. Verandering, verandering, verandering. Dat woord zeg ik een paar keer per dag tegen mezelf – terwijl ik boter op mijn boterham smeer, terwijl ik mijn tanden poets. Niet als waarschuwing, maar als een soort mantra. Dat ik totaal moet veranderen, vind ik geen deprimerende of beschamende, maar juist een troostende gedachte die me rust geeft. Deze keer word ik niet gekweld door die knagende twijfel aan mezelf, zoals anders na een persoonlijk besluit. Deze keer zal ik niet falen. Dat mag niet, want als ik nu niet verander, verander ik nooit. De gedachte dat ik dezelfde blijf, dat ik de rest van mijn leven déze Andre zal blijven, dát vind ik pas een deprimerende, beschamende gedachte.

Maar toch. Onze beste bedoelingen worden vaak tegengewerkt door externe krachten, krachten die we zelf lang geleden hebben opgewekt. Beslissingen, vooral slechte, creëren hun eigen soort momentum en het kan heel moeilijk zijn om een momentum tegen te houden, dat weet elke sporter. Ook al zweren we dat we gaan veranderen, zelfs als we spijt hebben van onze fouten en ons met ze hebben verzoend, zet het momentum van ons verleden ons op het verkeerde been. Momentum regeert de wereld. Momentum zegt: Wacht even, niet zo snel, ik ben hier nog steeds bezig. Zoals een vriend van me graag zegt door een Grieks gedicht te citeren: De geesten van de eeuwige goden veranderen niet opeens.

Een paar weken na Stuttgart loop ik door LaGuardia Airport. Ik word gebeld door een man met een korzelige stem, een stem die veroordeelt en afkeurt. Een stem met Autoriteit. Hij zegt dat hij als arts bij de ATP werkt. (Die letters staan voor: Association of Tennis Professionals.) Er klinkt noodlot door in zijn stem, alsof hij me gaat vertellen dat ik zal sterven. Dan blijkt dat hij dat inderdaad gaat doen.

Hij zegt dat het zijn taak was mijn urinemonster van een recent toernooi te onderzoeken. Het is mijn plicht u te vertellen dat u de standaard ATP-dopingtest niet hebt doorstaan. Het urinemonster dat u hebt afgegeven bevat sporen van methamfetamine.

Ik laat me op een stoel zakken. Mijn rugzak laat ik van mijn schouder op de grond glijden.

Mr. Agassi?

Ja. Ik ben hier. Wat nu?

Tja, er is een procedure. U moet een brief schrijven naar de ATP, waarin u toegeeft dat u schuldig bent of aangeeft dat u onschuldig bent.

O.

Wist u dat er een kans was dat deze drug in uw lichaam zat?

Ja. Ja, dat wist ik.

In dat geval moet u in uw brief uitleggen hoe die drug daar is terechtgekomen.

En dan?

Uw brief zal door een commissie worden beoordeeld.

En dan?

Als u wist dat u deze drug nam – als u zoals u zegt schuldig bent – dan krijgt u natuurlijk een disciplinaire straf.

Welke?

Hij herinnert me eraan dat het tennis drie soorten verboden drugs kent. De prestatiebevorderende middelen zijn natuurlijk Klasse 1, zegt hij, die worden bestraft met een schorsing van twee jaar. Maar methamfetamine is natuurlijk een duidelijk geval van Klasse 2-drugs, de recreatiedrugs.

Ik denk: recreatie. Recreatie!

Ik vraag: En dat betekent?

Drie maanden schorsing.

En wat doe ik nadat ik deze brief heb geschreven?

Ik heb een adres voor u. Hebt u pen en papier bij de hand?

Ik ga in mijn rugzak op zoek naar mijn aantekenboekje. Hij geeft me het adres, dat ik min of meer verdoofd opschrijf, hoewel ik niet van plan ben die brief echt te gaan schrijven.

De dokter zegt nog een paar dingen, die niet tot me doordringen, en dan bedank ik hem en verbreek de verbinding. Ik strompel het vliegveldgebouw uit en stap in een taxi. Terwijl we naar Manhattan rijden kijk ik door het smerige raampje naar buiten. Ik zeg tegen het achterhoofd van de taxichauffeur: Veranderen, ja hoor!

Ik ga meteen naar Brooke's huis. Gelukkig is zij in Los Angeles. Ik zou mijn gevoelens nooit voor haar kunnen verbergen. Ik zou haar alles moeten vertellen, maar dat zou ik nu niet aankunnen. Ik laat me op het bed vallen en val meteen in slaap. Als ik een uur later wakker word, realiseer ik me dat het een nachtmerrie was. Wat een opluchting!

Het duurt een paar minuten tot ik me realiseer dat het telefoontje echt was. De dokter was echt. De metham, allemaal echt!

Mijn goede naam, mijn carrière, alles staat nu op het spel, op een dobbeltafel waaraan niemand wint. Wat ik ook heb bereikt, waarvoor ik ook heb gewerkt, het kan allemaal algauw niets meer betekenen. Mijn afkeer van tennis kwam altijd voor een deel voort uit het knagende gevoel dat het zinloos is. Binnenkort zal ik pas echt begrijpen wat zinloos betekent.

Mijn verdiende loon.

Tot het licht wordt lig ik wakker en vraag me af wat ik moet doen, aan wie ik het moet vertellen. Ik probeer me voor te stellen hoe het zal voelen om in het openbaar aan de schandpaal te worden genageld. Niet om mijn kleding of mijn spel, niet om de een of andere reclameslogan die met mij wordt geassocieerd, maar om mijn eigen stommiteit! Ik word een verschoppeling. Met wat mij overkomt zal men andere spelers waarschuwen.

Maar hoewel ik me ellendig voel, raak ik die eerste dagen niet in paniek. Nog niet, niet echt. Dat komt doordat er van alle kanten grotere problemen op me af komen. Mensen om me heen, mensen van wie ik houd, hebben het moeilijk.

Kacey moet nog een keer aan haar nek worden geopereerd. De eerste operatie is mislukt. Ik regel dat ze naar Los Angeles kan vliegen, waar ze de beste zorg kan krijgen. De tweede operatie is een succes, maar vlak na de operatie raakt ze weer geïmmobiliseerd. Ze ligt op haar rug in het ziekenhuisbed en heeft veel pijn. Ze kan haar hoofd niet bewegen en zegt dat haar schedel en huid branden en pijn doen. Bovendien is het ongelooflijk warm in haar kamer en ze kan niet tegen de warmte, net als haar vader. Ik geef haar een kusje op de wang en zeg: Maak je geen zorgen. Dat regelen we wel.

Ik kijk naar Gil. Hij zit te rillen van ellende.

Ik ren naar de dichtstbijzijnde witgoedwinkel en koop de grootste, beste airco die ze hebben. Gil en ik installeren hem in Kacey's raam, en ik zet hem op de hoogste stand. Kacey glimlacht als Gil en ik in onze handen klappen. Dankzij de koude lucht verdwijnt de gespannen trek op haar mooie ronde gezichtje.

Daarna haast ik me naar een speelgoedwinkel, naar de afdeling zwemspullen, en koop een kinderluchtbed. Ik leg hem onder Kacey en zorg dat haar hoofd in het midden ligt. Dan blaas ik hem op tot hij haar hoofd langzaam en voorzichtig optilt zonder de hoek van haar nek te veranderen. Er verschijnt een opgeluchte, dankbare en blije blik op haar gezicht. In haar blik, in dit moedige meisje, vind ik waar ik naar op zoek was: de steen der wijzen die alle ervaringen, goede en slechte, van de afgelopen jaren in zich verenigt. Haar pijn en haar moedige glimlach ondanks die pijn, mijn rol in het verlichten van die pijn, dat is de reden voor alles. Daarom zijn we hier, om te vechten ondanks de pijn en, als dat mogelijk is, om de pijn van anderen te verlichten. Zo simpel is het, maar tegelijkertijd zo moeilijk in te zien.

Ik kijk naar Gil. Hij ziet wat ik allemaal denk en zijn wangen worden nat van de tranen.

Later, als Kacey slaapt en Gil in een hoekje zit en net doet alsof hij niet slaapt, zit ik op een stoel naast haar bed. Ik heb een schrijfblok op mijn schoot en schrijf een brief aan de ATP. Het is een brief die barst van de leugens, vermengd met flarden waarheid.

Ik beken dat de drugs in mijn lichaam zaten, maar geef aan dat ik ze niet bewust heb ingenomen. Ik schrijf dat van Slim, die ik inmiddels heb ontslagen, bekend is dat hij drugs gebruikt en dat hij zijn frisdrank vaak mengde met metham. Dat is allemaal waar. Maar dan kom ik bij de centrale leugen in de brief. Ik zeg dat ik onlangs per ongeluk uit Slims glas heb gedronken en dat ik daardoor die drug zonder het te weten heb binnengekregen. Ik zeg dat ik het gevoel had dat ik vergiftigd werd, maar dacht dat de drugs al snel weer uit mijn lichaam verdwenen zouden zijn. Kennelijk was dat dus niet het geval.

Ik vraag om begrip, en om vergeving, en onderteken hem snel: Met de meeste hoogachting.

Ik zit met de brief op mijn schoot naar Kacey's gezicht te kijken.

Ik schaam me, natuurlijk. Ik ben altijd eerlijk geweest. Als ik lieg is dat vrijwel altijd onbewust of tegen mezelf. Maar als ik me de blik op Kacey's gezicht probeer voor te stellen als ze hoort dat haar oom Andre drugsgebruiker is en voor drie maanden is geschorst en die blik vermenigvuldig met een paar miljoen gezichten, weet ik niet wat ik anders moet doen dan liegen.

Ik beloof mezelf dat deze leugen in elk geval het laatste is wat ik zal doen. Ik zal de brief versturen, maar verder doe ik niets. Ik laat mijn advocaten de rest afhandelen. Ik ga niet voor een commissie staan liegen. Hierover zal ik in het openbaar nooit liegen. Vanaf nu zal ik het overlaten aan het lot en aan mannen in pakken. Als zij het onder de tafel kunnen regelen, stilletjes, prima. Zo niet, dan zal ik alles over me heen laten komen.

Gil wordt wakker. Ik vouw de brief op en neem hem mee naar de gang.

Gil ziet er bleek uit onder het tl-licht. Hij ziet er – ik kan het gewoon niet geloven – zwak uit. Ik was het vergeten: in een ziekenhuis weten we weer waar het in het leven om draait. Ik omhels hem en zeg dat ik van hem houd en dat we hier samen wel doorheen komen.

Hij knikt, bedankt me, mompelt iets onsamenhangends. We staan heel lang zwijgend bij elkaar. Ik kan aan zijn gezicht zien welke gedachten er allemaal door hem heen gaan. Dan probeert hij zich te vermannen. Hij moet ergens over praten, over iets anders dan zijn angst en zijn zorgen. Hij vraagt hoe het met mij gaat.

Ik zeg tegen hem dat ik heb besloten me weer aan het tennis te wijden, dat ik wil beginnen in de laagste regionen en mezelf dan omhoog wil werken. Ik vertel hem dat Kacey me heeft geïnspireerd, dat zij me de weg heeft gewezen.

Gil zegt dat hij me wil helpen.

Nee, jij hebt je handen al vol.

Hé, op mijn schouders staan, weet je nog? En daarna je armen uitstrekken.

Ik vind het ongelooflijk dat hij nog steeds vertrouwen in me heeft; ik heb hem zoveel redenen gegeven aan me te twijfelen. Ik ben zevenentwintig, de leeftijd waarop tennissers achteruit beginnen te gaan en ik praat over een tweede kans en toch fronst hij niet, hij trekt zelfs geen wenkbrauwen op. Hij zegt alleen maar: Kom, we beginnen van onderaf. *It's on.*

We beginnen bij het begin, alsof ik een tiener ben, alsof ik nog nooit heb getraind, want zo oog ik ook. Ik ben traag, dik, slap als een jong katje. Ik heb al zeker een jaar geen halter meer vastgehouden. Het zwaarste dat ik heb opgetild, is Kacey's airco. Ik moet mijn lichaam opnieuw ontdekken en het langzaam maar zeker weer krachtiger maken.

We zijn in Gils fitnessruimte. Ik zit op de free bench, hij leunt tegen de leg extension. Ik vertel hem wat ik mijn lichaam heb aangedaan. De drugs. Ik kan niet van hem verlangen dat hij me uit het diepe trekt zonder dat hij weet hoe diep ik ben gezonken. Hij kijkt even verdrietig als toen hij naar zijn dochter in het ziekenhuisbed keek. Ik heb altijd al gevonden dat Gil op het standbeeld van Atlas leek, maar nu ziet hij eruit alsof hij letterlijk het gewicht van de wereld met zich meedraagt, alsof hij de problemen van zes miljard mensen op zijn schouders torst. Zijn stem hapert.

Ik heb nog nooit zo van mezelf gewalgd.

Maar dan is het voorbij. Gil schraapt zijn keel, bedankt me dat ik zo eerlijk tegen hem was. Waar je bent geweest, zegt hij dan, is niet belangrijk. Vanaf dit moment gaat het er alleen maar om waar je naartoe gaat.

Waar wij naartoe gaan, zeg ik.

Juist.

Hij bedenkt een plan. Hij stelt een goed dieet samen. En geen Mr. Nice Guy meer, zegt hij. Geen overtredingen meer, geen fastfood meer, geen misstappen meer. Je moet zelfs minder gaan drinken, zegt hij.

Maar hij zorgt er vooral voor dat ik me aan een strikt schema houd. Eten, trainen, met gewichten werken, tennissen, allemaal op vaste tijden van de dag.

Als onderdeel van mijn nieuwe ascetische levensstijl zal ik mijn vrouw minder vaak zien. Ik vraag me af of ze het zal merken.

Ik werk een maand lang keihard met Gil. Die maand is even zwaar als onze minibootcamp voorafgaand aan Roland Garros van 1995. Daarna doe ik mee aan een challenger, het laagste niveau op de tennisladder van een proftennisser. Het prijzengeld bedraagt 3.500 dollar. Er is nog minder publiek dan bij een doorsnee highschool footballwedstrijd.

De challenger vindt plaats op de UNLV. Bekend terrein voor zo'n onbekende ervaring. Als Gil en ik op de parkeerplaats aankomen, bedenk ik hoe ver ik al ben gekomen, en hoe ver nog niet. Op dit soort banen speelde ik toen ik zeven was. Hier ging ik naartoe op de dag waarop Gil ontslag nam om voor mij te gaan werken. Dáár stond ik, voor zijn kantoor, huppelend omdat ik zo opgewonden werd van de weg die voor ons lag. Nu, vlak bij diezelfde plek, speel ik tegen fanatieke spelers en tegen spelers die hun beste tijd al hebben gehad. Met andere woorden, tegen mijn gelijken.

Een challenger is per definitie onbelangrijk en dat komt nergens zozeer tot uiting als in de spelersruimte. De maaltijd voor de wedstrijd is vliegtuigeten: taaie kip, slappe groente, frisdrank waar de prik uit is. Vroeger, bij een slam, liep ik langs eindeloze buffetten en stond ik te kletsen met koks met een witte koksmuts op die voor mij een luchtige omelet maakten of een vers pastagerecht. Allemaal verleden tijd.

Daarmee houden de vernederingen niet op. Bij een challenger zijn minder ballenjongens en dat is logisch, want er zijn bijna geen ballen. Je krijgt er maar drie per wedstrijd. Aan weerszijden van jouw baan is een andere baan waar op hetzelfde moment ook een partij wordt gespeeld. Als je de bal opgooit om te serveren, zie je links en rechts van je andere spelers. Je hoort ze ruziemaken. Het kan ze niets schelen of ze je concentratie verstoren. Je kunt de pot op met je concentratie. Af en toe komt er een bal van een andere baan jouw baan oprollen en dan hoor je: Kun je 'm even gooien? Dan moet je even alles aan de kant zetten en de bal teruggooien. Dan ben jij de ballenjongen. Opnieuw.

Je houdt ook je eigen score bij. Handmatig. Tijdens het wisselen van baanhelft draai ik de plastic cijfers om; alsof het een kinderspelletje is. Het publiek lacht en roept van alles: Wat ben jij diep gevallen zeg! *Image Is Everything, eh, buddy?!* Een USTA-official zegt in het openbaar dat Andre Agassi die aan een challenger meedoet net zoiets is als Bruce Springsteen die in een buurtcafé optreedt.

Waarom zou Springsteen niet in een buurtcafé optreden? Ik zou het cool vinden als Springsteen een keer in een buurtcafé zou optreden.

Mijn ranking is 141, de laagste positie die ik op volwassen leeftijd ooit heb ingenomen, de laagste score die ik ooit gedacht had te zullen halen. Sportjournalisten zeggen dat ik mezelf verneder. Ze vinden het heerlijk dit te kunnen zeggen, maar ze vergissen zich. Ik voelde me vernederd in die hotelkamer met Brad. Ik voelde me vernederd toen ik meth rookte met Slim. Nu probeer ik mijn nederigheid te gebruiken door erop voort te bouwen.

Brad voelt dat net zo. Hij is weer opgeladen, toegewijd, en dat vind ik geweldig. Hij is opgewonden over deze challenger en coacht me alsof we op Wimbledon zijn. Hij twijfelt er niet aan dat dit stap één is op de weg terug naar de bovenste plek.

Natuurlijk stel ik zijn vertrouwen meteen al op de proef. Ik ben slechts een vage afspiegeling van mijn oude ik. Mijn armen en benen zijn dan misschien wel in vorm, maar mijn geest nog niet. Als ik de finale heb bereikt, geeft mijn geest het op. Ik verlies, trillend door de druk, het onbekende, het gehoon vanaf de tribunes.

Brad is niet ontmoedigd. Ik moet bepaalde technieken weer aanleren, zegt hij. De keuze van mijn slagen bijvoorbeeld. Ik moet de reflex trainen waarmee een tennisser in het vuur van de strijd beslist dat deze slag de juiste is en die slag de verkeerde. Je moet je weer realiseren dat het niet uitmaakt of je de beste klap ter wereld uitdeelt. Weet je nog? Als het het verkeerde moment is, is het de verkeerde klap.

Elke slag is een inschatting, gebaseerd op voorkennis en ervaring. En op dit moment heb ik geen voorkennis en ervaring. Ik ben even groen als toen ik bij de junioren speelde. Het heeft me tweeëntwintig jaar gekost om mijn talent te ontdekken en mijn eerste slam te winnen, en maar twee jaar om alles kwijt te raken.

Eén week na Vegas speel ik een challenger in Burbank, in een park. Naast de baan staat een grote boom die deze over een lengte van zes meter in de schaduw zet. Ik heb in mijn leven al op duizenden banen gespeeld, maar dit is veruit de erbarmelijkste. In de verte hoor ik kinderen voetballen en trefbal spelen, automotoren afslaan, gettoblasters jengelen.

Het toernooi vindt plaats in het weekend van Thanksgiving en ik bereik de derde ronde, die op Thanksgiving Day wordt gespeeld. In plaats van dat ik thuis kalkoen zit te eten, zwoeg ik nu in een park in Burbank en sta 120 plaatsen lager dan twee Thanksgivings geleden. Ondertussen wordt in Göteborg voor de Davis Cup gespeeld. Chang en Sampras versus Zweden. Het is triest maar terecht dat ik er niet bij ben. Ik hoor daar niet thuis. Ik hoor hier thuis, op deze baan met die belachelijke boom ernaast. Tenzij ik kan accepteren dat ik nu ben waar ik nu hoor te zijn, zal ik daarginds nooit meer thuishoren.

Tijdens de warming-up voor mijn partij realiseer ik me dat ik maar vier minuten verwijderd ben van de studio waar Brooke *Suddenly Susan* opneemt, waar Perry nu de producer van is. De show is een gigantische hit geworden en Brooke heeft het druk, werkt twaalf uur per dag. Toch lijkt het vreemd dat ze niet even langskomt, even komt kijken. Zelfs als ik thuiskom vraagt ze niet hoe de wedstrijd is verlopen.

Maar ik vraag natuurlijk ook niets over *Suddenly Susan*.

We praten over dingen. We praten over niets.

Ik sla mijn trainingen alleen over als ik met Perry heb afgesproken om de basis te leggen voor mijn liefdadigheidsstichting. Daar hadden we het vijftien jaar geleden al over, toen we nog twee idealistische tieners waren, met onze mond vol Chipwiches. We wilden een niveau bereiken vanwaaruit we iets konden teruggeven en dat niveau hebben we nu eindelijk bereikt. Ik heb een langetermijndeal met Nike kunnen afsluiten: de komende tien jaar gaan ze me tientallen miljoenen betalen. Ik heb voor mijn ouders een huis gekocht. Mijn begeleidingsteam komt niets tekort. Het is 1997 en nu ik in financieel opzicht groter kan denken en mijn horizon kan verbreden, en ondanks – of dankzij – dat ik een dieptepunt heb bereikt, ben ik er klaar voor.

Mijn grootste zorg gaat uit naar kinderen die in nood verkeren. Een volwassene kan altijd om hulp vragen, maar een kind heeft geen stem, geen macht. Het eerste project van mijn stichting is een plek creëren voor mishandelde of verwaarloosde kinderen die onder toezicht van justitie zijn geplaatst. Deze plek bestaat uit een cottage voor kinderen met een zwakke gezondheid en een noodschool. Daarna lanceren we een programma om elk jaar 3000 stadskinderen te kleden. Daarna een serie studiebeurzen voor de

UNLV. Daarna een Boys and Girls Club. Mijn stichting koopt een vervallen pand van 700 vierkante meter en verbouwt dat tot een groot centrum van 7.500 vierkante meter met een computerruimte, een kantine, een bibliotheek en tennisbanen. Colin Powell houdt de openingstoespraak.

Ik breng talloze zorgeloze uren door in de nieuwe Boys and Girls Club. Ik maak kennis met de kinderen en luister naar hun verhalen. Ik neem ze mee naar de tennisbaan, leer hun de juiste grip, zie hoe hun ogen beginnen te stralen omdat ze nog niet eerder een tennisracket hebben vastgehouden. Ik zit samen met ze in de computerruimte, waar de behoefte aan internetminuten zo groot is dat ze in lange rijen geduldig op hun beurt staan te wachten. Het verbaast me, en het doet me pijn om te zien hoe vastbesloten ze zijn om iets te leren. Soms ga ik gewoon in de recreatiezaal van de Boys and Girls Club zitten, of ik pingpong met ze. Ik kan daar nooit naar binnen gaan zonder terug te denken aan de recreatiezaal van de Bollettieri Academy, waar ik die eerste avond zó bang was dat ik met mijn rug tegen de muur ging staan. Die herinnering maakt dat ik elk bang kind dat ik zie wel wil adopteren.

Ik zit een keer in de recreatiezaal te praten met Stan, de man die de Boys and Girls Club leidt. Ik vraag: Wat kunnen we nog meer doen? Hoe zouden we het leven van deze kinderen nog meer ten goede kunnen keren?

Stan zegt: Je zou een manier moeten verzinnen om een groter deel van hun dag in te vullen. Anders is het één stap vooruit, twee stappen achteruit. Wil je echt iets voor hen betekenen? Wil je een blijvende invloed hebben op hun leven? Dan moet je een groter deel van hun dag vullen. Dan moet je in feite hun hele dag vullen.

Daarom ga ik in 1997 weer in conclaaf met Perry. We komen tot de conclusie dat we scholing aan ons werk moeten toevoegen. Maar hoe? We overwegen een particuliere school op te richten, maar de bureaucratische en financiële obstakels zijn groot. Toevallig zie ik een documentaire op *60 Minutes* over *charter schools*, een eurekamoment. *Charter schools* worden gedeeltelijk door de overheid gefinancierd en gedeeltelijk door particulieren. Het nadeel is dat je geld moet inzamelen, maar het voordeel is dat je zelf de controle in handen houdt. Met een *charter school* zouden we alles kunnen doen zoals we het zelf willen. We zouden de vrijheid hebben iets unieks op poten te zetten. Iets speciaals. En als het werkt, kan het zich als een inktvlek uitbreiden. Het kan model staan voor *charter schools* in het hele land. Het kan de scholen zoals wij die kennen totaal veranderen.

Het is natuurlijk wel bijzonder ironisch. Een *60 Minutes*-documentaire heeft mijn vader op het idee gebracht me weg te sturen en mijn hart te breken. Nu is het een *60 Minutes*-documentaire die mij mijn levensdoel wijst, een weg naar huis. Mijn school zal de beste school in Amerika zijn. Perry en ik nemen ons voor de beste docenten aan te nemen, hen een goed salaris te betalen en hen verantwoordelijk te stellen voor de cijfers en de examenresultaten. We zweren dat we de wereld zullen laten zien wat je kunt bereiken als je bijzonder hoge eisen stelt en bereid bent ervoor te betalen. Dat zweren we met een handdruk.

Ik wil er miljoenen eigen geld in steken, maar we zullen nog vele miljoenen extra moeten inzamelen. We willen een obligatiefonds van veertig miljoen dollar opzetten en dat afbetalen door gebruik te maken van mijn roem. Eindelijk zal mijn roem ergens goed voor zijn. Al die beroemde mensen die ik op feestjes en via Brooke heb leren kennen, zal ik vragen hun tijd en talent aan mijn school te geven, om de kinderen te bezoeken en op te treden tijdens een jaarlijkse benefietvoorstelling die we de *Grand Slam for Children* noemen.

Terwijl Perry en ik op zoek gaan naar een geschikte locatie voor onze school word ik gebeld door Gary Muller, een voormalige Zuid-Afrikaanse tennisser en tenniscoach. Hij organiseert een tennisevenement in Kaapstad om geld in te zamelen voor de Nelson Mandela Foundation. Hij vraagt of ik mee wil doen.

We weten niet of Mandela zelf ook komt, zegt hij.

Als daar ook maar een kleine kans op is, kom ik ook.

Gary belt terug. Goed nieuws, zegt hij. Je gaat *The Man* ontmoeten.

Nee!

Hij heeft het bevestigd. Hij komt ook.

Ik bewonder Mandela al jaren. Ik heb zijn strijd, zijn gevangenschap, zijn onverwachte vrijlating en zijn tot de verbeelding sprekende politieke carrière vol bewondering gevolgd. Het duizelt me bij het idee dat ik hem echt ga ontmoeten, met hem kan praten.

Ik vertel het Brooke. Zo gelukkig heeft ze me lange tijd niet gezien en daardoor is zij ook gelukkig. Ze wil mee. Het evenement vindt plaats vlak bij de plek waar ze in 1993 logeerde tijdens de opnames van haar Afrikaanse film, toen we elkaar begonnen te faxen.

Ze gaat meteen shoppen, op zoek naar bij elkaar passende safari-outfits.

J.P. is net zo onder de indruk van Mandela als ik. Daarom nodig ik hem uit met ons mee te gaan, samen met zijn vrouw Joni, die Brooke en ik allebei heel aardig vinden. We vliegen met z'n vieren naar Zuid-Amerika en stappen daar op het vliegtuig naar Johannesburg. Vervolgens stappen we in een gammel vliegtuigje naar het hart van Afrika.

Een storm dwingt ons voortijdig te landen. We schuilen in een hut met strodak in the middle of nowhere. Boven het geluid van de donder uit horen we honderden dieren een goed heenkomen zoeken. Terwijl we vanuit onze hut naar de uitgestrekte savanne kijken en de stormwolken langs de horizon zien schuiven, zijn J.P. en ik het erover eens dat dit een heel bijzonder moment is. We lezen allebei Mandela's autobiografie, *Long Walk to Freedom*, maar voelen ons als de helden in een roman van Hemingway. Ik denk aan wat Mandela in een interview heeft gezegd, dat je op elk moment in je leven nog een reis voor de boeg hebt. Een van Mandela's favoriete citaten, uit het gedicht *Invictus*, heeft hem geholpen vol te houden als hij dacht dat zijn reis voortijdig zou worden afgebroken: *I am the master of my fate. I am the captain of my soul.*

Als de storm voorbij is, stappen we weer in het vliegtuigje en vliegen naar een wildreservaat. We gaan drie dagen op safari. Elke ochtend, voor zonsopgang, klimmen we in een jeep. Na een lange rit stoppen we opeens. Vervolgens zitten we twintig minuten in het pikkedonker, met de motor aan. Als de zon langzaam opgaat, zien we dat we aan de rand van een nevelig moeras staan, omringd door tientallen verschillende diersoorten. We zien honderden impala's. We zien ten minste vijfenzeventig zebra's. We zien rijen giraffes, zo hoog als een gebouw van twee verdiepingen. Ze dansen om ons heen en zweven tussen de bomen door, knabbelen aan de hoogste takken, een geluid dat doet denken aan het kauwen op bleekselderij. We voelen dat het landschap tegen ons praat. Al deze dieren die in deze gevaarlijke wereld aan hun dag beginnen stralen een ongelooflijke rust en berusting uit – waarom kun jij dat niet?

Op safari in Zuid-Afrika met Brooke in 1997, een paar dagen voordat we Nelson Mandela ontmoetten.

We zijn in gezelschap van een chauffeur en een schutter. De schutter heet Johnson. We houden van Johnson. Hij is onze Afrikaanse Gil. Hij houdt de wacht, altijd. Hij weet dat we hem graag mogen en glimlacht trots. Hij kent het landschap beter dan de impala's. Op een bepaald moment wijst hij naar de bomen en als op commando vallen duizenden aapjes op de grond, als herfstblaadjes.

Op een ochtend, als we diep het oerwoud in zijn gereden, begint de jeep te schudden en te zwenken, en dan draaien we naar rechts.

Wat is er gebeurd?

We zijn bijna over een leeuw gereden die midden op de weg lag te slapen.

De leeuw gaat rechtop zitten en kijkt ons aan met een blik alsof hij wil zeggen: Jullie hebben me wakker gemaakt.

Zijn kop is enorm. Zijn ogen zijn groengeel. Hij ruikt naar muskus, een oergeur die ons licht in het hoofd maakt. Zijn haren zien eruit als mijn haar vroeger.

Maak geen enkel geluid, fluistert de chauffeur.

Wat je ook doet, fluistert Johnson, ga niet rechtop staan.

Waarom niet?

De leeuw ziet ons nu als één groot roofdier. Nu is hij bang voor ons. Als je nu opstaat, ziet hij dat we verschillende kleine mensen zijn.

Duidelijk.

Na een paar minuten loopt de leeuw weg, het oerwoud in. We rijden door.

Later, als we terug zijn in ons kamp, fluister ik tegen J.P.: Ik moet je iets vertellen.

Vertel op.

Ik maak nu een eh... nou eh... moeilijke tijd door. Ik probeer wat nare dingen achter me te laten.

Wat is het probleem dan?

Ik kan er niet op ingaan, maar ik wil mijn excuses aanbieden voor het geval ik... anders lijk.

Tja, nu je het zegt, je lijkt anders. Inderdaad. Maar wat is er aan de hand?

Dat zal ik je vertellen als ik je wat beter ken.

Hij schiet in de lach.

Dan ziet hij dat ik geen grapje maak. Hij vraagt: Gaat het wel goed met je?

Ik weet het niet. Ik weet het echt niet.

Ik wil hem vertellen over mijn depressie, mijn verwarring, mijn tijd met Slim, mijn dreigende schorsing door de ATP. Maar ik kan het niet. Niet nu. Niet voordat het allemaal wat meer achter me ligt. Op dit moment voelt het als de leeuw, nog steeds vlakbij en met een dreigende blik. Ik wil mijn problemen niet verwoorden, uit angst dat ik ze wakker schud, uit angst dat ze in de aanval gaan. Ik wil alleen maar dat J.P. weet dat ze er zijn.

Ik vertel hem ook dat ik weer van onder af aan met tennis begin en dat als ik deze tijd doorkom, als ik terug kan komen, alles anders zal zijn. Dat ik anders zal zijn. Maar zelfs als ik dat niet kan, zelfs als het afgelopen is, zelfs als ik alles verlies, dat ik ook dan anders zal zijn.

Hij vraagt: Ben je er klaar voor?

Ik wilde gewoon dat je dit wist.

Het lijkt wel een biecht, een belijdenis. J.P. kijkt me met een trieste blik aan. Hij knijpt even in mijn arm alsof hij wil zeggen dat ik mijn lot in eigen handen heb.

We reizen naar Kaapstad, waar ik ga tennissen, ongeduldig als een kind. Dan is het eindelijk zover. We vliegen met een helikopter naar een heliplatform, waar we door Mandela worden begroet. Hij is omringd door fotografen, hoogwaardigheidsbekleders, journalisten en assistenten, en hij torent boven iedereen uit. Hij is niet alleen langer dan ik verwacht had, maar ook sterker, gezonder. Hij ziet eruit als een voormalige sporter en dat verbaast me na al die jaren van hard werken en marteling. Ik las in zijn memoires dat hij bokste toen hij jong was en dat hij fit bleef door in zijn cel op de plaats te rennen. Soms tenniste hij zelfs op een geïmproviseerde baan. Maar ondanks de kracht die hij uitstraalt, heeft hij een lieve glimlach, bijna engelachtig.

Ik zeg tegen J.P. dat ik hem bijna een heilige vind. Hij is Gandhiachtig, zonder enige bitterheid. Zijn ogen zijn weliswaar beschadigd doordat hij jarenlang in het felle zonlicht op de binnenplaats van zijn gevangenis heeft gewerkt, maar ze stralen wijsheid uit. Zijn ogen vertellen dat hij iets heeft ontdekt, iets belangrijks.

Ik begin onzin uit te kramen als hij me met die ogen opneemt en mijn hand schudt en zegt dat hij mijn tennisspel bewondert.

We lopen achter Mandela aan een grote hal binnen, waar een officieel diner wordt opgediend. Brooke en ik zitten aan Mandela's tafel. Brooke zit rechts van mij, en Mandela rechts van haar. Tijdens de hele maaltijd vertelt hij verhalen. Ik zou hem van alles willen vragen, maar durf hem niet in de rede te vallen. Hij praat over Robben Island, waar hij achttien van zijn zevenentwintig jaar gevangen heeft gezeten. Hij vertelt dat hij een paar bewakers voor zich had gewonnen en daarom soms met een hengel naar de oever van een meertje mocht lopen om zijn eigen avondeten te vangen. Hij glimlacht bij die herinnering, nostalgisch bijna.

Na het diner staat Mandela op en houdt een inspirerende toespraak over dat we allemaal voor elkaar moeten zorgen, dat dit onze taak is in het leven. Maar we moeten ook voor onszelf zorgen en dat betekent dat we zorgvuldig moeten zijn met de keuzes die we maken, met de relaties die we aangaan, met de dingen die we zeggen. We moeten ons leven verstandig managen, om te voorkomen dat we slachtoffer worden. Ik heb het gevoel dat hij rechtstreeks tegen mij praat, alsof hij weet dat ik onzorgvuldig ben geweest met mijn gezondheid en met mijn talent.

Hij praat over racisme, niet alleen in Zuid-Afrika maar in de hele wereld. Dat komt alleen maar door onwetendheid, zegt hij, en opleiding is de enige remedie. De paar vrije uurtjes die Mandela in de gevangenis had, heeft hij benut om zichzelf op te leiden. Hij heeft er een soort universiteit opgericht, waar gevangenen elkaar lesgaven. Hij heeft zijn gevangenschap overleefd door te lezen, vooral Tolstoj. De ergste kwelling die zijn bewakers hem hebben opgelegd, was toen ze hem vier jaar lang het recht op studeren ontzegden.

Weer lijken zijn woorden betrekking te hebben op mij. Ik denk aan het werk van Perry en mij in Vegas, aan onze *charter school*, en ik voel me geïnspireerd. Maar ook beschaamd. Voor het eerst in jaren ben ik me echt bewust van mijn gebrek aan opleiding. Ik realiseer me het belang van dit gebrek, hoe erg het eigenlijk is. Het lijkt een misdaad waar ik zelf medeplichtig aan ben. Ik denk aan de duizenden slachtoffers van die misdaad in mijn woonplaats, op dit moment, aan wie het recht op een opleiding wordt ontzegd, zonder dat ze zich realiseren hoeveel ze missen.

Ten slotte praat Mandela over de weg die hij heeft afgelegd. Hij praat over de problemen die alle mensen tijdens hun reis tegenkomen. En toch, zegt hij, als je een reiziger bent is er sprake van zuiverheid en verhevenheid. Als hij ophoudt met praten en weer gaat zitten, weet ik dat mijn reis vergeleken met de zijne niets voorstelt en toch doet dat er niet toe. Mandela zegt dat elke reis belangrijk is en dat geen enkele reis onmogelijk is.

Gefascineerd neem ik afscheid van Mandela. Hij heeft me de juiste richting gewezen. Later laat een vriend me een regel lezen in het met een Pulitzerprijs bekroonde gedicht *A Death in the Family*. Daarin denkt een in diepe rouw gedompelde vrouw:

Now I am more nearly a grown member of the human race ... she thought that she had never before had a chance to realize the strength human beings have, to endure; she loved and revered all those who had ever suffered, even those who had failed to endure.

Zoiets voel ik als ik afscheid neem van Mandela. Dat denk ik als de helikopter opstijgt. Ik houd van en bewonder de mensen die lijden, die ooit hebben geleden. Ik begin me steeds meer een volwassen lid van het menselijk ras te voelen.

God wil dat we volwassen worden.

Op oudejaarsavond 1997, de laatste uren van dat afschuwelijke jaar, houden Brooke en ik weer een nieuwjaarsfeestje. De volgende dag word ik al vroeg wakker. Ik trek de dekens over mijn hoofd, maar herinner me dan dat ik een trainingsafspraak heb met een jonge tennisser, Vince Spadea. Ik besluit af te zeggen. Nee, zeg ik tegen mezelf. Je kunt niet afzeggen. Die persoon ben je niet meer. Je gaat 1998 niet beginnen met uitslapen en een training afzeggen.

Ik dwing mezelf op te staan. Daarna ga ik naar Spadea. Ook al is het maar een oefenwedstrijd, we hebben er zin in. Hij maakt er een echte strijd van en dat kan ik wel waarderen, vooral nu ik win. Als ik van de baan loop, ben ik buiten adem maar voel ik me sterk. Op de oude manier.

Dit gaat mijn jaar worden, zeg ik tegen Spadea, 1998 wordt mijn jaar.

Brooke gaat met me mee naar de Australian Open 1998 en is erbij als ik tegen de Spanjaard Alberto Berasategui speel. Ik sta 2-0 in sets voor, maar dan verlies ik... onacceptabel, onmogelijk, onverklaarbaar. Berasategui is een lastige tegenstander, maar toch, ik had hem bij zijn lurven. Het is een onvoorstelbare nederlaag, een van de weinige keren dat ik een partij verloor nadat ik met 2-0 in sets heb voorgestaan. Is dit een omweg binnen mijn comeback of een doodlopende weg?

In San Jose speel ik goed. In de finale speel ik tegen Pete. Hij lijkt blij dat ik terug ben, blij dat ik aan de overkant van het net sta, alsof hij me heeft gemist. Ik moet toegeven dat ik hem ook heb gemist. Ik win, 6-2, 6-4, en tegen het einde lijkt het alsof hij aan mijn kant staat. Hij weet wat ik wil bereiken, hoe lang de weg is die ik nog moet afleggen.

In de kleedkamer plaag ik hem, zeg dat het me geen enkele moeite heeft gekost hem te verslaan.

Hoe voelt het om te verliezen van iemand die niet eens in de top honderd staat?

Ach, daar maak ik me niet druk over, zegt hij. Het gaat namelijk niet weer gebeuren.

Dan plaag ik hem met de laatste berichten over zijn privéleven. Hij heeft het uitgemaakt met de rechtenstudente en men zegt dat hij een relatie heeft met een actrice.

Niet zo slim, zeg ik.

We schrikken allebei van die woorden.

In de perskamer vragen de journalisten me van alles over Pete en Marcelo Ríos, die strijden om de eerste plaats in de ranking. Ze vragen: Wie van hen wordt uiteindelijk nummer één, denk je?

Geen van beiden.

Zenuwachtig gelach.

Volgens mij word ik nummer één.

Hoongelach.

Nee. Echt. Ik meen het.

Ze kijken me aan en noteren vervolgens gehoorzaam mijn belachelijke voorspelling in hun aantekenboekje.

In maart ga ik naar Scottsdale en win mijn tweede toernooi op rij. Ik versla Jason Stoltenberg, uit Australië. Hij is een echte Aussie: solide, gelijkmatig en met een jaloersmakend allroundspel dat zijn tegenstanders dwingt om alles uit de kast te halen. Hij is een goede testcase voor mij en voor mijn zenuwen, die ik prima doorsta. Iedereen die me nu nog boos maakt, krijgt te maken met iets wat ze liever willen vermijden.

Ik ga naar Indian Wells en versla Rafter, maar verlies van een jong fenomeen, Jan-Michael Gambill. Ze zeggen dat hij de beste tennisser van de nieuwe generatie is. Ik kijk naar hem en vraag me af of hij weet wat hem te wachten staat, of hij er klaar voor is... áls iemand daar al ooit klaar voor kan zijn.

Ik ga naar Key Biscayne. Ik wil winnen, ik wil absoluut winnen. Het is heel ongewoon dat ik zo graag wil winnen, want normaal wil ik heel graag niet verliezen. Maar tijdens de warming-up voor mijn match in de eerste ronde zeg ik tegen mezelf dat ik dit wil, en weet dan ook opeens waarom. Niet vanwege mijn comeback, niet vanwege mezelf, maar vanwege mijn team. Mijn nieuwe team, mijn echte team. Ik speel om geld in te zamelen en aandacht te genereren voor mijn school. Na al die jaren heb ik wat ik altijd heb gewild: iets om voor te spelen wat groter is dan ikzelf en dat toch heel dicht bij me staat. Iets wat mijn naam draagt, maar dat niet om mij draait: de Andre Agassi College Preparatory Academy.

Eerst wilde ik mijn naam niet aan de school verbinden. Maar vrienden hebben me ervan overtuigd dat mijn naam de school juist cachet en geloofwaardigheid kan geven. Met mijn naam wordt het wellicht makkelijker om er geld voor in te zamelen. Perry bedenkt de woorden *Preparatory Academy* en pas veel later realiseer ik me dat mijn school hierdoor voor altijd verbonden is met mijn verleden, met de Bradenton Preparatory Academy en de Bollettieri Academy, de gevangenissen uit mijn jeugd.

Ik heb niet veel vrienden in Los Angeles en Brooke heeft er talloze. De meeste avonden is zij daarom op stap en zit ik thuis, alleen.

Gelukkig is J.P. er. Hij woont in Orange County, zodat hij gemakkelijk af en toe naar het noorden kan rijden. Dan zit hij samen met mij bij de open haard, rookt een sigaar en praat over het leven. Zijn domineeperiode is verleden tijd, maar tijdens onze gesprekken bij de open haard lijkt het weleens alsof hij me vanaf een onzichtbare kansel toespreekt. Niet dat ik dat erg vind. Ik vind het wel prettig dat ik zijn solitaire congregatie ben, zijn kudde-van-één. Begin 1998 bespreekt hij alle belangrijke thema's: motivatie, inspiratie, succes, lotsbestemming, wedergeboorte. Hij helpt me het gevoel vast te houden dat ik in Mandela's nabijheid had.

Op een avond vertel ik J.P. dat ik opmerkelijk veel vertrouwen heb in mijn spel en een nieuwe reden heb om de baan op te gaan. Ik vraag: Hoe komt het dan dat ik nog steeds zo bang ben? Gaat die angst dan nooit weg?

Ik hoop van niet, zegt hij. Die angst is jouw vuur, Andre. Ik zou niet graag zien dat dat vuur ooit wordt gedoofd.

Dan kijkt J.P. om zich heen, neemt nog een trekje van zijn sigaar en zegt dan dat het hem opvalt dat mijn vrouw nooit thuis is. Telkens als hij langskomt, op welk tijdstip dan ook, is Brooke op stap met vrienden.

Hij vraagt of ik dat erg vind.

Was me niet opgevallen.

In april 1998 ga ik naar Monte Carlo en verlies van Pete. Hij steekt zijn vuist op. Hij staat niet langer aan mijn kant. De rivaliteit is terug.

Ik ga naar Rome. Na een partij lig ik op mijn hotelbed uit te rusten, maar word telkens gebeld.

Eerst door mijn broer. Hij snift, staat op het punt in huilen uit te barsten. Hij vertelt dat zijn vrouw Marti net is bevallen van een meisje. Ze noemen haar Carter Bailey. Mijn broer klinkt anders. Gelukkig natuurlijk en ontzettend trots, maar dan hoor ik het: Philly klinkt alsof hij zich gezegend voelt. Philly klinkt alsof hij ongelooflijk gelukkig is.

Ik zeg dat ik heel blij voor hem en Marty ben, en ik beloof dat ik zo snel mogelijk naar huis kom. Dan komen Brooke en ik meteen langs om mijn splinternieuwe nichtje te zien, zeg ik met schorre stem.

Dan gaat de telefoon weer. Is het één uur later? Drie? In mijn herinnering zal het altijd deel uitmaken van datzelfde wazige ogenblik, hoewel er misschien wel dagen tussen de beide telefoontjes liggen. Het zijn mijn advocaten, met de telefoon op de luidspreker. Andre? Kun je ons horen? Andre?

Ja, ik kan jullie horen. Zeg het maar.

Nou, de ATP heeft je oprechte verklaring van onschuld gelezen en zorgvuldig besproken. Tot mijn genoegen kan ik je vertellen dat je uitleg is geaccepteerd. Je positieve uitslag is uit de boeken geschrapt. Daarom wordt de zaak als afgedaan beschouwd.

Ik word niet geschorst?

Nee.

Ik mag dus doorgaan met mijn carrière? Met mijn leven?

Ja.

Ik vraag het nog een paar keer: Weten jullie het zeker? Speelt het echt niet meer?

Wat de ATP betreft wel. Ze geloven en accepteren je uitleg. Gelukkig. Volgens mij wil iedereen dit heel graag achter zich laten.

Ik verbreek de verbinding en staar in het niets. Ik denk: nieuw leven!

Ik ga naar Roland Garros van 1998 en tijdens mijn partij tegen de Rus Marat Safin blesseer ik mijn schouder. Het doet pijn, maar ik ben dankbaar voor die pijn. Ik vind het niet langer vanzelfsprekend dat je pijn lijdt op een tennisbaan.

Ik vergeet altijd weer hoe zwaar de bal kan zijn op dit gravel. Het is net alsof je een ijzeren kogel op je racket krijgt. De dokter zegt dat ik een inklemming heb. Druk op de zenuw. Ik geef mezelf twee weken rust; niet trainen, niet tennissen, niets. Ik mis de partij. En wat dan nog? Deze keer sta ik het mezelf toe en daar geniet ik van.

Op Wimbledon speel ik tegen de Duitser Tommy Haas. In de derde set, tijdens een lastige tiebreak, maakt de lijnrechter een gruwelijke fout. Haas slaat de bal duidelijk uit, maar de lijnrechter zegt dat hij in is. Hierdoor krijgt Haas een belangrijke voorsprong van 6-3. Het is de ergste beslissing in mijn carrière. Ik weet dat de bal uit was, ik weet het heel zeker, maar al mijn gediscussieer leidt tot niets. De andere lijnrechter en de umpire zijn het met hem eens. Ik ga deze tiebreak verliezen.

Nu sta ik met 2-1 in sets achter, een flinke kloof. Maar omdat het donker is geworden, wordt het laatste deel van de match naar de volgende dag verschoven.

Terug in mijn hotel zie ik op het nieuws dat de bal centimeters uit was en ik kan er alleen maar om lachen.

De volgende dag lach ik er nog steeds om. Misschien weet ik nog niet hoe ik vrolijk kan zijn en toch goed speel. Haas wint de vierde set. Na afloop zegt hij tegen de journalisten dat ik zijn idool was vroeger. Ik had bewondering voor Agassi, zegt hij. Dit is een heel bijzondere overwinning voor me, omdat hij in 1992 Wimbledon heeft gewonnen en ik nu kan zeggen dat ik Andre Agassi heb verslagen, een voormalige nummer één die een aantal grand slams heeft gewonnen.

Het lijkt wel een grafrede. Wat denkt die vent eigenlijk wel, dat hij me heeft verslagen of dat hij me heeft begraven?

En is iemand in die perskamer op het idee gekomen hem te vertellen dat ik in feite *drie* slams heb gewonnen?

Brooke krijgt een rol in een film van een onafhankelijke filmmaatschappij, *Black and White*. Ze is opgetogen, omdat de regisseur een genie is, de film over interraciale betrekkingen gaat en ze mag improviseren en haar haar in dreadlocks mag dragen. Ze gaat ook een maand in de bossen wonen, samen met haar collega-acteurs. Als we elkaar aan de telefoon hebben, zegt ze dat ze allemaal in hun rol blijven, 24 uur per dag. Vind je dat niet cool klinken?

Cool, zeg ik en rol met mijn ogen.

Op de eerste ochtend dat ze thuis is en we in de keuken zitten te ontbijten, vertelt ze honderduit over Robert Downey Jr., Mike Tyson, Marla Maples en andere sterren uit de film en ik probeer interesse te tonen. Ze vraagt naar mijn tennis en probeert interesse te tonen. We zijn onzeker, alsof we elkaar niet kennen. We lijken geen stel dat samen in de keuken zit, maar eerder een stelletje tieners in een jeugdherberg. We zijn hoffelijk, beleefd, aardig zelfs, maar de stemming is broos, alsof die elk moment uit elkaar kan spatten.

Ik leg nog een blok hout op het openhaardvuur in de keuken.

Ik moet je nog iets vertellen, zegt Brooke. Terwijl ik weg was, heb ik een tattoo genomen.

Als gestoken draai ik me om. Dat meen je niet.

We gaan naar de badkamer waar het licht beter is en ze trekt de band van haar spijkerbroek iets naar beneden zodat ik het kan zien. Op haar heup. Een hond.

Heb je eraan gedacht dit met mij te overleggen?

Precies de verkeerde opmerking. Zij vindt dat ik de baas probeer te spelen. Sinds wanneer heeft ze mijn toestemming nodig om haar lichaam te versieren? Ik loop terug naar de keuken, schenk mezelf nog een kop koffie in en kijk nog geconcentreerder in het vuur.

Doordat onze agenda's niet op elkaar aansloten, konden Brooke en ik niet meteen na de trouwerij op huwelijksreis. Maar nu zij even klaar is met filmen en ik gewoon klaar ben, lijkt dit het ideale moment. We besluiten naar Necker Island te gaan, op de Britse Virgin Islands, ten zuidoosten van Indigo Island. Het is eigendom van miljardair Richard Branson die ons bezweert dat we het er fantastisch zullen vinden.

Hij zegt: Het is een paradijselijk eiland!

Vanaf het moment dat we landen is het mis. We kunnen het niet met elkaar vinden. We kunnen het er niet over eens worden hoe we onze tijd doorbrengen. Ik wil ontspannen. Brooke wil gaan duiken. En ze wil dat ik met haar ga duiken. Wat betekent dat ik duikles moet nemen. Ik laat haar weten dat ik op mijn huwelijksreis net zo lief een darmonderzoek onderga terwijl ik *Friends* kijk.

Ze staat erop.

We brengen uren bij en in het zwembad door, waar een instructeur ons van alles leert over wetsuits en zuurstoftanks en duikbrillen. Het water sijpelt mijn duikbril in dankzij mijn baardschaduw;

daardoor ligt mijn duikbril niet stijf tegen mijn huid aan. Ik ga naar onze kamer om me te scheren.

Als ik terugkom, zegt de instructeur dat we toe zijn aan de laatste fase van onze training: kaarten onder water. Als je rustig op de bodem van het zwembad een spelletje kaart kunt spelen zonder naar boven te hoeven, dan ben je een echte duiker. Daar zit ik dan, met een complete duikuitrusting aan, midden in het Caribisch gebied, op de bodem van een zwembad *Go Fish* te spelen. Ik heb helemaal niet het gevoel dat ik een echte duiker ben; ik voel me net Dustin Hoffman in *The Graduate*. Ik klim het zwembad uit en zeg tegen Brooke: Dit kan ik niet.

Jij wilt ook nooit eens iets nieuws proberen.

Veel plezier. Ga maar naar het midden van de oceaan als je daar zin in hebt. Doe mijn groeten aan de *Little Mermaid*. Ik ben in onze kamer.

Ik loop naar de keuken en bestel een groot bord friet. Dan ga ik naar boven, naar onze kamer, schop mijn schoenen uit, ga op de bank liggen en blijf de rest van de dag tv-kijken.

Drie dagen eerder dan gepland verlaten we het paradijselijke eiland. Einde huwelijksreis.

Ik ben in Washington DC voor de Legg Mason 1998. Alweer een hittegolf in juli, alweer een zinderend DC-toernooi. Andere spelers klagen over de hitte en normaal zou ik dat ook doen, maar ik voel alleen een koele dankbaarheid en een stalen vastberadenheid die ik deels kan vasthouden door elke ochtend vroeg op te staan en mijn doelen van die dag op te schrijven. Nadat ik ze heb opgeschreven, spreek ik ze hardop uit en zweer plechtig: geen doorsteekjes.

Vlak voor het begin van het toernooi, tijdens een laatste oefensessie met Brad, zet ik me niet voor de volle honderd procent in. Perry rijdt me terug naar het hotel. Ik staar naar buiten, zwijgend.

Stop even, zeg ik.

Waarom?

Stop gewoon even.

Hij zet de auto stil op de vluchtstrook.

Rij door en wacht drie kilometer verderop op me.

Waar heb je het over? Ben je gek geworden?

Ik ben nog niet klaar. Ik heb vandaag niet alles gegeven.

Ik ren drie kilometer door Rock Creek Park, hetzelfde park waar ik in 1987 mijn rackets heb weggegeven. Bij elke stap val ik bijna flauw van de hitte, maar ik trek me er niets van aan. Ik weet dat dit stuk hardlopen, ook al bezorgt het me een hartaanval, me vanavond rust zal geven, in die zo belangrijke tien minuten voordat ik in slaap val. Tegenwoordig leef ik voor die tien minuten. Mijn leven draait alleen maar om die tien minuten. Ik ben door duizenden mensen toegejuicht, door duizenden mensen uitgejouwd, maar niets is zo erg als in je eigen hoofd te worden uitgejouwd in die tien minuten voordat je in slaap valt.

Als ik weer in de auto stap, is mijn gezicht paars aangelopen. Ik glijd op mijn stoel, zet de airco hoog en glimlach naar Perry.

That's how we do it, zegt hij en geeft me een handdoek voordat hij gas geeft.

Ik bereik de finale en weer speel ik tegen Draper. Ik weet nog dat ik me nog niet eens zo lang geleden afvroeg hoe ik hem ooit zou moeten verslaan. Ik weet nog dat ik ongelovig mijn hoofd schudde bij de gedachte dat ik ooit een hogere ranking had dan hij. Een van de diepste dieptepunten van mijn leven. Nu versla ik hem in vijftig minuten, 6-2, 6-0. Ik win het toernooi voor de vierde keer.

Tijdens de Mercedes Benz Cup bereik ik de halve finale zonder één set te verliezen, en uiteindelijk win ik het toernooi. Tijdens de Du Maurier Open in Toronto speel ik weer tegen Pete. Hij speelt fantastisch in de eerste set, maar raakt vermoeid in de tweede. Ik versla hem en verdring hem van de eerste plaats op de wereldranglijst. Zelf beland ik op nummer negen.

In de halve finale speel ik tegen Krajicek. Hij voelt zich nog steeds geweldig doordat hij in 1996 Wimbledon heeft gewonnen, de enige Nederlander die dit ooit heeft gepresteerd. In de kwartfinale heeft hij Pete verslagen, waardoor hij Pete voor het eerst op Wimbledon met een nederlaag opzadelt. Maar ik ben Pete niet. Ik ben zelfs niet mezelf. Krajicek staat een set achter, serveert bij 3-4 in de tweede set, en staat met 0-40 achter. Drie breakpoints. Ik sla de beste return van mijn volwassen leven. De bal mist het net op één centimeter en laat een rokend remspoor achter. Het is een ouderwetse vuurpijl. Krajicek sluit zijn ogen, haalt uit en slaat een woeste volley. Die kan overal naartoe gaan, hij heeft geen idee waar de bal naartoe gaat. Maar het is een winner. Als hij zijn racket een halve graad anders had gehouden, zou de bal iemand op de eerste rij hebben geraakt, zou ik zijn service hebben gebroken en zou ik nu de leiding hebben. Maar hij maakt het punt, houdt zijn service en verslaat me in drie sets, waarmee hij een einde maakt aan mijn opeenvolgende serie van vijftien zeges. Vroeger zou ik me daar niet makkelijk overheen hebben gezet. Dat is nu tennis, zeg ik tegen Brad.

Als de US Open 1998 begint, ben ik de nummer acht van de wereld. Het publiek staat helemaal achter me en daar krijg ik altijd een goed gevoel van, ik word er optimistischer door. Ik speel tegen Kučera, die me probeert op te fokken met zijn service. Hij gooit de bal omhoog, stopt, vangt hem op en gooit hem weer omhoog. Ik sta achter, met 2-0 in sets, en erger me dood aan die vent. Dan weet ik het weer: hoe beter je tegen Kućera speelt, hoe beter hij speelt. Als je hem met rotzooi opzadelt, slaat hij rotzooi terug. Dát is het: ik speel te goed! Ik serveer ook te goed. Zodra ik moet serveren, imiteer ik Kučera. Het publiek lacht. Dan begin ik lange, gemene ballen te slaan. Ik zit Kučera op te fokken tot ik weer in de wedstrijd zit.

Het begint te regenen. Morgen spelen we verder.

Brooke en ik gaan nog laat uit eten met vrienden van haar. Acteurs. Het zijn altijd acteurs. De lucht is opgeklaard en dus eten we buiten. Het is een restaurant in het centrum, met tafeltjes op het dak. Na het eten nemen we op straat afscheid.

Succes morgen! roepen de acteurs en stappen in een taxi om nog ergens iets te gaan drinken.

Brooke kijkt naar hen en dan naar mij. Ze pruilt. Ze voelt zich verscheurd. Ze lijkt wel een kind dat wordt verscheurd tussen wat ze hoort te doen en wat ze wil doen.

Ik neem een slok uit mijn literfles Gil Water. Ga maar, zeg ik.

Echt? Vind je het niet erg?

Nee, lieg ik. Veel plezier.

Ik neem een taxi naar Brooke's appartement. Ze heeft haar oude huis verkocht en dit appartement in de Upper East Side genomen. Ik mis dat vorige huis. Ik mis het bordesje waar Gil op wacht stond. Ik mis zelfs de Afrikaanse maskers zonder haar en ogen, misschien alleen maar omdat Brooke en ik als we samen waren geen masker droegen. Ik drink mijn fles Gil Water leeg en glip in bed. Ik val in slaap, maar als Brooke uren later thuiskomt word ik wakker.

Ga maar weer slapen, fluistert ze.

Dat probeer ik. Maar het lukt niet. Ik sta op en neem een slaappil.

De volgende dag voer ik een titanenstrijd met Kučera. Ik kan nog net een tiebreak forceren, maar hij heeft meer spirit, meer uithoudingsvermogen. Hij troeft me af tijdens een zware vijfde set.

Ik zit in een hoekje van onze badkamer in Los Angeles. Ik kijk naar Brooke die zichzelf in de spiegel bekijkt. Ze maakt zich op om uit te gaan en ik blijf thuis, alweer. We praten erover waarom dat altijd zo is.

Ze beschuldigt me ervan dat ik niet bereid ben me in haar wereldje te mengen. Ze zegt dat ik niet opensta voor nieuwe ervaringen, voor nieuwe mensen. Dat ik haar vrienden niet wil ontmoeten. Ik zou elke avond kunnen doorbrengen met genieën: schrijvers, kunstenaars, acteurs, musici, regisseurs. Ik zou naar de opening van galeries kunnen gaan, wereldpremières kunnen meemaken, nieuwe toneelstukken, besloten filmvertoningen. Maar ik wil alleen maar thuisblijven, tv-kijken en misschien, heel misschien, als ik zin heb in gezelschap, J.P. en Joni uitnodigen om te komen barbecueën.

Ik kan er niet omheen. Dat klinkt voor mij inderdaad als dé perfecte avond.

Andre, zegt ze, al die mensen zijn slecht voor je. Perry, J.P., Philly, Brad – zij koesteren je, willen het je naar de zin maken, laten je je gang gaan. Geen van hen doet wat het beste is voor jou.

Jij vindt dus dat al mijn vrienden slecht voor me zijn?

Ja allemaal, alleen Gil niet.

Allemaal?

Allemaal. Vooral Perry.

Ik weet dat ze ruzie heeft met Perry sinds hij gestopt is als producent van *Suddenly Susan*. Ik weet dat ze ervan baalt dat ik niet automatisch haar kant heb gekozen. Maar ik had er geen idee van dat ze van plan was Perry helemaal af te schrijven, net als de rest van mijn team trouwens.

Ze wendt zich af van de spiegel, kijkt me aan en zegt: Andre, volgens mij ben jij een roos tussen de doorns.

Een roos tussen...

Een onschuldige, omringd door mensen die je uitpersen.

Ik ben helemaal niet onschuldig. En die doorns helpen me al sinds mijn jeugd. Die doorns hebben mijn leven gered.

Ze staan je in de weg. Ze weerhouden je ervan te groeien, je te ontwikkelen. Je hebt je niet ontwikkeld, Andre.

Als locatie voor de Academy kiezen Perry en ik voor de slechtste wijk van West Las Vegas, waar deze als een lichtend voorbeeld kan dienen. Maandenlang zijn we op zoek naar locaties, proberen we iets te vinden wat te koop staat en wat betaalbaar is en omgetoverd kan worden tot een campus. Uiteindelijk vinden we een perceel van 30.000 vierkante meter dat aan al onze wensen voldoet. Het ligt in het midden van een stedelijk onderontwikkeld gebied, te midden van pandjeshuizen en huizen die op de nominatie staan gesloopt te worden. Het bevindt zich op de plek waar Las Vegas is ontstaan, de allang vergeten buitenpost waar de kolonisten aankwamen, maar die weer verlaten werd. Dat spreekt me heel erg aan, het idee dat onze school gesticht wordt op een plaats die door mensen verlaten is. Waar kunnen we beter een verschil maken?

Als de eerste spade in de grond wordt gestoken zijn tientallen politici en hoogwaardigheidsbekleders en buurtwerkers aanwezig. Verslaggevers, tv-camera's, speeches. We steken de gouden spade in de met afval bezaaide aarde. Als ik om me heen kijk, zie ik de toekomst voor me en hoor ik kinderen lachen en spelen en vragen stellen. Ik kan de progressie voelen in het leven van de kinderen die hier zullen verblijven en die van hieruit hun leven zullen vervolgen. Ik word licht in mijn hoofd, denk aan de dromen die hier zullen ontstaan, aan de levens die hier veranderd, gevormd en gered zullen worden. Ik word zo in beslag genomen door de gedachte aan wat hier allemaal zal gaan gebeuren, over een paar jaar en in de decennia na mijn dood, dat de toespraken aan me voorbij gaan. De toekomst overstemt het heden.

Dan wekt iemand me uit mijn dagdromen, zegt dat ik op de foto moet. Een flitslicht, een vrolijke gebeurtenis, maar ook intimiderend. Er moet nog zoveel gebeuren. Het zal een zware strijd worden om de school geopend te krijgen, geaccrediteerd, opgestart. Als ik me de afgelopen maanden niet zo goed had ontwikkeld, vechtend om mijn tenniscarrière weer op de rails te krijgen en om weer gezond te worden en mijn evenwicht te hervinden, weet ik niet of ik daar de moed voor zou hebben gehad.

Men vraagt me waar Brooke is, waarom zij hier niet is als de eerste spade de grond ingaat. Ik vertel hen de waarheid: Ik heb geen idee.

Oudejaarsavond 1998. Brooke en ik organiseren ons traditionele nieuwjaarsfeest. Ook al voelen we ons niet meer verbonden met elkaar, ze wil niet dat we dit tijdens de feestdagen uitstralen naar onze vrienden en familie. Het voelt alsof wij acteurs zijn en onze gasten het publiek. En toch doet ze net alsof, zelfs als het publiek er niet is. Ik ook. Uren voordat onze gasten arriveren, doen we net alsof we gelukkig zijn, een soort generale repetitie. Uren nadat ze vertrokken zijn, gaan we door met net doen alsof. Het lijkt wel een cast-party.

Het publiek bestaat uit meer vrienden en familieleden van Brooke dan van mij. Ook aanwezig is Brooke's nieuwe hond, een albino pitbull die Sam heet. Hij gromt naar mijn vrienden. Hij gromt alsof Brooke hem heeft verteld hoe ze over hen denkt.

J.P. en ik zitten in een hoekje van de woonkamer en kijken naar de hond die aan Brooke's voeten ligt en naar ons kijkt.

Die hond zou cool zijn, zegt J.P., als hij hier zou zitten. Hij wijst naar de vloer bij mijn voeten.

Ik lach.

Nee. Echt. Dat is geen coole hond. Dat is niet jouw hond. Dit is niet jouw huis. Dit is niet jouw leven.

Hm.

Andre, ik zit op een stoel met rode bloemen.

Ik kijk naar de stoel waar hij op zit. Het is net alsof ik die stoel voor het eerst zie.

Andre, zegt hij. Rode bloemen. *Rode bloemen.*

Als ik mijn spullen inpak voor de Australian Open van 1999 loopt Brooke fronsend en stampend door het huis. Ze ergert zich aan mijn komende comeback. Dat kan niet komen doordat ze het erg vindt dat ik daardoor niet thuis ben, gezien alle spanningen tussen ons. Ik neem dus maar aan dat ze vindt dat het tijdverspilling is. En zij is niet de enige.

Ik geef haar een afscheidskus. Ze wenst me succes.

Ik kom bij de laatste zestien. De avond voor mijn match bel ik haar.

Dit is moeilijk, zegt ze.

Wat bedoel je?

Wij. Alles.

Ja, dat is zo.

Er is zo'n grote afstand tussen ons, zegt ze.

Ja, Australië is ver weg.

Nee, zelfs als we in dezelfde kamer zijn is er die afstand.

Ik denk: jij zei dat al mijn vrienden slecht voor me zijn. Natuurlijk is die afstand er.

Ik zeg: Ik weet het.

Als je thuis bent, zegt ze, denk ik dat we moeten praten. We moeten echt praten.

Waarover?

Ze zegt weer: Als je thuis bent.

Ze klinkt van slag. Huilt ze? Ze probeert over iets anders te praten. Tegen wie speel je?

Dat vertel ik haar. Ze herkent de namen nooit en begrijpt nooit wat ze betekenen.

Ze vraagt: Wordt het op tv uitgezonden?

Dat weet ik niet. Misschien wel.

Ik ga kijken.

Oké.

Oké.

Slaap lekker.

Uren later speel ik tegen Spadea, mijn oefenmaatje van nieuwjaarsdag vorig jaar. Hij is lang niet zo goed als ik. Ik zou hem in mijn hoogtijdagen zelfs nog met een spatel kunnen verslaan. Maar ik ben van de afgelopen 52 weken 32 weken onderweg geweest. Voeg daarbij de training met Gil, de problemen met de school en dat gedoe met Brooke. Mijn gedachten zijn nog steeds bij mijn telefoongesprek met Brooke. Hij verslaat me in vier sets.

De kranten kennen geen erbarmen. Ze schrijven dat ik in de laatste zes slams waar ik aan heb meegedaan al vroeg ben uitgeschakeld. Dat is zo. Maar ze zeggen ook dat ik mezelf verneder. Hij doet al te lang mee, zeggen ze. Agassi lijkt niet te weten wanneer hij ermee moet kappen. Hij heeft drie slams gewonnen. Hij is bijna negenentwintig. Wat denkt hij nu nog te kunnen bereiken?

In zeker de helft van alle krantenartikelen staat de afgezaagde zin: Op een leeftijd waarop de meeste andere tennissers overwegen ermee op te houden...

Ik loop het huis binnen en roep Brooke's naam. Geen reactie. Het is halverwege de ochtend, ze is waarschijnlijk in de studio. Ik wacht de hele dag tot ze thuiskomt. Ik probeer te rusten, maar dat valt niet mee als een albino pitbull voortdurend naar je zit te kijken.

Als Brooke thuiskomt, is het donker en is het slecht weer geworden. Het is een regenachtige, winterse avond. Ze stelt voor om uit eten te gaan.

Sushi?

Heerlijk.

We rijden naar een van onze favoriete restaurants, Nobu Matsuhisa, en gaan aan de bar zitten. Zij bestelt sake. Ik ben uitgehongerd. Ik bestel al mijn favoriete gerechten: blue fin sashimi, crab toro cucumber, de avocado hand roll. Brooke zucht.

Je bestelt altijd hetzelfde.

Ik heb zo'n honger en ben zo moe dat ik me niets aantrek van haar afkeuring.

Ze zucht weer.

Wat is er?

Ik kan je nu niet eens aankijken.

Ze heeft tranen in haar ogen.

Brooke?

Nee, echt. Ik kan je nu niet aankijken.

Rustig aan. Diep ademhalen. Alsjeblieft, probeer niet te huilen. Laten we maar afrekenen en dan gaan we. Laten we hier thuis maar over praten.

Ik weet niet waarom, maar na alles wat de laatste dagen over me is geschreven, vind ik het belangrijk dat de kranten morgen niet schrijven dat ik ruzie had met mijn vrouw.

In de auto zit Brooke nog steeds te huilen. Ze zegt dat ze niet gelukkig is, dat wij niet gelukkig zijn. We zijn al een hele tijd niet gelukkig. Ze vraagt zich af of dat ooit gaat gebeuren als we bij elkaar blijven.

Zo. Dat is het dus. Zo zit het.

Ik loop het huis binnen, als een zombie. Ik haal een koffer uit de kast. Ik zie dat die kast opgeruimd is, keurig netjes. Griezelig gewoon. Ik denk eraan hoe moeilijk het moet zijn voor Brooke, omgaan met mijn nederlagen, mijn zwijgzaamheid, mijn pieken en dalen. Maar het valt me ook op dat maar een heel klein deel van de kast aan mij is toegewezen. Symbolisch. Ik denk aan J.P.: Dit is niet jouw huis.

Ik pak de paar klerenhangers met mijn kleding en neem ze mee naar beneden.

Brooke is in de keuken, snikkend. Niet huilend zoals in het restaurant en in de auto, maar snikkend. Ze zit op een kruk bij het kookeiland. Altijd een eiland. Op de een of andere manier brengen we onze tijd samen altijd op een eiland door. We zíjn eilanden, twee eilanden, en ik kan me niet herinneren wanneer het ooit anders was.

Ze vraagt: Wat doe je? Wat gebeurt er?

Hoe bedoel je? Ik ga weg.

Het regent. Kun je niet tot morgenochtend wachten?

Jij wilt toch dat we een tijdje apart gaan wonen? Dan kunnen we daar maar het beste meteen mee beginnen.

Ik raap wat essentiële dingen bij elkaar: kleding, blender, Jamaicaanse koffiebonen, koffiezetapparaat en een cadeau dat Brooke me onlangs gaf: het griezelige schilderij dat Philly en ik destijds in het Louvre hebben gezien. Ze heeft een kunstenaar opdracht gegeven er een exacte kopie van te maken. Ik kijk naar de man die aan die rots hangt. Hoe is het mogelijk dat hij nog steeds niet van die rots is gevallen? Ik gooi alles op de achterbank van mijn auto, een in perfecte staat verkerende Eldorado Cadillac uit 1976, het laatste jaar waarin dat type is gemaakt. De auto is maagdelijk wit en daarom heb ik hem Lily gedoopt. Ik draai het contactsleuteltje om, waarop de dashboardlampjes aangaan. De kilometerteller geeft 37.000 kilometer aan. Ik realiseer me dat Lily lijnrecht tegengesteld is aan mij: ze is oud en heeft weinig kilometers op de teller.

Ik rijd de oprit af.

Anderhalve kilometer verderop begin ik te huilen. Door mijn tranen, en door de mist, kan ik amper de chromen Cadillac-beeltenis op de motorkap zien. Maar ik blijf doorrijden tot ik in San Bernardino ben. De mist is nu veranderd in sneeuw. De bergpas is gesloten. Ik bel Perry en vraag hem of er een andere manier is om in Vegas te komen.

Wat is er aan de hand?

Dat vertel ik hem. Scheiding, zeg ik. Proefscheiding. We kennen elkaar niet meer echt.

Ik denk terug aan de dag waarop Wendi en ik uit elkaar gingen, toen ik stopte en Perry belde. Ik denk aan alles wat er sinds die tijd is gebeurd. En toch zit ik in mijn auto, ben weer gestopt en bel Perry weer met een gebroken hart.

Hij zegt dat er geen andere manier is om in Vegas te komen. Ik moet dus omkeren, naar de kust rijden en stoppen bij het eerste hotel dat een kamer vrij heeft. Ik rijd langzaam, voorzichtig vanwege de sneeuw. De auto slipt en glijdt op de gladde snelweg. Ik stop bij elk motel. Geen kamers vrij. Ten slotte boek ik het laatste vrije bed in een goedkoop hotelletje in Nergenshuizen in Californië. Ik lig op de stinkende sprei en vraag me af: Hoe ben je hier in vredesnaam terechtgekomen? Hoe is het zover gekomen? Waarom reageer je eigenlijk op deze manier? Je huwelijk is verre van perfect, je weet niet eens waarom je ooit bent getrouwd, en óf je wel wilde trouwen. Dus waarom ben je nu een emotioneel wrak omdat je huwelijk misschien voorbij is?

Omdat je de pest hebt aan nederlagen. En omdat echtscheiding een bijzonder vervelende nederlaag is.

Maar je hebt al veel vaker een bijzonder vervelende nederlaag meegemaakt, waarom voelt deze dan anders?

Omdat je geen mogelijkheden ziet om je door deze nederlaag te verbeteren.

Twee dagen later bel ik Brooke. Ik ben berouwvol, zij vastbesloten.

We hebben allebei tijd nodig om na te denken, zegt ze. We kunnen beter een tijdje geen contact hebben. We moeten bij onszelf te rade gaan, geen contact hebben met elkaar.

Bij onszelf... Wat heeft dat te... hoe lang?

Drie weken.

Drie? Hoe kóm je in vredesnaam aan dat getal?

Ze geeft geen antwoord.

Ze stelt voor dat ik in die tijd naar een therapeut ga.

Het is een klein donker vrouwtje in een klein donker kantoortje in Vegas. Ik zit op een love seat, een tweezitsbankje, nogal ironisch dus. Zij zit op een stoel, een meter bij me vandaan. Ze luistert zonder me in de rede te vallen. Ik zou willen dat ze me in de rede viel. Ik wil antwoorden. Hoe meer ik praat, hoe meer ik me realiseer dat ik eigenlijk tegen mezelf praat. Zoals altijd. Dit is niet de manier om je huwelijk te redden. Een huwelijk wordt niet gered of opgelost doordat één iemand praat.

Midden in de nacht word ik wakker, op de grond. Mijn rug is stijf. Ik loop naar de woonkamer en ga met pen en papier op de bank zitten. Ik schrijf bladzijden vol aan Brooke. Alweer een smekende handgeschreven brief, maar deze is helemaal waar. De volgende ochtend fax ik de bladzijden naar Brooke's huis. Als ik de bladzijden door het faxapparaat zie glijden, denk ik aan hoe het allemaal is begonnen, vijf jaar geleden, toen ik vellen papier in Philly's faxapparaat stopte, met ingehouden adem, in afwachting van het grappige, flirterige antwoord uit een hut ergens in Afrika.

Deze keer krijg ik geen antwoord.

Ik fax haar weer. Dan nog een keer.

Ze is nu veel verder weg dan Afrika.

Ik bel.

Ik weet dat je drie weken hebt gezegd, maar ik moet met je praten. Volgens mij moeten we elkaar zien, volgens mij moeten we dit samen uitzoeken.

O Andre, zegt ze.

Ik wacht.

O Andre, zegt ze weer. Je begrijpt het niet. Je begrijpt het gewoon niet. Dit gaat niet over ons, dit gaat over jou als individu en over mij als individu.

Ik zeg dat ze gelijk heeft. Ik begrijp het niet. Ik zeg dat ik niet weet hoe we op dit punt zijn beland. Ik zeg dat ik al heel lang ongelukkig ben. Ik zeg dat het me spijt dat we uit elkaar zijn gegroeid, dat ik zo koud ben geworden. Ik vertel haar over de verwarring, die constante verwarring, die middelpuntvliedende kracht van dit mislukte tennisleven. Ik vertel haar dat ik al heel lang niet meer weet wie ik ben, dat ik dat misschien nooit heb geweten. Ik vertel haar over mijn zoektocht naar mezelf, de eindeloze monoloog in mijn hoofd, mijn depressie. Ik vertel haar alles wat ik op mijn hart heb en het komt er stotterend, onhandig, onduidelijk uit. Het is vernederend, maar noodzakelijk, want ik wil haar niet verliezen. Ik heb al genoeg verloren en ik weet dat ze me nog een kans zal geven als ik eerlijk tegen haar ben.

Ze zegt dat het haar spijt dat ik zo'n verdriet heb, maar dat ze mijn probleem niet kan oplossen. Dat zij me niet kan genezen. Dat ik mezelf moet genezen, zonder haar.

Als ik de ingesprektoon hoor, ben ik opgelucht, rustig. Dat telefoongesprek voelt precies als de korte, beleefde handdruk bij het net van twee tegenstanders die foutief zijn ingedeeld.

Ik eet wat, kijk tv, ga vroeg naar bed. De volgende ochtend bel ik Perry en zeg dat ik de snelste echtscheiding wil die ooit heeft plaatsgevonden.

Ik geef mijn platina trouwring aan een vriend en vertel hem waar het dichtstbijzijnde pandjeshuis is. Accepteer hun eerste bod, zeg ik. Als hij me het geld overhandigt, doneer ik het namens Brooke Christa Shields aan mijn nieuwe school. In voor- en tegenspoed, bij leven en welzijn zal ze voor eeuwig een van de eerste weldoeners zijn.

HOOFDSTUK 22

Het eerste toernooi in mijn nieuwe Brooke-loze leven is San Jose. J.P. rijdt er vanuit Orange County naartoe voor een paar dagen spoedcounseling. Hij steunt me, geeft advies, troost en belooft dat het weer beter zal gaan. Hij begrijpt dat ik goede en slechte momenten heb. Het ene moment zeg ik: Ze kan de pot op. Het volgende moment zeg ik: Ik mis haar. Hij zegt dat het er allemaal bij hoort. Hij zegt dat mijn geest de afgelopen jaren een moeras is geweest: stilstaand, stinkend, alle kanten op sijpelend. Dat het nu de hoogste tijd is dat mijn geest een rivier wordt: snelstromend, in banen geleid en daardoor zuiver. Ik vind dat mooi. Ik zeg dat ik zal proberen dat in gedachten te houden. Hij praat maar door en zolang hij maar blijft praten, ben ik in orde. Ben ik de situatie meester. Zijn advies voelt als een zuurstofmasker voor mijn mond.

Dan vertrekt hij en rijdt terug naar Orange County. Ik ben weer één brok ellende. Ik sta op de baan, halverwege een partij, en denk aan alles behalve aan mijn tegenstander. Ik denk: als je een eed hebt afgelegd, voor God en je familie, als je hebt gezegd 'Ja, ik wil', en je doet het dan niet, wat ben je dan? Dan ben je een mislukkeling.

Ik draai alsmaar in cirkels rond, mompel tegen mezelf, vervloek mezelf. De lijnrechter hoort dat ik mezelf uitscheld en loopt langs me heen naar de scheidsrechtersstoel. Hij meldt dat ik ruwe taal heb gebezigd.

De umpire geeft me een waarschuwing.

Nu komt de lijnrechter mijn kant weer op. Hij loopt langs de baan langs me heen om zijn plaats weer in te nemen. Ik kijk hem aan. Zoetsappige klikspaan! Zielige verklikker! Ik wéét dat ik het niet moet doen. Ik wéét dat ik ervoor moet boeten, maar ik kan me niet inhouden.

You're a cocksucker.

Hij blijft staan, draait zich om, loopt meteen terug naar de scheidsrechter en geeft me weer aan.

Deze keer krijg ik een strafpunt.

De lijnrechter komt terug en loopt langs me heen om zijn plaats weer in te nemen.

You're still a cocksucker.

Hij blijft staan en loopt meteen naar de umpire, die zucht en vooroverbuigt in zijn stoel. De umpire roept de supervisor erbij, die ook zucht en dan gebaart dat ik erbij moet komen.

Andre, heb jij de lijnrechter een *cocksucker* genoemd?

Wil je dat ik lieg of je de waarheid vertel?

Ik moet weten of je dat hebt gezegd.

Ja, dat heb ik gezegd. En weet je wat? Hij ís een *cocksucker.*

Ze zetten me uit het toernooi.

Ik ga terug naar Vegas. Brad belt me op. Indian Wells zit eraan te komen, zegt hij. Ik zeg tegen Brad dat ik nu een moeilijke tijd doormaak, maar dat ik hem niet kan vertellen wat er aan de hand is. En dat Indian Wells er niet in zit.

Ik moet weer gezond worden, ik moet weer goed worden. En dat betekent dat ik veel tijd met Gil doorbreng. Elke avond kopen we een zak hamburgers en rijden door de stad. Ik verlies mijn getrainde lichaam, maar volgens Gil heb ik weer troosteten nodig. Hij begrijpt ook dat hij in de problemen komt als hij probeert die hamburgers van me af te pakken.

We rijden de bergen in, rijden de Strip op en neer en luisteren naar Gils speciale cd. Hij noemt hem *Belly Cramps.* Gils filosofie in elke situatie is de pijn opzoeken, de pijn koesteren en erkennen dat pijn leven is. Als je diepbedroefd bent, zegt Gil, moet je je er niet voor verstoppen. Je moet erin zwelgen. Jij hebt pijn, zegt hij, láát het dus maar pijn doen. *Belly Cramps* is een medley van de verdrietigste liefdesliedjes die ooit geschreven zijn. We luisteren ernaar tot we de teksten uit het hoofd kennen. Als een nummer afgelopen is, citeert Gil de teksten. Ik vind zijn gesproken teksten tien keer beter dan de gezongen teksten van wie ook. Hij zet alle zangers in de schaduw. Ik luister liever naar Gil die de tekst van een nummer al pratend voordraagt dan naar Sinatra die hem croont.

Elk jaar wordt Gils stem dieper, voller en zachter, en als hij het refrein van een smartlap uitspreekt klinkt zijn stem prachtig. Volgens mij verdient hij een Grammy voor zijn uitvoering van Barry Manilows *Please Don't Be Scared*:

Cause feeling pain's a hard way
To know you're still alive.

Maar elke keer weer ben ik kapot van zijn versie van Roy Clarks *We Can't Build a Fire in the Rain.* Een zin raakt me altijd in het bijzonder:

Just going through the motions of pretending
we have something left to gain.

Als ik niet bij Gil ben, sluit ik me op in mijn nieuwe huis. Dat is het huis dat ik samen met Brooke heb gekocht, voor die zeldzame keren dat we in Vegas waren. Nu noem ik het Vrijgezellenhonk II. Ik houd van het huis; dit huis past beter bij mij dan die Franse toren op het platteland in Pacific Palisades waar zij en ik in woonden, maar er is geen open haard. Ik kan niet denken zonder open haard. Ik moet vuur hebben. En dus huur ik een mannetje om een open haard aan te leggen.

Als de haard wordt aangelegd, is het een puinhoop in huis. Er hangen enorme plastic zeilen voor de muren, er liggen kleden op de meubels en overal ligt een dikke laag stof op. Op een ochtend zit ik naar de in aanbouw zijnde open haard te kijken en denk aan Mandela. Ik denk aan de beloftes die ik mezelf en anderen heb gedaan. Ik pak de telefoon en bel Brad.

Kom naar Vegas, ik ben klaar om te spelen.

Hij zegt dat hij al onderweg is.

Ongelooflijk. Ondanks alles heeft die vent er nog steeds vertrouwen in. Hij zou me kunnen laten vallen – niemand zou hem dat kwalijk nemen – maar in plaats daarvan laat hij alles vallen zodra ik hem bel. Ik houd van hem.

Nu hij naar me toe komt, vraag ik me bezorgd af of hij het wel naar zijn zin zal hebben nu mijn huis zo'n puinhoop is. Dan glimlach ik. Ik heb twee leren stoelen voor een breedbeeld-tv gezet en een barmeubel volgestouwd met Bud Ice. In al Brads basisbehoeften is voorzien.

Vijf uur later komt hij binnen, laat zich op een van de stoelen vallen, maakt een biertje open en ziet er meteen uit alsof hij in de armen van zijn moeder ligt. We drinken een paar biertjes. Na zessen gaan we over op koude margarita's. Om acht uur zitten we nog steeds in die stoelen en zit Brad te zappen op zoek naar sporthighlights.

Ik zeg: Luister Brad, ik moet je iets vertellen. Iets wat ik je al een tijdje terug had moeten vertellen.

Hij zit tv te kijken. Ik kijk naar de niet-voltooide open haard, stel me voor dat hij al brandt.

Heb je gisteravond die wedstrijd gezien? vraagt hij. Kun jij me vertellen hoe Oakland die wedstrijd heeft kunnen verliezen?

Brad, dit is belangrijk. Dit moet je weten. Brooke en ik... zijn uit elkaar. We hebben het niet gered.

Hij draait zijn hoofd om. Kijkt me recht aan. Dan zet hij zijn ellebogen op zijn knieën en laat zijn hoofd hangen. Ik had er geen idee van dat hij het zo erg zou vinden. Zo blijft hij zeker drie seconden zitten. Ten slotte kijkt hij op en kijkt me met een brede glimlach aan.

Hij zegt: Dit gaat een fantastisch jaar worden.

Wat?!

Wij gaan een fantastisch jaar krijgen.

Maar...

Dit is het beste wat jouw tennis ooit is overkomen.

Ik voel me ellendig. Waar héb je het over?

Ellendig? Dan zie je het helemaal verkeerd. Jullie hebben geen kinderen. Je bent zo vrij als een vogeltje. Als jullie kinderen hadden, ja oké, dan zou je nu een probleem hebben. Maar nu kom je er zonder kleerscheuren van af.

Misschien wel.

Jij hebt de wereld in je macht. Je bent single en bevrijd van al dat drama!

Hij lijkt gestoord. Hij lijkt waanzinnig. Hij zegt dat Key Biscayne eraan komt, daarna het gravelseizoen, dan... goede dingen. Gaan gebeuren.

Deze last is nu van je schouders gevallen, zegt hij. In plaats van in Vegas rond te hangen en te treuren, kunnen we je tegenstanders pijn gaan doen.

Weet je wat? Je hebt gelijk.

Ik maak nog een paar margarita's voor ons klaar.

Om negen uur zeg ik: We moeten zo langzamerhand naar het restaurant.

Maar Brad is in zijn element. Hij likt het zout van de rand van het glas en hij heeft tennis op tv gevonden, een avondmatch in Palm Springs. Steffi Graf versus Serena Williams.

Hij draait zich om en kijkt me weer met een brede glimlach aan.

Hij wijst naar de tv en zegt: Die zou je moeten versieren! Steffi Graf! Met die vrouw zou je samen moeten zijn.

Ja hoor. Natuurlijk. Maar ze moet me niet.

Ik heb het Brad al eerder verteld. Roland Garros van 1991. Het Wimbledon Ball van 1992. Ik heb het een paar keer geprobeerd. Zonder succes. Bij Steffi Graf is het net als bij Roland Garros: ik kom steeds net niet over de eindstreep.

Dat is allemaal verleden tijd, zegt Brad. Bovendien was je toenaderingspoging ontzettend on-Andre. Haar één keer vragen en het er dan bij laten zitten? Wat amateuristisch. Sinds wanneer laat je iemand anders jouw spel bepalen? Sinds wanneer neem je genoegen met een afwijzing?

Ik knik. Misschien.

Je hebt maar één blik nodig, zegt Brad. Een lichtflits. Een opening.

Het eerstvolgende toernooi waar Steffi en ik allebei zullen spelen is Key Biscayne. Brad zegt dat ik me moet ontspannen, dat hij me wel bij haar in de buurt zal krijgen. Hij kent Steffi's coach, Heinz Günthardt. Hij zal wel met Heinz praten en een oefensessie regelen.

Zodra we in Key Biscayne zijn, belt Brad Heinz, die zich verbaast over het voorstel. Heinz zegt nee. Hij zegt dat Steffi nooit bereid zal zijn van haar gewone voorbereidingsschema af te wijken ter wille van een oefensessie met iemand die ze niet kent. Daar is ze te gedisciplineerd voor. Bovendien is ze verlegen. Ze zou zich er hoogst ongemakkelijk bij voelen. Maar Brad blijft aandringen en Heinz heeft waarschijnlijk toch een romantisch trekje, want hij stelt voor dat Brad en ik de baan reserveren meteen na Steffi's oefensessie en dan vroeg komen. Heinz zal dan tussen neus en lippen door vragen of ze niet even met mij wil tennissen.

Het is allemaal geregeld, zegt Brad. 's Middags. Jij. Ik. Heinz. Steffi. Het feest kan beginnen.

Maar eerst bel ik J.P. en zeg dat hij als de sodemieter naar Florida moet komen, *pronto*. Ik heb advies nodig. Ik heb een klankbord nodig. Ik heb een handlanger nodig. Dan ga ik de baan op om te oefenen voor mijn oefensessie.

Op de afgesproken dag gaan Brad en ik veertig minuten te vroeg naar de baan. Ik heb nog nooit zo naar adem gesnakt. Ik heb al zeven keer in de finale van een grandslamtoernooi gestaan, maar zo heb ik me nog nooit gevoeld. Als we aankomen zijn Heinz en Steffi geconcentreerd aan het trainen. We staan aan de kant toe te kijken. Na een paar minuten roept Heinz Steffi naar het net, zegt iets tegen haar en wijst naar ons.

Ze kijkt.

Ik glimlach.

Zij niet.

Ze zegt iets tegen Heinz en Heinz zegt iets tegen haar en dan schudt ze haar hoofd. Maar als ze terugloopt naar de baseline gebaart Heinz dat ik de baan op moet komen.

Snel strik ik mijn schoenveters, haal een racket uit mijn tas en loop de baan op. Dan trek ik impulsief mijn shirt uit. Schaamteloos, dat weet ik, maar ik ben wanhopig. Steffi kijkt en kijkt dan bijna onmerkbaar nog een keer. Dank je wel, Gil.

We beginnen te slaan. Zij slaat foutloos natuurlijk en ik heb er moeite mee de bal over het net te krijgen. Het net is je grootste vijand. Ontspan, zeg ik tegen mezelf. Stop met denken. Kom op, Andre, het is maar een oefensessie.

Maar ik kan er niets aan doen. Ik heb nog nooit zo'n mooie vrouw gezien. Als ze stilstaat, is ze een godin; als ze beweegt is ze een gedicht. Ik ben een huwelijkskandidaat, maar ook een fan. Ik heb me al zo lang afgevraagd hoe Steffi Grafs forehand voelt. Ik heb naar haar gekeken, op tv en tijdens toernooien, en vroeg me steeds af hoe die bal zou voelen als hij van haar racket komt. De bal van elke speler voelt anders, er is sprake van een bepaalde ondefinieerbare verandering in kracht en spin. Nu ik met haar tennis, voel ik die subtiele verschillen. Het is alsof ik haar aanraak, hoewel we twaalf meter van elkaar af staan. Elke forehand is een voorspel.

Ze slaat een aantal backhands en teistert de baan met haar beroemde slice. Ik wil haar imponeren door die effectbal te halen en er alles mee te doen wat ik maar wil. Maar dat is moeilijker dan ik dacht. Ik mis. Ik schreeuw tegen haar: Dat lukt je niet nog een keer!

Ze zegt niets en slaat nog een effectbal. Ik sla de bal zo hard mogelijk met een backhand.

Ze slaat de return in het net.

Ik roep: Ik hoopte al dat je dat zou doen!

Weer zegt ze niets en slaat de volgende bal alleen maar dieper en met nog meer effect.

Normaal is Brad tijdens mijn oefensessies altijd bezig. Hij rent achter ballen aan, geeft aanwijzingen, blijft maar praten. Maar nu niet. Hij zit in de scheidsrechtersstoel als een strandwacht op een door haaien belaagd strand. Met grote ogen te kijken.

Elke keer als ik zijn kant op kijk, mompelt hij maar één woord: Prachtig.

Er hebben zich inmiddels mensen rondom de baan verzameld om naar ons te kijken. Een paar fotografen maken foto's. Ik vraag me af waarom. Is het omdat een man en een vrouw zelden samen oefenen? Of staan ze te kijken omdat ik als verlamd speel en elke derde bal mis? Van een afstandje gezien lijkt het wel alsof Steffi tennisles geeft aan een shirtloze, grijnzende doofstomme.

Nadat we één uur en tien minuten hebben gespeeld, gebaart ze dat ik naar het net moet komen.

Heel erg bedankt, zegt ze.

Ik draaf naar het net en zeg: Het genoegen was geheel aan mij.

Ik slaag erin nonchalant te doen, tot ze de netpaal gebruikt om te stretchen. Het bloed stijgt naar mijn hoofd. Ik moet iets fysieks doen, want anders val ik flauw. Ik heb nog nooit gestretcht, maar dit lijkt een goed moment om ermee te beginnen. Ik leg een been op de netpaal en doe net alsof ik een zeer soepele rug heb. We stretchen, praten over de wereld van het professionele tennis, klagen over het vele gereis en vertellen elkaar welke steden we leuk vinden.

Ik vraag: Wat is je favoriete stad? Als je niet meer tennist, waar woon je dan, denk je?

O, dat wordt een lastige keuze, denk ik. Tussen New York en San Francisco.

Ik denk: Heb je ooit overwogen in Las Vegas te gaan wonen?
Ik zeg: Dat zijn ook mijn favoriete steden!
Ze glimlacht. Goed dan, zegt ze. Nogmaals bedankt.
Graag gedaan.
We geven elkaar twee kusjes op de wang.
Brad en ik gaan met de ferry terug naar Fisher Island, waar J.P. al op ons wacht. We praten de rest van de avond over Steffi alsof ze een tegenstander is, wat ze ook is. Brad behandelt haar als Rafter of Pete. Ze heeft sterke en zwakke punten. Hij breekt haar spel af, hemelt mijn spel op. Nu en dan belt J.P. met Joni, zet haar op de speaker om de vrouwelijke visie te horen.

Dit gesprek duurt nóg twee dagen – tijdens het avondeten, in de sauna, aan de bar van het hotel – en we praten alleen maar over Steffi. We maken plannen, gebruiken legertermen als *recon* en *intel.* Ik krijg het gevoel dat we plannen beramen om Duitsland over land en over zee binnen te vallen.
Ik zeg: Ik vond dat ze koel tegen me deed.
Brad zegt: Ze weet natuurlijk niet dat jij en je *Missus* uit elkaar zijn, want dat heeft nog niet in de krant gestaan. Niemand weet dat. Je moet haar vertellen dat je weer vrijgezel bent, en ook wat je voor haar voelt.
Ik zal haar bloemen sturen.
Ja, zegt J.P. Bloemen zijn goed. Maar je kunt ze niet onder je eigen naam bestellen. Dan kan de pers er lucht van krijgen. We vragen Joni wel om ze te versturen, met jouw naam op het kaartje.
Goed idee.
Joni gaat naar een bloemenwinkel in South Beach en koopt in opdracht van mij elke roos die ze hebben. In feite bestelt ze een rozentuin, die naar Steffi's kamer moet worden verplaatst. Op het kaartje bedank ik Steffi voor de oefensessie en nodig haar uit om met me uit eten te gaan. Daarna ga ik zitten wachten op haar telefoontje.
Er komt geen telefoontje. De hele dag niet.
En de dag daarna niet.
Hoe dwingend ik ook naar de telefoon kijk of tegen hem schreeuw, hij weigert te rinkelen. Ik begin te ijsberen en pluk tot bloedens toe aan mijn nagelriemen. Als Brad naar mijn kamer

komt, vraagt hij zich af of hij me misschien een kalmeringsmiddel moet geven.

Ik schreeuw: Dit is belachelijk! Oké, ze is niet geïnteresseerd, dat begrijp ik, maar wat denk je van een bedankje? Als ze vanavond nog niet heeft gebeld, bel ik haar. Echt waar.

We gaan naar de patio. Brad kijkt naar beneden en zegt: Uh o.

Wat is er?

J.P. zegt: Volgens mij zie ik je bloemen.

Ze wijzen naar de patio van een kamer aan de overkant van de straat. Steffi's kamer kennelijk, omdat op de tafel in de patio vazen rozen met een lange steel staan.

Ik weet niet zeker of dat wel een goed teken is, zegt J.P.

Nee, zegt Brad. NG. Niet goed.

We besluiten dat ik wacht tot Steffi haar eerste partij heeft gewonnen – een uitgemaakte zaak – en dat ik haar bel als ze mij niet belt. J.P. bereidt me voor op dat telefoontje. Hij speelt de rol van Steffi. We repeteren elk scenario. Hij bedenkt elke zin die ze mogelijk kan uitspreken.

In de eerste ronde verslaat Steffi haar tegenstandster in tweeënveertig minuten. Ik beloof de kapiteins van de veerboot een stevige fooi als ze me bellen zodra ze haar aan boord van de ferry zien stappen.

Vijftig minuten na de partij krijg ik een telefoontje: Ze is op de boot.

Ik geef haar vijftien minuten om op het eiland te komen, tien minuten om van de haven naar het hotel te gaan en dan bel ik de telefoniste van het hotel en vraag of ze me wil doorverbinden met haar kamer. Ik weet haar kamernummer omdat ik op de tafel van haar patio nog steeds mijn bloemen kan zien staan.

Als de telefoon twee keer is overgegaan, neemt ze op.

Hallo. Met Andre.

O.

Ik bel je even om te vragen of je mijn bloemen wel hebt gekregen.

Dat is zo.

O.

Stilte.

Ze zegt: Ik wil niet dat er een misverstand is tussen ons. Mijn vriend is hier.

Ik begrijp het. Nou, oké dan, ik begrijp het.

Stilte.

Succes met het toernooi.

Dank je. Jij ook.

Gapende kloof van stilte.

Nou, tot ziens dan.

Dag.

Ik laat me op de bank vallen en staar naar de vloer.

Ik heb maar één vraag, zegt J.P. Wat heeft ze in vredesnaam gezegd waardoor je zo kijkt? Welk scenario hebben we niet gerepeteerd?

Haar vriendje is er.

O.

Dan glimlach ik. Ik pak een bladzijde uit Brads Draaiboek Positief Denken: Misschien was dit wel een boodschap. Kennelijk zat haar vriendje naast haar.

Ja en?

En dus kon ze niet praten. In plaats van: Ik heb een vriend, einde verhaal, laat me met rust, zei ze: Mijn vriend is hier.

Dus?

Dus denk ik dat ze bedoelt dat ik wel kans maak.

J.P. zegt dat hij een drankje voor me zal inschenken.

Het toernooi zorgt voor een beetje afleiding. Helaas voor mij duurt het toernooi maar een paar uur. In de eerste ronde, tegen de Slowaak Dominik Hrbatý, kan ik alleen maar denken aan Steffi en haar vriend die van mijn rozen genieten of ze domweg negeren. Hrbatý verslaat me in drie sets.

Ik ben uitgeschakeld. Ik zou Fisher Island moeten verlaten, maar ik blijf hangen, zit op het strand, drink wat met J.P. en Brad, en beraam plannen.

Steffi's vriend is misschien wel onverwacht gekomen, zegt Brad. Bovendien weet ze niet dat je gescheiden bent. Zij denkt dat je nog met Brooke bent getrouwd. Geef het tijd. Laat het nieuws maar bekend worden. Dán neem je het initiatief.

Je hebt gelijk, je hebt gelijk.

Brad praat over Hongkong. Gezien mijn spel tegen Hrbatý heb ik duidelijk nog een toernooi nodig voordat we aan het gravelseizoen kunnen beginnen. Laten we naar Hongkong gaan, zegt hij. Laten we nu maar eens ophouden met aan Steffi te denken en over haar te praten.

Kort daarna vlieg ik naar China. Ik kijk naar het scherm voor in de cabine. Geschatte vliegtijd: 15 uur en 37 minuten.

Ik kijk naar Brad. Vijftien uur en zevenendertig minuten? Om over Steffi na te denken? Dat denk ik niet.

Ik maak mijn veiligheidsgordel los en sta op.

Waar ga je naartoe?

Ik ga van boord.

Doe niet zo belachelijk. Ga zitten. Ontspan je. We hebben alles bij ons. We gaan tennissen.

Ik ga weer in mijn stoel zitten, bestel twee Belvederes, slik een slaappil en als ik een maand later weer wakker word, ben ik aan de andere kant van de wereld. Ik zit in een auto die over een snelweg in Hongkong rijdt en kijk omhoog naar de International Finance Centre.

Ik bel Perry. Wanneer komt het nieuws van mijn echtscheiding naar buiten?

De advocaten bespreken de details, zegt hij. Bovendien moeten jij en Brooke de persverklaring nog bespreken.

We faxen concepten heen en terug. Haar team, mijn team. Eerst kijken advocaten en publiciteitsagenten ernaar. Brooke voegt een woord toe, ik schrap een woord. Faxen en nog meer faxen. Wat met faxen is begonnen, eindigt ook met faxen.

De persverklaring kan elk moment worden vrijgegeven, zegt Perry. Het kan nu elke dag in de kranten staan.

Brad en ik hollen elke ochtend naar de lobby beneden en kopen alle kranten. Tijdens het ontbijt scannen we elke pagina, op zoek naar dé krantenkop. Voor de eerste keer in mijn leven kan ik niet wachten tot de kranten iets over mijn privéleven schrijven. Elke dag doe ik een schietgebedje: Laat dit de dag zijn waarop Steffi hoort dat ik vrij man ben.

De dagen verstrijken, maar het staat er niet in. Ik voel me net zo als toen ik op Steffi's telefoontje wachtte. Als ik haren op mijn hoofd had, zou ik die eruit trekken. Eindelijk staat op de cover van *People* een foto van Brooke en mij. De kop luidt: *Suddenly Split.* Het is 26 april 1999, drie dagen voor mijn negenentwintigste verjaardag, iets meer dan twee jaar na onze bruiloft.

Herboren, vernieuwd, win ik Hongkong, maar tijdens de vlucht terug naar huis kan ik mijn arm niet optillen. Vanaf het vliegveld ga ik snel naar Gils huis. Hij bekijkt de schouder, vertrekt zijn gezicht. Hij vindt het er niet goed uitzien.

Misschien moeten we alles maar afblazen en het hele gravelseizoen overslaan.

Nee, zegt Brad. We moeten naar Rome voor de Italian Open.

Ja hallo, dat win ik nooit. Vergeet het maar.

Nee, zegt Brad. We gaan naar Rome en dan zien we wel hoe het met je schouder gaat. Je wilde niet naar Hongkong, toch? Maar je hebt wel gewonnen, toch? Ik zie een bepaalde trend.

Ik laat me door hem meesleuren een vliegtuig in. In Rome verlies ik in de derde ronde van Rafter, die ik nog niet zo lang geleden in Indian Wells heb verslagen. Nu wil ik er echt mee ophouden. Maar Brad haalt me over mee te doen aan de World Team Cup in Duitsland. Ik kan het niet opbrengen ertegenin te gaan.

In Duitsland is het koud en druilerig en dat betekent dat de bal zwaar is. Ik kan Brad wel vermoorden. Ik vind het belachelijk dat hij me met een geblesseerde schouder mee naar Duitsland heeft gesleept. Halverwege de eerste set sta ik met 3-4 achter en kan ik niet verder spelen. Ik houd ermee op. Afgelopen. We gaan naar huis, zeg ik tegen Brad. Ik moet mijn schouder weer in orde krijgen. En ik moet uitzoeken hoe het met Steffi zit.

Als we in Frankfurt in het vliegtuig naar San Francisco stappen, zeg ik niets tegen Brad. Ik ben woedend op die man. We hebben een vlucht van twaalf uur voor de boeg, naast elkaar. Ik zeg: Luister, Brad. Ik heb de hele nacht niet geslapen door deze schouder. Ik neem nu twee slaappillen en wil je de eerstkomende twaalf uur niet horen. Begrepen? En als we geland zijn, is het eerste wat je doet mijn aanmelding voor Roland Garros intrekken.

Hij buigt zich naar me toe en praat twee uur lang op me in. Je gaat niet terug naar Vegas. Je trekt je niet terug. Je komt met mij mee naar mijn huis in San Francisco. Ik heb een gastenverblijf met een enorme voorraad openhaardhout, waar jij zo van houdt, en daarna vliegen jij en ik naar Parijs en daar ga jij spelen. Dat is de enige slamtitel die je nog niet hebt en die je nog altijd wilt winnen, en dat lukt dus niet als je niet meedoet.

Roland Garros? Toe nou zeg. Je maakt een grapje zeker. Dat is onmogelijk.

Hoe zou jij dat moeten weten? Wie zegt dat jij hem dit jaar niet wint?

Geloof me, 1999 is in geen enkel opzicht mijn jaar.

Weet je, ik begon net weer een glimp op te vangen van de speler die je vroeger was. Ik zag iets in je wat ik al jaren niet meer heb gezien. Dat mogen we niet laten lopen.

Ik kijk dwars door hem heen. Het is niet zo dat hij denkt dat ik Roland Garros kan winnen. Maar als ik me terugtrek van Roland Garros, neemt daardoor de kans toe dat ik me ook terugtrek voor Wimbledon, en dan is het hele jaar voorbij. Vaarwel comeback. Hallo stoppen met tennis.

Tegen de tijd dat het vliegtuig in San Francisco landt, ben ik weer eens te moe om ertegenin te gaan. Ik stap in Brads auto. Hij brengt me naar zijn huis en installeert me in het gastenverblijf. Ik slaap twaalf uur. Als ik wakker word, zit een chiropracticus te wachten tot hij me kan behandelen.

Dit gaat dus niet werken, zeg ik.

Dit gaat wel werken, zegt Brad.

Ik word twee keer per dag behandeld. De rest van de tijd kijk ik naar de mist en houd ik het openhaardvuur gaande. Vrijdag voel ik me beter. Brad glimlacht. We tennissen wat op de baan in zijn achtertuin, twintig minuten, dan sla ik een paar services.

Bel Gilly, zeg ik. We gaan naar Parijs.

In ons hotel in Parijs bekijkt Brad de loting.

Ik vraag: En, hoe ziet het eruit?

Hij zegt niets.

Brad?

Kan niet slechter.

Echt?

Verschrikkelijk. Je eerste ronde moet je tegen de Argentijn Franco Squillari, linkshandig en misschien wel de meest woeste nietgeplaatste man in deze loting. Een absoluut beest op gravel.

Ik kan niet geloven dat je me hebt overgehaald hieraan mee te doen.

We trainen zaterdag en zondag. Op maandag beginnen we. Ik ben in de kleedkamer, laat mijn voeten tapen en realiseer me dan dat ik ben vergeten mijn onderbroek in mijn tennistas te doen. De wedstrijd begint over vijf minuten. Kan ik zonder onderbroek spelen? Ik weet niet eens of dat fysiek wel mogelijk is.

Brad grapt dat ik zijn onderbroek wel mag lenen.

Zo graag wil ik nou ook weer niet winnen.

Dan denk ik: dit is perfect. Ik wílde hier helemaal niet zijn. Ik hóór hier helemaal niet te zijn. En nu speel ik tegen de smerigste speler in de eerste ronde van dit toernooi, dus waarom zou ik niet zonder onderbroek spelen?

Er zijn 16.000 toeschouwers. Ze schreeuwen als het volk dat Versailles onder de voet liep. Voordat ik me zelfs maar in het zweet heb gewerkt, sta ik één set en één break achter. Ik kijk naar mijn box, naar Gil en Brad: Help me. Brad kijkt terug, onaangedaan: Help jezelf.

Ik trek mijn broek op, adem zo diep mogelijk in en heel langzaam weer uit. Ik zeg tegen mezelf dat het onmogelijk erger kan worden. Ik zeg tegen mezelf: Probeer maar één set te winnen. Het is al heel wat als je zelfs maar één set van deze vent wint. Eén set, meer niet. Door de taak die me wacht te minimaliseren, lijkt hij hanteerbaarder en speel ik relaxter. Mijn backhand begint te werken, ik ga beter slaan. Het publiek begint zich te roeren. Ze hebben me hier al heel lang niet goed zien spelen. In mij begint zich ook iets te roeren.

De tweede set wordt een messengevecht, een worstelwedstrijd en een vuurgevecht. Squillari geeft me niets cadeau en ik moet de set letterlijk van hem afpakken, 7-5. Dan gebeurt er iets onverwachts. Ik win de derde set. Nu begin ik hoop te krijgen, echte hoop, vanuit mijn tenen. Mijn hele lichaam tintelt. Ik kijk naar Squillari; hij heeft alle hoop opgegeven. Zijn gezicht oogt emotieloos. Hij is een van de fitste mannen van dit toernooi en kan geen stap meer zetten. Hij is kapot. In de vierde set pak ik hem in en dan loop ik opeens de baan af met een van de onmogelijkste overwinningen uit mijn carrière.

Terug in het hotel, helemaal onder de gravel, vraag ik Gil: Zag je hem? Zag je die smerige rat in een hoek wegkruipen? We hebben hem in een hoek gedreven, Gil!

Ja, dat zag ik.

De lift is klein. Er passen vijf normaal gebouwde mensen in, oftewel Gil en ik. Brad zegt dat we maar vooruit moeten gaan, dan neemt hij de volgende lift. Ik druk op het liftknopje en onderweg naar boven hangt Gil in de ene hoek en ik in de andere hoek van de lift. Ik voel dat hij naar me kijkt.

Wat is er?

Niets.

Hij blijft naar me kijken.

Wat is er, Gil?

Niets.

Hij lacht en zegt het nog een keer: Niets.

In de tweede ronde blijf ik zonder onderbroek spelen. Iets wat werkt, verander je niet. Ik speel tegen de Fransman Arnaud Clément. Ik win de eerste set met 6-2. Ik sta voor in de tweede set, speel het beste tennis dat ik ooit op gravel heb gespeeld. Ik wieg hem in slaap, maar dan wordt hij wakker. Hij wint de tweede set, en de derde. Hoe kan dát nou? In de vierde set serveer ik bij 4-5, 0-30. Nog twee punten en dan ben ik uitgeschakeld.

Mijn maag draait zich om. Ik denk: twee punten. Twéé punten.

Hij slaat een forehand inside-out winner. Ik loop ernaartoe en controleer de balafdruk. Hij is uit. Ik omcirkel de afdruk met mijn racket. De lijnrechter rent ernaartoe. Hij onderzoekt het, als Hercule Poirot. Hij steekt zijn hand op. Uit!

Als die bal de lijn had geraakt, zou ik nu drie matchpoints tegen hebben. In plaats daarvan sta ik op 15-30. Wat een verschil. Wat een slag.

Maar ik dwing mezelf niet langer te denken aan wat als... Niet denken, Andre. Schakel je gedachten uit. Ik speel twee minuten lang het beste tennis dat in mijn vermogen ligt. Ik houd mijn service. Het is 5-5.

Clément serveert. Als ik een andere tennisser was, zou hij nu in het voordeel zijn. Maar ik ben de zoon van mijn vader. Ik ben een returner. Ik laat geen bal passeren. Ik laat hem van links naar rechts rennen. Vooruit en achteruit. Zijn tong hangt uit zijn mond. Net op het moment dat hij en het publiek denken dat ik hem niet langer kan laten rennen, laat ik hem nóg meer rennen. Hij lijkt wel een metronoom. Opeens verdwijnt hij uit beeld. Hij valt voorover alsof hij een kogel in zijn hoofd heeft gekregen. Hij heeft kramp. Hij vraagt om medische verzorging.

Ik breek zijn opslag. Dan houd ik met gemak mijn eigen service en win de vierde set.

Ik win de vijfde set met 6-0.

In de kleedkamer praat Brad tegen zichzelf, tegen mij, tegen iedereen die maar wil luisteren.

Zijn achterband liep leeg! Zag je dat? *Holy shit!*

Verslaggevers vragen of ik het gevoel heb dat ik mazzel had dat Clément kramp kreeg.

Mazzel? Daar heb ik keihard voor gewerkt.

In het hotel, in de kleine lift naar boven, kijk ik glimlachend naar Gil. Mijn gezicht zit onder de gravel. Mijn ogen en oren en mond zitten vol gravel. Mijn kleren zitten onder de gravel. Ik kijk naar beneden. Het is me nooit eerder opgevallen dat het opgedroogde gravel van Roland Garros op bloed lijkt. Als ik probeer het van me af te vegen, voel ik dat Gil me weer aankijkt.

Wat is er?

Niets, zegt hij glimlachend.

In de derde ronde speel ik tegen Chris Woodruff. Ik heb al eens eerder tegen hem gespeeld, hier, in 1996, en verloren. Een verschrikkelijke nederlaag. Dat jaar schatte ik mijn kansen stiekem hoog in. Deze keer weet ik al vanaf het begin dat ik ga winnen. Ik twijfel er niet aan dat ik wraak kan nemen en versla hem met 6-3, 6-4, 6-4, op dezelfde baan als waarop hij mij versloeg. Brad had daar speciaal om gevraagd, want hij wilde dat ik het me herinnerde. Hij zei: Maak er iets persoonlijks van!

Voor het eerst sinds 1995 zit ik bij de laatste zestien van Roland Garros. Mijn beloning is Carlos Moya, de titelverdediger.

Geen zorgen, zegt Brad. Ook al is Moya de kampioen en speelt hij heel goed op deze ondergrond, je kunt hem met gemak aan. Je kunt in de aanval gaan, voor de baseline blijven, de bal vroeg slaan en de druk opvoeren. Zoek zo veel mogelijk zijn backhand, maar als je de bal toch naar zijn forehand slaat, doe dat dan doelgericht, fanatiek. Je moet niet gewoon de baan opgaan, maar zorgen dat je er echt bént. Zorg dat hij je vóélt.

Maar in de eerste set voel ik hém. Ik verlies die set snel. In de tweede set kom ik twee breaks achter. Ik zit niet in mijn spel. Ik doe niets van wat Brad zei dat ik moest doen. Als ik omhoogkijk naar mijn box, schreeuwt Brad: *Come on! Let's go!*

Back to basics. Ik laat Moya rennen. En rennen. Ik ontwikkel een sadistisch ritme, zing inwendig: *Ren, Moya, ren.* Ik laat hem rondjes rennen. Ik laat hem de Boston Marathon rennen. Ik win de tweede set en het publiek juicht. In de derde set laat ik Moya meer rennen dan mijn drie vorige tegenstanders bij elkaar, en opeens, zomaar, is hij kapot. Hij wil dit niet. Hij heeft hier helemaal niet om gevraagd.

Aan het begin van de vierde set straal ik zelfvertrouwen uit. Ik huppel op één been. Ik wil dat Moya ziet hoeveel fut ik nog heb. Hij ziet het en zucht. Ik versla hem en trek een sprintje naar de kleedkamer. Brad slaat zo hard met zijn vuist tegen de mijne dat mijn knokkels bijna breken.

In de lift van het hotel voel ik Gil weer kijken.

Gil, wat is er?

Een gevoel.

Wat voor gevoel?

Het gevoel dat je op ramkoers ligt.

Waarmee?

Met het lot.

Ik weet niet of ik wel in het lot geloof.

We zullen zien. *You can't build a fire in the rain...*

We zijn twee dagen vrij. Twee dagen om te ontspannen en om aan iets anders te denken dan aan tennis. Brad ontdekt dat Springsteen in ons hotel logeert en een concert zal geven in Parijs. Brad stelt voor dat we ernaartoe gaan. Hij regelt drie plaatsen, op de voorste rij.

Eerst aarzel ik. Ik weet niet of het wel zo'n goed idee is om Parijs in te gaan. Maar de tv zendt bijna alleen maar nieuws over het toernooi uit en dat is ook niet goed voor mijn humeur. Ik denk weer aan die USTA-official die mij belachelijk probeerde te maken door te zeggen dat Andre Agassi die aan een challenger meedoet net zoiets is als Bruce Springsteen die in een buurtcafé optreedt. Ja, zeg ik. Laten we maar eens een avond vrij nemen. *Let's go see the Boss.*

Brad, Gil en ik komen een paar seconden voordat Springsteen het podium opkomt de arena binnen. We lopen snel naar onze plaatsen, maar een paar mensen zien me en wijzen naar me. Een man roept mijn naam. *Andre! Allez, Andre!* Een paar mensen nemen de kreet over. We glippen in onze stoelen. Een schijnwerper zoekt het publiek af en vindt ons. Onze gezichten verschijnen op een gigantisch videoscherm boven het podium. Het publiek begint te brullen. Ze roepen: *Allez, Agassi! Allez, Agassi!* Zo'n 16.000 mensen, evenveel als op Roland Garros, roepen, juichen en stampen met hun voeten. *Allez, Agassi!* Het klinkt melodieus door de manier waarop ze het roepen, een springerig ritme zoals een kinderliedje. Tra-la, la-la-la. Het is aanstekelijk. Brad doet zelfs mee. Ik sta op, zwaai. Ik voel me gevleid. Nederig. Ik wilde dat ik nu aan mijn eerstvolgende match kon beginnen. Hier. *Allez, Agassi!*

Ik sta nog een keer op, zenuwachtig, en dan komt eindelijk the Boss het podium op.

In de kwartfinale speel ik tegen Marcelo Filippini uit Uruguay. De eerste set gaat me gemakkelijk af. De tweede set is gemakkelijk. Ik laat hem rennen, hij stort in. *Tramps like us, baby, we were born to run.* Ik vind dit net zo leuk als winnen: zorgen dat mijn tegenstanders de benen onder hun lijf vandaan rennen, zien dat al die jaren met Gil zich in een kort tijdsbestek van twee weken uitbetalen. Ik win de derde set zonder enige tegenstand van Filippini, 6-0.

Je maakt die mannen kapot! roept Brad. O mijn god, Andre, je maakt die mannen kapot.

Ik zit in de halve finale. Mijn tegenstander is Hrbatý, die me onlangs in Key Biscayne heeft verslagen toen ik verdoofd was door mijn gevoelens voor Steffi. Ik win de eerste set met 6-4. Ik win de volgende set met 7-6. Het wordt bewolkt. Het begint te motregenen. De bal wordt zwaarder, waardoor ik niet aanvallend kan blijven spelen. Hrbatý maakt hier gebruik van en wint de derde set met 6-3. In de vierde komt hij voor met 2-1 en een partij die ik eigenlijk al had gewonnen glipt uit mijn handen. Hij staat een set achter, maar maakt gretig gebruik van zijn kansen. Ik heb het gevoel dat ik het maar net volhoud.

Ik kijk naar Brad. Hij wijst naar de lucht. Stop de match.

Ik gebaar naar de supervisor en de umpire. Ik wijs naar het natte gravel en zeg dat ik in deze omstandigheden niet wil spelen. Het is gevaarlijk. Ze onderzoeken het natte gravel alsof ze op zoek zijn naar goud. Ze overleggen. Ze leggen de match stil.

Tijdens het avondeten met Gil en Brad ben ik in een slechte bui, omdat ik weet dat ik bezig was de match te verliezen. Alleen de regen heeft me gered. Anders zouden we al op het vliegveld staan. En ik moet er niet aan denken dat ik de hele avond met de wedstrijd in mijn maag zit en me zorgen maak over morgen.

Ik kijk naar mijn bord, zwijgend.

Brad en Gil praten over me alsof ik niet bij hen aan tafel zit.

Fysiek is hij in orde, zegt Gil. Zijn conditie is prima. Je moet hem maar eens goed toespreken, Brad. Als een echte coach.

Wat wil je dat ik zeg?

Bedenk maar wat.

Brad neemt een slok bier en draait zich naar mij om. Hij zegt: Oké Andre, luister. Morgen wil ik achtentwintig minuten van je.

Wat?

Achtentwintig minuten. Meer heb je niet nodig om de finish te halen. Je kúnt het. Je moet vijf games winnen, dat is alles, en dat zou je niet meer dan achtentwintig minuten moeten kosten.

Het weer. De bal.

Het weer wordt prima.

Ze zeggen dat het gaat regenen.

Nee hoor, het wordt prima weer. Geef ons nu maar gewoon achtentwintig geweldige minuten.

Hij kent mijn geest, hij weet hoe die werkt. Hij weet dat ik kick op orde, op duidelijkheid, op een duidelijk en goed geformuleerd doel. Maar weet hij ook hoe het weer wordt? Opeens bedenk ik dat Brad geen coach is, maar een profeet.

Als we terug zijn in het hotel persen Gil en ik ons in de lift.

Het komt wel goed, zegt Gil.

Ja.

Hij dwingt me mijn Gil Water te drinken.

Dat wil ik niet.

Opdrinken.

Als ik zoveel vocht binnen heb dat mijn urine spierwit is, laat hij me naar bed gaan.

De volgende dag ben ik gespannen. Ik serveer, sta in de vierde set met 1-2 achter, en krijg twee breekpunten tegen. Nee, nee, nee! Ik vecht terug tot deuce. Ik houd mijn service. Nu ik een ramp heb afgewend, voel ik me opeens ontspannen, gelukkig. Dat is zo kenmerkend voor sport: je hangt aan een dunne draad boven een bodemloze put, je kijkt de dood in de ogen en dan word je gered – door je tegenstander – en dan ben je zo blij dat je opeens heel ongedwongen gaat spelen. Ik win de vierde set en de partij. Ik zit in de finale.

Ik kijk allereerst naar Brad, die opgewonden naar zijn horloge wijst en naar de digitale speelklok op de baan.

Achtentwintig minuten, precies.

Mijn tegenstander in de finale is Andrej Medvedev uit Oekraïne, maar dat kán helemaal niet. Dat is gewoon onmogelijk. Nog maar een paar maanden geleden, in Monte Carlo, kwamen Brad en ik Medvedev tegen in een nachtclub. Hij had die dag een hartverscheurende nederlaag geleden en hij probeerde de pijn te verdrinken. We vroegen of hij bij ons wilde komen zitten. Hij liet zich aan ons tafeltje in een stoel vallen en kondigde aan dat hij ophield met tennissen.

Ik kan dit stomme spel niet langer aan, zei hij. Ik ben oud. Deze sport heeft me ingehaald.

Ik heb hem op andere gedachten gebracht.

Hoe durf je, zei ik. Als ik dat nou zei? Ik ben negenentwintig, geblesseerd, gescheiden. En jij zeurt dat je met vierentwintig al op bent? Jouw toekomst ligt nog voor je.

Mijn spel is shit.

Nou en? Dan moet je er wat aan doen.

Hij vroeg me tips, aanwijzingen. Hij vroeg of ik zijn spel wilde analyseren, net zoals ik Brad ooit vroeg mijn spel te analyseren. En ik deed hetzelfde als Brad. Ik was gruwelijk eerlijk. Ik zei tegen Medvedev dat hij een superopslag, een geweldige return en een backhand van wereldklasse had. Zijn forehand was zwak, natuurlijk, dat was geen geheim, maar dat kon hij verbergen omdat hij lang genoeg was om zijn tegenstanders te laten lopen.

Je beweegt je goed, zei ik. *Get back to the basics. Keep moving, slam your first serve, and rip the backhand up the line.*

Vanaf die avond heeft hij mijn advies tot op de letter opgevolgd en heeft hij fantastisch gespeeld. Hij heeft continu gewonnen en is beter dan zijn concurrenten. Telkens als we elkaar in de kleedkamer tegenkwamen, of in de buurt van Roland Garros, knipoogden we naar elkaar.

Ik heb nooit gedacht dat wij op ramkoers zouden liggen.

Gil zat dus fout. Ik lag niet op ramkoers met het lot, maar met een vuurspuwende draak die ik zelf op de been had geholpen.

Overal waar ik kom, komen er Parijzenaars naar me toe om me succes te wensen. Het toernooi is hét gespreksonderwerp in de stad. In restaurants en cafés en op straat roepen de mensen mijn naam, kussen me op de wang, wensen me succes. Het verhaal van mijn ontvangst tijdens het concert van Springsteen heeft de kranten gehaald. De mensen en de pers, zijn gefascineerd door mijn onwaarschijnlijke verhaal. Iedereen kan zich ermee identificeren. Ze zien iets van zichzelf terug in mijn comeback, in mijn terugkeer uit het dodenrijk.

Op de avond voor de finale zit ik in mijn hotelkamer tv te kijken. Ik zet hem uit en loop naar het raam. Ik voel me ellendig. Ik denk terug aan vorig jaar, aan de afgelopen achttien maanden, aan de afgelopen achttien jaar. Miljoenen ballen, miljoenen beslissingen. Ik weet dat dit mijn laatste kans is om Roland Garros te winnen, mijn laatste kans om alle vier de slams, en daarmee het hele stel, te winnen. En dat betekent mijn laatste kans op bevrijding. Het idee dat ik kan verliezen jaagt me angst aan, maar het idee dat ik kan winnen jaagt me bijna evenveel angst aan. Zal ik er dankbaar voor zijn? Zal ik het waard zijn? Zal ik hierop voortbouwen, of zal ik het verspillen?

Bovendien denk ik veel aan Medvedev. Hij speelt mijn spel, want dat heb ik hem gegeven. Hij heeft zelfs mijn eerste naam. Andrej. Het wordt Andre versus Andrej. Ik versus mijn *Doppelgänger*.

Brad en Gil kloppen op mijn deur.

Ga je mee eten?

Ik doe de deur open en zeg dat ze even binnen moeten komen.

Ze zetten één voet over de drempel en zien dat ik de minibar open en mezelf een groot glas wodka inschenk. Brads mond valt open als ik het glas in één teug leegdrink.

Wat denk je verdomme...?

Ik ben ontzettend zenuwachtig, Brad. Ik heb de hele dag geen hap door m'n keel kunnen krijgen. Ik moet eten en ik kan alleen maar iets eten als ik een beetje minder zenuwachtig ben.

Maak je geen zorgen, zegt Gil tegen Brad. Het komt wel goed.

Drink dan in elk geval ook een flink glas water, zegt Brad.

Als ik na het diner weer op mijn kamer ben, neem ik een slaappil en ga op bed liggen. Ik bel J.P. die zegt dat het bij hem vroeg in de middag is.

Hoe laat is het bij jou?

Heel laat. Het is heel erg laat.

Hoe voel je je?

Wil je alsjeblieft een paar minuten over iets anders praten dan over tennis?

Voel je je wel goed?

Over iets anders dan tennis.

Oké. Tja, eens even kijken. Zal ik je een gedicht voorlezen? Ik heb de laatste tijd veel gedichten gelezen.

Ja. Prima. Toe maar.

Hij loopt naar zijn boekenkast en pakt een boek. Hij leest me zachtjes voor.

Veel is verdwenen, maar veel ook gebleven; en al ontvlood ons de kracht die in vroegere tijden de hemel en aarde bewoog; we zijn die we waren: heldhaftig en fel in ons eeuwige streven – verzwakt door de tijd en het noodlot misschien – om te zoeken, te vinden, en nooit te versagen.

Ik val in slaap zonder op te hangen.

Gil klopt aan. Hij is gekleed alsof hij een afspraak heeft met de Franse president. Hij draagt het mooie zwarte sportjasje, de geperste zwarte sportbroek, de zwarte pet. En hij draagt de halsketting die ik hem heb gegeven. Ik draag de oorring die erbij hoort. Vader, Zoon en Heilige Geest.

In de lift zegt hij: Het komt wel goed.

Ja.

Maar het is niet goed. Dat weet ik al tijdens de warming-up. Ik ben drijfnat van het zweet. Ik zweet alsof ik op het punt sta te trouwen. Ik ben zo zenuwachtig dat ik begin te klappertanden. De zon schijnt en daar zou ik blij om moeten zijn, omdat de bal daardoor droger en lichter is. Maar door de hitte zweet ik ook veel erger.

Als de wedstrijd begint, ben ik een bezweet wrak. Ik maak stomme fouten, beginnersfouten, elke soort fout die je op een tennisbaan maar kunt maken. Ik heb maar negentien minuten nodig om de eerste set te verliezen, 6-1. Medvedev daarentegen ziet er heel kalm uit. En waarom ook niet? Hij doet alles wat hij moet doen, alles wat ik hem in Monte Carlo heb verteld wat hij moet doen. Hij bepaalt het tempo, slaat de bal behendig, slaat de backhand op de lijn wanneer hij maar wil. Hij speelt koel, precies, meedogenloos. Als ik naar voren kom, als ik probeer een punt te pakken door naar het net te komen, slaat hij een genadeloze backhand langs me heen.

Hij draagt een geruite korte broek, alsof we op het strand zijn, en eerlijk gezegd ziet hij er inderdaad uit alsof hij langs de Rivièra flaneert. Hij is fris, energiek. Hij geniet. Hij zou hier dagenlang mee door kunnen gaan zonder moe te worden.

Bij het begin van de tweede set verschijnen er donkere wolken aan de hemel. Opeens begint het zachtjes te regenen. Op de tribunes worden honderden paraplu's opgestoken. Het spel wordt stilgelegd. Medvedev rent de kleedkamer in en ik ren hem achterna.

Verder is er niemand binnen. Ik loop heen en weer. Er druppelt water uit een leidingkraantje. Het geluid weerkaatst hoog en tingelend tegen de metalen kleedkamerkasten. Ik zit op een bank te zweten en naar een geopende kast te kijken.

Dan komen Brad en Gil binnen. Brad is helemaal in het wit gekleed, in fel contrast met Gils zwarte kleding. Brad slaat de deur zo hard mogelijk dicht en schreeuwt: Wat is er aan de hand?

Hij is te goed, Brad. Hij is gewoon te goed. Ik kan hem niet verslaan. Deze klootzak is 1 meter 95, serveert granaatslagen, mist nooit. Hij doet me pijn met zijn opslag en met zijn backhand, en ik kan zijn opslag niet breken. Dat kan ik gewoon niet.

Brad zegt niets. Ik denk aan Nick, die acht jaar geleden op dezelfde plek stond, zwijgend, tijdens de regenpauze toen ik van Courier verloor. Sommige dingen veranderen nooit. Hetzelfde zware toernooi, hetzelfde misselijkmakende gevoel, dezelfde ongevoelige reactie van mijn coach.

Ik schreeuw tegen Brad: Wat wil je nou? Ben je soms van plan om juist nú je mond niet open te doen? Doe dat wanneer je wil, maar verdomme toch niet uitgerekend nu?

Hij kijkt me even aan en begint dan te schreeuwen. Brad, die nog nooit met stemverheffing tegen wie dan ook heeft gepraat, laat zich gaan: Wat wil je dat ik zeg, Andre? Wát wil je dat ik zeg? Jij zegt tegen mij dat hij te goed is. Hoe zou jij dat verdomme moeten weten? Jij kunt niet beoordelen hoe hij speelt! Je bent zo verward, zo verblind door je paniek dat het me verbaast dát je hem kunt zien. Te goed? Jíj maakt dat het lijkt dat hij goed is.

Maar...

Laat hem toch. Als je verliest, zorg dan in elk geval dat je het hebt geprobeerd. Raak die verdomde bal!

Maar...

En als je niet zeker weet waar je hem naartoe moet slaan, kun je dit misschien proberen. Sla hem naar dezelfde plaats als hij heeft gedaan. Als hij een backhand crosscourt slaat, doe jij dat ook. Sla jouw bal alleen een beetje beter. Je hoeft niet beter te zijn dan de hele verdomde wereld, weet je nog? Je hoeft alleen maar beter te zijn dan die éne man. Hij heeft niet één slag die jij niet ook hebt. *Fuck his serve.* Zijn opslag zal minder worden zodra jij goed gaat slaan. Gewoon slaan. *Just fucking hit.* Als we vandaag verliezen, goed, dan kan ik daarmee leven, maar dan moet je wel op jouw eigen voorwaarden verliezen. De afgelopen dertien dagen heb ik je fantastisch zien spelen. Ik heb je geweldig zien uithalen, mannen zien afmaken, onder druk zien zetten. Dus houd alsjeblieft op medelijden met jezelf te hebben en mij te vertellen dat hij te goed is. En houd alsjeblieft eens op met proberen perfect te zijn! Kijk alleen maar naar de bal, raak die bal! Hoor je me, Andre? Kijk naar de bal. Raak de bal. Laat die vent naar je pijpen dansen. Zorg dat hij je vóélt. Je beweegt niet, je slaat niet; je denkt misschien van wel, maar geloof me, je staat daar alleen maar. Als je verliest, oké, dan mag dat, maar verlies dan wel terwijl je vecht. Ga altijd, altijd vechtend ten onder.

Hij trekt een kleerkast open en ramt hem dicht. Het deurtje klapt weer open en slaat dan met een dreun echt dicht.

De referee komt binnen: We gaan weer beginnen, heren.

Brad en Gil lopen de kleedkamer uit. Als ze naar buiten glippen, zie ik dat Gil Brad stiekem een klopje geeft.

Langzaam loop ik naar de baan. Na een korte warming-up beginnen we weer. Ik ben de stand vergeten en kijk naar het scorebord. O ja, ik sta met 1-0 voor in de tweede set. Maar Medvedev serveert. Weer denk ik aan de finale van 1991 tegen Courier, aan de regenpauze die me toen uit mijn ritme haalde. Misschien kan ik me daar nu voor revancheren. Tenniskarma. Misschien zal de regenpauze die me toen van de wijs bracht, me nu helpen mezelf te hervinden.

Maar Medvedev vertrouwt op zijn eigen Oekraïense karma. Hij gaat gewoon verder waar hij was gebleven, houdt de druk op de ketel, dwingt me continu naar achteren en defensief te spelen, wat me helemaal niet ligt. Het is nu zwaarbewolkt en vochtig, waar Medvedev nog meer kracht uit lijkt te putten. Hij houdt van een traag tempo. Hij is net een woedende olifant die er rustig de tijd voor neemt me onder de voet te lopen. In de eerste game na de regenpauze vuurt hij de bal met een snelheid van 180 kilometer per uur op me af. Binnen een paar seconden is de stand gelijk, 1-1.

Dan breekt hij me. Daarna houdt hij zijn eigen service, breekt me weer en wint de tweede set met opmerkelijk gemak, 6-2.

In de derde set houden we vijf games achter elkaar onze service. Opeens, onverklaarbaar, voor het eerst tijdens de match, breek ik hem. Ik sta voor, 4-2. Ik hoor het publiek naar adem snakken en mompelen.

Maar meteen daarna breekt Medvedev mij. Daarna komt de stand op 4-4.

De zon breekt door, zodat het gravel opdroogt. Het tempo gaat meteen omhoog. Ik serveer en bij 15-15 spelen we verwoed om een punt dat ik met een schitterende backhandvolley verzilver. Bij 30-15 hoor ik in gedachten dat Brad tegen me zegt dat ik naar de bal moet kijken, dat ik de bal moet raken. Ik ga verliezen. Ik sla mijn eerste service met een extra harde kreun. Uit. Snel sla ik de tweede service. Weer uit. Dubbele fout, 30-30.

Zie je wel? Daar heb je het al. Ik ga nog steeds verliezen, Medvedev is nu nog maar zes punten van de eindzege verwijderd. Maar nu ga ik verliezen op Brads voorwaarden en niet op de mijne.

Ik serveer weer. Uit. Koppig weiger ik de tweede opslag voorzichtiger te slaan. Weer uit. Twee dubbele fouten op rij.

Nu is het 30-40. Breakpoint. Ik loop een paar rondjes, knijp mijn ogen dicht, begin bijna te huilen. Ik moet mezelf vermannen. Ik zet mijn tenen tegen de lijn, gooi de bal omhoog en mis weer een opslag. Nu heb ik vijf opslagen op rij gemist. Ik stort in. Nog één gemiste opslag en Medvedev kan serveren voor Roland Garros.

Hij buigt naar voren, klaar om deze tweede opslag weg te vagen. Als returner verplaats je je altijd in je tegenstander en Medvedev weet dat ik in duigen lig nu ik vijf opslagen op rij heb gemist. Daarom denkt hij, met een aan zekerheid grenzende waarschijnlijkheid, dat ik niet het lef heb voor een agressieve opslag. Hij verwacht een mooie en zachte kickserve. Hij denkt dat ik geen andere keus heb. Hij stapt naar voren, een stuk voor de baseline, waarmee hij aangeeft dat hij een zachte opslag verwacht en dat hij, als hij die te pakken krijgt, me die door de strot zal rammen. Hij heeft een blik op zijn gezicht waarmee hij duidelijk wil zeggen: Ga je gang, klootzak. Speel maar agressief als je durft.

Dit is een cruciaal moment voor ons beiden. Dit is het keerpunt van de partij, misschien wel van mijn leven. Het is een krachtmeting, van wilskracht, van lef, van mannelijkheid. Ik gooi de bal omhoog en weiger in te binden. Tegen Medvedevs verwachtingen in serveer ik keihard en agressief naar zijn backhand. De bal springt op een vreemde, schuivende manier op. Medvedev rekt zich uit en schept de bal naar het midden van de baan. Ik sla een forehand naar het openliggende gedeelte van de baan. Hij heeft dat goed ingeschat en slaat een backhand naar mijn voeten. Ik buig en sla een vreemde forehand volley, hij retourneert de bal over het net, waarna ik hem heel zachtjes terug over het net tik, waar hij doodvalt. Een geweldige winner voor zo'n zachte slag.

Ik houd mijn service.

Met een licht verende tred loop ik naar mijn stoel. Het publiek reageert uitzinnig. Medvedev had een kans en die heeft hij laten liggen. Volgens mij kan ik aan zijn gezicht zien dat hij dat weet.

Allez, Agassi! Allez!

Eén goede game, denk ik. Speel één goede game en dan heb je een set gewonnen en dan kun je de baan tenminste met opgeheven hoofd verlaten.

De wolken zijn door de wind verdreven. De zon heeft het gravel gedroogd en het tempo ligt nu enorm hoog. Ik zie dat Medvedev met een bezorgde blik naar de lucht kijkt. Hij wil dat de regenwolken terugkomen. Hij wil deze brandende zon niet. Hij begint te zweten. Zijn neusvleugels gaan open. Hij lijkt wel een paard, een draak. Je kunt de draak verslaan. Hij komt achter, 0-40. Ik breek zijn service en win de derde set.

Nu spelen we op mijn voorwaarden. Ik laat Medvedev van links naar rechts rennen, sla de bal keihard, doe alles wat Brad zei dat ik moest doen. Medvedev is iets trager, is zichtbaar afgeleid. Hij heeft te lang gedacht dat hij zou winnen. Hij was er vijf punten vanaf en heeft daar nu last van. Hij blijft er maar aan denken. Hij zegt tegen zichzelf: Ik was er zo dichtbij. Ik was er eigenlijk al. Bij de eindstreep! Hij leeft in het verleden en ik in de toekomst. Hij denkt, ik voel. Niet denken, Andre. Sla harder.

In de vierde set breek ik hem weer. Daarna wordt het een vechtpartij. We spelen goed en degelijk tennis en gaan zuchtend en steunend tot het uiterste. De set kan beide kanten op gaan, maar ik heb één duidelijk voordeel, een geheim wapen dat ik op elk moment kan inzetten, mijn netspel. Daarmee breng ik Medvedev zichtbaar in de problemen, daarover maakt hij zich zorgen. Hij wordt zenuwachtig, paranoïde bijna. Als ik alleen maar dóé alsof ik naar het net wil rennen, deinst hij al achteruit. Als ik naar voren stap, doet hij een stap naar achteren.

Ik win de vierde set.

In het begin van de vijfde set breek ik hem en sta voor met 3-2. Dus toch, de kansen zijn gekeerd. Dát wat in 1990 en 1991 en 1995 mijn deel had moeten zijn, komt nu mijn kant op. Ik sta voor met 5-3, 40-15. Hij serveert. Ik heb twee matchpoints. Ik moet dit nu winnen, anders moet ik de partij uitserveren en dat wil ik niet. Als ik dit nú niet win, win ik misschien helemaal niet. Als ik dit nú niet win, bevind ik me in dezelfde situatie als Medvedev eerder, geobsedeerd door de gedachte hoe dicht ik erbij was. Als ik dit nú niet win, zal ik als ik bijna dement ben terugdenken aan Roland Garros, dan zit ik in mijn schommelstoel met een deken over mijn benen te mompelen over Medvedev. Ik ben al tien jaar helemaal geobsedeerd door dit toernooi. Ik kan de gedachte niet verdragen dat ik dat nog eens tachtig jaar zal zijn. Na alle moeite en alle zweet, na deze onwaarschijnlijke comeback en dit zo wonderlijk verlopen toernooi – als ik dit nu niet win, zal ik nooit meer gelukkig, echt gelukkig kunnen zijn. En Brad zal in een inrichting moeten worden opgenomen. De eindstreep is zo dichtbij dat ik er mijn lippen al op kan drukken, ik voel hem aan me trekken.

Medvedev wint beide matchpoints. Hij houdt de dood op een afstand. We staan op deuce, alweer. Ik win het volgende punt. Matchpoint, alweer.

Ik schreeuw tegen mezelf: Nu! Je moet nú winnen!

Maar hij wint het volgende punt en daarna de game.

De baanwissel duurt eeuwen. Ik dep mijn gezicht met een handdoek. Ik kijk naar Brad, verwacht dat hij een en al wanhoop zal zijn, net als ik. Maar hij kijkt vastbesloten. Hij steekt vier vingers omhoog. Nog vier punten. Vier punten die gelijkstaan aan vier slams. *Come on! Let's go!*

Een paar seconden na het winnen van Roland Garros in 1999 door Andrej Medvedev te verslaan.

Als ik deze partij verlies ben ik gedoemd tot een leven vol spijt omdat ik niet heb gedaan wat Brad heeft gezegd. Ik hoor zijn stem in mijn hoofd: Ga terug naar de bron.

Medvedevs forehand is de bron.

We stappen de baan op. Ik ben van plan elke bal naar zijn forehand te slaan en hij weet dat. Tijdens het eerste punt moet hij zich strekken om een passeerslag van de lijn. De bal belandt in het net.

Toch wint hij het volgende punt, doordat ik een forehand in het net sla.

Opeens hervind ik mijn opslag. Als vanuit het niets sla ik een keiharde eerste service waar hij geen antwoord op heeft. Hij slaat een vermoeide forehand uit. Mijn volgende eerste service is zelfs nog harder en hij slaat een forehand in het net.

Championship point. De helft van het publiek scandeert mijn naam en de andere helft roept: Sst. Ik sla nóg een duizelingwekkende eerste service en als Medvedev een stap opzij doet en slapjes met zijn racket zwaait, ben ik de tweede die al weet dat ik Roland Garros heb gewonnen. Brad is de eerste. Medvedev is de derde. De bal komt ver achter de baseline neer. Ik geniet als ik hem neer zie komen.

Ik steek mijn armen in de lucht, waardoor mijn racket op het gravel neerkomt. Ik huil. Ik wrijf over mijn hoofd. Het is gewoon griezelig hoe goed dit voelt. Winnen hóórt niet zo goed te voelen. Winnen hóórt niet zo belangrijk te zijn. Maar het is wel zo, echt, ik kan er niets aan doen. Ik ben ontzettend blij, ik ben Brad dankbaar, en Gil, en Parijs, zelfs Brooke en Nick. Zonder Nick zou ik hier niet zijn. Zonder alle ups en downs met Brooke, zelfs zonder onze ellendige laatste dagen samen, zou dit niet mogelijk zijn geweest. Ik ben zelfs mezelf een beetje dankbaar, voor alle goede en foute keuzes die ik heb gemaakt en die me hier hebben gebracht.

Als ik de baan verlaat, blaas ik handkusjes in alle vier de windrichtingen. Dat is het enige gebaar dat ik kan bedenken om de oprechte dankbaarheid uit te drukken die door me heen stroomt, de emotie die voelt als de bron van alle andere emoties. Ik zweer dat ik dat vanaf nu altijd zal doen als ik een tennisbaan verlaat: ik zal handkusjes naar de vier hoeken van de aarde blazen, om iedereen te bedanken.

We vieren een klein feestje in een Italiaans restaurant, Stressa, in het centrum van Parijs. Vlak bij de Seine, vlak bij de plek waar ik Brooke het tennishangertje heb gegeven. Ik drink champagne uit mijn trofee. Gil drinkt cola en is fysiek niet in staat om niet te glimlachen. Af en toe legt hij zijn hand op de mijne, zo zwaar als een dik woordenboek, en zegt: *You did it.*

We did it, Gilly.

McEnroe is er ook. Hij geeft me een telefoon en zegt: Iemand wil even dag tegen je zeggen.

Andre? Andre! Gefeliciteerd. Ik was zo blij toen ik je vanavond zag. Ik ben jaloers op je.

Borg. Jaloers? Waarom?

Je hebt iets gedaan wat maar heel weinig mensen hebben gedaan.

Als Brad en ik teruglopen naar het hotel komt de zon op. Hij slaat zijn arm om me heen en zegt: De reis is op de juiste manier geëindigd.

Hoezo?

Hij zegt: Meestal is het zo dat de reis in een leven op de verkeerde manier eindigt. Maar deze keer is hij op de juiste manier geëindigd.

Ik sla een arm om hem heen. Dat is een van de weinige dingen die de Profeet die maand verkeerd ziet, want de reis is nog maar net begonnen.

HOOFDSTUK 23

In de Concorde terug naar New York zegt Brad dat het het lot is, het lot. Hij heeft een paar biertjes op.

Je bent de man die Roland Garros 1999 heeft gewonnen, zegt hij. En welke vrouw heeft die toevallig gewonnen? Wie? Zeg op.

Ik glimlach.

Dat is waar. Steffi Graf.

Het lot heeft jullie samengebracht. Er zijn maar twee mensen in de hele wereld die alle vier de slams en een gouden medaille hebben gewonnen: jij en Steffi Graf. *The Golden Slam*. Volgens het lot zouden jullie moeten trouwen.

In feite, zegt hij, kan ik je dit voorspellen. Hij pakt de Concordebrochure uit het netje van de rugleuning voor hem en schrijft in de rechterbovenhoek: 2001 – Steffi Agassi.

Wat bedoel je daar nu weer mee?

In 2001 zijn jullie getrouwd. En in 2002 krijgen jullie samen je eerste vier kinderen.

Brad, ze heeft een vriend. Ben je dat soms vergeten?

Wil je me na de afgelopen twee weken vertellen dat iets onmogelijk is?

Weet je, dit kan ik je wel vertellen: nu ik Roland Garros heb gewonnen, voel ik me iets meer... hoe moet ik het zeggen... de moeite waard?

Kijk! Dat bedoel ik nou.

Ik geloof niet dat mensen zijn voorbestemd om een tennistoernooi te winnen. Voorbestemd om samen te zijn misschien, maar niet voorbestemd om meer winners en aces te slaan dan hun tegenstander. Toch aarzel ik om Brads woorden in twijfel te trekken. Daarom, voor het geval dat en omdat ik de tekst wel mooi vind, scheur ik het hoekje van het Concordetijdschrift waar hij zijn meest recente voorspelling op heeft gekrabbeld eraf en stop het in mijn zak.

De vijf dagen daarna brengen we door op Fisher Island, om te herstellen en om het te vieren. Vooral dat laatste. Het gezelschap wordt steeds groter. Brads vrouw Kimmie, J.P. en Joni arriveren per vliegtuig. 's Avonds laat zetten we de stereo hard en luisteren steeds maar weer naar Sinatra's *That's Life*, waarbij Kimmie en Joni als go-go-girls op de tafel en op bed dansen.

Daarna ga ik de grasbaan van het hotel op. Ik speel een paar dagen met Brad, waarna we op het vliegtuig naar Londen stappen. Halverwege de vlucht, boven de Atlantische Oceaan, realiseer ik me dat we op Steffi's verjaardag zullen landen. Wat kan er gebeuren?

Stel dat we haar tegenkomen? Het zou leuk zijn als ik iets leuks voor haar had.

Ik kijk naar Brad. Hij slaapt. Ik weet dat hij vanaf het vliegveld meteen naar de oefenbanen op Wimbledon wil. Dan is er dus geen tijd om ergens een kaart te kopen. Ik zou nu een soort verjaardagskaart moeten maken. Maar waarvan?

Ik vind de menukaart van de eerste klas wel mooi. Op de voorkant staat een foto van een kerkje op het platteland onder een halve maan. Ik maak één kaart van de voorkant van twee menukaarten en schrijf erin: Beste Steffi, gefeliciteerd met je verjaardag. Je zult wel trots zijn op jezelf. Gefeliciteerd met datgene waarvan ik weet dat het slechts een fractie is van wat nog voor je ligt.

Ik maak gaatjes in de beide menu's. Nu heb ik alleen nog iets nodig om ze bij elkaar te houden. Ik vraag de stewardess of ze een touwtje heeft of een lint. Misschien wat glinsterfolie? Ze geeft me een stukje raffia dat om de hals van een champagnefles heeft gezeten. Zorgvuldig steek ik de raffia door de gaatjes. Het voelt alsof ik een tennisracket span.

Als de kaart af is, maak ik Brad wakker en laat hem mijn knutselwerkje zien.

Vakmanschap uit de Oude Wereld, zeg ik.

Hij wrijft met zijn knokkels in zijn ogen, knikt goedkeurend. Je hebt alleen maar een blik nodig, zegt hij. Een opening. Dan stop ik mijn kaart in mijn tennistas en wacht.

Er zijn drie niveaus oefenbanen op het oefenterrein van Wimbledon, Aorangi Park. Het is een gelaagde heuvel, een Azteekse tempel van tennisbanen. Brad en ik spelen een halfuur op de bovenste laag. Als we klaar zijn pak ik mijn tennistas in. Ik neem er alle tijd voor, zoals gewoonlijk. Ik vind het moeilijk om na een intercontinentale vlucht alles weer op orde te krijgen. Net op het moment dat ik mijn natte shirt zorgvuldig in een plastic tas stop, stompt Brad me tegen mijn schouder.

Ze komt eraan, man, ze komt eraan.

Ik kijk op, ik lijk wel een Ierse setter. Als ik een staart had, zou ik kwispelen. Ze is tien meter van me af, ze draagt een strakke blauwe trainingsbroek. Nu pas zie ik dat ze net als ik een beetje op haar tenen loopt. Ze heeft haar blonde haar in een paardenstaart gebonden en het glanst in de zon. En alweer lijkt het op een halo.

Ik ga rechtop staan. Ze begroet me met een kusje op elke wang.

Gefeliciteerd met de French, zegt ze. Ik was zo blij voor je. Ik had tranen in mijn ogen.

Ik ook.

Ze glimlacht.

Jij ook gefeliciteerd, zeg ik. Jij hebt het pad voor me geëffend. Jij hebt de baan voor me opgewarmd.

Bedankt.

Stilte.

Gelukkig zijn er geen fans of fotografen in de buurt en dus ziet ze er ontspannen uit, niet gehaast. Ik voel me ook vreemd ontspannen. Maar Brad maakt piepende geluidjes, als een ballon die langzaam leegloopt.

O ja, zeg ik. Bijna vergeten. Ik heb een cadeautje voor je. Ik wist dat je jarig was en dus heb ik een kaart voor je gemaakt. Gefeliciteerd met je verjaardag.

Ze neemt de kaart van me aan, kijkt er een paar seconden naar en kijkt dan op, ontroerd.

Hoe wist je dat ik jarig was?

Dat wist ik gewoon.

Dank je wel, zegt ze. Echt.

Ze loopt haastig weg.

De volgende dag loopt ze net van de oefenbaan af als Brad en ik eraan komen. Nu zijn er allemaal mensen en fotografen in de buurt en ze lijkt pijnlijk verlegen. Ze zwaait halfslachtig naar ons en fluistert zachtjes: Hoe kan ik je bereiken?

Ik geef mijn nummer wel aan Heinz.

Oké.

Tot ziens.

Dag.

Na de training zitten Perry en Brad en ik in het huis dat we hebben gehuurd en vragen ons af wanneer ze zal bellen.

Al snel, zegt Brad.

Heel snel, zegt Perry.

De dag gaat voorbij zonder dat ze belt.

Nog een dag verstrijkt.

Ik ben wanhopig. Maandag begint Wimbledon en ik kan niet slapen, ik kan niet denken. Slaappillen zijn machteloos tegen deze vorm van opwinding.

Ze kan maar beter bellen, zegt Brad, anders verlies je al in de eerste ronde.

Zaterdagavond, vlak na het avondeten, gaat de telefoon.

Hallo?

Hi. Met Stefanie.

Stefanie?

Stefanie.

Stefanie... Graf?

Ja.

O. Heet je dan Stefanie?

Ze vertelt dat haar moeder haar jaren geleden Steffi noemde en dat de pers dat heeft opgepikt en dat die naam is blijven hangen. Maar zij geeft de voorkeur aan Stefanie.

Stefanie dan, zeg ik.

Terwijl ik met haar praat, spring en glijd ik op mijn sportsokken door de woonkamer. Ik spring op de meubels, glijd over de houten vloer. Brad smeekt me ermee op te houden, zegt dat ik in een stoel moet gaan zitten. Hij is bang dat ik een been breek of een knie verdraai. Ik loop rustig door de kamer. Brad glimlacht en zegt tegen Perry: Dit gaat een goed toernooi worden. Dit gaat een goed Wimbledon worden.

Sst, zeg ik tegen hem.

Dan sluit ik mezelf op in de badkamer.

Luister, zeg ik tegen Stefanie, in Key Biscayne zei je: Ik wil niet dat er een misverstand is tussen ons. Nou, dat wil ik ook niet. Dus moet ik je vertellen, voordat we verder praten moet ik je vertellen dat ik je heel mooi vind. Ik heb respect voor je, ik bewonder je en ik zou je heel graag beter willen leren kennen. Dat is mijn doel. Dat is het enige wat ik wil. Zeg dat het mogelijk is. Zeg dat we samen uit eten kunnen gaan.

Nee.

Alsjeblieft.

Dat kan niet, niet hier.

Niet hier. Oké. Kunnen we ergens anders naartoe gaan?

Nee, ik heb een vriend.

Ik denk: De vriend. Nog steeds. Ik heb over hem gelezen. Autocoureur. Dezelfde vriend, al zes jaar. Ik probeer iets te bedenken om te zeggen, ik probeer een manier te vinden om tegen haar te zeggen dat ze moet proberen zich voor te stellen hoe het zou zijn met mij. De stilte begint ongemakkelijk te worden en ik voel dat het moment voorbij gaat. Het enige wat ik kan verzinnen is: Zes jaar is een lange tijd.

Ja, zegt ze. Dat is zo.

Als je niet vooruitgaat, ga je achteruit. Dat heb ik zelf meegemaakt.

Ze zegt niets. Maar door de manier waarop ze niets zegt, weet ik dat ik een snaar heb geraakt.

Ik zeg: Dat kan onmogelijk datgene zijn waar je naar op zoek bent. Ik bedoel, ik wil niets suggereren, maar...

Ik houd mijn adem in. Ze spreekt me niet tegen.

Ik zeg: Ik wil niet respectloos klinken, of vrijpostig zijn, maar kun je me alleen maar, alsjeblieft... zou je me alleen maar... heel misschien beter willen leren kennen?

Nee.

Koffie?

Ik kan niet openlijk met je samen zijn. Dat zou niet goed zijn.

Wat denk je dan van brieven? Mag ik je schrijven?

Ze schiet in de lach.

Mag ik je dingen sturen? Vind je het goed dat je *mij* leert kennen voordat je besluit of ik jou mag leren kennen?

Nee.

Zelfs geen brieven?

Er is iemand die mijn post leest.

Ik begrijp het.

Ik stomp met mijn vuist tegen mijn voorhoofd. Verzin iets, Andre, verzin iets.

Ik zeg: Oké. Wat denk je hier dan van? Je volgende toernooi is in San Francisco. Ik ga daar oefenen met Brad. Je zei dat je van San Francisco houdt. Laten we daar afspreken.

Dat is... mogelijk.

Dat is... mogelijk?

Ik wacht tot ze meer zegt. Dat doet ze niet.

Dus dan mag ik je bellen. Of wil je mij liever bellen?

Bel me maar na dit toernooi, zegt ze. Laten we eerst spelen en dan bel je me als je klaar bent met dit toernooi.

Ze geeft me het nummer van haar mobieltje. Ik schrijf het op een papieren servetje, druk er een kus op en stop het in mijn tennistas.

Ik bereik de halve finale. Ik speel tegen Rafter en versla hem in straight sets. Ik vraag me niet af tegen wie ik in de finale moet spelen. Dat is Pete. Altijd maar weer Pete. Ik strompel het huis in, denk alleen aan douchen, eten, slapen. De telefoon gaat. Ik hoop dat het Stefanie is, om me geluk te wensen tegen Pete en om onze afspraak in San Francisco te bevestigen.

Maar het is Brooke. Ze is in Londen en vraagt of ze langs mag komen.

Na het telefoongesprek draai ik me om en zie Perry, vlak bij me.

Andre, vertel me alsjeblieft dat je nee hebt gezegd. Vertel me alsjeblieft dat je die vrouw niet hier laat komen.

Ze komt hier. Morgenochtend.

Voordat je de finale van Wimbledon moet spelen?

Het komt wel goed.

Ze komt om tien uur. Ze draagt een enorme Britse hoed met een brede slappe rand en plastic bloemen. Ik geef haar een korte rondleiding door het huis. We vergelijken dit huis met de huizen die zij en ik hebben gehuurd, vroeger. Ik vraag of ze iets wil drinken.

Heb je misschien thee?

Natuurlijk.

In de kamer ernaast hoor ik Brad kuchen. Ik weet wat dat kuchje betekent. Hij is woedend. Het is de ochtend van de finale. Een sporter moet op de ochtend van een finale nooit veranderingen aanbrengen in zijn routine. Tijdens dit toernooi heb ik 's ochtends altijd koffie gedronken. Nu zou ik dus ook koffie moeten drinken.

Maar ik wil een goede gastheer zijn. Ik zet een pot thee en die drinken we op aan de keukentafel onder het raam. We praten zonder iets te zeggen. Ik vraag of ze me iets speciaals wil vertellen.

Ze mist me, zegt ze. Dat wilde ze me vertellen.

O.

Ze ziet een stapel tijdschriften op tafel liggen. *Sports Illustrated*, met mij op de cover. De kop luidt: *Suddenly Andre.* (Opeens begin ik dat woord te haten, *suddenly.*) Toernooi-officials hebben ze laten brengen, zeg ik tegen haar. Ze willen dat ik mijn handtekening op die tijdschriften zet voor fans en Wimbledonofficials en stafleden.

Brooke kijkt naar het tijdschrift, naar mijn foto. Ik kijk naar haar en denk aan die dag, dertien jaar geleden, toen ik samen met Perry in zijn slaapkamer zat, onder honderden covers van *Sports Illustrated*, dromend over Brooke. Nu is zij hier en sta ik op de cover van *Sports Illustrated*, was Perry een van de producers van haar tv-show en praten we amper nog met elkaar.

Ze leest de kop hardop voor. *Suddenly Andre.* Ze leest het weer voor. *Suddenly Andre?*

Ze kijkt op: O, Andre.

Wat is er?

O, Andre. Het spijt me zo.

Wat?

Dit is jouw grote moment en ze schrijven alleen maar over mij.

Stefanie zit ook in de finale en verliest van Lindsay Davenport. Ze doet ook mee aan het gemengd dubbel. Ze speelt met McEnroe en zij hebben de halve finale bereikt, maar zij heeft zich teruggetrokken vanwege een geblesseerde hamstring. Als ik me in de kleedkamer omkleed voor mijn partij tegen Pete, zegt McEnroe tegen een groepje spelers dat Stefanie hem in de steek heeft gelaten.

Dat geloof je toch niet? Die trut vraagt of ik gemengd dubbel met haar wil spelen en dan doe ik dat verdomme en nu zitten we in de halve finale en dan trekt ze zich terug.

Brad let een hand op mijn schouder. Rustig aan, *champ*.

Ik begin sterk tegen Pete. Mijn gedachten gaan allerlei kanten op – waar haalt Mac het lef vandaan om zulke dingen over Stefanie te zeggen? Wat had Brooke eigenlijk een gekke hoed op? – maar op de een of andere manier speel ik degelijk, zelfverzekerd tennis. Het is 3-3 in de eerste set, Pete serveert bij 0-40. Drie breakpoints. Ik zie dat Brad glimlacht en Perry een stomp geeft en hoor hem roepen: *Come on! Let's go!*

Ik denk aan Borg, de laatste die in hetzelfde jaar Roland Garros én Wimbledon heeft gewonnen, een prestatie die ik altijd heb bewonderd, een prestatie die nu binnen mijn bereik ligt.

Ik stel me voor dat Borg me weer opbelt om me te feliciteren. Andre? Andre, ik ben het. Borg. Ik ben jaloers op je.

Pete wekt me uit mijn dagdroom. Hij slaat een serve die niet te stoppen is, twéé keer. Ace.

Game, Sampras.

Ik kijk verbijsterd naar Pete. Niemand, dood of levend, heeft ooit zo geserveerd. Niemand uit het heden en het verleden van deze sport had die opslagen kunnen retourneren.

Hij verslaat me in straight sets. Dit is de eerste partij in een slam die ik in de afgelopen veertien maanden heb verloren. Later zegt Pete tegen me dat hij mij de bal nog nooit zo hard en zuiver had zien slaan als in die eerste zes games. En dat hij daarom zijn spel had aangescherpt en zijn tweede service dertig kilometer per uur harder was gaan slaan.

In de kleedkamer moet ik de gebruikelijke dopingtest ondergaan. Ik wil heel graag naar huis om Stefanie te bellen, maar dat kan niet. Ik heb een blaas als een walvis en het duurt eeuwen. Eindelijk werkt mijn blaas samen met mijn hart.

In de hal laat ik mijn tennistas op de grond vallen en grijp de telefoon alsof het een dropshot is. Met trillende vingers toets ik haar nummer in. Meteen word ik doorgeschakeld naar de voicemail. Ik spreek een boodschap in: Hallo. Met Andre. Toernooi voorbij. Verloor van Pete. Het spijt me dat jij van Lindsay hebt verloren. Bel me zodra je kunt.

Ik ga zitten. Ik wacht. Een dag verstrijkt. Geen telefoontje. Nog een dag. Geen telefoontje.

Ik houd de telefoon voor mijn gezicht en zeg tegen hem: Ga over.

Ik bel haar weer, spreek weer een boodschap in. Niets.

Ik vlieg terug naar de westkust. Zodra ik uit het vliegtuig stap, controleer ik mijn voicemail. Niets.

Ik vlieg naar New York voor een liefdadigheidsevenement. Elk kwartier controleer ik mijn voicemail. Niets.

J.P. komt me in New York City gezelschap houden. We gaan de stad in. P.J. Clarke's en Campagnola. Een grote ovatie als we binnenkomen. Ik zie mijn vriend Bo Dietl, de agent die een bekende tv-persoonlijkheid is geworden. Hij zit aan een lange tafel met zijn crew: Mike the Russian, Shelly the Tailor, Al Tomatoes, Joey Pots and Pans. Ze willen dat we bij hen komen zitten.

J.P. vraagt Joey Pots and Pans hoe hij aan zijn bijnaam is gekomen.

Ik vind koken heerlijk!

Later schieten we allemaal in de lach als Joey's mobieltje overgaat en hij opneemt met: Pots!

Bo zegt dat hij dit weekend een feest heeft in de Hamptons. Hij wil per se dat J.P. en ik ook komen. Pots kookt, zegt hij. Vertel hem wat je favoriete gerecht is, wat het ook is, dan maakt hij het voor je klaar. Dat doet me denken aan vroeger, aan die donderdagavonden bij Gil thuis.

Ik zeg tegen Bo dat we zeker zullen komen.

De mensen bij Bo thuis lijken wel een combinatie van de cast van *Goodfellas* en *Forest Gumb. Wiseguys* én mensen die heel traag van begrip zijn. We zitten bij het zwembad, roken sigaren, drinken tequila. Af en toe haal ik Stefanies telefoonnummer uit mijn zak en kijk ernaar. Op een bepaald moment loop ik Bo's huis in en bel haar vanaf zijn vaste lijn. Voor het geval ze gewoon niet opneemt als ze ziet dat ik bel. Ik word meteen doorgeschakeld naar de voicemail.

Gefrustreerd, rusteloos, drink ik drie of vier margarita's te veel, daarna leg ik mijn portefeuille en mijn mobieltje op een stoel en spring in het zwembad, met mijn kleren aan. Iedereen springt me achterna. Een uur later controleer ik mijn voicemail weer: U hebt één nieuw bericht.

Om de een of andere reden is mijn mobieltje niet overgegaan.

Hi, zegt ze. Sorry dat ik je niet heb teruggebeld. Ik ben heel ziek geweest. Mijn lichaam is ingestort na Wimbledon. Ik moest me terugtrekken uit het toernooi in San Francisco en teruggaan naar Duitsland. Maar nu voel ik me beter. Bel me zo snel mogelijk terug.

Ze geeft haar nummer niet, natuurlijk niet, omdat ze dat al eerder heeft gedaan.

Ik klop op mijn zakken. Waar heb ik dat nummer toch gelaten?

Mijn hart slaat over. Ik herinner me dat ik haar nummer op een papieren servetje heb geschreven en dat zat ik mijn zak toen ik in het zwembad sprong. Snel haal ik het servetje uit mijn zak. Doorweekt.

Het schiet me te binnen dat ik Stefanies nummer één keer via de huistelefoon van Bo heb gebeld. Ik pak Bo bij zijn arm en zeg tegen hem dat hij hoe dan ook, wat hij er ook voor moet doen, wie hij er ook voor te grazen moet nemen of vermoorden, een lijst te pakken moet zien te krijgen van alle nummers die met zijn telefoon zijn gebeld. En dat hij dat nu meteen moet doen.

Doe ik, zegt Bo.

Hij belt een vent die een vent kent die een vriend heeft met een neef die bij de telefoonmaatschappij werkt. Een uur later hebben we de lijst met telefoongesprekken vanuit het huis; het lijkt wel het telefoonboek van een wereldstad. Bo schreeuwt tegen zijn crew: Vanaf nu ga ik jullie goed in de gaten houden, stelletje stomkoppen! Geen wonder dat mijn telefoonrekening zo hoog is!

Maar ik heb wel het nummer. Ik schrijf het op zes verschillende plekken op, onder andere in mijn hand. Ik bel Stefanie en ze neemt al bij de derde keer op. Ik vertel haar wat ik heb meegemaakt. Ze lacht. We spelen binnenkort allebei in de buurt van Los Angeles, zegt ze. Kunnen we elkaar daar zien?

Misschien?

Na je toernooi, zegt ze. Ja.

Ik vlieg naar Los Angeles en speel goed. In de finale speel ik tegen Pete. Ik verlies, 7-6, 7-6, en het kan me niets schelen. Als ik van de baan loop, ben ik de gelukkigste man ter wereld.

Ik neem een douche, scheer me, kleed me aan. Ik pak mijn tennistas en loop naar de deur. Daar staat Brooke.

Ze hoorde dat ik in de stad was en besloot dat ze me wilde zien spelen. Ze bekijkt me van top tot teen.

Wauw, zegt ze. Jij ziet er chic uit. Een belangrijk afspraakje?

Ja, inderdaad.

O. Met wie?

Ik geef geen antwoord.

Gil, zegt ze, met wie heeft hij een afspraakje?

Brooke, volgens mij moet je hem dat zelf maar vragen.

Ze kijkt me aan. Ik zucht.

Ik heb een afspraakje met Stefanie Graf.

Stefanie?

Steffi.

Ik weet dat we allebei denken aan die foto op de deur van de koelkast. Ik zeg: Vertel het alsjeblieft aan niemand, Brooke. Ze is erg op zichzelf en wil het liefst niet opvallen.

Ik zal het aan niemand vertellen.

Dank je wel.

Je ziet er leuk uit.

Echt waar?

Ja, echt.

Dank je.

Ik hang mijn tennistas aan mijn schouder. Ze loopt met me mee de tunnel in onder het stadion, waar de spelers hun auto parkeren.

Hallo Lily, zegt ze en legt een hand op de glanzende witte motorkap van de Cadillac. De kap is al naar beneden. Ik gooi mijn tas op de achterbank.

Veel plezier, zegt Brooke en geeft me een kusje op de wang.

Ik rijd langzaam weg, kijk nog even in het achteruitkijkspiegeltje naar Brooke. Alweer rijd ik in Lily bij haar vandaan. Maar ik weet ook dat dit de laatste keer is, dat we elkaar nooit meer zullen spreken.

Onderweg naar San Diego, waar Stefanie moet spelen, bel ik J.P. Hij houdt een peptalk. Doe niet te veel je best, zegt hij. Probeer niet perfect te zijn. Wees jezelf.

Volgens mij weet ik wel hoe ik dat advies op de tennisbaan ten uitvoer moet brengen, maar tijdens een afspraakje weet ik dat nog niet zo zeker.

Andre, zegt hij, bepaalde mensen zijn een thermometer en anderen zijn een thermostaat. Jij bent een thermostaat. Jij registreert de temperatuur in een vertrek niet, maar verandert die. Gedraag je

zelfverzekerd, neem de leiding en laat haar je ware ik zien.
Dat kan ik wel, denk ik.
Wat denk je, moet ik haar ophalen met de kap omhoog of naar beneden?
Omhoog. Meiden maken zich altijd druk over hun haar.
Ja, wie niet. Maar het is toch cooler met de kap naar beneden?
Haar haar, Andre, haar haar.
Ik houd de kap omlaag. Ik ben liever cool dan galant.

Stefanie heeft een huurappartement in een groot resort. Ik kan het resort wel vinden, maar haar appartement niet. Daarom bel ik haar op.
In wat voor auto rijd je?
In een Cadillac, zo groot als een cruiseschip.
O ja, ik zie je al.
Ik kijk omhoog. Ze staat te zwaaien op een hoge, met gras begroeide heuvel.
Ze roept: Wacht!
Ze rent de heuvel af en wil in mijn auto stappen.
Wacht even, zeg ik. Ik wil je eerst iets geven. Mag ik even met je mee naar boven?
O. Eh...
Heel even maar.
Met tegenzin loopt ze de heuvel weer op. Ik rijd door en parkeer de auto voor de voordeur van haar flatje.
Ik geef haar een cadeautje, een doos lekkere snoepjes die ik in Los Angeles voor haar heb gekocht. Het lijkt alsof ze ze lekker vindt.
Oké, zegt ze dan. Klaar?
Ik hoopte dat we eerst even iets konden drinken.
Iets drinken? Zoals?
Dat weet ik niet. Een wijntje?
Ze zegt dat ze geen wijn heeft.
We zouden roomservice kunnen bellen.
Ze zucht. Ze geeft me een wijnlijst en zegt dat ik maar een fles moet uitzoeken.
Als de jongen van de roomservice op de deur klopt, vraagt ze of ik even in de keuken wil wachten. Ze zegt dat ze niet wil dat we

samen worden gezien. Ze heeft geen goed gevoel over ons afspraakje. Ze kan zich voorstellen dat de jongen van de roomservice het aan zijn collega's vertelt. Ze heeft een vriend, zegt ze nog eens.

Maar we zijn gewoon...

Er is geen tijd voor uitleg, zegt ze en duwt me de keuken in.

Ik kan de arme knul van de roomservice horen. Hij is een beetje onder de indruk van Stefanie, die net zo zenuwachtig is maar om een totaal andere reden. Ze probeert hem op te jagen, maar hij is aan het knoeien met de fles en laat hem natuurlijk vallen. Een 1989 Château Beychevelle.

Als het joch vertrokken is, help ik Stefanie met het opruimen van de stukken gebroken glas.

Ik zeg: Dit is een goed begin, denk je niet?

Ik heb een tafeltje gereserveerd in Georges on the Cove, met uitzicht op de oceaan. We bestellen allebei kip en groente op een bedje van aardappelpuree. Stefanie eet sneller dan ik en raakt haar wijn niet aan. Ik realiseer me dat ze geen fijnproever is, geen 'drie gangen en lang natafelen met koffie'-type. Ze is ook zenuwachtig, omdat iemand die ze kent achter ons zit.

We praten over mijn stichting. Ze luistert gefascineerd naar de *charter school* die ik laat bouwen. Zij heeft een stichting opgericht die kleuterscholen bouwt in door oorlog verwoeste gebieden als Eritrea en Kosovo.

Natuurlijk komt Brad ook ter sprake. Ik vertel haar over zijn coachingsvaardigheden, zijn mensenkennis. We lachen om alles wat hij heeft gedaan om deze avond mogelijk te maken. Ik vertel haar niets over zijn voorspelling. Ik vraag niets over haar vriendje. Ik vraag wat ze graag doet in haar vrije tijd. Ze zegt dat ze van de oceaan houdt.

Heb je zin morgen naar het strand te gaan?

Ik dacht dat je naar Canada moest.

Ik zou morgen de nachtvlucht kunnen nemen.

Ze denkt erover na.

Oké.

Na het diner zet ik haar af bij haar appartement. Ze geeft me een kusje op elke wang – heel Europees en daardoor ongemakkelijk. Ze holt naar binnen.

Terwijl ik wegrijd, bel ik Brad. Hij is al in Canada waar het uren later is. Ik maak hem dus wakker, maar hij dwingt zichzelf wakker te worden als ik hem vertel dat het afspraakje goed is gegaan.

Come on, zegt hij slaperig, een gaap inhoudend. *Let's go.*

Ze legt een handdoek op het zand en trekt haar spijkerbroek uit. Eronder draagt ze een wit zwempak. Ze loopt tot aan haar knieën het water in. Ze blijft staan met één hand op haar heup en met de andere beschermt ze haar ogen tegen de zon. Ze kijkt de horizon af.

Ze vraagt: Kom je er ook in?

Ik weet het niet.

Ik heb een korte witte tennisbroek aan. Ik heb er niet aan gedacht een zwembroek mee te nemen. Bovendien ben ik een kind van de woestijn en voel ik me niet op mijn gemak in het water. Maar als het moet, zwem ik nu naar China. Met alleen mijn tennisbroek aan loop ik naar Stefanie toe. Ze lacht om mijn zwemkleding en doet net alsof ze gechoqueerd is dat ik geen onderbroek draag. Ik vertel haar dat ik dat al doe sinds Roland Garros en dat ik daar nooit meer verandering in zal brengen.

We praten voor het eerst over tennis. Als ik haar vertel dat ik tennis haat, kijkt ze me aan met een blik alsof ze wil zeggen: Natuurlijk. Dat geldt toch voor iedereen?

Ik praat over Gil. Ik vraag naar haar manier van trainen. Ze zegt dat ze vroeger met het Duits olympisch hardloopteam trainde.

Wat is je beste afstand?

De achthonderd meter.

Grr. Dat is echt zwaar. Wat is je snelste tijd?

Ze glimlacht verlegen.

Wil je het me niet vertellen?

Geen antwoord.

Kom op. Hoe snel ben je?

Ze wijst naar het strand, naar een rode ballon in de verte.

Zie je dat rode vlekje?

Ja.

Je kunt me toch niet bijhouden.

Denk je dat?

Dat denk ik.

Ze glimlacht en holt weg. Ik ren achter haar aan. Het is net alsof ik haar mijn hele leven al achternazit, maar nu letterlijk. Eerst kan ik haar alleen maar bijhouden, maar vlak bij de eindstreep kan ik het gat dichten. Ze heeft twee lengtes voorsprong als ze de rode ballon bereikt. Ze draait zich om en het geluid van haar lach dwarrelt naar me toe als wimpels in de wind.

Ik heb het nog nooit zo fijn gevonden om te verliezen.

HOOFDSTUK 24

Als ik in Canada ben, is zij in New York. Als ik in Vegas ben, is zij in Los Angeles. We houden contact via de telefoon. Op een avond vraagt ze naar mijn favoriete songs, boeken, gerechten, films.

Je hebt waarschijnlijk nog nooit gehoord van mijn favoriete film.

Vertel eens, zegt ze.

Hij is al jaren geleden uitgekomen. Hij heet *Shadowlands*. Hij gaat over C.S. Lewis, de schrijver.

Ik hoor een geluidje alsof de telefoon valt.

Dan zegt ze: Dat is onmógelijk. Dat kán gewoon niet. Dat is míjn favoriete film.

Het gaat over je binden, je openstellen voor de liefde.

Ja, zegt ze. Ja, ja, dat is zo, ik weet het.

We are like blocks of stone... blows of His chisel which hurt us so much are what make us perfect.

Ja. Helemaal perfect.

In Montréal, in de halve finale tegen Kafelnikov, bak ik er helemaal niets van. Hij is de nummer twee van de wereld en geeft me zo'n afstraffing dat de mensen op de tribunes de handen voor de ogen slaan. Ik zeg tegen mezelf: Ik heb geen enkele invloed op de uitkomst van deze partij. Ik heb niets te zeggen over wat me vandaag overkomt. Ik word niet alleen verslagen, maar van de baan geveegd. Toch voel ik me goed. In de kleedkamer leunt Kafelnikovs coach Larry glimlachend tegen de muur.

Larry, dat was het smerigste tennis dat ik ooit heb gezien. Ik beloof je één ding. Zeg maar tegen die jongen van je dat ik hem een paar afstraffingen zal geven.

Later die dag belt Stefanie. Ze is op LAX, het vliegveld van Los Angeles.

Ik vraag: Hoe is jouw toernooi verlopen?

Ik ben geblesseerd.
Ai, dat spijt me.
Ja, jammer. Ik ben er klaar mee.
Waar ga je nu naartoe?
Terug naar Duitsland. Daar moet ik nog wat doen.
Ik weet wat ze daarmee bedoelt. Ze gaat met haar vriend praten, hem over mij vertellen, het uitmaken. Ik voel dat ik dom begin te glimlachen.
Als ze klaar is in Duitsland, zegt ze, komt ze naar me toe, in New York. Dan kunnen we een tijdje samen zijn voordat de US Open begint. Ze zegt dat ze een persconferentie moet beleggen.
Een persconferentie? Waarom?
Ik stop met tennis.
Je... stopt? Hou je ermee op?
Dat zei ik toch net? Ik ben er klaar mee.
Toen je zei dat je er klaar mee was, dacht ik dat je bedoelde dat je klaar was met dat toernooi! Ik wist niet dat je bedoelde dat je er klaar mee was.
Ik word er verdrietig van als ik eraan denk dat het tennis het zonder Stefanie Graf zal moeten stellen, de beste tennisster aller tijden. Ik vraag hoe het voelt, de wetenschap dat ze nooit meer professioneel tennis zal spelen. Dat is de vraag die journalisten mij ook altijd stellen, maar ik kan me niet inhouden. Ik wil het weten. Ik vraag het met een mengeling van nieuwsgierigheid en jaloezie.
Ze zegt dat het goed voelt. Ze heeft er vrede mee, is er echt klaar mee.
Ik vraag me af of ik daar wel klaar voor ben. Stefanies besluit zet me aan het denken over het eind van mijn carrière. Maar een week later sta ik in Washington DC in de finale tegenover Kafelnikov. Ik versla hem met 7-6 en 6-1. Na afloop kijk ik naar zijn coach Larry: Belofte maakt schuld. Ik realiseer me dat ik er nog niet klaar mee ben. Ik heb nog een paar beloftes die ik moet nakomen.

Ik ben al bijna weer nummer één. Deze keer is dat niet iets wat mijn vader wil, of Perry, of Brad, en ik herinner mezelf eraan dat het ook niet is wat ik wil. Het zou wel leuk zijn, meer niet. Het zou de bekroning zijn van mijn comeback, een gedenkwaardige mijlpaal. Ik ren Gil Hill op en via de andere kant naar beneden. Ik ben aan het trainen voor de hoogste ranking, zeg ik tegen Gil. En voor de US Open. En, op een vreemde manier, voor Stefanie.

Ik kan niet wachten tot je haar leert kennen, zeg ik.

Zodra ze in New York is, neem ik haar snel mee naar het platteland, naar de negentiende-eeuwse boerderij van een vriend met 600 hectare land en een paar grote open haarden. We kunnen in elk vertrek met elkaar praten en in de vlammen staren. Ik vertel haar dat ik een pyromaan ben. Ik ook, zegt ze. De bladeren aan de bomen beginnen te verkleuren en elk raamkozijn omlijst een schitterend ansichtkaartuitzicht van roodgouden bossen en bergen. Kilometers in de omtrek zijn geen andere mensen.

We wandelen, maken lange voettochten, rijden naar stadjes in de buurt, bezoeken antiekwinkeltjes. 's Avonds liggen we op de bank naar video's van *The Pink Panther* te kijken. Na een halfuur liggen we allebei zo hard te lachen om Peter Sellers dat we de video moeten stopzetten om weer bij te komen.

Na drie dagen vertrekt ze. Ze moet op vakantie met haar familie. Ik vraag of ze terug wil komen voor het laatste weekend van de US Open van 1999. Om erbij te zijn. In mijn box. Ik vraag me af of ik mezelf voor de gek houd door ervan uit te gaan dat ik in de finale sta, maar dat kan me niets schelen.

Ze zegt dat ze het zal proberen.

Ik bereik de halve finale en moet tegen Kafelnikov spelen. Stefanie belt om te zeggen dat ze komt. Maar ze gaat niet in mijn box zitten. Daar is ze nog niet klaar voor.

Goed, dan zal ik een stoel voor je regelen.

Dat regel ik zelf wel, zegt ze. Maak je maar niet druk over mij, ik ken het daar.

Ik lach. Ja, dat is zo.

Ze zit op de bovenste tribune met een basketbalpetje diep over haar ogen getrokken. Natuurlijk vinden de CBS-camera's haar toch te midden van het publiek. McEnroe, die de match verslaat, zegt dat de US Open-officials zich zouden moeten schamen omdat ze Steffi Graf geen betere plaats hebben gegeven. Weer versla ik Kafelnikov. De groeten aan Larry.

In de finale speel ik tegen Martin. Ik dacht dat het Pete zou worden. Ik heb openlijk gezegd dat ik tegen Pete wilde spelen, maar hij heeft zich met een geblesseerde rug uit het toernooi teruggetrokken. Dus is het Martin, die al vaker op kritieke momenten in mijn loopbaan aan de andere kant van het net heeft gestaan. Tijdens Wimbledon, in 1994, toen ik nog worstelde met Brads instructies, verloor ik van Martin in een nek-aan-nekvijfsetter. Tijdens de US Open in datzelfde jaar voorspelde Lupica dat Martin me in de halve finale zou verslaan en ik geloofde hem, maar toch slaagde ik erin Martin te verslaan en het toernooi te winnen. In Stuttgart, in 1997, was het mijn vreselijke nederlaag tegen Martin in de eerste ronde waardoor Brad afknapte. Nu is Martin degene die mijn nieuwe volwassenheid zal testen, die zal aantonen of de veranderingen in mezelf echt iets voorstellen.

Ik breek hem in de allereerste game. Het publiek staat helemaal achter me. Maar Martin geeft de moed niet op, blijft kalm. Hij laat me keihard werken voor de eerste set, komt nog sterker terug in de tweede en wint de tiebreak. Dan wint hij de derde set, in een zelfs nog zwaardere tiebreak. Hij staat met 2-1 in sets voor, in dit toernooi een belangrijke voorsprong. Niemand heeft hier in de finale ooit zo'n achterstand kunnen wegwerken. Zesentwintig jaar lang niet. Ik zie in zijn ogen dat hij dat voelt en dat hij wacht tot mijn verdediging barstjes gaat vertonen. Hij wacht tot ik inzak, dat ik verander in die zenuwachtige, emotionele Andre tegen wie hij de afgelopen jaren zo vaak heeft gespeeld. Maar ik zak niet in en geef niet op. Ik win de vierde set, 6-3. In de vijfde set lijkt Martin gebroken, maar ben ik nog fit. Ik win de set, 6-2, en verlaat de baan in de wetenschap dat ik genezen ben. Ik ben weer terug en opgetogen dat Stefanie erbij was en dat heeft kunnen zien. Ik heb in de laatste twee sets maar vijf onnodige fouten gemaakt. En ik heb geen enkele keer mijn opslag verloren. Dit is de eerste vijfsetter in mijn carrière waarin ik mijn opslag geen enkele keer heb verloren, en dat terwijl ik mijn vijfde slam win. Ik zou het liefst naar Vegas willen rennen om aan de roulettetafel vijfhonderd dollar op nummer vijf te zetten.

In de perskamer vraagt een journalist waarom het publiek in New York aan mijn kant stond, waarom ze me zo luid hebben aangemoedigd.

Ik zou willen dat ik het wist. Maar ik doe een gok: Ze hebben me volwassen zien worden.

Natuurlijk, de hele wereld heeft me volwassen zien worden, maar in New York had het publiek hogere verwachtingen van me en dat heeft mijn groei bespoedigd en bekrachtigd.

Het is de eerste keer dat ik het gevoel heb, en dat ook hardop heb durven uitspreken, dat ik volwassen ben.

Stefanie vliegt met me mee naar Vegas. We doen allemaal Vegasdingen: gokken, naar een show gaan en met Brad en Kimmie naar een bokswedstrijd. Oscar De La Hoya versus Felix Trinidad, ons eerste officiële openlijke afspraakje. Ons debuut. De volgende dag staat er een foto van ons in de kranten: we zitten op de eerste rij en kussen elkaar.

Nu kunnen we niet meer terug, zeg ik tegen haar.

Ze kijkt me aan en dan breekt er, gelukkig, een glimlach door.

Ze blijft het weekend bij mij. Het weekend wordt een week. Dan een maand. J.P. belt een keer om te vragen hoe het met me gaat.

Volgens mij heb ik me nooit beter gevoeld.

Wanneer zie je Stefanie weer?

Ze is hier nog steeds.

Hoe bedoel je?

Ik fluister: We zijn nog steeds met ons derde afspraakje bezig. Ze is nog niet vertrokken.

Nou... wat?

Ik neem aan dat ze uiteindelijk zal vertrekken, terug naar Duitsland, om haar spullen op te halen, maar we praten er niet over en ik wil er niet over beginnen. Ik wil niets doen dat de boel kan verstoren.

Net zoals je een slaapwandelaar nooit wakker moet maken.

Maar algauw moet ík terug naar Duitsland. Om in Stuttgart te spelen. Ze wil mee – ze is zelfs bereid in mijn box te gaan zitten – en ik vind het heerlijk haar bij me te hebben. Stuttgart is immers voor ons allebei een belangrijke stad. Zij is er prof geworden en ik ben er opnieuw prof geworden. En toch praten we in het vliegtuig niet over tennis, maar over kinderen. Ik vertel haar dat ik graag kinderen wil, met haar. Dat is nogal wat om uit te spreken, maar ik kan er niets aan doen. Ze knikt, glimlacht, kijkt naar buiten.

Op onze laatste ochtend in Stuttgart moet Stefanie al vroeg opstaan, ze moet een vroege vlucht nemen. Ze geeft me een afscheidskus op mijn voorhoofd. Ik trek het kussen over mijn hoofd en ga weer slapen. Als ik een uur later wakker word, strompel ik naar de badkamer. In mijn geopende scheerset liggen Stefanies anticonceptiepillen. Alsof ze wil zeggen: Deze heb ik niet meer nodig.

Ik word niet alleen nummer één, maar sluit het jaar 1999 af als nummer één. Het is de eerste keer dat ik zo hoog genoteerd het jaar kan afsluiten. Ik maak een einde aan Pete's serie van zes jaarafsluitingen als nummer één. Daarna win ik de Paris Open en word de eerste man die in hetzelfde jaar de Paris Open én Roland Garros wint. Maar tijdens de ATP World Championships verlies ik van Pete. Onze achtentwintigste ontmoeting. Hij staat met 17-11 voor. In slams staat hij voor met 3-1. Geen echte rivaliteit, zeggen de sportjournalisten, omdat Pete meestal wint. Daar kan ik niets tegen inbrengen, en ik kan me ook niet langer druk maken over Pete.

Ik doe het enige wat ik kan doen. Ik ga naar Gils huis om spieren te verbranden. Ik ren Gil Hill op en af tot ik scheel zie. Ik ren 's ochtends, ik ren 's avonds en ik ren op kerstavond, terwijl Gil mijn tijd met een stopwatch bijhoudt. Als ik op de top van de heuvel aankom zegt hij dat ik zo luid adem dat hij me beneden kan horen. Ik ren net zolang tot ik moet overgeven. Ten slotte wacht hij me boven op de heuvel op en zegt dat ik moet ophouden. We kijken naar de kerstverlichting in de verte en wachten tot we vallende sterren zien.

Ik ben trots op je, zegt hij. Dat je hier bent. Vanavond. Kerstavond. Dat zegt iets.

Ik bedank hem omdat hij hier nu samen met mij is. Omdat hij zijn kerstavond hiervoor opgeeft.

Er zullen heel veel plekken zijn waar je nu liever bent.

Nee hoor, er is geen enkele plek waar ik nu liever zou zijn, zegt hij.

Als de Australian Open van 2000 begint, versla ik Mariano Puerta in straight sets en hij complimenteert me openlijk voor mijn concentratie. Ik voel het, ik lig weer op ramkoers met Pete, en inderdaad treffen we elkaar in de halve finale. Van de laatste vijf keer dat we tegen elkaar speelden heb ik vier keer verloren. Hij speelt die dag fantastisch en slaat me om de oren met zevenendertig aces, meer dan hij ooit tegen mij heeft geproduceerd. Maar ik heb kerstavond met Gil doorgebracht. Als ik de partij op twee punten na heb verloren, vecht ik fanatiek terug. Ik win de partij en word de eerste man sinds Rod Laver die in vier opeenvolgende slams de finale bereikt.

In de finale speel ik weer tegen Kafelnikov. Het duurt even voordat ik ben warmgedraaid, ik ben nog steeds wat slap na mijn gevecht tegen Pete. Ik verlies de eerste set, maar vind daarna toch mijn draai, mijn touch, en versla hem in vier sets. Mijn zesde slam. Tijdens de persconferentie na afloop bedank ik Brad en Gil omdat ze me hebben geleerd dat goed goed genoeg is. Een fan roept Stefanies naam en vraagt hoe het nou eigenlijk zit.

Bemoei je met je eigen zaken, zeg ik vrolijk. Het liefst zou ik het iedereen willen vertellen. En dat gaat ook gebeuren. Binnenkort.

Gil zegt tegen *The New York Times*: Ik denk niet dat we ooit nog zullen meemaken dat Andre ophoudt met vechten.

Brad zegt tegen *The Washington Post*: Andre heeft een score van 27-1 tijdens de laatste vier grand slams. Alleen Rod Laver, Don Budge en Steffi Graf hebben het beter gedaan.

Zelfs Brad realiseert zich niet echt hoe geweldig ik het vind dat ik in één adem met hen word genoemd.

HOOFDSTUK 25

Stefanie zegt dat haar vader naar Vegas komt voor een bezoek. (Haar ouders zijn lang geleden gescheiden en haar moeder Heidi woont al op een kwartier rijden bij ons vandaan.) Goed, het onvermijdelijke ogenblik is dus gekomen: onze vaders gaan elkaar ontmoeten. We worden allebei zenuwachtig bij dat vooruitzicht.

Peter Graf is beminnelijk, ontwikkeld, belezen. Hij houdt ervan grapjes te maken, heel veel grapjes, die ik allemaal niet snap omdat zijn Engels niet geweldig is. Ik wil hem aardig vinden en ik kan wel zien dat hij wil dat ik hem aardig vind, maar ik voel me niet op mijn gemak in zijn gezelschap, omdat ik weet wat hij vroeger heeft gedaan. Hij is de Duitse Mike Agassi. Hij was zo'n tennisfanaat dat hij Stefanie al liet tennissen toen ze nog niet eens uit de luiers was. Maar in tegenstelling tot mijn vader is Peter nooit opgehouden met het managen van haar carrière en haar financiën, en hij heeft twee jaar in de gevangenis gezeten voor belastingontduiking. Het onderwerp komt nooit ter sprake, maar voelt af en toe als de Duitse *Elefant* in de porseleinkast.

Ik had het kunnen weten: het eerste wat Peter wil zien zodra hij in Nevada is gearriveerd, is niet de Hoover Dam of de Strip maar mijn vaders ballenmachine. Hij heeft ervan gehoord en wil hem weleens van dichtbij zien. Ik rijd met hem naar het huis van mijn vader en onderweg zit hij amicaal te kletsen, maar ik begrijp er weinig van. Praat hij Duits? Nee, het is een mengeling van Duits en Engels en tennistaal. Hij vraagt van alles over mijn vaders spel. Hoe vaak speelt mijn vader? Hoe goed speelt hij? Hij probeert mijn vader al in te schatten voordat we er zelfs maar zijn.

Mijn vader is niet op zijn best met mensen die niet perfect Engels spreken en ook niet met mensen die hij niet kent – een dubbel probleem dus. Maar tot mijn opluchting zie ik dat sport een universele taal is en dat deze twee mannen – beide sportfanaten, beide voormalige sporters – weten hoe ze met hun lichaam kunnen communiceren, met zwaaien en gebaren en kreunen. Ik zeg tegen mijn vader dat Peter heel graag zijn beroemde ballenmachine wil zien. Mijn vader voelt zich gevleid. Hij neemt ons mee naar zijn tennisbaan achter het huis en rijdt de draak naar buiten. Hij zet de motor aan en draait het voetstuk omhoog. Hij praat onophoudelijk, geeft Peter een college, schreeuwt om boven het lawaai van de draak uit te komen, zich totaal niet bewust van het feit dat Peter er geen woord van verstaat.

Ga daar staan, zegt mijn vader tegen mij.

Hij geeft me een racket, stuurt me naar de andere kant van de baan en richt de machine op mijn hoofd.

Demonstratie, zegt hij.

Ik krijg huiveringwekkende, afschuwelijke flashbacks en alleen het vooruitzicht van de tequila die thuis op me wacht, zorgt ervoor dat ik blijf functioneren.

Peter gaat achter me staan en kijkt toe terwijl ik sla.

Ah, zegt hij. *Ja*. Goed.

Mijn vader laat de machine sneller draaien, zo snel dat er steeds bijna twee ballen tegelijk uit komen. Ik heb niet genoeg tijd om mijn racket terug te halen en de tweede bal te slaan. Mijn vader moet de draak een extra versnelling hebben gegeven. Ik kan me niet herinneren dat de ballen ooit zo snel kwamen. Peter scheldt me uit omdat ik mis. Hij pakt het racket van me af, duwt me opzij. Dit, zegt hij, is de slag die je had moeten gebruiken. Deze slag heb je nooit gehad. Hij laat me de beroemde Stefanie Slice zien, waarvan hij beweert dat hij hem haar heeft geleerd. Je hebt een stiller racket nodig, zegt hij. Zo.

Mijn vader is furieus. Ten eerste luistert Peter niet naar mijn vaders college. Ten tweede bemoeit Peter zich met mijn vaders beste leerling. Mijn vader loopt om het net heen en roept: Die slice is bullshit! Als Stefanie déze slag had gehad, zou ze beter hebben gespeeld. Daarna demonstreert hij de tweehandige backhand die hij mij heeft geleerd.

Met deze slag, zegt mijn vader, zou Stefanie tweeëndertig slams hebben gewonnen!

De twee mannen kunnen elkaar niet verstaan en toch slagen ze erin een verhitte discussie te voeren. Ik keer hen mijn rug toe, concentreer me op de ballen. Ik richt al mijn aandacht op de draak. Af en toe hoor ik dat Peter mijn concurrenten noemt, Pete en Rafter, en mijn vader reageert met Stefanies nemeses, Monica Seles en Lindsay Davenport. Daarna begint mijn vader over boksen. Hij gebruikt een boksanalogie en Peter begint protesterend te brullen.

Ik ben ook bokser geweest, zegt Peter, en ik zou je knock-out hebben geslagen.

Je kunt heel veel tegen mijn vader zeggen, maar dát niet. Dát nooit. Ik krimp in elkaar, ik weet wat er gaat komen. Ik draai me net op tijd om zodat ik kan zien dat Stefanies negenenzestigjarige vader zijn shirt uittrekt en tegen mijn tweeënzeventigjarige vader zegt: Kijk maar eens naar mij. Kijk maar eens in wat voor vorm ik ben. Ik ben groter dan jij. Ik kan je van me af houden met mijn linkse.

Mijn vader zegt: Denk je dat nou echt? Kom op! nu gaat het tussen jou en mij.

Peter scheldt in het Duits, mijn vader scheldt in het Assyrisch en beide mannen steken hun vuist in de lucht. Ze draaien om elkaar heen, schaduwboksen, dansen en ontwijken elkaar, en vlak voordat een van beiden uithaalt, stap ik naar voren en haal ze uit elkaar.

Mijn vader schreeuwt: Deze klootzak kraamt onzin uit!

Misschien wel, Pops, maar... alsjeblieft.

Ze zijn opgefokt, ze zweten. Mijn vaders ogen zijn groot. Peters borst is nat van het zweet. Maar ze zien wel dat ik hen niet met elkaar laat vechten en dus stappen ze achteruit. Ik zet de draak uit en we lopen allemaal de baan af.

Thuis begroet Stefanie me met een kusje en vraagt hoe het is gegaan.

Dat vertel ik je later wel, zeg ik, en pak mijn glas tequila.

Ik kan me niet herinneren dat een margarita ooit zo lekker is geweest.

Nadat ik in de Davis Cup heel goed heb gespeeld, verlies ik al vroeg in Scottsdale, een toernooi dat ik meestal win. Ik speel slecht in Atlanta en verrek een achillespees. In Rome verlies ik in de derde ronde en realiseer me met tegenzin dat dit zo niet kan doorgaan. Ik kan niet meer aan elk toernooi meedoen. Ik zal selectiever moeten worden nu ik bijna dertig ben.

De helft van alle interviews gaat nu over Het Einde. Zodra dat ter sprake komt zeg ik tegen de verslaggevers dat ik mijn beste spel nog voor de boeg heb. Dan glimlachen ze, knipogend, alsof ze hopen dat ik een grapje maak. Maar ik ben nog nooit zo serieus geweest.

Als ik de baan op loop om tijdens Roland Garros van 2000 mijn titel te verdedigen, verwacht ik dat ik zal worden overmand door nostalgische gevoelens. Maar het ziet er anders uit, het is gerenoveerd. Ze hebben meer stoelen geplaatst. Ze hebben de kleedkamers veranderd. Dat vind ik niet fijn. Helemaal niet. Ik zou willen dat het centercourt altijd onveranderd bleef. Ik zou willen dat alles hetzelfde bleef. Ik had gehoopt dat ik elk jaar als ik deze baan op liep 1999 in mijn herinnering kon oproepen, het jaar waarin mijn leven is veranderd. Tijdens de persconferentie na mijn zege op Medvedev heb ik destijds tegen de verslaggevers gezegd dat ik nu zonder spijtgevoelens kon stoppen met tennissen. Maar een jaar later realiseer ik me dat ik me toen heb vergist, want één ding zal me altijd spijten: dat het onmogelijk is om Roland Garros van 1999 telkens opnieuw te beleven.

In de tweede ronde moet ik tegen Kučera. Hij heeft me altijd door. Als hij me alleen maar ziet, stroomt er al een adrenalinescheut door hem heen. Zelfs als ik hem voor onze match in de kleedkamer zie, kijkt hij me aan alsof hij terugdenkt aan de keer dat hij me tijdens de US Open van 1998 versloeg. Nu speelt hij fantastisch en laat me alle hoeken van de baan zien, en hoewel ik het tempo wel kan bijhouden, krijg ik blaren op mijn rechtervoet. Ik strompel de baan af en vraag of ik kan worden verzorgd. Een fysio tapet mijn voet opnieuw in, maar de echte blaar zit op mijn hersenen. Vanaf dat moment win ik geen enkele game meer.

Ik kijk omhoog naar mijn box. Stefanie zit met gebogen hoofd op haar stoel. Zo heeft ze me nog nooit zien verliezen.

Later zeg ik tegen haar dat ik niet begrijp waarom ik zo van slag kan raken, nog altijd. Ze vertelt over haar eigen ervaringen. Je moet stoppen met denken, zegt ze. Je moet voelen. Voelen!

Niet dat ze me daarmee iets nieuws vertelt. Het klinkt als een lievere, zachtere versie van mijn vader. Maar als Stefanie het zegt, dringen de woorden beter tot me door.

Dagenlang praten we over denken versus voelen. Het is één ding, zegt ze, om niet te denken, maar je kunt niet besluiten niet te voelen. Je kunt niet proberen te voelen, je moet jezelf toestaan om te voelen.

Maar op andere momenten weet Stefanie dat er niets te zeggen is. Dan raakt ze even mijn wang aan en houdt haar hoofd scheef, en dan zie ik dat ze het begrijpt – zij heeft hetzelfde meegemaakt – en dat is genoeg. Dat is precies wat ik nodig heb.

We gaan in 2000 naar Wimbledon. Ik vind het heel leuk om te zien hoe Stefanie Londen ziet. Eindelijk, zegt ze, kan ze deze prachtige stad echt zien, doordat ze er deze keer niet door een waas van druk en blessures naar kijkt. Tennissers reizen evenveel als andere atleten, maar door de stress en de ontberingen van het spel zien we niets. Nu ziet Stefanie alles. Ze gaat overal heen, verkent alle winkels en parken. Ze gaat naar een beroemd pannenkoekenrestaurant waar ze altijd al naartoe heeft gewild. Ze serveren er 150 verschillende soorten pannenkoeken en ze probeert zo'n beetje elke soort, zonder dat ze zich bezorgd hoeft af te vragen of ze zich daarna misschien logger zal bewegen op de baan.

Ik daarentegen zie in Londen niets anders dan mijn loting. Met oogkleppen voor vecht ik me naar de halve finale. Ik speel tegen Rafter die aan een prachtige carrière bezig is. Twee keer US Openkampioen. Voormalige nummer één. Nu beweert hij dat hij aan het genezen is na een operatie aan zijn schouder, maar hij slaat me links en rechts met aces om de oren. Als hij geen aces slaat, danst hij na zijn opslag naar voren en laat geen bal passeren. Ik probeer lobs te slaan. Ik sla shots die volgens mij niet te retourneren zijn, maar hij weet ze altijd nog net te halen. We spelen drieënhalf uur kwaliteitstennis, maar de uitslag wordt bepaald in de zesde game van de vijfde set. Als ik probeer een prachtige tweede service te slaan, maak ik een dubbele fout.

Breakpoint.

Ik serveer, hij slaat een prachtige return, ik sla de bal in het net.

Ik kan hem niet terugbreken. Hij slaat 74 procent van zijn eerste services in en daarmee slaat hij zich een weg naar de finale. Hij heeft het recht verdiend tegen Pete te spelen om het kampioenschap. Ik had graag tegen Pete gespeeld nu Stefanie toekijkt, maar dat gaat dus niet gebeuren. Een jaar eerder heb ik Rafter hier in de halve finale verslagen, toen hij de eerste pijnscheutjes in zijn schouder voelde. Nu zijn schouder geheeld is, komt hij terug en verslaat hij mij in de halve finale. Ik mag Rafter en ik houd van evenwicht, en kan het er dus niet echt mee oneens zijn.

Stefanie en ik vliegen naar huis. Ik moet rusten. Dan druppelt het slechte nieuws binnen: bij mijn zus Tami is borstkanker ontdekt en een paar dagen later wordt bij mijn moeder dezelfde diagnose gesteld. Ik geef mijn plaats op in het olympisch team dat naar Sydney gaat. Ik wil zo veel mogelijk tijd bij mijn familie doorbrengen. Ik moet dat jaar eigenlijk niet meer spelen, in elk geval niet tot januari.

Mijn moeder wil er niets van horen. Ga, zegt ze. Aan je werk.

Dat probeer ik. Ik ga naar Washington DC, maar speel zoals ik altijd speel als ik me niet kan concentreren. Tegen Corretja breek ik woedend drie rackets en verlies in drie ongeïnspireerde sets.

Voor de US Open 2000 ben ik als eerste geplaatst, de gedoodverfde winnaar. Aan de vooravond van het toernooi zit ik samen met Gil in het Lowell Hotel en voel me niet de favoriet maar de lul. Het zou een fijne tijd moeten zijn. Ik zou dit toernooi kunnen winnen, ik zou de wereld kunnen verbazen. En het kan me niets schelen.

Gil, waarom zou ik ermee doorgaan?

Misschien moet je dat ook niet doen.

Waarom voel ik me zoals ik me voel, zoals vroeger, alweer?

Dat is een retorische vraag. Kacey is volledig hersteld, voelt zich geweldig, praat al over studeren, maar Gil is niet vergeten hoe het is als iemand van wie je houdt in het ziekenhuis ligt. Hij weet wat ik zeg zonder het uit te spreken: Waarom moeten de mensen van wie we houden lijden? Waarom kan het leven niet perfect zijn? Waarom moet er altijd iemand zijn, elke dag, ergens op de wereld, die verliest?

Jij kunt niet spelen, zegt Gil, tenzij je geïnspireerd bent. Zo zit je in elkaar. Dat is altijd zo geweest, vanaf je negentiende. Maar je kunt niet geïnspireerd zijn als de mensen om je heen niet gezond zijn. Dat waardeer ik ook zo in je.

Ik stel mensen teleur als ik niet speel. Ik stel mijn familie teleur als ik wel speel.

Hij knikt.

Waarom lijkt het alsof tennis en het leven altijd elkaars tegenpool zijn?

Hij zegt niets.

Maar we hebben het gedaan, ja toch? Ik bedoel, we hebben de

race gelopen, ja toch? We zijn nu toch aan het einde van deze bullshit, ja toch?

Dat kan ik niet zeggen, zegt hij. Ik weet alleen dat er nog altijd meer in je zit, en dat er nog meer in mij zit. Als we weglopen, oké. Maar we hebben nog altijd iets over, en volgens mij heb jij jezelf beloofd dat je wilde doorspelen tot de eindstreep.

Op de eerste oefendag speel ik met Brad. Ik kan met geen mogelijkheid een opslag slaan. Als ik de baan afloop, haalt Brad het niet in zijn hoofd iets te vragen. Ik ga terug naar het hotel en lig twee uur op mijn bed naar het plafond te staren. Ik weet dat ik niet lang in New York zal zijn.

In de eerste ronde speel ik tegen een student van Stanford, Alex Kim, die ziek is van opwinding. Ik heb medelijden met hem, maar versla hem in straight sets. In de tweede ronde speel ik tegen Clément. Het is een warme dag. Ik begin goed, ik breek hem, ik sta voor met 3-1. Alles gaat goed. Dan, opeens, heb ik nooit eerder getennist. Voor een volle tribune breek ik.

Weer beginnen de sportjournalisten aan hun oude klaagzang: Agassi's einde nadert. Gil vertelt hun wat ik doormaak. Hij zegt: Andre wordt gevoed door zijn hart, door zijn emoties, door zijn overtuigingen en door de mensen van wie hij houdt. Als het met hen niet goed gaat, kun je dat zien aan zijn spel.

Als ik het Arthur Ashe Stadium uitloop, zegt een jong meisje: Wat vind ik het jammer dat je hebt verloren!

Ach liefje, dat hoeft niet hoor.

Ze glimlacht.

Ik ga snel naar Vegas om enige tijd met mijn moeder door te brengen. Maar zij maakt zich nergens zorgen over. Ze is verdiept in haar boeken en haar legpuzzels, en doet ons allemaal beschaamd staan door haar onverstoorbare kalmte. Ik zie dat we haar al die jaren hebben onderschat. Ik heb haar zwijgen onterecht voor berusting aangezien. Ik zie dat zij is wat mijn vader van haar heeft gemaakt, zoals wij allemaal, maar toch ook zoveel meer. Ze heeft altijd haar best gedaan en op dit hachelijke moment in haar leven vindt ze dat ze wel wat krediet verdient. Ik heb het altijd vanzelfsprekend gevonden dat mijn moeder vanzelfsprekend gevonden wílde worden, dat ze niet wilde opvallen. Maar nu wil ze wel worden gezien, gewaardeerd. Ze wil dat ik weet dat ze sterker is dan ik dacht. Ze ondergaat de noodzakelijke therapieën, klaagt niet en is daar trots op. Ze wil dat ik trots op haar ben en ook dat ik weet dat ik uit hetzelfde hout ben gesneden. Ze heeft mijn vader overleefd, net als ik. Dit zal ze ook overleven, net als ik.

Met Tami, die in Seattle dezelfde therapie ondergaat, gaat het ook beter. Ze is geopereerd en voordat ze aan de chemotherapie begint, komt ze een tijdje naar Vegas, naar haar familie. Ze vertelt me dat ze het een verschrikkelijk idee vindt dat ze kaal zal worden. Ik zeg: Ik zou niet weten waarom. Kaal worden is het beste wat me ooit is overkomen.

Daar moet ze om lachen. Ze zegt dat het misschien een goed idee is om haar haar af te knippen voordat de kanker het van haar afpakt. Een daad van opstandigheid, de controle overnemen.

Dat klinkt goed, zeg ik. Ik help je wel.

We organiseren een barbecue bij mij thuis en voordat iedereen er is, sluiten we ons op in de badkamer. Met als enige getuigen Philly en Stefanie houden we een formele hoofdscheerceremonie. Tami wil dat ik het doe en geeft me het elektrische scheerapparaat. Ik zet het blad op de kleinste stand en vraag of ze eerst een matje wil.

Dit is misschien wel de laatste keer dat je kunt zien hoe je er daarmee uitziet.

Nee, zegt ze. Laten we het maar meteen goed doen.

Ik scheer haar snel kort. Ze glimlacht net als Elvis op de dag dat hij in dienst ging.

Als haar haar op de grond valt, zeg ik dat het allemaal wel goed komt. Nu ben je vrij, Tami. Vrij. En jouw haar groeit tenminste weer aan! Bij mij en Philly is het voorgoed weg, babe.

Ze lacht en komt niet weer bij. Het is een prettig gevoel dat ik mijn zus aan het lachen kan maken terwijl elke dag probeert haar te laten huilen.

In november 2001 vindt mijn familie dat ik wel weer kan trainen. In januari vliegen we naar Australië en ik voel me goed als we landen. Ik vind het hier geweldig. In een vorig leven ben ik vast een Aboriginal geweest. Ik voel me hier altijd thuis. Ik vind het altijd heerlijk het Rod Laver Arena binnen te lopen en onder Lavers naam te spelen.

Ik wed met Brad dat ik ga winnen. Dat voel ik. Als ik win, moet hij in de Yarra River springen, een stinkende, vervuilde rivier die door Melbourne stroomt. Ik vecht me naar de halve finale en sta weer tegenover Rafter. We spelen drie uur lang verbeten tennis, met eindeloze, zwoegende rally's. Hij staat voor, met 2-1 in sets. Dan begint hij opeens slecht te spelen. De Australische hitte. We zijn allebei drijfnat van het zweet, maar hij krijgt kramp. Ik win de volgende twee sets.

In de finale speel ik tegen Clément, een zware partij 4 maanden nadat hij me uit de US Open heeft gewerkt. Ik blijf vrijwel continu op de baseline. Ik maak een paar fouten, maar sta daar niet te lang bij stil. Terwijl Clément in het Frans tegen zichzelf loopt te mompelen, voel ik een serene kalmte. De zoon van mijn moeder. Ik versla hem in straight sets.

Het is mijn zevende slam, waardoor ik als nummer tien op de ranglijst aller tijden kom te staan. Mijn naam staat bij die van McEnroe, Wilander en anderen, één plaats voor Becker en Edberg. Wilander en ik zijn de enigen die drie Australian Opens hebben gewonnen. Maar op dat moment wil ik alleen maar zien dat Brad de rugslag doet in de Yarra en daarna wil ik naar huis, naar Stefanie.

Begin 2001 nestelen we ons in Vrijgezellenhonk II en veranderen dit in een echt thuis. We kopen meubels die we allebei mooi vinden. We organiseren etentjes. We praten tot diep in de nacht over de toekomst. Ze koopt een schoolbord voor in de keuken om klusjes op te kunnen schrijven, maar ik maak er een Liefdesbord van. Ik hang het schoolbord aan de muur van de keuken en beloof Stefanie dat ik daarop elke avond iets over mijn liefde voor haar zal opschrijven, die tekst er de volgende avond weer zal afvegen en vervangen door een nieuwe tekst. Ik koop ook een krat Beychevelle 1989 en we spreken af dat we daarvan elk jaar op de dag van ons eerste afspraakje een fles zullen drinken.

In Indian Wells bereik ik de finale en speel tegen Pete. Ik versla hem en als we na de wedstrijd in de kleedkamer zijn, vertelt hij me dat hij gaat trouwen met Bridgette Wilson, de actrice met wie hij een relatie heeft.

Ik ben nog steeds allergisch voor actrices, zeg ik.

Hij schiet in de lach, maar ik meen het.

Hij vertelt me dat hij haar heeft leren kennen op de set van een film, *Love Stinks*.

Ik schiet in de lach, maar hij meent het.

Ik wil zoveel zeggen tegen Pete, over het huwelijk en over actrices, maar dat kan niet. Zo'n relatie hebben we nu eenmaal niet. Ik zou hem heel veel dingen willen vragen, hoe hij zo geconcentreerd blijft en of hij er wel of niet spijt van heeft dat hij zo'n groot deel van zijn leven aan tennis heeft gewijd. Maar onze verschillende karakters en onze rivaliteit verhinderen dergelijke intieme vragen. Ik realiseer me dat we, ondanks de invloed die we op elkaar hebben, toch vreemden voor elkaar zijn en misschien ook wel altijd zullen blijven. Ik wens hem het beste, en dat meen ik oprecht. Naar mijn mening is samen zijn met de juiste vrouw het toppunt van geluk. Ik mag dan heel veel tijd hebben gestoken in het samenstellen van mijn team, nu wil ik alleen maar het gevoel hebben dat ik lid ben van Stefanies team. Ik hoop dat hij datzelfde ervaart met zijn verloofde en ik zou willen dat ik dat tegen hem kon zeggen.

Een uur na afloop van het toernooi geven Stefanie en ik een tennisles. Wayne Gretzky heeft ons 'gekocht' tijdens een liefdadigheidsveiling en hij wil dat wij zijn kinderen lesgeven. Het is leuk met de Gretzky's. Daarna, als het donker begint te worden, rijden we langzaam terug naar Los Angeles. Onderweg zeggen we tegen elkaar dat het leuke kinderen waren, en daardoor denk ik weer aan de kinderen van Costner.

Stefanie kijkt naar buiten en dan naar mij. Ze zegt: Volgens mij ben ik te laat.

Waarvoor?

Te laat.

O. Je bedoelt... *O!*

We stoppen een paar keer bij een drogist en kopen elke zwangerschapstest die ze hebben en sluiten ons vervolgens op in Hotel Bel Air. Stefanie loopt de badkamer in en komt er na een tijdje weer uit zonder iets te zeggen en met een uitdrukkingsloze blik op haar gezicht. Ze geeft me de stick.

Blauw.

Wat betekent blauw?

Volgens mij betekent dat, je weet wel...

Een jongen?

Volgens mij betekent dat dat ik zwanger ben.

Ze doet de test nog een keer. En nog een keer. Elke keer is het blauw.

Dat is wat we allebei wilden en ze is dolblij maar ook bang. Zoveel veranderingen. Wat gaat er met haar lichaam gebeuren? We hebben nog een paar uur voordat ik de nachtvlucht neem naar Miami en zij naar Duitsland vliegt. We gaan dineren bij Nobu Matsuhisa. We zitten aan de sushibar, hand in hand, en zeggen tegen elkaar dat het geweldig gaat worden. Ik realiseer me pas later dat dit hetzelfde restaurant is waar Brooke en ik het uitmaakten. Het lijkt wel tennis: dezelfde baan waarop je je zwaarste nederlaag hebt geleden kan de baan worden waar je je meest fantastische zege behaalt.

Als we klaar zijn met eten en huilen en vieren, zeg ik: Volgens mij moeten we trouwen.

Ze zet grote ogen op en zegt: Ja, dat denk ik ook.

Geen poespas, besluiten we. Geen kerk. Geen bruidstaart. Geen trouwjurk. We gaan het doen op een vrije dag in een rustige periode in het tennisseizoen.

Een uur lang word ik geïnterviewd door Charlie Rose, de geniale tv-presentator. En ik lieg dat ik barst.

Ik wíl niet liegen, maar bij elke vraag die Rose stelt lijkt hij een bepaald antwoord te verwachten, een antwoord dat hij graag wil horen.

Hield je als jongetje al van tennis?

Ja.

Je hield ervan.

Ik sliep met mijn racket.

Ben je blij met de manier waarop je vader je heeft opgevoed?

Ik vind het heel fijn dat ik zo jong al ben begonnen met tennissen. En ik ben blij dat mijn vader me heeft leren tennissen.

Ik klink alsof ik gehypnotiseerd ben, of gehersenspoeld, maar dat is niets nieuws. Ik zeg dezelfde dingen die ik al eerder heb gezegd, dezelfde dingen die ik tijdens talloze persconferenties en interviews en cocktailparty's heb gezegd. Zijn het leugens, als ik ze gedeeltelijk ben gaan geloven? Zijn het leugens als ze, alleen maar omdat ik ze zo vaak heb herhaald, klinken als de waarheid?

Maar deze keer klinken en voelen deze leugens anders. Ze blijven in de lucht hangen, hebben een bittere nasmaak. Ik voel me niet op mijn gemak na het interview. Niet door schuldgevoelens, maar door spijt. Een gemiste kans. Ik vraag me af wat er zou zijn gebeurd, wat Rose zou hebben gedaan of gezegd als ik de waarheid had gesproken: Eigenlijk, Charlie, haat ik tennis. Zou het uur dan leuker zijn geworden?

Dat nare gevoel blijft dagen hangen. Het wordt nog erger als het interview wordt uitgezonden. Ik beloof mezelf dat ik een interviewer van het kaliber van Rose ooit recht in de ogen zal kijken en ongezouten de waarheid zal vertellen.

Tijdens Roland Garros van 2001 zit er een onzichtbaar iemand in mijn box. Stefanie is vier maanden zwanger en de aanwezigheid van ons ongeboren kind geeft me de benen van een tiener. Ik kom bij de laatste zestien en speel tegen Squillari, met wie ik al een verleden heb. Het voelt alsof we de baan opkomen met meer verleden dan Frankrijk met Engeland. Zodra ik Squillari zie, denk ik terug aan 1999, een van de zwaarste wedstrijden uit mijn carrière. Een van de keerpunten. Als hij me die dag, twee jaar geleden, had verslagen weet ik niet of ik hier nu zou zijn. Ik weet niet of Stefanie hier dan zou zijn, en daardoor zou ons ongeboren kind nu ook niet hier zijn geweest.

Dankzij deze gedachten word ik tijdens de match steeds frisser, speel steeds geconcentreerder. Ik blijf geconcentreerd. Een tegendraadse fan roept iets obsceens over mij. Ik lach. Ik kom vervelend ten val, verdraai me en blesseer mijn knie. Ik schud het van me af. Niets kan me afschrikken, en Squillari al helemaal niet. Langzaam maar zeker let ik niet eens meer op hem, ik ben hier in m'n eentje, nóg meer alleen dan normaal.

In de kwartfinale speel ik tegen de Fransman Sébastien Grosjean. Ik huppel door de eerste set, verlies slechts één game. Daarna tapt Grosjean uit een verborgen vaatje vol zelfvertrouwen en denkt dat hij kan winnen. Nu blaken we allebei van zelfvertrouwen, maar hij slaat superieure slagen. Hij breekt me tot 2-0, daarna nog een keer en wint de tweede set even gemakkelijk als ik de eerste.

In de derde set breekt hij me direct al bij het begin en wint de game met een prachtige lob. Daarna houdt hij zijn service en breekt me nog een keer. Ik verlies de set.

In de vierde set heb ik kansen om zijn service te breken, maar ik krijg het niet voor elkaar. Ik sla een slappe backhand, niets voor mij, en terwijl ik de bal uit zie gaan realiseer ik me dat mijn tijd opraakt. Hij serveert voor de partij, ik kan me maar net staande houden, maar dan sla ik een forehand in het net. Matchpoint. Hij wint met een ace.

Na afloop vragen journalisten me of ik mijn concentratie verloor door de komst van president Bill Clinton. Zelfs ik had niet zo'n slappe reden kunnen verzinnen om een partij te verliezen. Ik wist niet eens dat Clinton hier was, zeg ik. Ik had andere dingen aan mijn hoofd. Andere onzichtbare toeschouwers.

Ik neem Stefanie mee naar Gils fitnessruimte, zogenaamd voor een work-out. Ze straalt omdat ze weet waarom we hier echt zijn.

Gil vraagt Stefanie of ze zich goed voelt, of ze iets wil drinken, of ze wil zitten. Hij loopt met haar naar een trainingsfiets. Ze gaat erop zitten en kijkt naar de plank aan de muur waarop de trofeeën staan van mijn slams, onder andere de trofee die ik heb laten vervangen na mijn post-*Friends* driftbui.

Ik speel met een strekkabel en zeg dan: Eh, luister eens, Gil. We hebben een naam bedacht voor onze zoon.

O ja? Welke?

Jaden.

Dat vind ik een mooie naam, zegt Gil met een glimlach. Hij knikt. Ja, dat vind ik een mooie naam.

En... volgens ons hebben we ook al een perfecte tweede naam bedacht.

Welke dan?

Gil.

Hij kijkt alleen maar.

Ik zeg: Jaden Gil Agassi. Als hij later maar half zo goed wordt als jij, zal hij ongelooflijk veel succes hebben. En als ik later maar half zo'n goede vader word als jij, zal ik mijn eigen verwachtingen hebben overtroffen.

Stefanie huilt. Ik heb ook tranen in mijn ogen. Gil staat drie meter van ons af, voor het beenextensieapparaat. Hij heeft zoals altijd een potlood achter zijn oor, zijn bril op het puntje van zijn neus, zijn Da Vinci-aantekenboekje in de aanslag. Hij is met drie stappen bij me en slaat zijn armen om me heen. Ik voel zijn halsketting tegen mijn wang. Vader, Zoon, Heilige Geest.

Tijdens Wimbledon 2001 weet ik Rafter bijna te verslaan. In de vijfde set, als ik serveer voor de wedstrijd en twee punten van de zege af ben, sla ik een forehand in het net. Bij het volgende punt mis ik een gemakkelijke backhand. Nu denkt híj dat hij degene is die mij bijna heeft verslagen.

Ik roep: *Motherfucker*.

Een lijnrechter rapporteert me meteen bij de umpire.

Ik krijg een waarschuwing voor onbehoorlijke taal.

Nu kan ik alleen nog maar aan deze pietluttige trut van een lijnrechter denken. Ik verlies de tiebreak, 8-6, en de partij. Ik voel me teleurgesteld maar hecht er tegelijkertijd amper belang aan.

Ik denk niet alleen aan Stefanies gezondheid en aan ons aankomende gezin, maar veelal ook aan mijn school die dit najaar begint met tweehonderd leerlingen in groep 1 en 2. We hebben plannen om al snel uit te breiden, van peuterspeelzaal tot en met groep 8. Over twee jaar zullen we de *middle school* opgezet hebben en over nog eens twee jaar de *high school*.

Ik houd van onze plannen, onze ontwerpen, maar ben vooral trots op onze bereidheid geld in onze ideeën te steken. Heel veel geld. Perry en ik hoorden tot onze ontzetting dat de staat Nevada minder geld aan scholing uitgeeft dan welke andere staat ook: 6.800 dollar per leerling. In de hele VS is dat gemiddeld bijna 8.600 dollar. Daarom hebben we gezworen dat we dat op mijn school zullen goedmaken. Dankzij een mix van overheidssubsidie en particuliere donaties gaan we stevig in de jeugd investeren, zodat we kunnen bewijzen dat het met scholing net zo is als met andere dingen: dat je krijgt waar je voor betaalt.

We willen onze leerlingen ook meer uren per dag op school houden, acht in plaats van de in Nevada gebruikelijke zes. Ik heb niet veel geleerd, maar wel dat tijd en oefening tot resultaat leiden. Bovendien zullen we eisen dat ouders zich ook inzetten voor de school. Ten minste één ouder per kind zal twaalf uur per maand moeten meewerken als studiehulp in de klas of als begeleider tijdens uitstapjes. We willen dat ouders het gevoel krijgen dat ze aandeelhouders zijn. We willen dat ze het gevoel hebben dat zij er mede verantwoordelijk voor zijn dat hun kinderen naar de universiteit gaan.

Vaak als ik moe of chagrijnig ben, rijd ik naar de buurt waar de school vorm begint te krijgen. Van al mijn tegenstrijdige karaktertrekken is dit wel de meest verbazingwekkende: een jongen die de school verafschuwde en vreesde, wordt een man die geïnspireerd raakt en nieuwe energie krijgt van het kijken naar de bouw van zijn eigen school.

Maar als de school wordt geopend kan ik er niet bij zijn. Dan doe ik mee aan de US Open 2001. Ik speel vóór de school en daarom geef ik alles wat ik in me heb. Ik race in sneltreinvaart door de eerste vier ronden en speel in de kwartfinale tegen Pete. Vanaf het moment dat we de tunnel uitkomen weten we dat dit onze zwaarste strijd tot nu toe zal worden. Dat weten we gewoon. Het is de tweeëndertigste keer dat we tegen elkaar spelen, hij staat voor met 17-14 en ons beider gezichten staan uitermate grimmig. Deze partij, hier en nu, zal een einde maken aan onze rivaliteit. De winnaar zal zegevieren.

Pete wordt geacht slecht te spelen. Hij heeft al veertien maanden lang geen slam gewonnen. Hij is nukkig geweest en praat openlijk over stoppen. Maar dat is allemaal van geen belang, want nu speelt hij tegen mij. Toch win ik de eerste set, in een tiebreak, en denk dan dat ik wel een kans maak. Mijn score tijdens dit toernooi wordt 49-1, als ik de eerste set win.

Maar Pete wint de tweede set in een tiebreak.

De derde set eindigt ook met een tiebreak. Ik maak verschillende domme fouten. Vermoeidheid. Hij wint de derde set.

In de vierde set spelen we verschillende woeste rally's. Weer een tiebreak. We staan nu al drie uur op de baan en geen van ons heeft de service van de ander kunnen breken. Het is al middernacht geweest. Het publiek – 23.000 man – staat op. Ze willen ons nog niet aan de vierde tiebreak laten beginnen. Ze stampen met hun voeten en klappen in hun handen en spelen hun eigen tiebreak. Voordat we doorgaan willen ze ons bedanken.

Ik ben ontroerd. Ik zie dat Pete ook ontroerd is. Maar ik kan niet aan het publiek denken. Ik mag mijn concentratie niet verliezen.

Pete weet dat ik in het voordeel ben als dit een vijfsetter wordt. Hij weet dat hij een perfecte tiebreak moet spelen om een vijfde set te voorkomen. En dat doet hij dan ook. Een avond foutloos tennis eindigt met mijn forehand in het net.

Pete schreeuwt het uit.

Ik voel mijn hartslag letterlijk vertragen. Ik voel me niet slecht. Ik probéér me wel slecht te voelen, maar het lukt me niet. Ik vraag me af of ik eraan gewend raak dat ik tijdens belangrijke toernooien van Pete verlies of dat ik domweg tevreden ben met mijn carrière en mijn leven. Hoe dan ook, ik leg mijn hand op Pete's schouder en feliciteer hem. En ook al voelt het niet als een afscheid, het voelt wel als de repetitie voor een afscheid dat binnenkort plaats zal vinden.

In oktober 2001, drie dagen voordat Stefanie is uitgeteld, nodigen we onze moeders en een rechter bij ons thuis uit.

Ik vind het heerlijk om Stefanie en mijn moeder samen te zien. De twee verlegen vrouwen in mijn leven. Stefanie neemt vaak nieuwe legpuzzels voor mijn moeder mee. En ik aanbid Stefanies moeder Heidi. Ze lijkt op Stefanie, dus ik mocht haar meteen. Stefanie en ik staan voor de rechter, allebei blootsvoets en met een spijkerbroek aan. Als trouwringen gebruiken we raffiadraadjes die Stefanie in een la heeft gevonden, hetzelfde materiaal als waarmee ik haar eerste verjaardagskaart heb versierd. Maar dat realiseren we ons pas veel later.

Mijn vader beweert dat hij zich helemaal niet afgewezen voelt omdat hij niet is uitgenodigd. Hij wíl niet eens uitgenodigd worden. Hij wíl niet eens naar een bruiloft. Hij houdt niet van trouwerijen. (Halverwege mijn eerste is hij weggelopen.) Het kan hem niets schelen hoe of waar ik Stefanie tot mijn vrouw maak, zegt hij, als ik het maar doe. Zij is de beste tennisster aller tijden, zegt hij. Waarom zou hij dat niet fijn vinden?

De rechter prevelt de juridische hocus pocus en Stefanie en ik willen net ja zeggen als er een groep tuinlieden arriveert. Ik ren naar buiten en vraag of ze alsjeblieft hun grasmaaiers en bladblazers willen uitdoen zodat we kunnen trouwen. Ze bieden hun excuses aan. Een van hen legt zelfs zijn vinger op de lippen.

With the power vested in me, zegt de rechter, en onder het toeziend oog van twee moeders en drie tuinlieden wordt Steffi Graf eindelijk, eindelijk Stefanie Agassi.

HOOFDSTUK 26

Het is een periode van geboorte en wedergeboorte. Een paar weken na de opening van mijn school wordt mijn zoon geboren. Als de artsen me in de verloskamer Jaden Gil overhandigen, ben ik verbijsterd. Ik houd zoveel van hem dat mijn hart openbarst als een overrijpe vrucht. Ik kan niet wachten om hem te leren kennen, maar toch... Ik denk ook: Wie is deze prachtige indringer? Zijn Stefanie en ik wel klaar voor een totaal onbekende in ons huis? Ik ben een onbekende voor mezelf, wat zal ik dan voor mijn zoon zijn? Zal hij me aardig vinden?

Als we Jaden mee naar huis hebben genomen, zit ik urenlang naar hem te kijken. Ik vraag hem wie hij is, waar hij vandaan komt, wat hij zal worden. Ik vraag me af of ik voor hem kan zijn wat ik zelf altijd nodig had en nooit heb gehad. Ik wil stoppen, meteen, en al mijn tijd met hem doorbrengen. Maar juist nu moet ik spelen. Voor hem, voor zijn toekomst, en voor mijn andere kinderen op mijn school.

Mijn eerste wedstrijd als vader eindigt in een overwinning op Rafter tijdens het Tennis Masters Series Tournament in Sydney. Na afloop zeg ik tegen de verslaggevers dat ik me afvraag of ik dit nog zo lang kan doen dat mijn zoon me kan zien spelen. Maar het is wel een mooie droom.

Daarna trek ik me terug uit de Australian Open van 2002. Mijn pols klopt en ik kan de strijd niet aan. Brad is gefrustreerd. Ik had ook niet anders verwacht. Maar deze keer heeft hij er moeite mee zijn frustratie opzij te zetten. Deze keer is het anders.

Een paar dagen later zegt hij dat we moeten praten. We gaan ergens koffie drinken en dan vertelt hij wat er aan de hand is.

We hebben een fantastische tijd gehad, Andre, maar we zijn zo ver gekomen als we kunnen. In creatief opzicht staan we stil. Mijn voorraad trucjes is op, *buddy*.

Maar...

We zijn acht jaar samen geweest en zouden er nog een paar jaar aan kunnen vastplakken, maar je bent tweeëndertig. Je hebt een jong gezin, nieuwe interesses. Het is misschien geen gek idee dat je een nieuw iemand zoekt die je kan coachen. Iemand die je weer kan motiveren.

Hij zwijgt even, kijkt me aan en wendt zijn blik af. Wat ik bedoel, zegt hij, is dat ik doodsbang ben dat we ruzie krijgen als het einde in zicht is en dat het niet meer goed komt.

Ik knik. Dat zal nooit gebeuren, denk ik, maar voorkomen is beter dan genezen.

We omhelzen elkaar.

Als hij de deur uitloopt, word ik overvallen door melancholie, zoals op een zondagavond na een idyllisch weekend. Ik weet dat Brad zich ook zo voelt. Dit is misschien niet de juiste manier om onze samenwerking te beëindigen, maar wel de beste.

Ik vier met Brad mijn toernooi-overwinning in Indian Wells, niet wetende dat het een van onze laatste samen was.

Ik sluit mijn ogen en probeer mezelf met iemand anders voor te stellen. De eerste aan wie ik denk, is Darren Cahill. Hij heeft zojuist een fantastische klus afgerond als coach van Lleyton Hewitt, die nu op de eerste plaats staat. Hij is een van de beste tennissers als het erop aankomt een bepaalde slag te kiezen en dat zal grotendeels te danken zijn aan Darren. Bovendien kwam ik Darren onlangs tegen in Sydney, waar we een lang gesprek hadden over het vaderschap. Dat schiep een band. Darren is ook pas vader geworden en had het over een boek over het in slaap krijgen van baby's. Hij was er enthousiast over en zei dat zijn zoon dankzij dat boek nu bekendstaat als de baby die slaapt als een dronkaard.

Ik heb Darren altijd graag gemogen. Ik houd van zijn ontspannen manier van doen. Ik vind zijn Aussie-accent geruststellend; daar val ík zelfs bijna van in slaap. Nadat ik het boek dat hij me had aanbevolen heb gelezen, bel ik Stefanie op vanuit Australië en lees haar er passages uit voor. Het werkt. Ik bel hem op en vertel dat Brad en ik onze samenwerking hebben beëindigd. Ik vraag hem of hij geïnteresseerd is in de baan.

Hij zegt dat hij zich gevleid voelt, maar op het punt staat een contract af te sluiten om Safin te gaan coachen. Hij zal erover nadenken, zegt hij, en me zijn besluit laten weten.

Geen probleem, zeg ik. Doe maar rustig aan.

Een halfuur later bel ik hem weer en vraag: Wáár moet je verdorie over nadenken? Je kúnt Safin niet coachen. Hij is een ongeleid projectiel. Je móét met mij werken. Het voelt goed. Echt, Darren, ik kan het nog. Ik ben nog niet op. Ik ben gefocust, en ik heb iemand nodig die me helpt dat zo te houden.

Oké, zegt hij en lacht, oké, *mate*.

Hij heeft het met geen woord over geld.

Stefanie en Jaden gaan met me mee naar Key Biscayne. Het is april 2002, een paar dagen voor mijn tweeëndertigste verjaardag. Het toernooi wemelt van de spelers die half zo oud zijn als ik, jonge woestelingen als Andy Roddick, de volgende vólgende redder van het Amerikaanse tennis, de stakker. Bovendien is er een hot nieuw *Wunderkind* uit Zwitserland, Roger Federer.

Ik zou dit toernooi heel graag willen winnen, voor mijn vrouw en voor mijn zes maanden oude zoon. Toch denk ik niet aan verliezen, dat zou me niets kunnen schelen, dánkzij hen. Elke avond, een paar minuten nadat ik thuis ben gekomen, Jaden in zijn wiegje leg en Stefanie een knuffel geef, kan ik me amper herinneren of ik die dag heb gewonnen of verloren. Het tennis vervaagt even snel als het daglicht. Ik verbeeld me haast dat de eeltplekken op mijn speelhand verdwijnen en de ontstoken zenuwen in mijn rug weer aan elkaar groeien en genezen. Ik ben allereerst vader en pas daarna tennisser, en deze evolutie vindt plaats zonder dat ik er erg in heb.

Op een ochtend gaat Stefanie boodschappen doen en wil daarna nog even sporten. Ze durft het aan me alleen te laten met Jaden. Mijn eerste keer alleen met hem.

Redden jullie het wel? vraagt ze.

Natuurlijk.

Ik zet Jaden in de badkamer op de plank voor de spiegel, met zijn rug er tegenaan. Terwijl ik me klaarmaak, speelt hij met mijn tandenborstel. Hij vindt het lekker om op een tandenborstel te zuigen terwijl ik mijn hoofd scheer.

Ik vraag: En, wat vind je van je kale vader?

Hij glimlacht.

Weet je zoon, vroeger zag ik er net zo uit als jij, met lang haar dat alle kanten op golfde. Je houdt niemand voor de gek met dat over je hoofd gekamde haar.

Onderonsje met Pete Sampras na de finale van de US Open in 2002.

Zijn glimlach wordt breder. Hij begrijpt me natuurlijk niet.

Met mijn vingers meet ik de lengte van zijn haar.

Eigenlijk zie je er een beetje sjofel uit, *buddy*. Jij kunt wel een opknapbeurt gebruiken.

Ik zet een ander hulpstuk op het scheerapparaat, waarmee je haar kunt bijpunten. Maar als ik het elektrische scheerapparaat over Jadens hoofdje laat glijden, zie ik een brede streep hoofdhuid ontstaan, even wit als de baseline op een tennisbaan.

Het verkeerde hulpstuk.

Stefanie zal me vermoorden! Ik moet het haar van mijn zoon bijknippen voordat ze thuiskomt! Maar in mijn wanhopige pogingen het bij te knippen, maak ik het korter. Voordat ik het weet is mijn zoon kaler dan ik. Hij is een mini-Andre.

Als Stefanie binnenkomt blijft ze stokstijf staan. Met grote ogen vraagt ze: Wat is hier...? Andre, zegt ze, wat is er in vredesnaam met je aan de hand? Ik laat je drie kwartier alleen en *dan scheer jij de baby*?

Dan begint ze in het Duits te vloeken.

Ik zeg tegen haar dat het per ongeluk gebeurde. Het verkeerde hulpstuk. Ik smeek haar om vergiffenis.

Ik zeg: Ik weet dat het lijkt alsof ik het expres heb gedaan. Ik weet dat ik altijd voor de grap zeg dat ik de wereld niet wil redden, maar wil scheren. Maar Stefanie, dit ging echt per ongeluk.

Ik herinner haar aan het bakerpraatje dat als je een kind kaalscheert het nieuwe haar sneller groeit en dikker zal worden, maar ze tilt haar hand op en schiet in de lach. Ze ligt dubbel van het lachen. Nu lacht Jaden omdat Mommy lacht. Nu giechelen we alle drie, we strelen Jadens hoofd en mijn hoofd, zeggen dat nu alleen Stefanie nog geschoren moet worden en dat ze vanaf nu maar beter met één oog open kan slapen. Ik kan geen woord uitbrengen van het lachen.

Een paar dagen later, tijdens de finale van Key Biscayne, versla ik Federer. Het is een goede overwinning. Hij is een van de beste spelers van dit moment. Hij begon aan dit toernooi met drieëntwintig zeges op rij. Het is mijn eenenvijftigste toernooizege en mijn zevenhonderdste zege in totaal. En toch twijfel ik er niet aan dat ik me dit toernooi niet zozeer zal herinneren omdat ik Federer heb verslagen, maar vooral omdat we zo hebben gelachen. Ik vraag me af of ik daardoor misschien heb gewonnen. Het is moeilijk gespannen te zijn als je lacht met de mensen van wie je houdt.

Begin 2002 vinden Darren en ik onze draai. We spreken dezelfde taal, hebben dezelfde kijk op de wereld. Dan versterkt hij mijn vertrouwen, mijn niet-aflatende geloof in hem, doordat hij het lef heeft aan de snaren van mijn racket te komen, en ze te verbeteren.

Ik heb altijd met Pro Blend gespeeld, een snaar die half van kevlar en half van nylon is gemaakt. Met Pro Blend kun je een marlijn van driehonderd kilo binnenhalen. Het breekt nooit, maskeert geen enkele fout, maar genereert ook nooit spin. Het is alsof je met het deksel van een vuilnisbak tegen de bal slaat. Ze zeggen dat het spel verandert, de spelers sterker worden, rackets groter worden, maar de belangrijkste verandering van de laatste jaren betreft de snaren. De ontwikkeling van een nieuwe elastische polyester snaar die enorme topspin geeft, heeft gewone spelers veranderd in geweldige spelers, en geweldige spelers in legenden.

Toch ben ik altijd afkerig geweest van verandering. Nu we in Italië zijn, dringt Darren er bij me op aan het te proberen. Ik doe mee aan de Italian Open en heb zojuist in de eerste ronde tegen de Duitser Nicolas Kiefer gespeeld. Ik heb hem verslagen, 6-3, 6-2, en zeg tegen Darren dat ik had moeten verliezen. Ik heb verschrikkelijk slecht gespeeld. Ik heb geen zelfvertrouwen op deze ondergrond, zeg ik. Ik kan niet meer tennissen op gravel.

Probeer die nieuwe snaren eens, *mate.*

Ik frons. Ik ben sceptisch. Ik heb één keer een ander racket geprobeerd. Een ramp.

Hij bespant een van mijn rackets met die snaren en herhaalt: Probeer het maar gewoon.

Tijdens een oefensessie sla ik twee uur lang geen enkele bal fout. Vervolgens raak ik tijdens de rest van het toernooi ook geen enkele bal verkeerd. Ik heb de Italian Open nog nooit gewonnen, maar nu win ik, dankzij Darren en zijn wondersnaar.

Opeens heb ik zin in Roland Garros 2002. Ik ben opgewonden, heb zin in de strijd en ben voorzichtig optimistisch. Ik heb pas gewonnen, Jaden slaapt inmiddels een beetje door en ik heb een nieuw wapen. In de vierde ronde sta ik met twee sets en één break achter op een speler met een wildcard, de Fransman Paul-Henri Mathieu. Hij is twintig, maar hij is niet in de vorm waarin ik verkeer. Tennis kent geen tijd, *son*. Ik kan de hele dag wel blijven tennissen.

Dan gaat het regenen. Ik zit in de kleedkamer en denk terug aan die keer in 1999 dat Brad tegen me schreeuwde. Ik hoor zijn tirade nog, woord voor woord. Als we de baan weer opgaan, loop ik te glimlachen. Ik sta voor met 40-0 en Mathieu breekt me. Dat kan me niets schelen. Ik breek hem gewoon terug. In de vijfde set staat hij voor, 3-1. Weer weiger ik te verliezen.

Tegen iemand anders dan Agassi, zegt Mathieu na afloop tegen de verslaggevers, had ik gewonnen.

Daarna speel ik tegen de Spanjaard Juan Carlos Ferrero. Weer regent het; nu vraag ik of de wedstrijd kan worden stilgelegd tot de volgende dag. Ferrero staat voor en wil niet stoppen. Hij wordt chagrijnig als de wedstrijdleiding mijn verzoek inwilligt en de partij stillegt. De volgende dag leeft hij zijn chagrijn op mij uit. Ik zie een kleine opening in de derde set, maar die sluit hij snel af. Hij wint de set en ik zie dat zijn zelfvertrouwen groeit.

Ontspannen loop ik met Darren de baan af. Ik ben tevreden over mijn spel. Ik heb fouten gemaakt en heb steken laten vallen, maar ik weet dat ik die kan goedmaken. Mijn rug doet pijn, maar vooral doordat ik heb geprobeerd Jaden te leren lopen. Een heerlijke pijn dus.

Een paar weken later gaan we naar Wimbledon, maar mijn fantastische nieuwe zelfvertrouwen laat me in de steek doordat mijn nieuwe snaren me in de steek laten. Op gras sla ik de bal met mijn topspin de lucht in alsof het een heliumballon is. In de tweede ronde speel ik tegen Paradorn Srichaphan uit Thailand. Hij is goed, maar zo goed nou ook weer niet. Hij vermorzelt elke bal die ik sla. Hij staat op nummer zevenenzestig en volgens mij kan hij me onmogelijk verslaan. Maar dan breekt hij me in de eerste set.

Ik probeer alles om mijn draai weer te vinden. Niets werkt. Mijn ballen zijn slap en Srichaphan verslindt ze. Ik heb een tegenstander nog nooit zo verbaasd zien kijken als Srichaphan die mijn forehand terugslaat. Hij draait op zijn hakken en mijn enige bewuste, coherente gedachte is: Ik wilde dat ik op mijn hakken kon draaien, met zoveel succes. Hoe kan ik iedereen hier laten weten dat ik dit niet ben, dat dit niet mijn schuld is? Het zijn de snaren. In de tweede set verander ik mijn spel, ik vecht terug, speel goed, maar Srichaphan speelt ongelooflijk zelfverzekerd. Hij denkt dat het zijn dag is, en als je denkt dat het je dag is, dan is dat meestal ook zo. Hij haalt verwoestend uit met een bal die als door een wonder een stukje van de achterlijn raakt. Daarna wint hij een tiebreak en staat hij twee sets voor. In de derde set geef ik me kalm over.

Het is een schrale troost dat Pete die dag ook verliest.

Darren en ik experimenteren twee dagen met verschillende snarencombinaties. Ik zeg dat ik echt niet kan blijven spelen met dit nieuwe polyester, maar dat ik ook niet meer met mijn oude snaren kan spelen. Als ik weer met Pro Blend moet gaan spelen, zeg ik, houd ik meteen op met tennissen.

Darren kijkt grimmig. Nadat hij me zes maanden heeft gecoacht, heeft hij een kleine aanpassing aan mijn snaren doorgevoerd en daarmee waarschijnlijk onopzettelijk de beëindiging van mijn carrière versneld. Hij zegt dat hij alles zal doen wat in zijn macht ligt om een perfecte snarencombinatie te vinden.

Vind iets, zeg ik, waardoor ik op mijn hakken kan draaien en daar succes mee kan hebben. Net als Srichaphan. Zorg dat ik net als Srichaphan word.

Doe ik, *mate*.

Hij werkt dag en nacht door en komt met een combinatie waar hij tevreden over is. We gaan naar Los Angeles en het is perfect. Ik win de Mercedes-Benz Cup.

We gaan naar Cincinnati en daar speel ik goed, maar net niet goed genoeg om te winnen. In Washington DC versla ik Enqvist, altijd een lastige tegenstander voor me. Daarna speel ik tegen een andere knul van wie men hoge verwachtingen heeft, James Blake. Hij speelt fraai, elegant tennis en ik kan niet aan hem tippen, althans niet nu. Maar ik kan mijn snaren niet de schuld geven van deze nederlaag. Het komt gewoon doordat hij jonger is dan ik, sneller, een betere sportman. Bovendien is hij zo onder de indruk van mijn verleden en mijn prestaties dat hij zijn beste spel uit de kast haalt. Ik vind het prettig dat hij zo goed speelt, ook al heb ik daardoor geen enkele kans.

Als ik naar de US Open 2002 ga, weet ik niet wat ik van mezelf kan verwachten. Ik zeil door de eerste rondes en in de kwartfinale speel ik tegen Max Mirnyi, een Wit-Rus uit Minsk. Ze noemen hem *The Beast* en dat is een understatement. Hij is 1 meter 95 lang en slaat een van de griezeligste services die ik ooit ben tegengekomen. Die heeft een brandende gele staart, als een komeet, terwijl hij hoog over het net zwiept en zich daarna op je stort. Mirnyi wint de eerste set gemakkelijk. Ik heb geen antwoord op die service. Maar in de tweede set maakt Mirnyi verschillende onnodige fouten, waardoor hij me een oppepper geeft, een soort momentum. Ik begin zijn eerste service wat beter te doorzien. Tot aan het einde spelen we tennis van hoge kwaliteit en als zijn laatste forehand uit is, kan ik het niet geloven: ik heb de halve finale bereikt!

Door mijn inspanningen win ik een afspraakje met Hewitt, de als nummer één geplaatste, de Wimbledonwinnaar van dit jaar. Maar wat belangrijker is, hij is Darrens vroegere pupil. Het feit dat Darren Hewitt jaren heeft gecoacht zorgt voor extra spanning en druk. Darren wil dat ik Hewitt versla; ik wil Hewitt verslaan voor Darren. Maar in de eerste set kom ik al snel achter te staan, 0-3. Ik heb heel veel informatie over Hewitt, van Darren en uit eigen ervaring, maar het duurt even voordat ik al die informatie heb doorgespit en een oplossing vind. Als het zover is, verandert alles snel. Ik kom stormenderhand terug en win de eerste set, 6-4. Ik zie het controlelampje in Hewitts ogen uitgaan. Ik win de tweede set. Hij vermant zich en wint de derde. In de vierde set kan hij opeens geen eerste service meer slaan en kan ik zijn tweede service goed pareren. Jezus, ik zit in de finale.

En dat betekent Pete. Altijd weer Pete. We hebben al drieëndertig keer tegen elkaar gespeeld, vier keer in de finale van een slam. Hij staat voor, met 19-14 en 3-1 in de slams. Hij zegt dat ik het beste in hem naar boven haal, maar bij mij is het andersom: hij haalt het slechtste in mij naar boven. De avond voor de finale denk ik aan alle keren dat ik dacht dat ik Pete zou verslaan, wist dat ik Pete zou verslaan, Pete moest verslaan, maar toch verloor. En zijn succes tegen mij is hier begonnen, in New York, twaalf jaar geleden, toen hij me tot mijn verbijstering in straight sets versloeg. Toen was ik de favoriet, net als nu.

Voordat ik naar bed ga en Gils toverdrankje drink zeg ik tegen mezelf dat het deze keer anders zal zijn. Pete heeft al ruim twee jaar geen slam gewonnen. Hij nadert het einde, terwijl ik juist opnieuw begin.

Als ik in bed stap, denk ik aan die keer dat Brad en ik in Palm Springs waren, een paar jaar geleden. We zaten te eten in een Italiaans restaurant, Mama Gina's, en Pete zat aan de andere kant van de eetzaal met een paar vrienden te eten. Voordat hij vertrok, kwam hij even gedag zeggen. Succes morgen. Jij ook. Daarna zagen we door het raam dat hij op zijn auto stond te wachten. We zeiden niets, maar dachten aan de invloed die hij had op ons leven. Toen Pete wegreed, vroeg ik Brad hoeveel fooi Pete volgens hem aan de *valet* had gegeven.

Brad dacht even na. Vijf dollar, meer niet.

Echt niet, zei ik. Die man bezit miljoenen. Alleen al aan prijzengeld heeft hij veertig miljoen gewonnen. Hij moet ten minste tien dollar hebben gegeven.

Wedden?

Wedden.

We aten snel en liepen vlug naar buiten. Luister, zei ik tegen de valet, je moet het ons vertellen: Hoeveel fooi heeft Mr. Sampras je gegeven?

De knaap keek naar zijn voeten. Hij wilde het niet zeggen. Hij twijfelde, vroeg zich af of hij misschien in een tv-programma met een verborgen camera zat.

We zeiden dat we een weddenschap hadden afgesloten op zijn antwoord en dat hij het ons dus echt moest vertellen. Ten slotte fluisterde hij: Wilt u het echt weten?

Vertel op!

Hij gaf me een dollar.

Brad greep naar zijn hart.

Maar dat was niet alles, zei de knaap. Hij gaf me een dollar en zei dat ik die aan de knaap moest geven die uiteindelijk zijn auto had voorgereden.

Meer konden we niet van elkaar verschillen, Pete en ik. En terwijl ik die avond voor wat misschien wel onze láátste finale wordt in slaap val, zweer ik dat ik de wereld morgen die verschillen zal laten zien.

We beginnen laat, doordat een wedstrijd van de New York Jets wordt verlengd. Dat is in mijn voordeel. Ik ben in een betere vorm en ik vind het wel prettig dat we tot na middernacht op de baan zullen staan. Maar ik sta meteen al twee sets achter. Weer een pak slaag van Pete, ik kan gewoon niet gelóven dat dit waar is.

Dan zie ik dat Pete bleekjes oogt. Hij ziet er oud uit. Ik win de derde set dik en het hele stadion voelt dat de rollen zijn omgedraaid. Het publiek wordt uitzinnig. Het kan ze niets schelen wie er wint, het enige wat ze willen is een Agassi-Sampras-vijfsetter. Als de vierde set begint weet ik diep in mijn hart, zoals altijd tegen Pete, dat ik zal winnen als ik hier een vijfsetter van kan maken. Ik ben fitter. Ik speel beter. We zijn de oudste spelers in meer dan dertig jaar die in een finale van de U.S. Open staan, maar ik voel me net een van die tieners die nu zo aan de weg timmeren. Ik heb het gevoel dat ik deel uitmaak van de nieuwe generatie.

Bij 3-4 serveert Pete en heb ik twee breakpoints. Als ik deze game win, serveer ik voor de set. Dit is het dus, dé game van de wedstrijd. Hij geeft niet op, weert het eerste breakpoint af en bij het tweede sla ik een verschroeiende return naar zijn schoenen. Als ik denk dat de bal al ver achter hem is – ik vier al feest – draait hij zich op de een of andere manier om, krijgt de bal te pakken en slaat een halfvolley die net over het net komt en daar doodvalt. Deuce.

Ik ben verbijsterd. Pete haalt de game naar zich toe en slaagt er vervolgens in om mij te breken.

Nu serveert híj voor de wedstrijd en als Pete serveert voor een wedstrijd is hij een koelbloedige moordenaar. Alles gebeurt heel snel.

Ace. Ace. Ace.

Backhand volley, onmogelijk te bereiken.

Handdruk bij het net.

Hij werpt me een vriendelijk glimlachje toe en geeft me een klopje op de rug, maar de uitdrukking op zijn gezicht is onmiskenbaar. Die heb ik eerder gezien.

Hier heb je een dollar, knul. Haal mijn auto even op.

HOOFDSTUK 27

Langzaam open ik mijn ogen. Ik lig op de grond naast mijn bed. Ik ga rechtop zitten om Stefanie goedemorgen te wensen, maar bedenk dan dat zij in Vegas is en ik in St. Petersburg ben. Nee, wacht, St. Petersburg was vorige week.

Ik ben in Parijs.

Nee, Parijs was na Sint Petersburg.

Ik ben in Sjanghai. Ja, zo is het, China.

Ik loop naar het raam, doe de gordijnen open en zie een skyline die is ontworpen door iemand die aan de paddo's is. Een skyline die eruitziet als een sciencefictionachtig Vegas. Elk gebouw is vreemd anders en alles steekt af tegen een felblauwe lucht. Feitelijk maakt het niet uit waar ik ben, omdat delen van mij zich nog steeds bevinden in Rusland en Frankrijk en in de laatste tien plaatsen waar ik onlangs heb gespeeld. En het grootste deel van mij is, zoals altijd, thuis bij Stefanie en Jaden.

Maar waar ik ook ben, de tennisbaan is hetzelfde. Net als het einddoel: eind 2002 wil ik nummer één zijn. Als ik hier in Sjanghai een overwinning kan behalen, één kleine overwinning, zal ik de oudste eindejaars nummer één zijn in de geschiedenis van het herentennis, en zal ik Connors record hebben gebroken.

He's a punk – you're a legend!

Dit wil ik, zeg ik tegen mezelf. Ik heb het niet nodig, maar toch wil ik het.

Ik bel roomservice voor koffie. Daarna ga ik aan het bureau zitten en schrijf in mijn dagboek over mijn zoektocht naar de nummer-éénranking. Ik ben nog maar net aan dit dagboek begonnen. Het is niets voor mij om een dagboek bij te houden, maar ik moet wel, ik *wíl* het schrijven. Ik ben bezeten door het idee een verslag achter te laten, gedeeltelijk omdat ik een knagende angst voel dat Jaden me nooit zal leren kennen omdat ik daarvoor niet lang genoeg zal leven. Ik leef in vliegtuigen en hoe gevaarlijker en onvoorspelbaarder de wereld wordt, hoe groter mijn angst wordt dat ik Jaden nooit zal kunnen vertellen over alles wat ik heb gezien en geleerd. Daarom schrijf ik elke avond een paar regels op, waar ik ook ben. Willekeurige gedachten, indrukken, lessen die ik heb geleerd. Nu, voordat ik naar het Sjanghai-stadion ga, schrijf ik:

Hé Buddy. Jij bent in Vegas met Mom en ik ben in Sjanghai. Ik mis je. Er is een kans dat ik na dit toernooi de nummer één van de wereld zal zijn. Maar weet je, ik denk alleen maar aan naar huis gaan, naar jullie. Ik zet mezelf heel erg onder druk met mijn tennis, maar ik voel een vreemde drang om door te gaan. Het heeft een hele tijd geduurd voordat ik dat wist. Ik heb er heel lang tegen gevochten. Nu werk ik zo hard ik kan en denk verder nergens aan. Het voelt meestal niet geweldig, maar ik vecht me erdoorheen, omdat het goed is voor heel veel dingen: goed voor de sport, goed voor jouw toekomst, goed voor velen op mijn school. Houd de ander altijd in ere, Jaden. Het geeft heel veel rust om voor andere mensen te zorgen. Ik houd van je en zal er altijd voor je zijn.

Ik doe het dagboek dicht, loop de kamer uit en krijg een fikse oorwassing van Jiří Novák uit Tsjechië. Vernederend. Nog erger is dat ik daardoor het land niet kan verlaten om naar huis te gaan. Ik moet daar nog een dag blijven om een soort troostfinale te spelen.

Terug in het hotel, helemaal van streek, schrijf ik weer aan Jaden:

Ik heb net mijn wedstrijd verloren en voel me verschrikkelijk. Ik wil morgen niet opnieuw de baan op. Ik zie er zo erg tegen op dat ik wilde dat ik geblesseerd was. Stel je dat eens voor, dat je iets zo graag niet wilt doen dat je jezelf een blessure toewenst. Jaden, als iets jou zo overweldigt als mij vanavond is overkomen, schakel je verstand dan uit, doe je best en blijf het proberen. Bereid je op het ergste voor en realiseer je dat het niet zo erg is als het lijkt. Dan is er een kans dat je rustig wordt. Ik wilde ermee ophouden en naar huis gaan en jou zien. Het is moeilijk om te blijven spelen, het is gemakkelijk om naar huis te gaan en bij jou te zijn. Daarom blijf ik hier.

Aan het einde van het jaar is Hewitt volgens verwachting nummer één. Ik zeg tegen Gil dat we een tandje bij moeten zetten. Hij ontwerpt een nieuw programma voor mijn oudere ik. Hij haalt ideeën uit zijn Da Vinci-aantekenboekje en wekenlang richten we ons alleen maar op mijn verslappende onderlichaam. Dag in dag uit staat hij over me heen gebogen terwijl ik aan mijn beenspieren werk en schreeuwt: *Big thunder! Australia's calling!*

Slappe benen zijn de baas, zegt Gil. Sterke benen gehoorzamen.

Tegen de tijd dat we aan boord stappen van de Ambien Express, van Vegas naar Melbourne, heb ik het gevoel dat ik er wel naartoe zou kunnen rennen of zwemmen. Ik ben als tweede geplaatst voor de Australian Open 2003 en speel de sterren van de hemel. Ik bereik de halve finale en versla Ferreira in anderhalf uur. In het hele toernooi heb ik maar één set verloren.

In de finale speel ik tegen de Duitser Rainer Schüttler. Ik win drie straight sets, verlies maar vijf games en bereik de meest eenzijdige zege ooit tijdens de Australian Open. Het is mijn achtste slam, en mijn beste prestatie ooit. Ik zeg tegen Stefanie dat het wel een van haar partijen lijkt, maar zo dominant als zij zal ik nooit worden.

Als ze me de trofee overhandigen, zeg ik tegen het publiek: Geen enkele dag is zeker, en zeker een dag als deze is uiterst zeldzaam.

Later zei iemand dat het klonk alsof ik een bijna-doodervaring had gehad.

Maar het voelde meer als een bijna-levenervaring. Zo praat iemand die bijna niet heeft geleefd.

Ik ben de oudste speler in eenendertig jaar die een slam wint en de pers raakt er niet over uitgepraat. In Australië vragen de verslaggevers steeds weer of ik van plan ben ermee op te houden. Ik antwoord dat ik net zomin een einde plan als een nieuw begin. Ik ben de laatste van een generatie, zeggen ze. De laatste der Mohikanen van de jaren tachtig. Chang kondigt aan dat hij ermee stopt. Courier is er drie jaar geleden al mee opgehouden. Mensen doen alsof ik een vreemde oude vent ben omdat Stefanie weer zwanger is en iedereen weet dat we in een minibusje door Vegas toeren. Toch heb ik het gevoel dat ik het eeuwige leven heb.

Vreemd genoeg lijkt mijn gebrek aan lichamelijke souplesse mijn carrière juist te verlengen. Het lijkt mijn duurzaamheid te verhogen. Omdat ik slecht kan draaien, houd ik het racket altijd dicht bij mijn lichaam en de bal altijd voor me. Daardoor belast ik mijn lichaam niet onnodig. In deze vorm, zegt Gil, kan je lichaam het nog wel drie jaar volhouden.

Na een korte pauze in Vegas vliegen we naar Key Biscayne. Dit toernooi heb ik twee jaar achter elkaar gewonnen, vijf keer in totaal, en niets kan me tegenhouden. Ik bereik de finale en versla Moya, mijn oude vijand van Roland Garros, nu nummer vijf, in straight sets. Het is mijn zesde zege hier en dat is er eentje meer dan Stefanies record. Ik plaag haar ermee, omdat ik eindelijk iets beter doe dan zij. Maar ze heeft zo'n prestatiedrang dat ik haar maar beter niet te veel kan plagen.

Ik ben ik de VS en doe mee aan de U.S. Men's Clay Court Championships, in Houston. Ik hoef alleen maar de finale te bereiken om in de ranking weer nummer één te worden. En dat doe ik. Ik versla Jürgen Meltzer, 6-4, 6-1. Om het te vieren, ga ik uit met Darren en Gil. Ik drink een paar wodka-cranberry's. Het kan me niets schelen dat ik morgen in de finale tegen Roddick moet spelen, ik ben al nummer één.

En daarom ga ik hem verslaan. Deze perfecte mix van het wel en niet belangrijk vinden is de beste voorbereiding.

Een paar dagen voor mijn drieëndertigste verjaardag ben ik de oudste speler die ooit op nummer één heeft gestaan. Ik vlieg naar Rome en voel me net Ponce de León. Als ik uit het vliegtuig stap, voel ik die bekende steek weer in mijn schouder. In de eerste ronde speel ik slecht, maar zit er niet mee en zet het snel van me af. Een paar weken later tijdens Roland Garros 2003 doet mijn schouder nog steeds pijn, maar mijn oefensessies verlopen geweldig. Darren zegt dat ik sterk speel.

In de tweede ronde sta ik op het Suzanne Lenglen Court, een baan waar ik slechte herinneringen aan heb, met nederlagen tegen Woodruff in 1996 en Safin in 1998. Ik speel tegen een knaap uit Kroatië, Mario Ančić, verlies de eerste twee sets en kom op achterstand in de derde. Hij is negentien jaar, 1 meter 95 en een serve-and-volleyer die niet bang voor me is. Het Lenglen-court heeft de reputatie compact en traag te zijn, maar vandaag gaat de bal snel. Ik heb er ongebruikelijk veel moeite mee de bal onder controle te krijgen. Maar ik verman me en win de volgende twee sets. In de vijfde set ben ik uitgeput, mijn schouder valt er bijna af, en ik kom vier keer op matchpoint en verzilver er niet een. Drie keer door een dubbele fout. Ik versla dat joch uiteindelijk wel, maar alleen omdat hij banger is om te verliezen dan ik.

In de kwartfinale speel ik tegen de Argentijn Guillermo Coria, nóg zo'n jonkie. Hij zegt openlijk dat ik zijn idool ben. Weet je, zeg ik tegen de pers, ik ben liever zijn idool niet en speel tegen hem op hardcourt dan dat ik zijn idool wel ben en op gravel tegen hem moet spelen. Wat haat ik deze ondergrond. Wat houd ik van deze ondergrond. Ik verlies vier van de eerste vijf games, maar win de set. Hij toont geen enkele emotie.

In de tweede set pakt hij een 5-1 voorsprong. Hij mist geen bal. Hij is snel en wordt nog sneller. Ben ik ooit zo snel geweest? Ik probeer hem in de war te brengen, ren naar het net, maar zonder resultaat. Vandaag is hij gewoon beter dan ik. Hij mept me het toernooi uit, en van de eerste plaats.

In Engeland, tijdens een voorbereidend toernooi voor Wimbledon, versla ik de Australiër Peter Luczak. Het is de duizendste partij uit mijn carrière. Als iemand dat tegen me zegt, voel ik een overweldigende behoefte om te gaan zitten. Stefanie en ik drinken een glas wijn terwijl ik aan die duizend wedstrijden denk. Ik kan ze me allemaal nog herinneren, zeg ik.

Natuurlijk, zegt ze.

Voordat we Londen verlaten neem ik, om Stefanies verjaardag te vieren, haar mee naar Annie Lennox. Zij is een van Stefanies favorieten, maar vanavond is ze míjn muze. Vanavond zingt ze en praat ze rechtstreeks tegen mij. Ik moet tegen Gil zeggen dat we ook wat nummers van Lennox op *Belly Cramps 2* moeten opnemen. Misschien wil ik voor elke wedstrijd wel naar haar luisteren.

This is the path I'll never tread
These are the dreams I'll dream instead

Ik ben een van de favorieten van Wimbledon 2003. Waarom? Omdat sinds de jaren tachtig geen enkele vader Wimbledon heeft gewonnen. Vaders winnen geen slams. In de derde ronde speel ik tegen Younes El Aynaoui uit Marokko. Hij heeft ook jonge kinde-

Mijn twee grootste bronnen van kracht, Gil en Stefanie, in mijn box tijdens de Australian Open van 2003.

Na mijn overwinning op de Australian Open in 2003.

ren. Ik zeg voor de grap tegen de verslaggevers dat ik het leuk vind om tegen een man te spelen die even weinig slaap krijgt als ik.

Als Darren me voorafgaand aan de match instructies geeft, zegt hij: Als je deze knaap aan het begin van de partij een backhand ziet slaan, als je hem zijn slice ziet slaan, móét je die direct aanpakken. Op die manier laat je hem weten dat hij het niet redt door veilige shots vanuit een verdedigende positie te slaan. Dat hij met iets bijzonders moet komen. Op die manier zorg je ervoor dat hij die boodschap al vroeg krijgt en dwing je hem tot het maken van fouten later in de partij.

Goed advies. Ik kom al snel met 2-1 in sets voor, maar El Aynaoui bezwijkt niet. In de vierde blijft hij vechten en komt hij drie keer op setpoint. Ik wil niet dat dit een vijfsetter wordt. Ik weiger hem vijf sets te gunnen. De laatste punten van de vierde set zijn een lijdensweg, en ik geef me helemaal, doe alles wat Darren me heeft aangeraden. Na afloop, als ik de set en de partij heb gewonnen, ben ik kapot. Ik heb een vrije dag, maar weet dat dit bij lange na niet genoeg zal zijn.

In de vierde ronde speel ik tegen Mark Philippoussis, een Australische knaap met ontzettend veel talent die erom bekendstaat dat hij dat verspilt. Hij heeft een formidabele service, ongelooflijk goed, en dat is zeker vandaag het geval. Hij slaat er zelfs eentje van 225 kilometer per uur. Hij slaat zesenveertig aces. Toch ontwikkelt de partij zich zoals we verwacht hadden, er volgt een vijfde set. Hij serveert en bij 3-4 krijg ik op de een of andere manier een breakpoint. Hij mist zijn eerste opslag. Ik ruik de zege. Hij serveert met 222 kilometer per uur, precies door het midden. Een belachelijke snelheid, maar wel precies op de plek waar ik hem verwachtte. Ik haal uit en sla de bal. Hij kan er niet bij en loopt bijna een whiplash op, maar de bal komt twee centimeter achter de baselijn neer. Uit.

Als deze bal in was geweest, had ik hem gebroken, het momentum, en zou ik serveren voor de partij. Maar zo is het dus niet. Nu Philippoussis denkt dat hij kan winnen, heeft hij meer kracht en breekt hij me. Het is allemaal in een flits voorbij. Het ene moment serveer ik bijna voor de partij en het volgende steekt hij zijn armen in een overwinningsgebaar in de lucht. Tennis...

In de kleedkamer voelt mijn lichaam anders. Gras is een kwelling geworden en na een vijfsetter op gras ben ik fysiek een wrak.

Bovendien zijn de courts op Wimbledon dit jaar anders en dat betekent langere rally's, meer beweging, meer uitvallen en buigen. Opeens is mijn rug een probleem. Die is nooit goed geweest, maar nu heb ik er echt veel last van. De pijn vanuit mijn rug schiet langs mijn billen, stroomt langs mijn knieën, komt bij mijn scheenbenen weer bij elkaar en schiet door mijn enkel. Ik ben blij dat ik Philippoussis niet heb verslagen, dat ik niet verder ben gekomen in dit toernooi, omdat ik de eerstvolgende partij vast aan me voorbij had moeten laten gaan.

Tijdens de US Open van 2003 maakt Pete bekend dat hij met tennis stopt. Tijdens de persconferentie zwijgt hij een paar keer om zich te vermannen. Mij laat het ook niet koud. Onze rivaliteit heeft een belangrijke rol gespeeld in mijn carrière. Ik heb het altijd verschrikkelijk gevonden om van Pete te verliezen, maar het heeft me uiteindelijk ook veerkrachtiger gemaakt. Als ik Pete vaker had verslagen, of als hij deel had uitgemaakt van een andere generatie tennissers, zou ik een betere score hebben. Dan zou ik bekendstaan als een betere speler, maar zou ik een slechtere speler zijn.

Een paar uur later voel ik me verschrikkelijk eenzaam. Ik ben de laatste die overgebleven is. Ik ben de laatste Amerikaanse slamwinnaar die nog steeds tennist. Ik zeg tegen de verslaggevers: Je gaat er eigenlijk van uit dat je pas ophoudt met tennissen als degenen met wie je bent begonnen dat ook doen. Dan realiseer ik me dat dit een verkeerde woordkeuze is, want ik ben niet degene die ermee ophoudt, maar zij. Ik tennis nog.

Ik bereik de kwartfinale en speel tegen Coria, die me heeft uitgeschakeld tijdens Roland Garros. Ik heb zin hem een pak slaag te geven, maar onze partij wordt dagenlang uitgesteld vanwege de regen. Ik zit in mijn hotel en kan niets anders doen dan wachten en lezen. Ik kijk naar de regendruppels die langs het raam naar beneden glijden, elke druppel is even grijs als mijn stoppelbaard.

Gil dwingt me Gil Water te drinken en te rusten. Hij zegt dat het wel goed komt, maar hij weet het: de tijd raakt op. Eindelijk houdt het op met regenen en staan we op de baan. Coria is niet dezelfde man als ik in Parijs heb gezien. Hij heeft een beenblessure, waar ik gebruik van maak. Ik laat hem rennen, genadeloos, verpletter hem en win de eerste twee sets.

In de derde set kom ik vier keer op matchpoint, maar verzilver ze geen van alle. Ik kijk naar de box en zie dat Gil ongedurig heen en weer schuift. In mijn hele carrière heeft hij nog nooit tijdens een van mijn matches een plaspauze gehouden. Nooit. Geen enkele keer. Hij zegt dat hij niet het risico wil lopen dat ik naar mijn box kijk, hem niet zie zitten en in paniek raak. Hij verdient beter dan dit. Ik concentreer me weer en win de partij.

Er is geen tijd om te rusten. Door de langdurige regen is het speelschema van het toernooi ingedikt. De volgende dag al moet ik de halve finale spelen, tegen Ferrero die zojuist Roland Garros heeft gewonnen. Hij heeft zoveel zelfvertrouwen dat het zijn poriën uit sijpelt. Hij is honderd jaar jonger dan ik, en dat is te merken ook. Hij verslaat me in vier sets.

Ik maak een buiging naar alle vier de hoeken, blaas kusjes naar het publiek en ben ervan overtuigd dat zij weten dat ik mijn uiterste best heb gedaan. Jaden en Stefanie staan voor de kleedkamer te wachten. Stefanie is acht maanden zwanger van ons tweede kind en daardoor verdampt de pijn van het verlies als een regendruppel.

Onze dochter wordt op 3 oktober 2003 geboren. Alweer een prachtige indringer. We noemen haar Jaz Elle en net als bij onze zoon zweren we stiekem dat ze niet zal gaan tennissen. (We hebben niet eens een tennisbaan in onze achtertuin.) Maar er is nog iets wat Jaz Agassi niet gaat doen: slapen. Bij haar vergeleken lijkt haar broer wel narcoleptisch. Daardoor vertrek ik als een zombie naar de Australian Open 2004. De andere spelers zien er uit alsof ze elke nacht twaalf uur slapen. Ze kijken allemaal helder uit hun ogen, en zijn gespierd. Ze zien er fitter uit dan in voorgaande jaren, alsof ze allemaal hun eigen Gil hebben.

Mijn benen blijven fris tot aan de halve finale, waar ik tegenover Safin sta die speelt als een dingo. Hij heeft het grootste deel van het afgelopen jaar gemist door een polsblessure. Nu is hij volledig genezen en uitgerust, en niet te houden. Onze rally's lijken een eeuwigheid te duren, alsof de tijd stilstaat. Allebei weigeren we te missen, een onnodige fout te slaan, en na vier uur willen we allebei even graag winnen. Eigenlijk willen we allebei iets meer winnen dan de ander. Het verschil is Safins opslag. Hij pakt de vijfde set en ik vraag me af of ik zojuist voor het laatst in Australië heb gespeeld.

Is dit het einde? Die vraag hoor ik al maanden, al jaren, maar voor het eerst ben ik degene die hem stelt.

Rust is je vriend, zegt Gil. Tussen de toernooien in moet je meer rusten en je moet zorgvuldiger zijn in het kiezen van de toernooien waar je aan meedoet. Rome en Hamburg? Niet doen. Davis Cup? Sorry, dat kan niet, want je moet je energie voor de grote toernooien bewaren. Het volgende grote toernooi is Roland Garros.

Daardoor voel ik me jaren jonger als we in Parijs aankomen. Darren kijkt naar mijn loting en ontwerpt een duidelijke route naar de halve finale.

In de eerste ronde speel ik tegen Jérôme Haenel. Hij is drieëntwintig, komt uit de Elzas, staat op de 271e plaats en heeft niet eens een coach. Geen probleem, zegt Darren.

Groot probleem. Ik speel slecht. Ik sla elke backhand in het net. Ik schreeuw tegen mezelf: Je kunt béter spelen! Het is nog niet voorbij! Laat het niet zo eindigen! Gil, die op de eerste rij zit, perst zijn lippen op elkaar.

Het komt niet alleen door de leeftijd en niet alleen door de gravel. Ik sla niet zuiver. Ik ben uitgerust, maar beweeg me stroef doordat ik lange tijd niet heb gespeeld.

De kranten noemen het de ergste nederlaag uit mijn carrière. Na afloop van de partij zegt Haenel dat zijn vrienden hem hadden opgepept door te zeggen dat hij zou gaan winnen, omdat ik kort daarvoor had verloren van net zo'n speler als hij. Toen men hem vroeg wat hij bedoelde met net zo'n speler als hij, antwoordt hij: Een slechte.

We zijn bijna bij de finish, zegt Gil tegen de verslaggevers. Ik hoop alleen dat we niet strompelend over de eindstreep gaan.

In juni zeg ik Wimbledon af. Ik heb vier partijen op rij verloren, mijn ergste serie nederlagen sinds 1997, en mijn botten lijken wel van porselein. Gil zegt dat hij niet weet hoelang hij het nog kan aanzien dat ik zo doorga. Volgens hem moet ik ter wille van ons beiden maar eens goed en lang nadenken, over het einde.

Ik zeg dat ik wel over stoppen wil nadenken, maar dat ik me eerst nog met het einde van Stefanies carrière moet bezighouden. Ze is gekozen voor de International Tennis Hall of Fame. Logisch, ze heeft sinds Margaret Court meer slams op haar naam staan dan welke andere vrouw ook in de geschiedenis van het tennis. Ze wil dat ik haar introduceer tijdens de huldigingsceremonie. We vliegen naar Newport, Rhode Island. Een belangrijke dag. Het is voor het eerst dat we de kinderen een nachtje bij iemand anders laten en de eerste keer dat ik Stefanie echt heel zenuwachtig zie. Ze ziet ontzettend op tegen de ceremonie. Ze wil al die aandacht niet. Ze is bang dat ze iets verkeerds zegt of vergeet iemand te bedanken. Ze trilt helemaal.

Zelf ben ik ook niet helemaal ontspannen. Ik maak me al weken druk over mijn toespraak. Dit wordt de eerste keer dat ik in het openbaar over Stefanie zal praten, en het voelt alsof ik iets opschrijf op het Bord in de keuken en dat de hele wereld dat kan lezen. J.P. helpt me met het schrijven van enkele kladversies. Ik ben te gespannen, maar als ik naar het podium loop, adem ik diep in. En zodra ik begin te praten, ontspan ik me, omdat ik over mijn favoriete onderwerp ga praten en mezelf als een expert beschouw. Elke man zou de kans moeten krijgen zijn vrouw te introduceren tijdens haar Hall of Fame-huldigingsceremonie. Ik kijk naar het publiek, de fans, de gezichten van voormalige kampioenen, en ik wil hen allemaal over Stefanie vertellen. Ik wil dat ze weten wat ik weet. Ik vergelijk haar met de ambachtslieden die de middeleeuwse kathedralen hebben gebouwd: ze hebben hun perfectionisme niet onderdrukt toen ze het dak of de kelder of andere onzichtbare delen van die kathedralen bouwden. Ze bleven perfectionist in elke spleet en elk onzichtbaar hoekje, net als Stefanie. En bovendien is ze zelf een kathedraal, een monument van perfectie. Vijf minuten lang prijs ik haar arbeidsethos, haar waardigheid, haar nalatenschap, haar kracht, haar elegantie. Ik sluit af met het oprechtste wat ik ooit over haar heb gezegd: Dames en heren, ik stel u voor aan de meest bijzondere persoon die ik ooit heb leren kennen.

HOOFDSTUK 28

Iedereen om me heen praat onophoudelijk over stoppen. Over dat Stefanie gestopt is, Pete gestopt is, ik ga stoppen. Ondertussen blijf ik maar spelen en winnen, en denk aan de volgende slam. In Cincinnati versla ik, tot ieders verbazing, Roddick in de halve finale. Hierdoor sta ik in de eerste ATP-finale sinds november het jaar daarvoor. Daarna versla ik Hewitt, waardoor ik sinds Connors de oudste winnaar ben van een ATP-toernooi.

De maand daarna, tijdens de US Open van 2004, zeg ik tegen de verslaggevers dat ik denk dat ik kan winnen. Ze glimlachen alsof ik dement ben.

Stefanie en ik huren een huis buiten de stad, in Westchester. Het is ruimer dan een hotel en we hoeven de wandelwagen niet door de drukke straten van Manhattan te duwen. Het fijnste is dat er in de kelder een speelkamer is; dat wordt mijn slaapkamer de nacht voor een partij. In de kelder kan ik zonder Stefanie te storen van het bed naar de grond verhuizen als ik wakker word van de rugpijn. Omdat vaders geen slams winnen, zegt Stefanie: In de kelder kun je je net zo single voelen als je wilt.

Ik zie dat mijn leven haar uitput. Ik ben een afgeleide echtgenoot, een vermoeide vader. Ze moet meer tijd aan de kinderen besteden dan ik. Toch klaagt ze nooit. Ze begrijpt het. Elke dag is het haar missie, haar passie om een sfeer te creëren waarin ik alleen maar aan tennis hoef te denken. Ze weet nog hoe belangrijk ze dat zelf vond toen zij nog tenniste. Als we bijvoorbeeld in de auto naar het stadion rijden, weet Stefanie precies welke Elmosongs Jaden en Jaz rustig en stil zullen houden, zodat Darren en ik de strategie kunnen bespreken. Bovendien heeft ze dezelfde mening over voedsel als Gil: ze vergeet nooit dat wannéér je eet even belangrijk is als wát je eet. Na een wedstrijd, als we samen met Darren en Gil naar huis rijden, weet ik dat er thuis een bord lasagne klaarstaat, gloeiend heet zodat de kaas nog pruttelt.

Ik weet ook dat Darrens kinderen en Jaden en Jaz dan al hebben gegeten en in bed liggen.

Dankzij Stefanie bereik ik de kwartfinale, waar ik tegen de als nummer één geplaatste Federer moet spelen. Hij is veranderd vergeleken met de man die ik in Key Biscayne heb verslagen. Volgens mij is hij inmiddels een van de allerbeste tennissers ooit. Hij bouwt stap voor stap een voorsprong op, twee sets tegen één. Ik moet wel bewondering hebben voor zijn toegenomen vaardigheden en zijn fantastische kalmte. Hij is de meest illustere tennisser die ik ooit heb zien spelen. Maar voordat hij me kan afmaken, wordt de partij stilgelegd vanwege de regen.

Als we terugrijden naar Westchester staar ik door het raampje naar buiten en zeg tegen mezelf: Niet aan morgen denken. Denk zelfs niet aan het avondeten, want de partij is eerder stilgelegd en ik kom uren eerder thuis dan verwacht. Maar natuurlijk kent Stefanie iemand bij de meteorologische dienst, die haar verteld heeft dat er storm op til was. Daarop is ze in de auto gesprongen en heeft ze het eten klaargemaakt. Als we binnenkomen, geeft ze ons allemaal een kus en overhandigt ons in dezelfde beweging, even soepel als haar opslag, een bord. Ik heb zin een rechter te laten komen om onze trouwbeloften te hernieuwen.

De volgende dag vecht ik door alle linies en kom gelijk te staan met Federer, 2-2 in sets. Hij kijkt naar zijn voeten, dat doet hij altijd als hij geschokt is.

Dan begint het te waaien, wervelend, met windvlagen van wel zestig kilometer per uur. Federer past zijn spel hier beter op aan dan ik. Ik heb het idee dat hij zich overal aan kan aanpassen, probleemloos. Hij sleept de zware vijfde set uit het vuur en ik zeg tegen iedereen die maar wil luisteren dat hij bezig is de beste tennisser ooit te worden.

Voordat de wind is gaan liggen, praat iedereen alweer over mijn stoppen. Verslaggevers willen weten waarom ik blijf doorspelen. Ik zeg dat ik daarmee de kost verdien. Ik moet een gezin en een school onderhouden. Veel mensen profiteren van elke bal die ik sla. (Een maand na de US Open presenteren Stefanie en ik het negende jaarlijkse Grandslam voor Kinderen, waarmee een record van tien miljoen dollar wordt opgehaald. Alles bij elkaar hebben we nu veertig miljoen dollar opgehaald voor mijn stichting.)

Bovendien, zeg ik tegen de verslaggevers, kan ik het nog steeds. Ik weet niet hoe lang nog, maar nu nog wel. Volgens mij kan ik nog steeds winnen.

Weer staren ze me aan.

Misschien begrijpen ze het niet omdat ik het hele verhaal niet vertel, de echte reden. Maar dat kan ik niet, omdat ik het zelf pas net begin te begrijpen. Ik speel en ik blijf spelen omdat ik ervoor heb gekózen om te spelen. Ook al is het niet je ideale leven, toch kun je voor dat leven kiezen. Hoe je leven er ook uitziet, alles verandert als je ervoor kiest.

Tijdens de Australian Open van 2005 versla ik Taylor Dent in drie sets, waardoor ik doorga naar de vierde ronde. Voor de kleedkamer stuit ik op een aardige tv-verslaggever, Courier. Het is nog steeds vreemd om hem in zijn nieuwe rol te zien. Ik zie hem nog altijd als een fantastische kampioen. En toch past de tv bij hem. Hij lijkt gelukkig. Ik heb veel respect voor hem en hoop dat hij dat voelt. Onze onderlinge strubbelingen lijken iets van lang geleden en puberaal.

Hij houdt de microfoon voor mijn mond en vraagt: Hoe lang duurt het nog voordat Jaden Agassi tegen Pete's zoon speelt?

Ik kijk in de camera en antwoord: Wat ik vooral wil voor mijn kind is dat hij zich ergens op richt.

En voeg eraan toe: Ik hoop dat hij voor tennis kiest, omdat ik zoveel van die sport houd.

De oude leugen. Maar omdat ik mijn zoon erbij heb betrokken, schaam ik me er nog meer voor. Die leugen dreigt mijn erfenis te worden. Stefanie en ik raken er steeds meer van overtuigd dat we Jaden en Jaz dit idiote leven niet toewensen. Waarom heb ik het dan gezegd? Zoals altijd denk ik dat ik het zei omdat ik wist wat de mensen wilden horen. Bovendien is het zo dat ik, vlak na mijn zege, het gevoel had dat tennis een prachtige sport is die me goed heeft behandeld, en ik wilde dat de wereld dat wist. En misschien voelde ik me, terwijl ik oog in oog stond met een kampioen, schuldig omdat ik de sport haatte. Die leugen was misschien wel mijn manier om mijn schuldgevoel te verbergen of ervoor te boeten.

In de afgelopen maanden heeft Gil nog een paar laatste harde veranderingen doorgevoerd in mijn trainingsschema. Hij heeft me laten eten als een Spartaanse soldaat en dat nieuwe dieet heeft me goed gedaan.

Bovendien heb ik een cortisoninjectie gehad, mijn derde in één jaar. Vier per jaar is het maximale aanbevolen aantal. De artsen zeggen dat er risico's aan verbonden zijn: We weten domweg niet welke gevolgen cortison op de lange termijn heeft op de ruggengraat en de lever. Maar dat zet ik allemaal van me af zolang mijn rug zich goed gedraagt.

Mijn rug houdt het. Ik bereik de kwartfinale en speel weer tegen Federer. Ik kan niet één set winnen. Hij straft me af als een leraar een domme leerling. Hij zorgt ervoor dat ik mijn leeftijd voel, meer nog dan alle andere jonge tennissers van tegenwoordig. Als ik naar hem kijk, met zijn zachtaardige scherpte, zijn kundige slagen en zijn poema-achtige souplesse, realiseer ik me dat ik al tenniste toen men nog met houten rackets speelde. Mijn zwager was immers Pancho Gonzales, kampioen tijdens de Berlijnse luchtbrug, een rivaal van Fred Perry. En nu vecht ik tegen Federer, die geboren is in hetzelfde jaar als waarin ik mijn vríénd Perry ontmoette.

Vlak voor Rome word ik vijfendertig. Stefanie en de kinderen gaan met me mee naar Italië. Ik wil er samen met Stefanie op uit, om het Colosseum en het Pantheon te bezichtigen, maar ik kan het niet. Toen ik hier als jongen en als jongeman was, had ik het zo druk met mijn eigen ellende en verlegenheid dat ik het hotel niet uitkwam. Nu zou ik deze bezienswaardigheden dolgraag willen zien, maar het kan niet vanwege mijn rug. De dokter zegt dat een lange wandeling op het plaveisel kan betekenen dat de cortisoninjectie maar één maand werkt in plaats van drie.

Ik win mijn eerste vier matches. Dan verlies ik van Coria. Ik baal van mezelf, voel me schuldig omdat ik een staande ovatie krijg. Weer begint de pers over stoppen.

Ik zeg: Daar denk ik maar veertien keer per jaar aan, want ik doe veertien keer per jaar aan een toernooi mee.

Met andere woorden: Zo vaak moet ik dus meedoen aan dit soort persconferenties.

In de eerste ronde van Roland Garros van 2005 speel ik tegen de

Fin Jarkko Nieminen. Alleen al door de baan op te stappen, vestig ik een record: mijn achtenvijftigste slam. Eén meer dan Chang, Connors, Lendl en Ferreira. Meer dan wie ook. Maar mijn rug is niet in de stemming om dit te vieren. De cortison is uitgewerkt. Serveren doet pijn, staan doet pijn. Ademen valt niet mee. Ik overweeg naar het net te lopen en het op te geven. Maar dit is Roland Garros. Ik kan de baan niet aflopen, niet déze baan. Ze zullen me op mijn racket van deze baan moeten dragen.

Ik slik acht Advils. Acht. Tijdens het wisselen van baan bedek ik mijn gezicht met een handdoek terwijl ik op een andere handdoek de pijn probeer te verbijten. In de derde set weet Gil dat er iets heel erg fout zit. Nadat ik de bal heb geraakt, sprint ik niet terug naar het midden van de baan. Dat heeft hij in al die jaren nog nooit meegemaakt. Dat is ondenkbaar, net zoiets als wanneer Gil tijdens een van mijn partijen een plaspauze zou nemen. Na afloop loop ik samen met Gil naar een restaurant, ik voorovergebogen als een gamba. Hij zegt: We kunnen geen roofbouw op je lichaam blijven plegen.

We zeggen Wimbledon af, proberen ons voor te bereiden op de hardcourts van de zomer. Dat is noodzakelijk, maar het voelt als een gok. Ik gebruik mijn tijd en energie voor een kleiner aantal toernooien, wat betekent dat de foutenmarge kleiner wordt en de druk groter. De nederlagen zullen meer pijn doen.

Gil consulteert zijn Da Vinci-aantekenboekje. Hij is er trots op dat ik in zijn fitnessruimte nog nooit een blessure heb opgelopen. Nu mijn lichaam ouder wordt, zie ik dat hij gespannen raakt. Zijn goede naam is in het geding.

Bepaalde lifts kun je nu niet meer doen, zegt hij. Andere zul je nu twee keer zo vaak moeten doen.

We brengen uren door met de gewichten, praten uren over mijn ziel. Van hier tot aan de eindstreep, zegt Gil, gaat het alleen maar om je ziel.

Omdat ik Wimbledon heb afgezegd, publiceren de kranten en tijdschriften een nieuwe serie grafredes: *Op een leeftijd waarop de meeste tennisspelers...*

Ik besluit geen kranten en tijdschriften meer te lezen.

Aan het einde van de zomer doe ik mee aan de Mercedes-Benz

Cup, en ik win. Jaden is nu oud genoeg om me te zien spelen en tijdens de prijsuitreiking rent hij de baan op, omdat hij denkt dat die prijs van hem is. Wat ook zo is.

Ik ga naar Montréal en vecht me een weg naar de finale tegen een Spaanse knul over wie iedereen praat, Rafael Nadal. Ik kan hem niet verslaan. Ik kan hem niet doorgronden. Ik heb nooit eerder iemand gezien die zich zo beweegt op een tennisbaan.

Tijdens de US Open van 2005 ben ik een noviteit, een attractie, een vijfendertigjarige die meedoet aan een slam. Het is mijn twintigste jaar op rij in dit toernooi; veel andere spelers zijn nog niet eens twintig jaar oud. Ik herinner me dat ik tegen Connors speelde en hem uit zijn twintigste US Open kieperde. Ik ben niet iemand die vraagt waar die twintig jaar zijn gebleven, want dat weet ik heel goed. Ik voel elke set in mijn ruggengraat.

In de eerste ronde speel ik tegen de Roemeen Răzvan Sabău. Ik heb mijn vierde en laatste cortisoninjectie van het jaar gekregen, waardoor mijn rug verdoofd aanvoelt. Ik ben in staat mijn basisslag te slaan, waardoor Sabău in de problemen komt. Als je basisslag iemand in de problemen brengt, als hij achter komt te staan dankzij de slag die jij honderd van de honderd keer kunt slaan, weet je dat het een goede dag wordt. Het is net alsof je linkse directes sporen achterlaten op zijn kaak, terwijl je nog niet eens je klapper uit de kast hebt gehaald. Ik versla hem in negenenzestig minuten.

De verslaggevers zeggen dat het een bloedbad was. Ze vragen of ik daar geen slecht gevoel over heb.

Ik zeg: Ik zou niemand de leerervaring van het verliezen willen besparen.

Ze schieten in de lach.

Ik meen het.

In de tweede ronde speel ik tegen de Kroaat Ivo Karlović. Ze zeggen dat hij 2 meter 8 is, maar volgens mij stond hij in een kuil toen ze zijn lengte opmaten. Hij is een totempaal, een telefoonpaal, waardoor zijn opslag een vreemde curve maakt. Als Karlović serveert wordt het serveervak in feite twee keer zo groot en hangt het net dertig centimeter lager. Ik heb nooit eerder tegen iemand van zijn lengte gespeeld en heb geen idee hoe ik me moet voorbereiden op een tegenstander die zo lang is als hij.

In de kleedkamer stel ik me aan hem voor. Ivo is aardig, heeft een open gezicht en straalt omdat hij meedoet aan de US Open. Ik vraag of hij zijn arm zo hoog mogelijk wil optillen en dan roep ik Darren. We rekken ons uit, kijken omhoog en proberen Ivo's vingertoppen te zien. Dat lukt niet.

Ik zeg tegen Darren: Probeer je eens voor te stellen dat hij een racket vasthoudt. En dat hij springt. En waar het blad van dat racket zich bevindt als hij een bal slaat. Dan is het verdorie net alsof hij vanuit een helikopter serveert.

Darren lacht. Karlović lacht en zegt: Ik zou mijn bereik graag ruilen tegen jouw return.

Gelukkig realiseer ik me ook dat Karlović' lengte ook een nadeel kan zijn. Lage ballen kunnen een probleem vormen. In de aanval gaan zal minder gemakkelijk zijn. Darren zegt ook dat Karlović minder soepel is. Ik zeg tegen mezelf dat ik geen energie moet verspillen aan me zorgen maken over het aantal aces dat hij kan slaan. Ik moet gewoon wachten op de een of twee keer dat hij een eerste service fout slaat en me dan op de tweede storten. Dat zal bepalend zijn voor de uitslag. En hoewel Karlović dat ook weet, moet ik hem daar nóg meer van doordringen. Ik moet het hem laten voelen, door druk op zijn tweede service te leggen. En dat betekent dat ik die nooit fout mag retourneren.

Ik versla hem in straight sets.

In de derde ronde speel ik tegen Tomas Berdych. Twee jaar daarvoor heb ik ook tegen hem gespeeld, in de tweede ronde van de Australian Open. Darren heeft me gewaarschuwd: Je gaat het opnemen tegen een knaap van achttien die goed speelt, dus bereid je daar maar op voor. Hij weet de bal aan beide kanten prima te raken, heeft een keiharde service en staat over een paar jaar in de toptien.

Darren overdrijft niet. Berdych is een van de beste tennissers tegen wie ik dat jaar heb gespeeld. Ik heb hem in Australië verslagen, 6-0, 6-2, 6-4, en had destijds het gevoel dat ik geluk had. Ik denk: Gelukkig gaat het nu om *best of five.*

Maar verrassend genoeg is Berdych sinds die tijd niet veel beter geworden. Hij moet werken aan de keuzes die hij maakt. Hij heeft wel wat van mij voordat ik met Brad ging werken: hij denkt dat hij elk punt moet winnen. Hij weet niet hoe belangrijk het is je tegenstander te laten verliezen. Als ik hem heb verslagen en hem een hand geef, wil ik zeggen dat hij zich moet ontspannen. Maar dat kan ik niet. Dat is mijn taak niet.

Daarna speel ik tegen de Belg Xavier Malisse. Hij beweegt zich fantastisch en zijn arm lijkt wel een katapult. Hij heeft een krachtige forehand en een dodelijke service, maar hij speelt niet consistent. Bovendien heeft hij een middelmatige backhand: die lijkt geweldig doordat hij hem met zoveel gemak slaat, maar hij vindt het belangrijker hoe het eruitziet dan wat het effect is. Hij kan niet eens een backhand op de lijn slaan en als je dat niet kunt, kun je mij niet verslaan. Daarvoor beheers ik de baan te goed. Als je geen backhand op de lijn kunt slaan, bepaal ik elk punt. Een tegenstander moet me laten lopen, me van mijn plek halen, me naar een positie manoeuvreren waar ik me met hém moet bezighouden. Doet hij dat niet, dan moet hij op mijn voorwaarden tennissen. En mijn voorwaarden zijn wreed. Vooral nu ik ouder word.

De avond voor de match ga ik in het hotel wat drinken met Courier. Hij waarschuwt me dat Malisse goed speelt.

Misschien wel, zeg ik, maar ik heb er echt zin in. Je zult me dit niet vaak horen zeggen, maar dit wordt leuk.

De partij ís leuk, als een marionettenspel. Ik heb het gevoel dat ik een touwtje vasthoud: telkens als ik eraan trek springt Malisse. Ik ben, alweer, verbaasd over de band die er is tussen twee spelers op een tennisbaan. Het net, dat de beide spelers van elkaar zou moeten scheiden, verbindt ze als een web met elkaar. Na twee afmattende uren weet je zeker dat je samen met je tegenstander in een kooi opgesloten bent. Je zou durven zweren dat zijn zweet op je spat, dat zijn adem je ogen vertroebelt.

Malisses zelfvertrouwen verdwijnt. Hij gelooft niet dat hij hier op zijn plaats is. Ik sta voor, met 2-0 in sets, domineer het spel. En aan het begin van de derde set heeft Malisse er eindelijk genoeg van om van de ene naar de andere kant te worden gestuurd. Hij wordt woedend, speelt fel en doet al snel dingen die hem zelf verbazen. Hij slaat zijn backhand op de lijn, zuiver, consistent. Ik kijk hem aan alsof ik wil zeggen: Ik geloof het pas als je dit blijft doen.

Hij blijft het doen.

Ik zie aan zijn gezicht dat hij opgelucht is. Dat zie ik aan zijn lichaamstaal. Hij denkt nog altijd niet dat hij gaat winnen, maar wel dat hij een goede performance neerzet en dat vindt hij genoeg. In de derde set wint hij de tiebreak. Nu ben ík woedend. Ik heb wel wat beters te doen dan hier nóg een uur met jou op de baan te staan, en alleen al daarom zal ik je de duimschroeven aandraaien.

Maar Malisse laat zich niet langer door mij commanderen. Als gevolg van één set, één kleine set, is zijn houding totaal veranderd, heeft hij zijn zelfvertrouwen teruggekregen. Hij is niet bang meer. Hij wilde alleen maar een goede show neerzetten en dat heeft hij gedaan, dus speelt hij nu met de pot. In de vierde set zijn de rollen omgedraaid: hij dicteert het tempo en wint de set waardoor we gelijkstaan.

Maar in de vijfde set is hij leeg, terwijl ik nu pas gebruik ga maken van de fondsen die lang geleden op de Bank van Gil zijn gestort. Ik versla hem ruim. Met een glimlach op het gezicht komt hij naar het net, vol respect. Ik ben oud en hij heeft me ouder gemaakt, maar hij weet ook dat ik hem heb laten werken, dat ik hem heb gedwongen diep te gaan waardoor hij meer over zichzelf te weten is gekomen.

In de kleedkamer komt Courier naar me toe, hij stompt me op mijn schouder.

Hij zegt: Je had gelijk. Je zei dat je het leuk zou gaan vinden en het leek alsof je het leuk vond.

Leuk. Als ik het leuk vond, waarom voel ik me dan alsof ik ben overreden door een vrachtauto?

Ik zou wel een maand in een warm bad willen liggen, maar mijn volgende partij komt eraan en mijn tegenstander is een machine: Blake. Hij is sterker geworden sinds de laatste keer dat we tegen elkaar speelden. Dat was in DC en hij heeft me vernederd. Hij speelde agressief en als Blake agressief wordt, kan hij iedereen aan.

Mijn enige hoop is dat hij deze keer niet agressief zal spelen omdat het kouder is. Als het koud is, is de baan in New York trager en dat is een voordeel voor iemand als Blake, die zo verdomde snel is. Op een trage baan kan Blake alles doen en jij niet, en dus kan hij je onder druk zetten. Dan heb je het gevoel dat je meer moet doen dan anders en vanaf dat moment gaat alles mis.

Zodra we op de baan staan worden mijn ergste vermoedens bewaarheid. Blake is Mr. Aggressive, staat tijdens mijn tweede opslag voor de baseline, dekt de hele breedte van de baan en zet me vanaf het begin onder druk. Hij smoort me in de eerste set, 6-3. In de tweede set trakteert hij me nog eens op hetzelfde: 6-3.

In het begin van de derde set begint de partij op die tegen Malisse te lijken. Behalve dan dat ík deze keer Malisse ben. Ik kan deze vent niet verslaan, ik weet dat ik dat niet kan en dus kan ik net zo goed proberen een goede show neer te zetten. Nu ik niet meer denk dat ik kan winnen, begin ik meteen beter te spelen. Ik stop met denken, begin te voelen. Mijn slagen worden een halve seconde sneller, mijn beslissingen zijn eerder instinctief dan rationeel. Ik zie dat Blake een stapje terugdoet en de verandering signaleert. Wat is er gebeurd? Zeven ronden lang heeft hij mijn gedachten bepaald en aan het einde van de achtste draai ik de rollen om. Nu hij naar zijn hoek loopt, kan hij niet geloven dat de rollen zijn omgedraaid, dat zijn gedemoraliseerde tegenstander nog leven in zich heeft.

Blake heeft veel supporters in New York en die zijn vanavond allemaal hier. Nike, die mij niet langer sponsort, deelt T-shirts uit aan zijn fans en zegt dat ze moeten schreeuwen. Als ik Blake in de derde set overtroef, houden ze op met schreeuwen. Als ik de set win, worden ze stil.

Tijdens de vierde set raakt Blake in paniek en speelt niet langer agressief. Ik kan hem zien denken, ik kan hem bijna hóren denken: verdomme, ik kan niets meer goed doen.

Ik win de vierde set.

Nu Blake de voordelen inziet van het feit dat ik niet denk, besluit hij dat ook eens te proberen. Tijdens de vijfde set schakelt hij zijn hersens uit en speelt weer agressief. Eindelijk, na bijna drie uur, zijn we elkaars gelijke. We staan allebei in vuur en vlam, maar zijn vuurtje is iets beter dan het mijne. Hij krijgt de kans de partij uit te serveren.

Dan begint hij weer te denken. Zo gaat dat. Hij oefent druk uit, ik sla drie fantastische returns en breek hem. Daardoor verandert het publiek van gedachten. Ze zingen, *An*-dre, *An*-dre.

Ik sta voor, 6-5.

Tijdens de baanwissel lijkt het wel alsof er een rockconcert in het stadion plaatsvindt. Mijn oren suizen. Mijn hoofd klopt. Het is zo'n herrie dat ik mijn hoofd in een handdoek wikkel.

Hij serveert en houdt zijn service. We spelen een tiebreak.

Ik heb oudgedienden weleens horen zeggen dat de vijfde set niets meer met tennis te maken heeft. Dat is waar. In de vijfde set gaat het om emotie en conditie. Langzaam verlaat ik mijn lichaam. Ik vond het leuk je gekend te hebben, lichaam. Tijdens mijn loopbaan ben ik verschillende keren buiten mijn lichaam getreden, maar deze keer is het op een gezonde manier. Ik vertrouw op mijn talent en zorg dat ik niet in de weg loop. Ik verwijder mezelf. Bij matchpoint sla ik een degelijke service. Hij slaat een return naar mijn forehand. Ik sla een fantastische bal naar zijn backhand. Hij loopt eromheen en dat is dom. Als hij om mijn bal heen loopt, betekent dit dat hij zich onder druk gezet voelt. Hij denkt niet meer na. Hij manoeuvreert zichzelf uit positie, laat de bal de baas spelen. Hij geeft zichzelf niet de kans de best mogelijke slag te slaan. Daarom weet ik dat er twee dingen kunnen gebeuren. Hij slaat een zwakke return óf hij maakt een fout.

Hoe dan ook weet ik tamelijk zeker dat de bal precies hier terechtkomt. Ik kijk naar de plaats waar hij vrijwel zeker zal landen. Blake draait zich om, gooit zijn onderlichaam opzij en haalt uit. De bal landt drie meter van de plaats waar ik hem verwachtte.

Ik zat helemaal fout.

Ik doe het enige wat ik kan doen. Me voorbereiden op het volgende punt.

Bij 6-6 spelen we een moordende rally, van backhand naar backhand, en ik ben één brok zenuwen. Tijdens een backhandrally van tien slagen weet je dat iemand op een bepaald moment de inzet gaat verhogen en bijna altijd weet je zeker dat die iemand je tegenstander is. Ik wacht en wacht, maar bij geen enkele slag verhoogt Blake de inzet. Dus moet ik het doen. Ik stap naar voren alsof ik keihard ga slaan, maar in plaats daarvan sla ik een backhand dropshot. Ik ben doodop.

Soms wil je tijdens een partij alleen een degelijk shot slaan, maar zit je zo vol adrenaline dat je keihard slaat. Dat overkomt Blake heel vaak, niet door zijn slag maar door zijn tempo. Hij rent sneller dan hij wil. Hij heeft zo'n haast als hij naar een bal rent, dat hij er eerder is dan hij dacht. Dat gebeurt nu ook. Hij begint te rennen om mijn backhand drop te halen, maar heeft zijn racket op zo'n manier vast dat hij de bal moet scheppen, maar omdat hij al zo snel bij het net is hoeft hij de bal helemaal niet te scheppen. Hij heeft zijn racket dus verkeerd vast. Daardoor slaat hij de bal wat halfslachtig over het net, waarna ik een backhand op de lijn sla. De bal vliegt rakelings langs hem heen.

Nu serveert hij bij een stand van 6-7. Matchpoint, alweer. Hij slaat zijn eerste service uit. In een fractie van een seconde moet ik besluiten hoe hij zijn tweede service zal slaan. Agressief? Veilig? Ik denk dat hij het zekere voor het onzekere zal nemen. Hij zal de bal naar mijn backhand slaan. Hoe agressief wil ik dus zijn? Waar wil ik gaan staan? Moet ik een onomkeerbare beslissing nemen en daar gaan staan waar ik als ik gelijk heb de bal kan bereiken, maar waar ik er niet bij kan als ik me vergis? Of zou ik het verschil moeten delen, ergens halverwege gaan staan, zodat ik op de meeste services met een middelmatige slag kan reageren, en op geen enkele service met een perfecte slag?

Als er tijdens deze partij een definitief besluit kan worden genomen, één definitieve beslissing tijdens deze avond van 100.000 beslissingen, dan wil ik dat het míjn beslissing is. Ik maak een keuze. Hij serveert, zoals ik al dacht, naar mijn backhand. De bal hangt precies daar waar ik dacht dat hij zou hangen, als een zeepbel. Ik krijg kippenvel. Ik voel dat het publiek opstaat. Ik zeg tegen mezelf: *Quality cut, rip it, rip it, rip it, you fuck.* Als de bal mijn racket verlaat, blijf ik hem nakijken. Ik zie dat de schaduw van de bal één wordt met de bal zelf. Als ze langzaam met elkaar versmelten, zeg ik hardop: Bal, vind alsjeblieft, alsjeblieft een gaatje.

En dat gebeurt.

Als Blake me bij het net omhelst, weten we dat we iets bijzonders hebben gedaan. Maar ik weet dat beter dan hij, omdat ik achthonderd partijen meer heb gespeeld dan hij. En deze partij was anders dan de andere. Ik ben nog nooit zo geconcentreerd geweest. Ik heb nooit eerder het gevoel gehad dat ik zo slim heb moeten spelen en ik ben trots op het eindproduct. Daar teken ik voor.

Nadat ze de tape van mijn voeten hebben geknipt gaan Gil, Perry, Darren, Philly en ik na de persconferentie, naar P.J. Clarke's om wat te eten en te drinken. Als ik in mijn hotel aankom, is het vier uur 's ochtends. Stefanie slaapt, maar als ik binnenkom, gaat ze glimlachend rechtop zitten. Je bent gek, zegt ze.

Ik lach.

Dat was ongelooflijk, zegt ze. Je had wél succes, zeg.

Dat is waar, *babe*. Ik had succes.

Ik ga op de grond naast het bed liggen, probeer in te slapen, maar ik blijf maar aan de wedstrijd denken.

Dan hoor ik haar stem in de verte, als van een engel.

Hoe gaat het met je, vraagt ze.

Dit was best wel een leuke manier om een avond door te brengen.

In de halve finale moet ik tegen Robby Ginepri uit Georgia. CBS wil dat mijn match laat wordt gespeeld. Ik ga naar de toernooidirecteur en zeg dat ik, als ik deze match win, morgen weer moet spelen. Ik smeek hem: Laat een vijfendertigjarige man alsjeblieft niet later thuiskomen dan zijn tweeëntwintigjarige tegenstander.

Hij verplaatst mijn match en verandert die in een vroege halve finale.

Na twee vijfsetters op rij geeft niemand me een kans tegen Ginepri. Hij is snel, goed aan beide kanten van de baan, speelt momenteel op de toppen van zijn kunnen en is jong. Ik weet dat ik allereerst moet zorgen dat ik uitgerust ben. De vorige drie sets tegen Blake zijn het beste tennis dat ik ooit heb gespeeld, én het meest uitputtende. Ik zeg tegen mezelf dat ik tijdens mijn match tegen Ginepri moet zorgen dat ik vol adrenaline zit, net moet doen alsof ik twee sets achtersta en moet proberen mijn gedachten uit te schakelen, net als tegen Blake.

Het werkt. Ik voer de druk op en win de eerste set. Nu moet ik mijn energie bewaren voor de finale van morgen. Ik begin veilig tennis te spelen, denk aan mijn volgende tegenstander en daardoor kan Ginepri vrijer spelen, kansen pakken. Hij wint de tweede set.

Ik verdring elke gedachte aan de finale. Ik richt al mijn aandacht op Ginepri. Hij is moe nu hij met veel moeite gelijk is gekomen en ik win de derde set.

Maar hij wint de vierde.

Ik moet alles geven in de vijfde set. Maar ik moet me ook realiseren dat ik niet elk punt kan winnen. Ik kan niet achter elke bal aan rennen. Ik kan niet al mijn krachten inzetten tegen een knaap die zijn melkgebit nog heeft. Hij wil de hele avond wel doorspelen, maar ik heb nog maar energie voor vijfenveertig minuten tennis, of vijfendertig minuten.

Ik win de set. Ongelooflijk, op mijn vijfendertigste zit ik in de finale van de US Open. Darren, Gil en Stefanie rapen me op van de kleedkamervloer en verdelen de werkzaamheden. Darren pakt mijn rackets en rent ermee naar Roman, de bespanner. Gil geeft me mijn Gil Water. Stefanie brengt me naar de auto. We rijden snel terug naar het Four Seasons en kijken naar Federer en Hewitt die vechten voor de eer om tegen die ouwe invalide uit Vegas te mogen spelen.

Voorafgaand aan een finale is er niets zo ontspannend als kijken naar de andere halve finale. Dan zeg je tegen jezelf: Wát ik ook voel, het is beter dan wat die anderen voelen. Federer wint natuurlijk. Ik leun achterover op de bank en kan alleen nog maar aan Federer denken. En ik weet dat Federer alleen nog maar aan mij kan denken. Tussen nu en morgenmiddag moet ik alles net iets beter doen dan hij, ook beter slapen.

Maar ik heb kinderen. Ik sliep altijd tot halftwaalf uit op de dag van een wedstrijd. Nu slaap ik hooguit tot halfacht. Stefanie zorgt dat de kinderen stil zijn, maar iets in mijn lichaam weet dat ze uit bed zijn, dat ze hun vader willen zien. En hun vader wil hen zien.

Na het ontbijt geef ik ze een afscheidskusje. Ik zwijg als ik samen met Gil naar het stadion rijd. Ik weet dat ik geen enkele kans maak. Ik ben heel oud en ik heb drie vijfsetters achter elkaar gespeeld. Je moet wel realistisch blijven. Ik hoop alleen maar dat het drie of vier sets worden. Als het een snelle partij wordt, waarbij conditie geen rol speelt, heb ik een kans.

Als Federer de baan op komt, lijkt hij op Cary Grant. Ik verwacht bijna dat hij in een smokingjasje en een sjaaltje wil gaan spelen. Hij ziet er altijd onberispelijk uit, zelfs als hij bij 40-15 moet serveren. Bovendien is hij op zoveel plaatsen op de baan gevaarlijk, dat je je nergens kunt verstoppen. Ik ben niet op mijn best als ik me nergens kan verstoppen. Federer wint de eerste set. Ik ga onbesuisd spelen, probeer van alles om hem uit balans te brengen. Ik breek hem in de tweede set. Ik breek hem nog een keer en win de set.

Ik denk: Mr. Grant heeft vandaag místschien een probleem.

Ik breek hem in de derde set en sta voor met 4-2. Ik serveer met een zacht windje in de rug en Federer slaat steeds mis. Ik sta bijna voor met 5-2 als hij en ik heel even denken dat er iets bijzonders gaat gebeuren. We kijken elkaar aan. Dan, bij 30-0, sla ik een kickservice naar zijn backhand. Hij haalt uit en raakt de bal niet goed. De bal maakt een vreemd geluid als hij zijn racket verlaat. Maar deze stomme misslag komt op de een of andere manier wel over het net en is in. Winner. Hij breekt me en we staan weer gelijk.

Tijdens de tiebreak doet hij iets wat ik niet snap: hij vindt een versnelling die andere spelers domweg niet hebben en wint met 7-1.

Nu is het hek van de dam. Mijn dijbeenspieren schreeuwen het uit. Mijn rug heeft de winkel gesloten voor de nacht. Ik neem verkeerde beslissingen. Ik word eraan herinnerd hoe klein de marges op een tennisbaan kunnen zijn, hoe klein het verschil kan zijn tussen middelmatigheid en grootsheid, tussen roem en anonimiteit, tussen geluk en wanhoop. Het was een zware match. We stonden gelijk, verdorie. Maar nu, na een tiebreak waar mijn mond vol bewondering van openviel, heb ik verloren.

Als ik naar het net loop, weet ik dat ik heb verloren van een betere speler, van de Mount Everest van de volgende generatie. Ik heb medelijden met de jonge spelers die met hem moeten wedijveren. Ik zeg tegen de verslaggevers: Het is heel eenvoudig. De meeste mensen hebben zwakke punten. Federer heeft er niet één.

HOOFDSTUK 29

Ik trek me terug uit de Australian Open van 2006 en vervolgens uit het hele gravelseizoen. Ik vind het verschrikkelijk, maar ik moet mezelf sparen voor Wimbledon 2006, dat mijn laatste zal worden. Dat beloof ik mezelf. Ik spaar mezelf voor Wimbledon! Ik had nooit gedacht dat ik ooit zoiets zou zeggen. Ik had nooit gedacht dat ik een degelijk, eerbiedig afscheid van Wimbledon zo belangrijk zou vinden.

Maar Wimbledon is gewijde grond voor me geworden. Hier heeft mijn vrouw geschitterd. Hier heb ik voor het eerst gedacht dat ik kon winnen en heb ik dat ook bewezen, aan mezelf en aan de wereld. Wimbledon is waar ik heb geleerd te buigen, te knielen, iets te doen wat ik niet wilde doen, iets te dragen wat ik niet wilde dragen, en dat heb overleefd. En hoe ik ook over tennis denk, dat spel is mijn thuis. Als jongen haatte ik mijn thuis en ben ik weggegaan, en had ik al snel heimwee. In de laatste uren van mijn carrière word ik gekweld door die herinnering.

Ik zeg tegen Darren dat dit Wimbledon mijn laatste zal zijn en dat de komende US Open mijn allerlaatste toernooi zal zijn. We maken het bekend als Wimbledon net is begonnen. Maar ik schrik van de manier waarop mijn collega's me vanaf dat moment behandelen. Ze zien me niet langer als een rivaal, als een bedreiging. Ik ben gestopt. Ik doe er niet meer toe. Er is een muur neergelaten.

Verslaggevers vragen: Waarom nu? Waarom heb je besloten er nu mee op te houden? Ik zeg dat dit niet het geval is. Ik kán domweg niet meer spelen. Dit is de eindstreep waar ik naar op zoek was, de eindstreep met de meedogenloze aantrekkingskracht. Niet kunnen spelen versus niet willen spelen. Onbewust heb ik gewacht tot het moment waarop ik geen keuze meer had.

Bud Collins, de eerbiedwaardige tv-commentator, tennishistoricus en coauteur van Lavers autobiografie, vat mijn carrière samen door te zeggen dat ik me heb ontwikkeld van 'punk tot paragon'. Ik schrik ervan. Naar mijn mening heeft Bud de waarheid opgeofferd op het altaar van de alliteratie. Ik ben nooit een punk geweest, net zomin als ik nu een lichtend voorbeeld ben.

Sportjournalisten schrijven ook over mijn transformatie, een woord dat me altijd weer steekt, want volgens mij klopt het niet. Transformatie is omzetting van het ene in het andere, maar ik ben begonnen als niets. Ik ben niet getransformeerd, maar gevormd. Toen ik begon te tennissen was het bij mij net als bij veel andere kinderen: ik wist niet wie ik was en kwam in opstand als volwassenen me vertelden wat ik moest doen. Die fout maken volwassenen volgens mij altijd met jongere mensen; ze behandelen hen als eindproducten terwijl ze in feite nog in ontwikkeling zijn. Het is hetzelfde als een wedstrijd beoordelen voordat die afgelopen is, maar ik weet dat dit niet slim is, doordat ik al te vaak heb gewonnen nadat ik dik achterstond en al te vaak tegenstanders heb gehad die zich na een enorme achterstand toch naar de zege hebben gevochten.

Wat de mensen nu zien is mijn eerste formatie, mijn eerste incarnatie. Ik heb mijn image niet veranderd, maar ontdekt. Ik ben niet van gedachten veranderd, maar heb mijn geest opengesteld. J.P. helpt me hiermee, helpt me het zelf te begrijpen. Hij zegt dat de mensen door mijn veranderde uiterlijk, kleding en kapsel denken dat ze weten wie ik ben. De mensen zien mijn zelfonderzoek als zelfexpressie. Hij zegt dat het een hele schok is, en misschien zelfs wel een teken aan de wand dat een man met zoveel vluchtige identiteiten de initialen A.K.A. heeft [*also known as*, alias – vert.].

Aan het begin van die zomer van 2006 kan ik dat helaas nog niet uitleggen aan de verslaggevers, ondanks de hulp van J.P. en anderen. En zelfs als ik dat wel kon, is de perskamer in de All England Club daarvoor niet de juiste plaats.

Ik kan het ook niet uitleggen aan Stefanie, maar dat hoeft ook niet. Zij weet alles. In de dagen en uren voor Wimbledon kijkt ze me aan en geeft me een tikje op de wang. Ze praat met me over mijn carrière. Ze praat over haar carrière. Ze vertelt me over haar laatste Wimbledon. Zij wist niet dat het haar laatste zou worden. Ze zegt dat het beter is om het wel te weten, om er met die wetenschap aan te beginnen.

Met een halsketting om die Jaden voor me heeft gemaakt – de woorden *Daddy Rocks* in blokletters – speel ik in de eerste ronde tegen de Serviër Boris Pašanski. Als ik de baan opkom wordt er luid en langdurig geapplaudisseerd. Ik krijg er tranen van in mijn ogen en kan tijdens de eerste opslag niets zien. Ook al heb ik het gevoel dat ik in een harnas speel, met een rug die weigert zich te ontspannen, toch houd ik vol. Ik win.

In de tweede ronde versla ik de Italiaan Andreas Seppi in vier sets. Ik speel goed en zie mijn partij in de derde ronde, tegen Nadal, dan ook vol hoop tegemoet. Hij is een bruut, een freak, een natuurkracht; ik heb nog nooit zo'n sterke en soepele tennisser gezien. Maar door de misleidende emoties na een zege heb ik het gevoel dat ik hem wel aankan, dat ik een kans maak. Ik verlies de eerste set met 7-6, maar ik put hoop uit het feit dat ik er heel dicht bij was.

Dan vermorzelt hij me. De partij duurt zeventig minuten. Vijfenvijftig minuten heb ik nog een kans. Dan begin ik mijn rug te voelen. Als Nadal serveert kan ik niet stil blijven staan. Ik moet in beweging blijven, met mijn voeten stampen, mijn bloed laten stromen. Ik ben zo stijf, ik heb zoveel pijn, dat ik niet eens aan een return kan denken. Ik wil alleen maar gaan liggen.

Na de partij maken Wimbledonofficials – wat een ironie – een einde aan een traditie: ze interviewen Nadal en mij op de baan. Dat is nog nooit gebeurd. Ik zeg tegen Gil: Ik wíst dat ik er ooit voor kon zorgen dat Wimbledon een einde maakt aan een traditie.

Gil lacht niet. Hij lacht nooit tijdens een gevecht.

Het is bijna voorbij, zeg ik tegen hem.

Ik ga naar Washington DC en speel tegen een Italiaanse qualifier, Andrea Stoppini. Hij verslaat me alsof ik de qualifier ben en ik schaam me diep. Ik dacht dat ik wel een warming-up voor de US Open kon gebruiken, maar nu ben ik helemaal van slag. Ik zeg tegen de verslaggevers dat ik meer problemen heb met het einde dan ik dacht. Ik zeg dat ik dit het best zo kan uitleggen: Ik weet zeker dat velen van jullie jullie werk haten. Maar stel je nu eens voor dat dit verhaal over mij je laatste verhaal zou zijn. Na dit verhaal mag je nooit weer één letter schrijven, je leven lang niet. Hoe zou je je dan voelen?

Iedereen reist naar New York. Het hele team, Stefanie, de kinderen, mijn ouders, Perry, Gil, Darren en Philly. We overspoelen het Four Seasons en gaan met z'n allen naar Campagnola. De kinderen glimlachen om het applaus bij onze binnenkomst. Het applaus klinkt anders, vind ik. Het heeft een andere klank, een ondertoon. Dit is niet voor mij maar voor ons allemaal, omdat we samen iets speciaals afronden.

Frankie zet ons aan de hoektafel. Hij schenkt veel aandacht aan Stefanie en de kinderen. Ik zie dat hij Jaden al mijn favoriete gerechten brengt en dat Jaden ze ook lekker vindt. Ik zie ook dat Jaz het eten lekker vindt, hoewel zij erop staat dat de gerechten elkaar niet raken – een variant op haar bosbessenmuffinritueel. Ik kijk naar Stefanie als ze naar de kinderen kijkt, glimlachend, en realiseer me dat wij vieren zo verschillend zijn. Vier verschillende oppervlakken en toch een bij elkaar passende set. Helemaal. Op de avond voor mijn laatste toernooi geniet ik van het gevoel dat we allemaal zoeken, van het inzicht dat ons maar een paar keer in ons leven ten deel valt: dat onze levens verbonden zijn met elkaar, dat het begin van ons einde er in het begin in aanleg al was, en andersom.

In de eerste ronde speel ik tegen de Roemeen Andrej Pavel. Mijn rug begint halverwege de partij op te spelen, maar ondanks mijn stokstijve rug weet ik er toch een overwinning uit te slepen. Ik vraag Darren of hij wil regelen dat ik de volgende dag een cortisoninjectie krijg. Maar zelfs mét die injectie weet ik niet of ik mijn volgende partij wel kan spelen.

Ik kan in elk geval onmogelijk winnen. Niet van Marcos Baghdatis. Hij is de nummer acht van de wereld. Hij is een grote sterke knaap uit Cyprus en is halverwege een fantastisch jaar. Hij heeft de finale van de Australian Open bereikt en de halve finale van Wimbledon.

Toch versla ik hem op de een of andere manier. Na afloop kan ik maar net door de tunnel wankelen en in de kleedkamer komen voordat mijn rug het begeeft. Darren en Gil tillen me als een zak aardappelen op de massagetafel, terwijl Baghdatis' mensen hem op de tafel ernaast tillen. Hij heeft geweldige kramp. Stefanie komt binnen en ze kust me. Gil duwt een van zijn drankjes door mijn strot. Iemand zegt dat de artsen eraan komen en zet de tv boven ons aan. Iedereen vertrekt, zodat alleen Baghdatis en ik achterblijven, allebei kronkelend en kreunend van de pijn.

De tv vertoont hoogtepunten van onze partij. SportsCenter. Vanuit mijn ooghoek zie ik iets bewegen. Ik draai mijn hoofd en zie dat Baghdatis zijn hand naar me uitsteekt. Zijn gezicht zegt: Dat zijn wij. Ik steek mijn hand uit, pak zijn hand, en zo blijven we liggen, hand in hand, en kijken naar de hoogtepunten van onze nobele strijd. We herbeleven de match en daarna denk ik terug aan mijn leven tot dusver.

We herbeleven de match en daarna denk ik terug aan mijn leven tot dusver.

Eindelijk zijn de artsen er. Het kost hen en de fysiotherapeuten een halfuur om Baghdatis en mij weer op de been te krijgen. Baghdatis verlaat de kleedkamer als eerste, steunend op zijn coach. Dan leiden Gil en Darren me naar de parkeerplaats, verleiden me tot nóg een paar stapjes met het vooruitzicht van een cheeseburger en een martini bij P.J. Clarke's. Het is twee uur in de ochtend.

Jee, zegt Darren, als we de parkeerplaats op lopen. De auto staat daar helemaal, *mate*.

We kijken naar de eenzame auto midden op de lege parkeerplaats. Hij staat een paar honderd meter verderop. Ik zeg dat ik dat niet red.

Nee, natuurlijk niet, zegt hij. Wacht hier maar, dan rijd ik hem hier wel naartoe.

Hij rent weg.

Ik zeg tegen Gil dat ik niet rechtop kan staan. Ik moet gaan liggen terwijl we wachten. Hij zet mijn tennistas op het beton. Ik ga zitten en ga dan liggen met de tas als kussen in mijn rug.

Ik kijk op naar Gil. Ik zie alleen zijn glimlach en zijn schouders. Naast zijn schouders zie ik de sterren. Zoveel sterren. Ik kijk naar de lichtmasten die rond het stadion staan. Ze lijken op sterren die groter zijn, dichterbij.

Opeens horen we een knal. Een geluid alsof een gigantisch blik vol tennisballen wordt geopend. Eén lichtmast gaat uit. Dan nog een en nog een.

Ik sluit mijn ogen. Het is voorbij.

No. Hell no. Het zal nooit voorbij zijn.

De volgende ochtend strompel ik door de lobby van het Four Seasons als er een man uit de schaduw stapt. Hij pakt me bij de arm.

Stop ermee, zegt hij.

Wat?

Het is mijn vader, of een geest van mijn vader. Hij is asgrauw en ziet eruit alsof hij al weken niet heeft geslapen.

Pops? Waar heb je het over?

Stop ermee. Ga naar huis. Je bent klaar. Het is voorbij.

Hij zegt dat hij heeft gebeden dat ik zal stoppen. Hij zegt dat hij niet kan wachten tot ik ermee ophoud, zodat hij mijn lijden niet langer hoeft aan te zien. Dan hoeft hij niet langer doodsangsten uit te staan als hij naar een wedstrijd van mij kijkt. Dan hoeft hij niet langer tot twee uur 's nachts op te blijven om naar een partij te kijken die aan de andere kant van de wereld wordt gespeeld, zodat hij een nieuw wonderkind kan scouten. Hij is ziek van dat ellendige gedoe. Het klinkt alsof hij... kan dat? Ja, ik zie het in zijn ogen. Ik ken die blik. Hij haat tennis.

Hij zegt: Doe dit jezelf niet langer aan! Na gisteravond hoef je niets meer te bewijzen. Ik kan het niet aan om je zo te zien. Dat doet te veel pijn.

Ik raak zijn schouder even aan en zeg: Het spijt me, Pops. Ik kan nu niet stoppen. Ik kan geen einde maken aan dit hele gedoe door te stoppen.

Een half uur voor de wedstrijd krijg ik een injectie met ontstekingsremmers, maar dat is niet hetzelfde als cortison. Minder effectief. Tijdens mijn partij in de derde ronde, tegen Benjamin Becker, kan ik amper blijven staan.

Ik kijk naar het scorebord. Ik schud mijn hoofd. Ik vraag mezelf steeds weer af: Hoe is het mogelijk dat mijn laatste tegenstander een vent is die B. Becker heet? Eerder dit jaar zei ik tegen Darren dat ik tijdens mijn laatste wedstrijd tegen iemand zou willen spelen die ik mag en voor wie ik respect heb, of anders tegen iemand die ik niet ken.

En dus krijg ik dat laatste.

Hij verslaat me in vier sets.

Ik voel dat het lint van de eindstreep tegen mijn borst knapt. Officials van de US Open vragen of ik voordat ik naar de kleedkamer ga iets tegen het publiek op de tribunes en de mensen thuis wil zeggen. Ik weet wat ik wil zeggen. Dat weet ik al jaren. Toch duurt het even tot ik mijn stem gevonden heb.

> *Het scorebord zegt dat ik vandaag heb verloren, maar wat het scorebord niet zegt is wat ik heb gewonnen. Jullie hebben me gesteund op de baan, maar ook in mijn leven. Jullie wilden dat ik succes had, soms zelfs in mijn slechtste momenten. Jullie hebben me gesteund toen ik mijn dromen najoeg, ik mocht op jullie schouders staan om te proberen mijn dromen te verwezenlijken, iets wat ik zonder jullie nooit had gekund. In deze eenentwintig jaar heb ik jullie gevonden, en de rest van mijn leven zal ik jullie en de herinnering aan jullie met me meedragen.*

Dat is het mooiste compliment dat ik hun kan geven. Ik heb hen vergeleken met Gil.

Het is doodstil in de kleedkamer. In de loop der jaren heb ik gemerkt dat elke kleedkamer hetzelfde is als je hebt verloren. Je loopt naar binnen door de deur – die openklapt omdat je er te hard tegenaan hebt geduwd – en de andere jongens springen bij de tv vandaan waar ze hebben gezien dat je op je donder kreeg. Ze doen altijd net alsof ze niet hebben gekeken, alsof ze niet over jou hebben gepraat. Maar deze keer blijven ze bij de tv zitten. Niemand komt in beweging. Niemand doet net alsof. Iedereen komt naar me toe. Ze applaudisseren en fluiten, en iedereen doet mee, de fysiotherapeuten, de tape guys en James de bewaker.

Eén man houdt zich afzijdig, weigert te applaudisseren. Ik kan hem vanuit mijn ooghoeken zien. Hij leunt tegen een muur met een ondoorgrondelijke uitdrukking op zijn gezicht en zijn armen over elkaar geslagen.

Connors.

Hij is nu de coach van Roddick. Arme Andy.

Ik moet erom lachen. Ik heb alleen maar bewondering voor het feit dat Connors is wie hij is, dat hij nooit verandert. We zouden allemaal zo trouw aan onszelf moeten zijn, zo consistent.

Ik zeg tegen de andere spelers: Jullie zullen nog heel vaak applaus horen in je leven, *fellas*, maar geen enkel applaus zal evenveel bete

Met Stefanie, Jaden en Jaz, najaar 2006.

Baghdatis feliciteert me na de tweede ronde van de US Open 2006.

Centre Court, Wimbledon, 2000.

kenen als dit applaus, het applaus van collega's. Ik hoop dat jullie dat aan het einde van je loopbaan allemaal zullen horen.

Bedankt allemaal. Vaarwel. En pas een beetje op elkaar.

HET BEGIN

Het heeft de hele dag met tussenpozen geregend. Stefanie kijkt naar de lucht en vraagt: Wat denk jij?

Kom op, zeg ik. Laten we het maar proberen. Als jij het wilt, wil ik ook.

Willen. Ze fronst. Ze wil altijd wel, maar ze kan niet voor haar kuit spreken. Die veroorzaakt al problemen sinds ze gestopt is. Vooral de laatste tijd. Ze kijkt naar beneden. Stomme kuit. Volgende week moet ze in Tokio een liefdadigheidswedstrijd spelen. Ze speelt om geld in te zamelen voor haar school in Afrika en ze wil goed spelen, zelfs al is het maar een demonstratiewedstrijd. Ze voelt die oude druk weer om goed te spelen. Bovendien vraagt ze zich af hoe goed ze het nog kan.

Dat vraag ik me ook af. Het is alweer een jaar geleden dat ik de laatste keer van de baan af kwam, tijdens de US Open. Het is in de herfst van 2007.

We zijn de hele week dus al van plan naar de tennisbaan te gaan om te tennissen, maar vandaag is het uitgerekend die ene dag in het jaar waarop het in Vegas regent.

We can't build a fire in the rain.

Weer kijkt Stefanie naar de bewolkte lucht. Dan naar de klok. Drukke dag, zegt ze. Ze moet Jaden ophalen van school. Het is nu of nooit.

Als het niet ophoudt met regenen, als we niet gaan tennissen, ga ik misschien wel even langs mijn eigen school. Dat doe ik meestal als ik tijd heb. De school is ongelooflijk groot geworden: een opleidingsinstituut van 7.500 vierkante meter, met 650 leerlingen en een wachtlijst van 800.

De campus, die veertig miljoen dollar heeft gekost, bevat alles waar de kinderen behoefte aan kunnen hebben. Een hightech tvproductiestudio. Een computerruimte met tientallen Dell-computers langs de muren en een grote, zachte witte bank. Een eersteklas sportzaal met even fantastische apparaten als in de meest exclusieve clubs in Vegas. Er is een ruimte om met gewichten te werken, een lezingenzaal en er zijn badkamers die even modern en schoon zijn als de badkamers in de beste hotels van de stad. Het mooiste is dat alles nog even strak in de verf zit en even schoon is als toen de school werd geopend. Leerlingen, ouders, de buurt, iedereen heeft respect voor de school omdat hij van iedereen is. De buurt is niet veel verbeterd sinds de school er is. Toen ik een tijdje geleden een rondleiding gaf, werd er aan de overkant op iemand geschoten. Toch is er in acht jaar tijd geen enkele ruit kapotgegooid en geen enkele muur bespoten met graffiti.

Overal kun je aan kleine dingen, aan subtiele details zien dat deze school anders is; hier gaat het om uitmuntendheid. In het raam aan de voorzijde is één woord geëtst – het motto van de school – BELIEVE. In elk klaslokaal stroomt gefilterd daglicht binnen. Het daglicht wordt vanuit dakramen die op het zuiden liggen weerkaatst tegen hightech reflectoren, zodat een zacht licht binnenstroomt dat ideaal is om bij te lezen en je te concentreren. De docenten hoeven nooit een lichtschakelaar om te draaien, zodat niet alleen energie en geld wordt bespaard, maar de studenten ook geen last krijgen van hoofdpijn of zwaarmoedigheid die door de gewone tl-verlichting wordt veroorzaakt en die ik me maar al te goed kan herinneren.

Ons terrein is opgezet als een universiteitscampus, met intieme hoekjes en gezellige grotere pleinen. De muren zijn van steen – lichtpaars en zalmroze kwartsiet uit mijnen uit de buurt – en de wandelpaden zijn omzoomd met prachtige pruimenbomen. Die paden komen allemaal uit op een prachtige heilige eik, een symbolische Tree of Hope, die we al hebben geplant voor er zelfs maar een spa in de grond ging. Het belangrijkste moet eerst, dachten onze architecten en dus hebben ze eerst de Boom van de Hoop geplant en daarna de bouwvakkers gevraagd of ze de boom water en voldoende licht wilden geven terwijl ze de school eromheen bouwden.

Het stuk grond waar de school op staat is klein, slechts drie hectare, maar de architecten vonden dat juist prettig. Ze wilden dat de paden over de campus een korte, bochtige reis symboliseerden. Als het leven zelf. Waar een leerling zich ook bevindt, kan hij zich omdraaien en een glimp opvangen van waar hij vandaan komt of als hij de andere kant op kijkt iets zien van waar hij naartoe gaat. Basisschoolleerlingen kunnen kijken naar de hoge gebouwen van de high school die op hen staan te wachten, maar ze kunnen de stemmen van de oudere kinderen niet horen. We willen ze niet bang maken. Leerlingen van de high school kunnen achteromkijken naar de lokalen van de basisschool waar ze vandaan komen, ook al kunnen ze het hoge gegil op het schoolplein niet horen. We willen ze immers niet storen.

De architecten komen uit de buurt. Mike Del Gatto en Rob Gurdison hebben zich helemaal op dit project gestort en maanden besteed aan het uitpluizen van de geschiedenis van de buurt, aan het bestuderen van andere *charter schools* in het land, aan het experimenteren met ideeën. Dan waren ze de hele nacht rond de pingpongtafel in Mike's souterrain aan het brainstormen. Op die pingpongtafel bouwden ze eerst een kartonnen model van de school, zich niet bewust van de coïncidentie of de ironie.

Het was hun idee om de gebouwen een verhaal te laten vertellen. Wij vertelden hun de verhalen die we verteld wilden hebben. In de middle school wilden we gigantische foto's van Martin Luther King Jr., Mahatma Gandhi en natuurlijk Mandela, met hun inspirerende uitspraken op glazen panelen onder hun portretten. Omdat de meeste leerlingen donker zijn, vroegen we Mike en Rob om in een van de muren gemarmerde glazen stenen te metselen die de Grote Beer voorstellen, en rechts ervan één glazen steen die de Poolster voorstelt. De Grote Beer en de Poolster waren bakens voor weggelopen slaven en wezen hun de weg naar de vrijheid.

Mijn kleine bijdrage aan de esthetiek van de school is deze: ik heb in de gemeenschappelijke ruimte van de high school een glanzende, zwarte Steinway neergezet. Toen ik de piano kwam brengen, kwamen alle leerlingen eromheen staan en ik verbaasde hen door *Lean On Me* te spelen. Wat ik vooral geweldig vond, was dat de leerlingen niet wisten wie ik was. Toen de docenten hun dat vertelden, waren ze niet eens erg onder de indruk.

Ik droomde van een school waar zo weinig mogelijk sprake was van onbezielde routinematige voorschriften. Ik wilde een plek die toevallige invallen stimuleert. Een plaats waar toevallige invallen de norm zijn. Die droom is uitgekomen. Elke dag kan er iets gebeuren op de Agassi Prep. President Bill Clinton zou langs kunnen komen om een geschiedenisles te geven. Shaquille O'Neal zou de gymleraar kunnen vervangen. In de hal zou je Lance Armstrong kunnen tegenkomen, of Mohammed Ali met een bezoekerspasje opgespeld en schaduwboksend met een eerstejaars. Misschien zie je op een dag Janet Jackson of Elton John in de deuropening van een klaslokaal staan, of leden van Earth, Wind & Fire die een college volgen. Toen we de sportzaal openden, was de NBA All-Star Game toevallig in Vegas. We hebben de rookies en tweedejaars All-Stars gevraagd om hun traditionele *pickup game* bij ons te komen spelen. Dat is de eerste wedstrijd die ooit op Agassi Prep is gespeeld.

Onze docenten zijn de besten, punt uit. We hebben hen uitgekozen omdat het deskundige, gedreven, inspirerende mannen en vrouwen zijn, die bereid zijn zich volledig in te zetten, die overal bij betrokken willen zijn. We vragen elke docent om te geloven dat elke leerling kan leren. Dat klinkt als een ongelooflijk voor de hand liggende en logische gedachte, maar tegenwoordig spreekt dat niet vanzelf.

Omdat Agassi Prep een langere schooldag heeft en een langer schooljaar dan andere scholen, verdienen onze docenten misschien een iets lager uurloon dan docenten die elders werken. Maar ze hebben meer geld tot hun beschikking, waardoor de kans groter is dat ze optimaal presteren en een wezenlijke bijdrage leveren aan het leven van de kinderen.

We vonden het belangrijk dat de leerlingen een schooluniform dragen. Een tennisshirt met een kaki lange broek, korte broek of rok, in de officiële schoolkleuren: bordeauxrood en marineblauw. We zijn van mening dat hierdoor minder gauw sprake is van onderlinge concurrentie en we weten dat het de ouders op de lange duur geld bespaart. Telkens als ik de school binnenloop, verbaas ik me over de ironie van het feit dat ik nu voorstander ben van het dragen van een schooluniform. Ik zou het heel leuk vinden als de een of andere Wimbledon-official die toevallig in Vegas is hier een rondleiding zou vragen. Ik zou zijn of haar reactie weleens willen zien als ik hem vertel over de strikte kledingcode op mijn school.

We hebben nóg een code, een code die ik de allerbelangrijkste vind. De *Code van Respect* waarmee elke dag begint. Altijd als ik er ben, steek ik mijn hoofd om de hoek van de deur van een willekeurig klaslokaal en vraag de kinderen of ze willen opstaan en samen met mij het volgende willen opzeggen:

De kern van goede discipline is respect.
Respect voor autoriteit en respect voor anderen.
Respect voor je eigen persoon en voor regels.
Het is een houding die thuis begint,
en op school versterkt wordt
en die toegepast kan worden in het hele leven.

Dan beloof ik dat zij, als ze deze eenvoudige richtlijn onthouden en zich eraan houden, heel veel kunnen bereiken.

Als ik door de gangen loop en in de klaslokalen kijk, zie ik hoe de kinderen deze school waarderen. Dat hoor ik aan hun stem, zie ik aan hun lichaamshouding. De docenten en andere personeelsleden hebben me verteld over hun achtergrond, en ik weet dat deze school hun leven op allerlei manieren verrijkt. Bovendien vragen we de leerlingen een persoonlijk essay te schrijven waarvan we een samenvatting maken en dat we opnemen in het programma van de voorstelling voor de sponsoren. Zodoende vernam ik het verhaal van het meisje dat alleen woont met haar ziekelijke moeder die door een ongeneeslijke longziekte al jaren niet meer kan werken. Ze wonen in een appartement vol kakkerlakken in een buurt waar bendes de scepter zwaaien. Daarom beschouwt het meisje de school als een soort toevluchtsoord. Ze haalt, vertelt ze met ontroerende trots, heel hoge cijfers, *omdat ik tegen mezelf zei dat als ik het goed zou doen op school niemand me zou vragen hoe het bij mij thuis was, en dan hoefde ik niemand mijn verhaal te vertellen. Nu ben ik zeventien en ook al heb ik werkeloos moeten toekijken hoe mijn moeder aftakelt, ook al heb ik tussen The Bloods en de kakkerlakken moeten wonen, ook al heb ik op allerlei scholen gezeten, ook al heb ik moeten werken om ons gezin te onderhouden, toch wil ik naar school.*

Een andere ouderejaars schrijft over haar pijnlijke relatie met haar vader die een groot deel van haar jeugd in de gevangenis heeft gezeten. Toen hij onlangs vrijkwam heeft ze hem ontmoet en zag dat hij pijnlijk mager was, samenwoonde met een hologige vrouw *in een kapotte camper die stonk naar rioolwater en crack.* Omdat ze vastbesloten was niet dezelfde fouten te maken als haar ouders dwingt het meisje zichzelf om te slagen op Agassi Prep. *Ik laat mezelf niet zakken zoals anderen hebben gedaan. Ik ben degene die mijn eigen toekomst moet bepalen en ik zal nooit opgeven.*

Toen ik nog niet zo lang geleden door de high school liep, werd ik aangeklampt door een jongen. Hij was vijftien en verlegen, had bolle wangen en een bezielde uitdrukking op zijn gezicht. Hij vroeg of hij onder vier ogen met me kon praten.

Natuurlijk, zei ik.

We gingen in een nis in de hal staan.

Hij wist niet goed hoe hij moest beginnen. Ik zei dat hij maar bij het begin moest beginnen.

Een jaar geleden is mijn leven veranderd, zei hij. Dramatisch. Mijn vader overleed. Gedood. Vermoord, weet u.

Wat erg voor je!

Daarna was ik echt even de weg kwijt. Ik wist niet wat ik moest doen.

De tranen sprongen in zijn ogen.

Toen kwam ik naar deze school, zei hij. En die heeft mijn leven weer richting gegeven. Me hoop gegeven. De school gaf me een léven. Daarom heb ik naar u uitgekeken, Mr. Agassi, en toen ik u langs zag lopen moest ik me aan u voorstellen en u dit vertellen, weet u. Dank u wel.

Ik omhelsde hem en zei dat ik hém moest bedanken.

In de hogere klassen is de aandacht vooral op de studie gericht. De kinderen horen steeds maar weer dat Agassi Prep alleen maar een duwtje in de rug is. Ga niet achteroverleunen, zeggen we. De universiteit is het hoofddoel. Ook al zouden ze dat vergeten, dan worden ze er toch op allerlei manieren aan herinnerd. Aan de muren hangen de vaantjes van allerlei universiteiten. Een brede gang heet College Street. Een metalen luchtbrug tussen de beide hoofdgebouwen is nog nooit gebruikt, en zal ook nooit worden gebruikt, tot de eerste ouderejaars in juni 2009 hun diploma's krijgen en naar de universiteit gaan. Als ze die luchtbrug zijn overgestoken, stappen de ouderejaars een geheime kamer binnen, schrijven hun naam in een boek en schrijven een tekst op voor de leerlingen van het volgende jaar, en het volgende, en van alle volgende jaren. Ik kan mezelf al zien terwijl ik die eerste ouderejaars toespreek. Ik werk nu al aan die toespraak, samen met J.P. en Gil.

Ik denk dat ik het over contradicties ga hebben. Een vriend van me zei dat ik Walt Whitman zou kunnen citeren: *Spreek ik mezelf tegen? Goed, dan spreek ik mezelf tegen.*

Met een groepje leerlingen van de Andre Agassi College Preparatory Academy.

Ik heb nooit geweten dat dit een acceptabel gezichtspunt was. Nu laat ik me erdoor leiden. Nu is het mijn Poolster. En dat ga ik de studenten vertellen. Het leven is een tenniswedstrijd tussen tegengestelde polen. Winnen en verliezen, liefde en haat, open en dicht. Dat helpt je om dat pijnlijke feit al vroeg in je leven te onderkennen, vervolgens de tegenstellingen in jezelf te leren zien en ze, als je ze niet kunt onderschrijven of je ermee verzoenen, dan tenminste te accepteren en verder te gaan met je leven. Het enige wat je niet kunt doen, is ze negeren.

Welke andere boodschap zou ik hen kunnen meegeven? Welke andere boodschap zouden ze mogen verwachten van een schoolverlater zonder diploma die alleen maar trots is op zijn school?

Het regent niet meer, zegt Stefanie.

Kom op, zeg ik. We gaan!

Ze trekt een tennisrokje aan. Ik trek een broek aan. We rijden naar de tennisbaan een stukje verderop in de straat. Achter de balie zit een meisje een roddelblad te lezen. Als ze opkijkt, valt de kauwgum bijna uit haar mond.

Hallo, zeg ik.

Hi.

Ben je open?

Ja.

Kunnen we de baan een uurtje huren?

Eh... jawel.

Hoe duur is dat?

Veertien dollar.

Oké.

Ik geef haar het geld.

Ze zegt: Jullie mogen het centercourt nemen.

We lopen de trap af naar een mini-amfitheater, waar een blauwe tennisbaan ligt met metalen tribunes eromheen. We zetten onze tassen naast elkaar, stretchen en kreunen, en plagen elkaar over hoe lang het al geleden is.

Uit mijn tas haal ik polsbandjes, tape en kauwgum.

Stefanie vraagt: Welke kant wil jij?

Deze.

Ik wist het.

Ze slaat een zachte forehand. Ik kraak als de blikken man uit *The Wizard of Oz* als ik ernaartoe sjok en hem terugsla. We spelen een rustige, aarzelende rally, maar dan slaat Stefanie opeens een backhand op de lijn die klinkt alsof er een goederentrein langsrijdt. Ik kijk haar onderzoekend aan. Gaan we zo spelen?

Ze slaat een Steffi Slice naar mijn backhand. Ik sla hem terug, zo hard ik kan en roep: Met die slag hebben we heel wat rekeningen kunnen betalen!

Ze glimlacht en blaast een lok uit haar ogen.

Onze schouders worden soepeler, onze spieren worden warm. Het tempo versnelt. Ik sla de bal zuiver en hard, en mijn vrouw doet hetzelfde. We slaan de bal niet langer doelloos heen en weer, maar beginnen punten te maken. Zij slaat een gemene forehand. Ik sla een keiharde backhand, in het net.

Het is al twintig jaar geleden dat ik een backhand crosscourt heb gemist. Ik kijk naar de bal die bij het net ligt. Heel even baal ik ervan. Ik zeg dat ik ervan baal. Ik voel dat ik geïrriteerd raak.

Dan begin ik te lachen, en Stefanie ook, en dan beginnen we opnieuw.

Met elke slag ziet ze er gelukkiger uit. Haar kuit voelt goed. Ze denkt dat het wel zal gaan in Tokio. Nu ze zich niet langer druk maakt over haar blessure kunnen we spelen, echt spelen. Algauw genieten we er zo van dat we niet eens merken dat het begint te regenen. En ook niet dat er toeschouwers komen.

Een voor een druppelen ze binnen. Kennelijk bellen mensen elkaar op, vertellen elkaar dat wij hier zijn, op een openbare tennisbaan, en voor de lol een partijtje staan te tennissen. Zoals Rocky Balboa en Apollo Creed nadat het licht in de sportzaal uit is en de deuren op slot.

Het gaat steeds harder regenen. Maar we houden er niet mee op. We spelen fanatiek. De mensen die nu binnenkomen hebben een fototoestel bij zich. Ze flitsen. Het flitslicht lijkt ongelooflijk fel en wordt gereflecteerd en vergroot door de regendruppels. Mij kan het niets schelen en Stefanie merkt het niet eens. We zijn vooral gericht op de bal, op het net, op elkaar.

Een lange rally. Tien slagen, vijftien. Hij eindigt als ik mis. De baan ligt vol met ballen. Ik wip drie ballen op en stop er eentje in mijn zak.

Ik roep tegen Stefanie: Kom op, babe! Laten we allebei terugkomen! Wat vind jij ervan?

Ze geeft geen antwoord.

Jij en ik, zeg ik. We maken het deze week nog bekend!

Nog steeds geen antwoord. Ze is zoals altijd veel geconcentreerder dan ik. Net zoals ze op de baan geen beweging te veel maakt, zegt ze ook nooit een woord te veel. J.P. zegt weleens dat de drie invloedrijkste mensen in mijn leven – mijn vader, Gil en Stefanie – Engels niet als moedertaal hebben. En met alle drie communiceer ik vooral fysiek.

Ze concentreert zich op elke slag. Elke bal is belangrijk. Ze wordt nooit moe, mist nooit. Het is een genot om naar haar te kijken, maar ook een voorrecht. Mensen vragen weleens hoe dat is, en ik kan nooit op het goede woord komen, maar nu wel: het is een voorrecht.

Ik mis weer. Ze kijkt, wacht.

Ik serveer. Zij retourneert en maakt dan de Stefanie-zwaai, alsof ze een denkbeeldige mug wegslaat en die betekent dat ze ermee ophoudt. Tijd om Jaden op te halen.

Ze loopt de baan af.

Nog niet, zeg ik.

Wat? Ze blijft staan, kijkt me aan, lacht.

Oké, zegt ze en loopt terug naar de baseline. Het heeft geen zin, maar zo ben ik nu eenmaal en dat begrijpt ze. Er ligt van alles op ons te wachten, leuke dingen. Ze wil er dolgraag mee beginnen, net als ik. Maar ik kan er niets aan doen, ik wil ook nog heel graag even doorspelen.

DANKWOORD

Dit boek zou niet geschreven zijn zonder mijn vriend J.R. Moehringer.

J.R. is degene die me, zelfs al voordat we elkaar kenden, op het idee heeft gebracht mijn verhaal op papier te zetten. Tijdens mijn laatste US Open, in 2006, heb ik al mijn vrije tijd besteed aan het lezen van J.R.'s prachtige autobiografie *The Tender Bar*. Het boek sprak me aan. Ik vond het boek zo mooi dat ik mezelf op rantsoen zette, me elke avond beperkte tot een maximumaantal pagina's. Eerst vormde *The Tender Bar* een dankbare afleiding voor de lastige gevoelens aan het einde van mijn carrière, maar geleidelijk aan droeg het boek bij aan mijn algehele onrust, omdat ik vreesde dat ik het boek uit zou hebben voordat mijn carrière afgelopen was.

Vlak na mijn wedstrijd in de eerste ronde belde ik J.R. op en vertelde wie ik was. Ik zei dat ik zijn werk bewonderde en nodigde hem uit om een keer bij mij in Vegas te komen eten. We mochten elkaar meteen, zoals ik wel had verwacht, en na dat eerste etentje volgden er nog vele. Uiteindelijk vroeg ik J.R. of hij met mij wilde samenwerken, of hij me wilde helpen mijn eigen autobiografie te schrijven en vorm te geven door de ogen van de winnaar van de Pulitzer Prize. Tot mijn verrassing zei hij ja.

Nadat J.R. naar Las Vegas was verhuisd, gingen we aan de slag. We hebben dezelfde werkhouding, dezelfde obsessieve alles-of-nietsinstelling bij belangrijke doelstellingen. We zagen elkaar elke dag en ontwikkelden een vaste routine: eerst aten we een paar burrito's en daarna praatten we urenlang in J.R.'s cassetterecorder. Geen enkel onderwerp was taboe, zodat onze sessies soms erg leuk en soms bijzonder pijnlijk waren. We werkten niet chronologisch of gerubriceerd naar onderwerp; het gesprek ontwikkelde zich gewoon, af en toe aangemoedigd door stukjes informatie die werden aangedragen door onze fantastische jonge onderzoeker Ben Cohen.

Vele maanden later hadden J.R. en ik een bak vol cassettebandjes met het verhaal van mijn leven erop. Vervolgens heeft de dappere Kim Wells de teksten uitgetypt, waarna J.R. daar op de een of andere manier een verhaal van heeft gemaakt. Jonathan Segal, onze wijze, geweldige redacteur bij Knopf, en Sonny Mehta, de Rod Laver van uitgeversland, hielpen J.R. en mij met het bijschaven van dat eerste concept tot een tweede en een derde. Ik heb nog nooit zoveel tijd besteed aan lezen en herlezen, aan praten en discussiëren over woorden en alinea's.

Tot slot gaven J.R. en ik kopieën en uittreksels van het manuscript aan een aantal toegewijde eerste lezers die allemaal op hun eigen manier iets hebben toegevoegd. Mijn dank gaat uit naar Phillip en Marty Agassi, Ron Boreta, Ivan Blumberg, Darren Cahill, Brad Gilbert, David Gilmore, Bill Husted, McGraw Milhaven, Steve Miller, Dorothy Moehringer, John en Joni Parenti, Gil Reyes, Jaimee Rose, Gun Ruder, John Russell, Brooke Shields, Wendi Stewart, Barbra Streisand en Todd Wilson.

Tot slot heb ik J.R. gevraagd om zijn naam op het boek te zetten. Maar hij vond dat er maar één naam op het omslag moest staan. Hoewel hij trots was op het werk dat we samen hadden verricht, zei hij dat hij zijn naam onmogelijk op het leven van iemand anders kon zetten. Dit zijn jouw verhalen, zei hij, jouw mensen, jouw gevechten. Dat was dezelfde soort gulheid die ik ook in zijn autobiografie had herkend. Ik wist dat het geen zin had hierover met hem in discussie te gaan. We zijn allebei koppig. Maar ik heb wel geëist dat ik op deze plek mocht vertellen welke rol J.R. heeft gespeeld en dat ik hem hier openlijk mocht bedanken.

Maar ik wil vooral de drie mensen bedanken die dit boek mogelijk hebben gemaakt, die mij mogelijk hebben gemaakt. Stefanie, Jaden en Jaz Agassi, die het vele ochtenden en middagen zonder me moesten stellen en nooit hebben geklaagd. Integendeel. De onwrikbare liefde van Stefanie gaf me de inspiratie die ik nodig had om dit boek af te sluiten – net als mijn carrière toen ik nog speelde – en de dagelijkse glimlachjes van Jaden en Jaz hebben me de vreugde geschonken die altijd verandert in energie, even snel als voedsel wordt omgezet in bloedsuikers.

Toen ik een keer met de tweede versie bezig was, had Jaden een speelkameraadje op bezoek. Op de keukentafel lagen de manuscripten hoog opgestapeld en Jadens vriendje vroeg: Wat is dat allemaal?

That's my Daddy's book, zei Jaden op een toon die ik hem alleen nog maar voor de kerstman en Guitar Hero had horen gebruiken.

Ik hoop dat hij en zijn zus over tien jaar, en dertig, en zestig, nog even trots op dit boek zullen zijn. Dit boek is vóór hen geschreven, maar ook áán hen. Ik hoop dat het hen kan helpen een paar valkuilen te vermijden waar ik met open ogen in ben gestapt. Ook hoop ik dat dit een van de vele boeken zal zijn waaruit ze troost, leiding en plezier zullen putten. Ik heb de magie van boeken pas laat ontdekt. Van alle fouten die ik heb gemaakt en waarvan ik hoop dat mijn kinderen ze niet zullen maken, zou ik deze heel hoog op de lijst zetten.

Fotocredits

Pag. 54: Andre Agassi
Pag. 60: Andre Agassi
Pag. 100: James Bollettieri
Pag. 141: Micheal Cole
Pag. 187: John C. Russell/Team Russell
Pag. 321: John Parenti
Pag. 370: Micheal Cole
Pag. 412: Mike Nelson/AFP/Getty Images
Pag. 414: Gary M. Prior/Getty Images
Pag. 427: Nicolas Luttiau/Presse Sports (beide foto's)
Pag. 455: John C. Russell/Team Russell (boven)
Don Emmert/AFP/Getty Images (onder)
Pag. 456: Micheal Cole
Pag. 464: Denise Truscello